湘潭大学学者文库
XIANGTAN DAXUE XUEZHE WENKU

尹世杰文集

YIN SHIJIE WENJI

尹世杰 著

湘潭大學出版社
XIANGTAN UNIVERSITY PRESS

图书在版编目（CIP）数据

尹世杰文集 / 尹世杰著．-- 湘潭 ：湘潭大学出版社，2024. 8. -- ISBN 978-7-5687-1508-9

Ⅰ．F014.5-53

中国国家版本馆 CIP 数据核字第 2024QE9083 号

尹世杰文集

尹世杰　著

责任编辑：罗　联　姚海琼
装帧设计：李　平
出版发行：湘潭大学出版社
社　　址：湖南省湘潭大学工程训练大楼
电　　话：0731-58298960 0731-58298966（传真）
邮　　编：411105
网　　址：http://press.xtu.edu.cn/
印　　刷：长沙超峰印刷有限公司
经　　销：湖南省新华书店
开　　本：710 mm×1000 mm 1/16
印　　张：29.5
字　　数：453 千字
版　　次：2024 年 8 月第 1 版
印　　次：2024 年 8 月第 1 次印刷
书　　号：ISBN 978-7-5687-1508-9
定　　价：148.00 元

ISBN 978-7-5687-1508-9
9 787568 715089 >

尹世杰（1922 年 9 月—2013 年 1 月），湖南省洞口县人，中共党员。1946 年 8 月毕业于湖南大学经济学系；1946—1948 年任邵阳货物税局税务员，兼任邵阳县中学英语教师；1948—1953 年在湖南大学经济系任教，中华人民共和国成立前参加了党的地下工作，1948 年加入中国共产党；1951—1953 年在中国人民大学读硕士研究生；1954—1976 年任武汉大学经济系党总支书记、系主任；1976—1993 年先后任湘潭大学政治系主任、经济系主任、消费经济研究所所长、教授；1993—2012 年任湖南师范大学商学院教授，硕士研究生导师和博士研究生导师。中国消费经济学主要创始人和学术带头人，被誉为“中国消费经济理论第一人”“中国消费经济学之父”。在消费经济学学科的创立和发展中拥有全国“六个第一”：第一个在我国提出消费经济学是一门独立的学科；主编我国第一本消费经济学专著《社会主义消费经济学》；获得第一届孙冶方经济科学奖；创办我国第一个消费经济研究所；主编我国第一个公开发行的消费经济专业刊物《消费经济》；第一个在我国招收消费经济专业研究生。曾荣获首届孙冶方经济科学著作奖（1985 年）、中国保护消费者基金会首届保护消费者杯个人最高奖（1992 年）等多项全国性奖项。1991 年，经国务院批准为有突出贡献的专家。著有《社会主义消费经济学》《消费需要论》《中国小康水平研究》《中国消费结构研究》《消费文化学》《消费力经济学》《闲暇消费论》等多部学术专著，公开发表学术论文 250 多篇。

总　序

“一位伟人，一纸校名，一句嘱托”，高度凝练并生动诠释了湘潭大学的创办历史。1958年，毛泽东主席亲自倡办、亲笔题写校名并亲切嘱托“一定要把湘潭大学办好”。1959年学校因故停办，1974年恢复建校。复校初期，学校荒山一片、楼无一栋、房无一间。一声号召，来自清华大学、北京大学等92所高校、科研院所的622名教师奔赴湘大，边劳动建校边教学科研。著名诗人彭燕郊、流变力学专家袁龙蔚、消费经济学创始人尹世杰、古文献专家韩长耕等名家大师先后来到这里教书育人。在这一批湘大人心中，都有一个共同的信念——艰苦创业，扎根伟人故里。没有电灯，就点煤油灯；没有自来水，就到池塘挑水喝；没有教工宿舍，就住农民家中；没有教学楼，就一起搬砖建设……在极其艰苦的条件下，老一辈创业者怀着“一定要把湘潭大学办好”的初心和科教兴国的满腔热情，在贫瘠的荒山土坡上建起了一座大学城。

岁月流转，年轮不息。经过几代湘大人矢志不渝的奋斗，学校发生了翻天覆地的变化。特别是2018年习近平总书记对学校作出重要批示以来，学校全力推动“双一流”建设，2022年成功入选国家“双一流”建设高校。一路走来，风雨兼程，虽创业维艰，然历久弥坚。在这片热土上，孕育着一批又一批才华横溢的名师和学子，不断产生着丰硕卓越的学术成果，模糊的概念在这里澄明，假设的命题在这里证实，现实的困惑在这里破解，新知识、新技术、新理论在这里不断孕育、产生。

大学因学术而生，亦因学术而兴。学术始终是一所大学的立校之基、兴校之本，是学者的一种追求、一种境界、一种精神。就湘大而言，无论是复校初期的名家云集、各抒己见、推陈出新，还是改革开放后融入科教兴国的时代大潮，湘大学人始终坚守初心，笃志问学，传承文脉，成就了独具风格的学术品质和精神风貌。一代又一代的湘大学人在这里探究真理、创造新知，以学术立身、以著作立言、以品德立魂，用自己的毕生心血，汇集而成了一篇篇富有思想的学术成果。

大学之大，大师之谓也。为汇集湘大学人学术成果，展示湘大学人学术品格，2014 年，在复校四十周年之际，学校精心策划“湘潭大学学者文库”丛书，出版了《沧南自选集》《袁龙蔚文集》。入选文集经过了广泛征集和论证，无一不是湘大学人呕心沥血之佳作、高深学问之精髓、学术思想之独见、品性修养之映照。文库收录的学术成果，都有着清晰的问题意识、科学的研究方法、严谨的逻辑结构，既有源自哲学思辨的理性探究，也有基于生产实践的资料佐证，充分展示了湘大学人独有的学术品格，体现了湘大学人的厚积薄发和卓越追求。这是湘大学人智慧的结晶，更是推动学校高质量发展的宝贵精神财富。

甲辰龙年，学校迎来复校五十周年。值此之际，第二批“湘潭大学学者文库”丛书，包括《尹世杰文集》《刘桂斌文集》《羊春秋文集》《宋世杰文集》《张铁夫文集》《陈仲沪文集》《罗铸楷文集》《姜书阁文集》《萧艾文集》《曹木清文集》《彭燕郊文集》《韩长耕文集》12 部学者文集付梓出版，这既是记录湘大学人敢于挑战与奋斗、饱含智慧与激情的光辉岁月，展现湘大学人精学苦研的具象载体，又是湘大学人牢记办学历史，坚持知行合一，弘扬学术精神，接续优良传统的价值传承和推动学术创新的具体行动。

伟人故里逢盛世，一路高歌向前行。丛书的出版，将让我们再一次触摸和感受老一辈湘大学人的独特学术品格和精神品质，也将鼓舞新一代湘大学人深入贯彻落实习近平总书记对学校的重要批示精神，弘扬“牢记嘱托、艰苦创业、追求卓越”的湘大精神，扎根伟人故里，厚植家国情怀，坚持守正创新，为建成科技教育强国，以中国式现代化全面推进中华民族伟大复兴作出新的更大的贡献！

湘潭大学　党委书记　刘起军
　　　　　校　　长　潘碧灵

目　录

消费与经济增长

消费模式与消费结构

生态需要与绿色消费

服　务　消　费

消 费 力 经 济 学

消 费 文 化 学

消费经济学科建设

消费与经济增长

论生产与消费平衡问题

1957年1月6日《大公报》刊载了赵从显同志的《论社会主义制度下群众消费与生产的增长》一文，批判了苏联《党的生活》杂志1956年第十二期所载阿·切尔那克和阿·斯坦尼斯拉夫斯基的《社会主义制度下有支付能力的需求和生产》一文的某些论点，认为一定时期中商品基金与购买基金保持基本平衡关系，没有商品生产总是超过购买力的增长或是购买力总是超过生产的增长这样的规律。以上两文中有些论点我是同意的，有些论点却还有进一步讨论的必要。

一、不能机械地从数量上看生产与消费的关系

赵从显同志从生产和消费的数量表现来分析社会主义制度下消费的增长不能超过生产的增长是没有什么错误的。但是，社会主义制度下生产与消费的关系，是否只应该单纯地、机械地从这种数量上来看呢？我认为不能这样说。我们还必须从生产与消费的内在联系、从它的相互作用来看问题。

生产和消费是不可分割的统一整体，生产创造着消费，消费也影响着生产。马克思指出："它们之中，每一方不仅直接就是另一方，不仅媒介着另一方，并且两者之中，每一方在完成自己的时候创造着另一方，把自己当作另一方创造出来。"[①] 在社会主义制度下，生产不断增长使人民消费

① 马克思：《政治经济学批判》，人民出版社，第156页。

不断增长；人民消费的不断增长，又推动着生产的不断增长。生产与消费之间这种辩证关系，推动着社会迅速发展。

问题在于：消费表现在群众对消费品的需求上面。在社会主义制度下有两种需求：一种是“充分需求”，另一种是“有支付能力的需求”。切尔那克和斯坦尼斯拉夫斯基正确地指出：“群众需要的增长和群众购买力的增长（或者说群众有支付能力的需求的增长），是两个不同的概念。……‘需要’的概念比有支付能力的需求的概念广泛得多。”① “充分需求”（也就是切、斯二人所说的“群众需要”）是走在现存的生产的前面的，正如列宁所说的：“当我们各方面看到新的需求时，我们说，正是应该这样，而每个人希望改善自己的状况，大家都想利用生活资料，这就是社会主义。”② 这种需求的增长，超过生产力发展水平，从而刺激生产的发展。因此，从这个意义来讲，是可以说消费的增长超过生产的增长的。

赵从显同志也谈到过消费对生产的影响作用：“……这种有支付能力需求的变化也就反过来影响生产，要求生产的发展不能只是生产总量的增长，还必须是生产结构的调整……”但是，消费对生产的刺激作用，决不仅仅表现于“这种有支付能力需求的变化”上面。在社会主义制度下，谁也不会满足于现有的生产力水平。比如，我国目前每人每年平均可获得不到六百斤原粮，二十多市尺布，九斤到十斤猪肉，我们能满足于这种水平吗？这种需求就能刺激生产的增长吗？

我们决不能否认社会主义制度下生产与消费之间的矛盾，不能否认无限增长着的需求和已达到的生产力水平之间的矛盾，决不能否认消费对生产的推动作用，否认这点，也就是否认社会主义生产的目的，否认社会主义制度下进一步发展生产的巨大动力。但如果单纯从数量表现上来看生产与消费的关系，单纯从“有支付能力的需求”来看生产与消费的关系，是缺乏实际意义的，而且很可能令人产生一种错觉：好像在社会主义制度下消费只是单纯地、机械地受生产决定，看不出消费对生产的推动作用。

---

① 《经济学译丛》，1956 年第 10 期。

② 《列宁全集》第 27 卷，俄文版 476 页。

二、购买基金和商品基金的增长速度取决于不同的经济条件

赵从显同志认为商品基金与购买基金总是保持基本平衡的关系。我认为，这种看法，也是值得商榷的。

我认为，在社会主义制度下，从长期发展趋势来看，上面三种“规律”都是不存在的。有时候可能是商品基金增长速度超过购买基金的增长速度，有时候可能是购买基金的增长速度超过商品基金的增长速度，有时候可能是二者恰好平衡。为什么会这样呢？这是由于不同时期具体经济条件的不同所决定的。主要取决于下列因素：

（一）由于社会生产两大部类比例关系的变化。购买基金的增长取决于全部生产的增长，商品基金的增长较大部分取决于第二部类生产的增长，因而不同时期的两大部类比例关系的变化，就决定了购买基金与商品基金不同的增长速度。

（二）由于劳动生产率与工资增长速度比例关系的变化。劳动生产率增长，在其他条件不变下，商品基金也随之增长；工资增长，购买基金也随之增长。因而劳动生产率与工资不同的增长速度，就影响了购买基金与商品基金不同的增长速度。

（三）由于农民货币收入的变化。农民货币收入增加，购买基金增加，因而影响到购买基金与商品基金不同的增长速度。

（四）由于居民其他货币收入的变化以及货币收入中各种支出比例的变化。购买基金的多少取决于居民货币收入的多少，而居民货币收入中除工资、农民收入外，尚有其他货币收入（如养老金、补助金）。这些收入增长，也影响购买基金的增长，从而影响到购买基金与商品基金的增长速度；居民货币收入中有一部分用于购买商品的支出，另一部分用于非商品支出，还有一部分可能用于储蓄及购买公债等支出。这些支出方面比例关系的变化，也影响购买基金的数量，从而影响购买基金与商品基金不同的增长速度。

（五）由于消费品生产中商品率的变动以及商品量中市场基金（商品基金）与市场外基金比例关系的变化。商品率提高，在其他条件不变下，

商品基金增加；市场外基金减少，商品基金就增加。所有这些，也都会影响到购买基金与商品基金不同的增长速度。

（六）其他，如进出口贸易也有些影响。

在以上各种因素中，起决定作用的是社会生产两大部类的比例关系。这完全符合马克思列宁主义下面这一基本原理："一定的生产，决定一定的消费、分配和交换，以及这些不同的要素相互间的一定的关系。"①

在不同时期，由于以上各种因素作用的结果，特别是社会生产两大部类比例关系的变化，就决定了购买基金与商品基金不同的增长速度。我们必须具体分析各个时期的具体情况，才能看出购买基金与商品基金增长速度的比例关系，不能笼统地得出结论：商品基金"总是"快于购买基金的增长，或购买基金"总是"快于商品基金的增长，或二者"总是"平衡。

三、过渡时期购买基金和商品基金是否平衡，不能一概而论

关于我国过渡时期购买基金与商品基金的增长速度问题，或者说我国过渡时期供求比例关系问题，是需要专门加以分析的。我国过渡时期购买基金与商品基金是否像赵从显同志所说的平衡或基本平衡呢？我认为，还不能一概而论。我认为，在我国过渡时期，很可能是购买基金的增长速度超过商品基金的增长速度。这应该从购买基金与商品基金两方面加以分析。

购买基金增长之所以较快，这是由于：

（一）工资基金增长较快。比如全国职工工资总额 1955 年比 1952 年增加 76%，1956 年又增加 12.5 亿余元。而工资基金之所以增长较快，一方面是由于平均工资的提高，如 1956 年平均工资已较 1952 年增长 33.5%；另一方面是由于就业人数的增加，如 1953—1955 年全国安置了失业人员 116 万多人，新增职工 358 万多人。

（二）农民货币收入增加较快。农民货币收入之所以增加较快，是由于：第一，农业生产不断增长，商品率不断提高。如粮食、棉花的商品率

① 马克思：《政治经济学批判》，人民出版社，162 页。

不断提高，加上商品率很高的技术作物如烤烟、油菜籽、芝麻、甘蔗、甜菜等生产增长速度都很快。第二，某些农产品价格有所提高。几年来，国家合理调整了占农产品商品总量70%的粮食、棉花、烤烟、甘蔗等主要农产品的收购价格，最近又较大幅度地提高生猪、油菜籽、茶油的收购价格，适当地提高芝麻、茶叶、小杂粮等的收购价格。第三，农业生产增长但农业税固定，以及农贷的增加。截至1956年11月，农贷已达32亿元，比当年农业税还多1亿元。第四，国家基本建设投资有一部分落到农村，如修铁路、修公路、修水利、修厂矿、搬运基建器材等，都需大批农民参加。

（三）居民其他货币收入增加较快。如国家的劳动保险、免费医疗、职工教育、职工文化娱乐以及其他社会主义福利措施基金不断增加。

由于以上原因，购买基金增长是较快的。如以1950年全国人民购买力为100，则1951年为125，1952年为156.25，1953年为187.5，1954年为213.4，1955年、1956年购买力继续有所增长。

从商品基金来看，几年来也是不断增加的。以棉布而言，1956年供应市场量为1.7亿多匹，比1950年多两倍多。1956年机制纸由1950年年产量14万多吨增至70万多吨。但是，商品基金的增长，赶不上购买基金的增长，如1953年全国工农产品生产总值比1952年增加11.4%，而社会购买力却增加20%左右。

在我国过渡时期购买基金的增长速度之所以超过商品基金的增长速度，是由于我们高速度进行社会主义工业化建设、保证优先发展重工业的政策所决定的。当然，认为集中主要力量发展重工业的同时不可能相应地发展轻工业的看法是错误的，但认为轻工业可以和重工业一样地加速发展，也是脱离实际的。由于国家大量的投资，不可能一下子生产出消费品来，而很大一部分资金却要变为购买力，这就很可能引起购买基金与商品基金的不平衡。

购买力增长超过商品基金的增长，是反映“人民对于经济、文化迅速发展的需要同当前经济、文化不能满足人民需要的状况之间的矛盾”的一个方面。迅速提高生产力，在强调发展重工业的同时，积极发展轻工业，是解决这个矛盾的重要办法。

承认购买基金的增长速度超过商品基金的增长速度，是不是否认二者有建立平衡的可能性、否认国民经济有计划按比例的发展呢？不是的，我们在前节中也谈到这个问题，尽管二者不平衡，我们在编制计划时，通过各种平衡措施最后总是达到平衡的。

承认购买基金的增长速度超过商品基金的增长速度，会不会因此而否认我们商品流通工作中的缺点，如积压、脱销以及某些商品减产的事实呢？不会的（事实上，这些缺点已纠正了不少）。相反，还会督促我们加速生产，加强商品流通，以尽量调节供求，解决存在的矛盾。

原载 1957 年 2 月 13 日《大公报》，转载于《新华文摘》1957 年第 5 期

关于农村人民公社积累与消费若干问题初探

农村人民公社积累与消费的比例，反映了国家、集体、个人三者之间的关系，反映了农业扩大再生产速度与农民生活水平提高速度的关系，反映了农民目前利益和长远利益的关系。正确处理农村人民公社积累与消费的比例，对于正确处理人民内部矛盾，调动广大农民的积极性；对于进一步发展农业生产，巩固集体经济；对于进一步发挥农业的基础作用，促使整个国民经济的新的跃进，具有重要的作用。

农村人民公社积累与消费的关系，是一个复杂的问题。在这篇文章里，不可能对这方面的问题进行全面的探讨，而只想初步地讨论下面几个问题：（一）农村人民公社积累与消费的特点；（二）影响农村人民公社积累与消费的主要因素；（三）农村人民公社积累与消费的比例的发展趋势；（四）如何正确处理农村人民公社积累与消费的关系。不妥之处，请大家指正。

一、农村人民公社积累与消费的特点

由于农业再生产的重要特点，是经济再生产过程与自然再生产过程密切联系在一起，现阶段我国农村人民公社还是集体所有制，这就决定了农村人民公社的积累和消费，有如下几个特点：

第一，在农村人民公社中，没有由国家统一规定的积累基金和消费基金，它的积累水平和消费水平，主要由各集体单位的生产水平直接决定，大部分总收入[①]留在本单位内部；积累和消费的比例，由社员代表大会根据生产队的具体情况，自行决定。在不同的公社和生产队之间，积累和消费的水平，有一定的差别，有的差别还比较大。当然，国家和全民所有制经济的支援，对于农村人民公社的积累和消费，也有直接的影响。例如，国家采取农贷、低价供应农业生产资料、进行较大的农业基本建设等方式，对农村人民公社进行巨大的支援。这对于发展农业生产，增加国家和集体的积累，对于提高农民的消费水平，都有重要的作用。此外，在我国现阶段农村人民公社中，还有社员自留地、家庭副业等自给性经济的残余存在着，它对农民的消费也还存在着某些影响。

这就决定了：在农村人民公社积累和消费的关系中，必然直接反映社会主义全民所有制、社会主义集体所有制和私有经济残余之间的关系。因此，在处理农村人民公社的积累与消费的关系时，必须特别注意加强对农民的社会主义教育，不断巩固和发展集体经济，并在这个基础上，来正确处理国家、集体和个人三者之间的关系，来正确处理积累与消费的关系。

第二，在农村人民公社的积累与消费中，无论生产资料或消费资料，都有一部分是自给性产品。马克思说"使农业，畜牧业等等与其他产业互相区别的……它们会当作它们自己的生产手段，加到它们当作生产物所由而出的生产过程去"[②]。同时，农业中生产的消费资料，有相当大一部分直接用于农民的个人消费。农民从集体经济中得到的收入，就有一部分是实物收入。在农民消费水平还不高、农产品商品率还不高的情况下，这部分实物收入还占相当大的比重。这就说明：在农村人民公社中，要正确处理积累与消费的关系，必须正确处理商品性生产与自给性生产的关系，购与留的关系，不能只强调某一方面，忽视另一方面。而且，应该使积累和消费的价值构成与实物构成相适应，使自给性的积累基金和消费基金，与农业内部可能提供的生产资料和消费资料相适应；商品性的积累基金和消费基金，与工业可能提供的生产资料和消费资料相适应。从发展趋势来看，

① 本文所说的总收入，指的是扣除生产资料消耗以后社员新创造的价值。

② 《剩余价值学说史》第2卷，三联书店版，第213-214页。

由于农业劳动生产率的不断提高，农业内部对农产品的消费量将相对减少，农产品商品率将逐步提高。这样，就有利于逐步改变农业中积累的实物构成（提高工业生产资料在农业实物积累中的比重），加速农业技术改革，有利于改变农业中消费的实物构成（提高工业消费品在农民消费构成中的比重），提高农民消费水平。

第三，由于我国目前农业生产对自然条件的依存性还比较大，在不同地区，不同社、队，由于自然条件不同，即令投入的劳动量相同，但收入水平却不相同，有时差别还比较大。当然，随着农业技术改革的发展，人们改造和适应自然的能力的加强，自然条件对农业生产水平和收入水平的制约作用将逐渐降低。但在相当长的时期内，自然条件对农业生产和收入水平的制约作用还是比较大的。另外，由于不同地区，不同社、队，种植农作物的构成不同，也会造成收入水平的差异。既然不同社、队，在收入水平上有差别，也就必然形成积累水平和消费水平的差别。这就表明：在确定农村人民公社的积累水平和消费水平以及积累和消费的关系时，必须因地制宜，区别对待，必须根据不同地区社、队的收入水平的高低，原来消费水平的高低等具体情况，具体决定，而不能按照一个固定的数字和固定的比例来确定。

第四，由于目前农业生产中自然条件的影响还比较大，同一地区，同一社、队，在不同年度，农业生产水平还有一定的差别。农业生产的不稳定性，必然影响农村人民公社积累和消费的不稳定性，特别是积累的不稳定性。这是因为，在丰收的年份，生产增长快，消费增长快，积累可以增长更快；在歉收的年份，生产增长慢，消费增长慢，积累增长更慢；如果遇到较大自然灾害，农业减产，首先应保证消费，积累就可能不增甚至减少。这样，就形成农村人民公社积累和消费，特别是积累在年度之间增长的不平衡性。这就说明：在处理农村人民公社的积累与消费时，必须因时制宜，丰年多积累，多储备，歉年少积累，甚至不积累；必须瞻前顾后，以丰补歉。在可能条件下，适当地增加积累和农产品储备，这对于保证农业扩大再生产，以至整个社会扩大再生产的顺利进行，是有重要意义的。这也说明：必须根据不同年度的具体情况，每年注意调节积累与消费之间的关系。毛泽东同志说："我国每年作一次经济计划，安排积累和消费的适当比例，求得生产和需要之间的平衡。"① 我认为，不仅整个国民经济应该这样，每一个农业生产单位，也应该这样。

二、影响农村人民公社积累与消费的主要因素

要正确处理农村人民公社积累和消费的比例，必须先分析影响这个比例的一些因素。如果我们把农产品的价值划分为c，v，m三个部分，那么生产费、管理费属于c，分给社员消费的部分属于v，税金、公益金和农业内部的积累属于m。这样，我们来看看，影响农村人民公社积累和消费的主要因素有哪些。

第一，农业总收入的增长速度。由于农村人民公社积累和消费，来自农业总收入，因而农业总收入的增长，是增加积累和消费的源泉。如果总收入没有增长，要增加积累，就会减少消费，要增加消费，就会减少积累，这时积累和消费的关系，就不容易处理好；只有在总收入有所增长的情况下，积累和消费才都有可能增长；而在总收入增长较快的情况下，积累和消费的比例的可变幅度就比较大，即使积累增长较快，也不会影响消费的增长，或者消费增加较快，也不会影响积累的增长。这就说明：农村人民公社必须千方百计增加总收入，这是增加积累和消费的根本前提。

为了增加农业总收入，为了增加积累基金和消费基金，必须提高农业劳动力利用率，提高农业劳动生产率，节约生产费和管理费。这里需要强调的是：根据不同社、队，不同季节的具体情况，大力开展多种经营，提高农产品商品率，对于增加农业内部积累，提高农民消费水平，具有重要的意义。这是因为，大力发展多种经营，就能充分利用现有劳动力，提高农业劳动力利用率；就能使农业内部各部门相互配合，相互促进，增加农业总产量；就能和工业部门交换越来越多的生产资料，提高农业技术装备水平，提高农业劳动生产率。所有这些，都有利于增加农业总收入，从而为增加农业内部积累，增加消费，创造了条件。

① 《关于正确处理人民内部矛盾的问题》，人民出版社1957年版，第12页。

第二，农业总收入在各个有关部门的分配比例。农业总收入分为几个部分：（一）集中于国家的纯收入。主要是通过农业税和价格等经济杠杆，将一部分农业纯收入（农业纯收入是指农业总收入扣除分给社员消费部分以后的余额）集中于国家。（二）公益金。目前主要用于缺乏劳动力的社员的消费，带有社会保障性质，它来自 m，一般不属于 v。（三）用于农业内部积累部分。（四）用于社员消费部分。从目前情况来看，公益金一般数量不大，在农业总收入的分配中，所占比重较小。在农业总收入的分配中，对农业生产单位内部积累与消费比例影响较大的是集中于国家的那部分纯收入的数量。如果集中于国家的那部分纯收入在全部总收入中的比重提高，留在本生产单位的那部分总收入在全部总收入中的比重就会降低，农业内部积累和消费的增长速度就会较慢；反之则情况相反。将农业纯收入集中一部分于国家，是完全必要的。要加速社会主义建设，要逐步实现社会主义工业化，要逐步实现农业技术改革，要建设旱涝保收、稳产高产农田，国家每年都需要大量的投资。农村人民公社完全有义务集中一部分纯收入用于建设现代化强国。从农业中集中的这部分纯收入，也应该随着农业生产的增长而有所增长。如果农业生产大幅度增长了，农业总收入大幅度增长了，国家从农业中集中的纯收入却没有增加，而国家对农业的投资却越来越多，这样就不利于整个国民经济的发展，其结果也会不利于农业生产的发展。集中于国家的那部分农业纯收入的数量，取决于农业税的数量和工农产品比价的变化。由于不同时期具体情况不同，通过农业税和价格等经济杠杆，集中于国家的那部分农业纯收入的增长速度与留在农业内部的那部分农业纯收入的增长速度，不可能完全一样。这个差距的大小，不能不影响农村人民公社内部积累与消费的增长速度。

第三，农业劳动生产率提高速度与农业劳动者平均消费水平的提高速度。在社会主义制度下，农业劳动生产率与农业劳动者平均消费水平都在提高。农业劳动生产率的提高，能够增加总收入，为增加积累基金提供了可能。农业劳动者平均消费水平（指由集体分配的收入所决定的消费水平）的提高，与农业内部消费基金的增加成正比，与农业内部积累基金的增加成反比，因而农业劳动生产率提高速度与农业劳动者平均消费水平提高速度的比例关系，直接影响着农业内部积累与消费的比例关系。如果农业劳动生产率提高速度与农业劳动者平均消费水平提高速度相等，在其他条件不变下，农业中的积累基金与消费基金的增长速度也就相等；农业劳动生产率提高速度小于农业劳动者平均消费水平的提高速度，在其他条件不变下，农业中消费基金的增长速度就会超过积累基金的增长速度；农业劳动生产率提高速度超过农业劳动者平均消费水平提高速度时，在其他条件不变下，农业内部积累基金增长速度就会超过消费基金增长速度。这就说明：正确处理农业劳动生产率提高速度与农业劳动者平均消费水平提高速度的比例关系，是正确处理农业内部积累与消费的比例关系的重要条件之一。正确处理农业劳动生产率提高速度与农业劳动者平均消费水平提高速度的比例关系，关键在于提高农业劳动生产率。但在农业劳动生产率提高速度为已定的情况下，这个比例关系就取决于农业劳动者平均消费水平的提高速度。在考察农业劳动者平均消费水平的提高速度时，不仅应该考虑农业劳动生产率的提高，还应该考虑工人农民消费水平的对比关系，使农民平均消费水平的提高速度和职工消费水平的提高速度保持适当的比例关系，以利于工农联盟的巩固，以利于工农业生产的发展。总之，在确定农民平均消费水平提高速度时，必须使农民消费水平提高速度低于农业劳动生产率的提高速度，必须使农民消费水平的提高速度与职工消费水平的提高速度相适应。

上面是决定农村人民公社积累与消费的一般性因素。就不同地区、不同社、队来说，这些因素作用的大小各不相同，具体情况也各不相同，因而应该因地制宜、因时制宜确定积累与消费的比例。

三、农村人民公社积累与消费的比例的发展趋势

在处理农村人民公社积累与消费的关系时，首先要着眼于消费，保证消费的最低限。在一般情况下，要使绝大多数社员的消费水平有所提高，其他社员消费水平不致降低，从而更好地调动社员群众的劳动积极性，促进生产的进一步发展。但是，在处理农村人民公社积累与消费的关系时，决不能片面地强调消费，而忽视积累的增长。有的说“丰收来得不易，应

该把增产部分分光”；有的说“水利问题，现在基本解决了，生产资料也不大缺乏了，可以不必再积累了”；有的说“分光不要紧，没有生产资金，国家横竖会支援”。所有这些看法，都只看到眼前利益、个人利益，没有看到长远利益和集体利益。应该认识到：只有集体经济更发展了，个人生活水平的提高才有了可靠的基础。因此，必须坚决依靠贫下中农，制订合理的分配方案，必须经常对群众进行瞻前顾后、以丰补歉、细水长流、留有余地的教育。应该看到，积累是扩大再生产的源泉，农业生产的扩大，在很大程度上依靠内部积累的增长。当然，农业生产的扩大，也可以通过追加劳动力、合理利用土地、改善劳动组织、提高劳动力利用率等来实现。但这些因素的作用，往往也需要有积累的增长，才能更好地、充分地起作用。因此，没有积累，不逐步增加积累，就不能加速农业扩大再生产，就不能进一步巩固集体经济。其结果是，农民消费水平的提高，也将成为无本之木，无源之水，这个道理是极其明显的。

还应该看到，从发展趋势来说，随着农业生产的不断发展，在农业劳动者平均消费水平逐步提高的情况下，一般说，农业内部积累的增长速度将快于消费的增长速度，也就是说，农业内部积累率①将会适当地提高。这主要是因为：（一）由于农业劳动力利用率和农业劳动生产率的不断提高，将使农业总收入不断增加。在农业总收入不断增长的基础上，即使适当地提高农业内部积累率，也不会影响消费的稳步增长。（二）由于农业劳动生产率提高速度超过农业劳动者平均消费水平的提高速度，从而有利于积累率的提高。再加上国家对农村人民公社的支援越来越多，农业内部积累将会较快地增长，农业内部积累率将会提高。

有人认为，在农业中，集体积累在可分配收益中所占的比重应该相对稳定，当农业机械化还没有基本实现、农业劳动生产率还不高的情况下，就不能提高积累率。这种观点，不能认为是正确的。第一，在生产发展和收入水平提高的基础上，不提高积累率，就不能迅速地提高农业技术装备

① 农业内部积累率，系指积累在农业内部总收入（不包括集中于国家的那部分纯收入）中所占的比重。

水平。我们知道，要加速农业技术改革，需要大量的资金。如果等到农业技术改革基本实现以后才逐步地提高积累的比重，势必把农业技术改革推到遥远的将来。他们没有看到，在农业生产增长较快的基础上，及时地、适当地提高农业内部积累率，正是加速农业技术改革的条件之一。第二，近年来，我国农业生产条件不断改善，农业生产力水平正在迅速提高，农民消费水平也在逐步提高。因此，逐步地、适当地提高农业内部积累率，不仅是必要的，也是可能的。毛泽东同志早就说过："在筹集农业资金方面，农民群众中间有很大的潜在能力。……在资金方面，国家就当给予农民以必要的援助……但是资金的主要的大量的部分，还是应当依靠农民自己筹集。而这是完全可能的。对于农民的潜在力量估计不足，是错误的。"① 因此，农村人民公社和生产队必须发扬自力更生的精神，主要依靠自己的力量来增加积累，为农业扩大再生产筹集更多的资金。事实上，目前许多地区，许多社、队，生产正在大幅度地增长，积累率已有所提高。例如，黑龙江双城县幸福公社庆利大队，几年来适当地多积累生产资金，大大促进了生产的发展。这个大队从一开始成立高级社时就依靠集体力量来解决发展生产的资金问题。第一年抽出了总收入的7%，作为公共积累，用来添置车马农具。随着生产的发展，1957年公共积累增加到8%；1958年总收入大大超过了前两年，积累也相应地增加到19%；1959年公共积累是22.5%；1960年减少到12%；1961年大丰收，积累提高到17%。这就表明，随着生产较大幅度地增长，农业内部积累不是"相对稳定"，而是稳步地提高，不是等到农业机械化以后才提高积累的比重，而是要随着生产的发展，通过逐步提高积累的比重来逐步实现农业机械化。第三，由于农业生产的不稳定性，形成了农村人民公社积累与消费增长的不稳定性，特别是积累增长的不稳定性，如果强调积累率的"相对稳定"，在丰收年份不提高积累率，就难以瞻前顾后，以丰补歉，就难以保证农业中积累与消费的稳步增长，难以保证农业再生产的顺利发展。第四，如前所述，农

① 《合作社自己旨以解决生产资金》一文按语。《中国农村的社会主义高潮》上册，人民出版社1956年版，第335页。

民消费水平的提高速度，不仅应该低于生产的增长速度和农业劳动生产率的提高速度，而且应与职工消费水平的提高速度相适应。如果在农业生产得到较快的增长的条件下，不适当地提高农业内部积累率，就会使农民消费水平提高的速度过快，这对于进一步巩固工农联盟，发展工农业生产，也是不利的。

由此可见，在一定条件下，农村人民公社中积累增长速度高于消费增长速度，积累率适当地提高，将是农业生产进一步发展的必然结果，也是加速农业技术改革、进一步发展农业生产、巩固集体经济的客观要求。

四、如何正确处理农村人民公社积累与消费的关系

农村人民公社的积累与消费，不仅有着统一的一面，也有着矛盾的一面。任何一方面增长过多或过少，都会使矛盾尖锐起来。因此，在处理积累与消费的关系时，必须二者兼顾，才能发挥相互促进的作用。毛泽东同志说，在社会主义社会，“任何矛盾不但应当解决，也是完全可以解决的，我们的方针是统筹兼顾，适当安排”①。毛泽东同志在谈到分配问题时更具体地指出：“在分配问题上，我们必须兼顾国家利益、集体利益和个人利益。对于国家的税收、合作社的积累、农民的个人收入这三方面的关系，必须处理适当，经常注意调节其中的矛盾，国家要积累，合作社也要积累，但是都不能过多。我们要尽可能使农民能够在正常年景下，从增加生产中逐年增加个人收入。”② 这个指导思想，对于正确处理农村人民公社积累与消费的关系，是必须遵循的。我们在实际工作中，必须兼顾积累和消费，在生产发展的条件下，既保证积累的稳步增长，又保证社员消费水平的适当提高，使积累和消费得到最适当的结合，以利于促进生产的发展。

为了正确处理农村人民公社积累与消费的关系，为了在生产增长、农民消费水平提高的条件下，使积累的增长速度快于消费的增长速度，使农村人民公社内部积累率有所提高，除了要尽力增加农业总收入、在国家与

① 《关于正确处理人民内部矛盾的问题》，第 25 页。

② 《关于正确处理人民内部矛盾的问题》，第 18 页。

集体经济之间正确分配农业总收入和正确处理农业劳动生产率提高速度与农业劳动者平均消费水平提高速度的比例关系等以外，在实际处理积累与消费的关系时，可以采取对留在农业内部的总收入增加部分进行分成的办法，即将计划期留于农业的总收入比报告期增加的部分，根据不同年度，不同社、队的具体情况，按一定比例分配于积累与消费两个方面。这样，只要留在本生产单位内部的总收入有所增长，就既能使消费有所增长，使社员消费水平有所提高，又能使积累有所增长。而在一般情况下，还可以使积累的增长速度高于消费的增长速度，使农业再生产规模不断扩大。

如何将农业内部总收入增加的部分在积累与消费之间进行恰当的分配，使两者的比例得到最恰当的结合呢？这就需要分析各种不同的情况。例如：（一）农业生产水平和总收入增长速度。在农业生产水平较低、总收入增长较慢的情况下，假如其他条件不变，农业内部增加的总收入，应该较多地用于消费，较少地用于积累；当农业生产水平较高、总收入增长较快的情况下，假如其他条件不变，农业增加的总收入，应该较少地用于消费，较多地用于积累。（二）当农业生产的增长在较大程度上依靠增加活劳动消耗的情况下，假如其他条件不变，农业中增加的总收入，应该较多地用于增加消费，较少地用于增加积累；在农业生产的增长在较大程度上依靠提高劳动生产率的情况下，假如其他条件不变，农业中增加的总收入，应该较多地用于增加积累，较少地用于增加消费。（三）如果原来消费水平较低，在其他条件不变下，农业内部增加的总收入，应该较多地用于消费，较少地用于积累；如果原来消费水平较高，在其他条件不变下，农业内部增加的总收入，应该较少地用于消费，较多地用于积累。（四）在丰收的年份，农业内部增加的总收入，应该较多地用于增加积累，较少地用于增加消费；在歉收的年份，应当尽可能保证社员的消费，适当减少积累。总之，必须根据不同时期，不同社、队的具体情况，具体分析影响积累与消费的各种因素的作用，将增加的总收入，恰当地分配于积累与消费之间。

为了正确处理农村人民公社积累与消费的关系，在实际工作中，还必须注意下面一些问题：

（一）每次进行预分时，分配给社员的数量不能过多，应该适当地留点积累。如果分配的数量过多，容易使部分社员超支，从而影响集体经济的积累。因为有些社员超支了，一时无法扣回，这样名义上有积累，实际上没有积累，等于把集体经济的积累变相地用于社员消费，而不能真正用于扩大再生产。特别是分配给社员的实物不能过多。如果所分配的实物不是社员所需要的生活必需品，或者虽是生活必需品，但分配的数量超过了社员个人及家庭的生活需要，这样，就不仅会影响积累，而且会不利于向国家交更多的农副产品，甚至在一定条件下会助长某些农民的资本主义自发倾向。

（二）要在可能范围内留下一些储备粮。储备粮一般属于消费资料的积累，对于应付重大自然灾害、保证社员消费、保证农业扩大再生产的顺利进行，具有重要的作用。当然，储备粮也不能过多，丰收的年份可以多留点，歉收的年份可以少留或不留。

（三）目前农村人民公社一般还没有建立固定资产的折旧基金，这样，不仅会造成家底不清，不利于核算成本、提高劳动生产率，而且不便于核实总收入，不便于处理积累与消费的关系，不便于处理简单再生产与扩大再生产的关系。由于没有折旧基金，当需要补充耕畜、农具，特别是较大型的农具的时候，往往会感到困难。因此，应该在提高经营管理水平的基础上，逐步建立折旧基金，逐步实行对耕畜、农具及其他固定资产提取折旧的办法。具体做法，可结合每年分配，进行摸底，列入生产成本，从生产费中收回来。有了折旧基金，就能保证固定资产的及时补偿，并有利于在保证农业简单再生产的基础上进行农业扩大再生产。

原载《经济研究》1965 年第 3 期，用“轼辙”笔名发表

从消费资料生产出发
搞好国民经济综合平衡

搞好国民经济综合平衡，应该以什么为出发点？这不仅牵涉到综合平衡的基本任务，也关系到我们经济建设的基本任务，关系到社会主义生产的目的这样一个重要问题。我们认为，进行国民经济综合平衡，应该从消费资料生产出发。在这里，从三方面谈谈对这个问题的初步看法：（一）为什么要从消费资料生产出发进行国民经济综合平衡？（二）从消费资料生产出发进行国民经济综合平衡与生产资料优先增长的关系如何？（三）如何从消费资料生产出发搞好国民经济综合平衡？

一、为什么要从消费资料生产出发进行国民经济综合平衡?

搞好国民经济综合平衡，为什么必须从消费资料生产出发？这是由社会主义生产关系的本质决定的。

第一，这是社会主义基本经济规律的客观要求，直接体现社会主义的生产目的。社会主义基本经济规律指出，社会主义生产的目的，是为满足日益增长的物质和文化需要。恩格斯说："工业的这种发展将给社会提供足够的产品以满足它的全体成员的需要。"[①] 又说："……通过有计划地组织全部生产，使社会生产力及其所制成的产品增长到能够保证每个人的一

① 《马克思恩格斯选集》第 1 卷，第 222 页。

切合理的需要日益得到满足的程度。”[①] 从满足人民日益增长的需要出发，反映了社会主义生产关系的本质，反映了社会主义和资本主义以及一切剥削制度最根本的区别。社会主义生产如果背离了这个目的，那就无法体现社会主义制度的优越性。要满足人们日益增长的物质和文化需要，必须有丰富的消费资料。否则，满足需要只是一句空话。在社会主义下，生产资料也是不断增长的。但增长的目的，是为消费资料生产部门提供更多、更好的劳动手段和劳动对象，以便生产更多、更好的消费资料，来满足人民日益增长的需要。列宁极其明确地指出：“社会主义社会是一个为了消费而有计划组织生产的大消费合作社。”[②] 如果我们不把满足人民日益增长的需要放在首位，不从发展消费资料生产出发，忽视消费资料的生产，只强调生产钢铁、机器，就是对社会主义基本经济规律的漠视，就是对社会主义生产目的的否定。如果说，社会主义基本经济规律有所谓“物质承担者”的话，消费资料就是它的“物质承担者”。因为只有消费资料才能满足人民日益增长的需要，发展消费资料生产，才会体现社会主义生产的目的，才直接体现社会主义基本经济规律的要求。

第二，从消费资料的生产出发进行综合平衡，体现了社会主义扩大再生产规律的客观要求。马克思在谈到“社会的现实财富和社会再生产过程不断扩大的可能性”时指出：“社会化的人，联合起来的生产者，将合理地调节他们和自然之间的物质变换，把它置于他们的共同控制之下，而不让它作为盲目的力量来统治自己；靠消耗最小的力量，在最无愧于和最适合于他们的人类本性的条件下来进行这种物质变换。”[③] 马克思在这里揭示了社会主义扩大再生产的特点和实质，揭示了社会主义扩大再生产规律的要求：按照人们的需要，合理地分配社会劳动，有计划、按比例地发展国民经济；使人力、物力、财力得到最充分的利用和节约；使社会再生产不断扩大，使日益增长的需要不断得到满足，使人们在智力和体力方面获得充分的自由的发展和运用。

---

① 《马克思恩格斯选集》第 3 卷，第 42 页。
② 《列宁全集》第 9 卷，第 356 页。
③ 《资本论》第 3 卷，第 926-927 页。

从消费资料生产出发，最能体现社会主义扩大再生产规律的上述要求。这是因为：

（一）社会主义扩大再生产，首先要求调动劳动者的积极性，尽可能地提高劳动生产率。但是，劳动者的生产积极性，在很大程度上是由他们在生产中所获得的物质利益决定的。从消费资料生产出发进行综合平衡，加速发展消费资料生产，使人民日益增长的需要不断得到满足，使劳动者从物质利益上关心自己的劳动成果，使他们能享受生产资料公有制带来的物质福利，就能调动广大劳动者的积极性，直接刺激劳动生产率的提高，促进生产的不断扩大。

（二）社会主义扩大再生产，要求不断积累资金。加速发展消费资料生产，加速发展农业和轻工业，就能迅速增加资金积累，大大有利于加速社会主义扩大再生产。农业和轻工业是积累的主要来源。特别是轻工业，具有投资少、建设时间短、利润率高、创汇多的特点，轻工业的投资两年就可以收回，而钢铁工业收回投资要十六年半。我国1950—1978年间，轻工业为国家提供的税金和利润等于同一时期国家对轻工业系统投资总额的13倍，等于同一时期国家基本建设投资总额的36.7%。1978年轻工业品出口取得的外汇占外汇总额的42%。加速发展消费资料生产，加速发展农业和轻工业，就能为国家积累大量的资金，为加速社会主义扩大再生产创造重要的条件。

（三）社会主义扩大再生产，要求有广阔的市场，否则产品无法实现，再生产就无法进行。这就要求在全社会范围内按比例地分配社会劳动。马克思在谈到资本主义再生产时就指出："……不变资本的生产，从来不是为了不变资本本身而进行的，而只是因为那些生产个人消费品的生产部门需要更多的不变资本。"[①] 这里所说的"不变资本"，就是生产资料。从消费资料生产出发，首先安排好消费资料生产，然后根据消费资料生产的发展规模和速度，决定生产资料生产的发展规模和速度。这样，就使我们更清楚地看到，哪些生产资料更为重要，哪些生产资料需要的数量和品种如

① 《资本论》第3卷，第341页。

何，哪些需要多生产，哪些可以少生产；就可以直接看出生产资料生产和消费资料生产之间在数量上的依存关系，使生产资料生产部门（特别是重工业）的目标更明确；就可以把社会生产两大部类之间以及它们的内部，相互衔接，紧密结合，使生产和消费之间平衡协调，减少生产中的盲目性，避免产品的积压和浪费。这样，才能真正做到“……顾及社会的需要，看社会需要多少就生产多少。”① 可见，从消费资料生产出发，加速发展消费资料生产，不仅可以达到“消耗最小的力量”，得到最大的节约，符合社会主义扩大再生产的客观要求，而且还为生产资料生产部门提供广阔的市场，使产品容易实现，有利于加速社会主义扩大再生产。这正如毛泽东同志所指出的“农业和轻工业发展了，重工业有了市场，有了资金，它就会更快地发展。这样，看起来工业化的速度似乎慢一些，但是实际上不会慢，或者反而可能快一些。”②

由此可见，从消费资料生产出发，加速发展消费资料生产，就能使整个国民经济按比例、高速度发展，直接体现了社会主义扩大再生产规律的要求。如果从生产资料生产出发，或者从重工业出发，或者从重工业某一种产品出发，来进行国民经济综合平衡，就容易模糊社会主义生产的目的，容易片面地发展重工业或孤立地发展重工业某种产品，为生产而生产，为发展生产资料而发展生产资料；容易忽视消费资料生产，甚至片面地发展某些生产资料。其结果，必然越来越不平衡，必然造成比例失调，社会再生产各个部门、各个环节相互脱节，产品供求失调；必然造成积累率过高，基本建设战线过长，影响人民生活水平的提高，挫伤劳动人民的积极性。国民经济比例失调造成的浪费，是最大的浪费；比例失调造成的损失，是最大的损失。我们这十年来在这方面的教训是很深刻的。比例失调，怎么能高速度？怎么能体现社会主义扩大再生产规律的要求呢？

第三，从消费资料生产出发进行综合平衡，体现了社会主义劳动力再生产规律的客观要求。劳动力是生产力的重要因素。保证劳动力再生产，

---

① 《斯大林全集》第1卷，人民出版社1953年版，第306页。
② 《毛泽东选集》第5卷，第400页。

是发展生产的必要条件。如果不发展消费资料生产，没有一定的物质生活条件，不能使劳动者的体力得到很好的恢复和发展，智力和劳动熟练程度不能逐步提高，不能使下一代得到健康成长，社会再生产就无法进行。

在资本主义下，资本家把劳动者的个人消费，尽可能限制在劳动力价值以下。在资本主义生产方式废除之后，劳动者的消费不再限于最低水平，必要劳动将会扩大，劳动者所得到的消费资料，除了应包括必要的生活资料外，还应该包括一定数量的享受资料和发展资料。随着生产力水平不断提高，这些消费资料的数量将不断增长。不仅如此，消费构成也将发生变化，生存资料在消费中所占的比重将逐步降低，享受资料所占的比重将逐步提高，发展资料所占比重将提高更快。消费构成的这种变化，正反映了消费水平的不断提高。

总之，提高消费，发展消费资料生产，才能使劳动者有越来越好的身体，越来越丰富的科学知识，越来越强的工作能力，有越来越健壮、聪明的后代。一句话，保证了劳动力再生产，就为生产的进一步发展提供了最基本的、最重要的条件。特别是在我国这样一个有九亿多人口的大国，原来消费水平又很低，要保证大量劳动力的就业和九亿多人口消费水平的逐步提高，保证劳动力的再生产，更需要加速发展消费资料生产。我国近十年来，由于林彪、“四人帮”的干扰破坏，消费资料生产很落后，影响了国民经济的发展和人民生活水平的提高，这就更要求加速发展消费资料生产。从消费资料生产出发，加速发展消费资料生产，正反映了社会主义劳动力再生产规律的要求。

二、从消费资料生产出发进行国民经济综合平衡与生产资料优先增长的关系如何？

长期以来，在我们的经济工作中，片面地把生产资料优先增长作为一条绝对的规律，束缚了人们的思想，妨碍人们去发展消费资料生产，助长了为生产而生产的倾向。因此，在这里有必要讨论：从消费资料生产出发，搞好国民经济综合平衡，与生产资料优先增长是否矛盾？

社会生产两大部类在发展过程中，在用机器劳动代替手工劳动的条件下，表现为生产资料必须优先增长。这是因为，随着技术装备水平的提高，在社会总产品生产中，物化劳动消耗比重相对提高，活劳动消耗的比重相对降低，对生产资料的需求比对消费资料的需求增加更快，因而要求生产资料的生产增长更快。可见，生产资料的优先增长，是技术进步的必然结果。正如列宁所说："在资本主义社会中，生产资料的生产比消费资料的生产增长更快。""这个结论是直接根据一个尽人皆知的原理得出来的：资本主义生产创造了无可比拟地超过以往各个时代的高度发展的技术。"①

马克思的再生产公式撇开了技术进步和资本有机构成提高的因素。列宁发展了马克思的再生产图式，加进技术进步和资本有机构成提高的因素，并把第Ⅰ部类生产具体划分为制造生产资料的生产资料生产和制造消费资料的生产资料生产，并得出结论："增长最快的是制造生产资料的生产资料生产，其次是制造消费资料的生产资料生产，最慢的是消费资料生产。"②

马克思分析资本主义再生产时，强调生产资料生产在再生产中的作用，正是为了揭露资本主义再生产的对抗性矛盾，为了揭露资本主义生产的扩大和群众消费不足的矛盾。正如列宁所说："马克思的理论指出了资本主义所固有的矛盾，即人民消费没有随着生产的巨大增长而相应地增长这一矛盾是怎样实现的。"③

列宁强调生产资料优先增长，主要是为了批判民粹派胡说的：由于群众消费水平降低，剩余价值不能实现，市场问题不能解决，资本主义在俄国不可能发展等谬论，揭示了在资本主义有机构成提高的情况下，生产资料必须优先增长；指出资本主义生产的扩大，与其靠个人消费的扩大，不如靠生产资料生产的增长，以此来说明资本主义在俄国可以发展。列宁根据当时资本主义国家的情况得出的这些科学论断，也无疑是正确的。

但是，从最近几十年科学技术发展的新情况可以看出，有两种技术进

① 《列宁全集》第1卷，第72页。
② 《列宁全集》第1卷，第71页。
③ 《列宁全集》第4卷，第71页。

步：一种是用机器代替手工劳动，其结果必然是资本有机构成提高，使生产资料优先增长；另一种是改善劳动工具，提高它的效率，用更新、更好、质量更高的机器代替旧的机器，这样，效率更高，原材料消耗更低。这种技术进步能使单位产品中物化劳动所占的比重降低，并不一定形成资本有机构成的提高，并不一定要求生产资料优先增长，有时可能是消费资料优先增长。下面简略地分析一下技术进步的新情况，以及科学技术比较先进的国家生产资料优先增长的情况。

从世界技术进步的历史发展过程来看，根据大机器工业使用的动力，在生产技术上可以划分为三个不同的历史时期：从 18 世纪后半期到 19 世纪初期，用蒸汽机代替手工劳动，实现了第一次工业革命，建立了采煤、冶铁、纺织、机械等一系列工业部门。这时，轻工业在整个工业生产中占很大的比重，采煤、冶铁特别是纺织工业是主要的工业部门。从 19 世纪末到 20 世纪初，实现了第二次工业革命，主要表现为电力的使用和内燃机的发明，建立了一系列新兴的工业部门，如炼钢工业、有色冶金工业、电机工业、汽车制造业、飞机制造业、石油工业和化学工业等。这时重工业在工业生产中占有很大的比重，冶金、机械、石油、化工成为工业生产的主要部门。从 20 世纪 40 年代后期开始，由于原子能、电子计算机的发明和使用，开始了第三次工业革命，引起一系列新的工业部门的出现，如原子能工业、高分子合成工业、电子计算机工业、半导体工业、宇宙航行工业、激光工业等。特别是由于电子学、控制论、信息论的发展，从各方面用人工智能代替机械。从发展趋势来看，社会扩大再生产越来越依靠集约的方式而不断扩大。也就是说，扩大再生产，主要不是依靠生产资料和劳动力在数量上的扩大，而主要依靠生产各要素在质量上的改进和充分的利用。比如，机器设备朝着体积小、重量轻、效率高的方向发展，就可以节约金属材料和其他生产资料的消耗。由于科学技术的发展，在许多方面使生产资料的利用越来越节约。由此可见，第二种技术进步的结果：生产的增长，并不造成有机构成的提高，并不造成生产资料的优先增长。

从科学技术比较发达的一些国家最近二三十年的情况来看，生产资料和消费资料增长速度是趋于接近的，有些年代甚至是消费资料优先增长。

例如，1953—1972年，美国“甲类”工业的比重从71.8%下降到69.4%，“乙类”工业则从28.2%上升到30.6%；1954—1972年，全部工业生产的年平均增长率为4%，“乙类”为4.5%。西德1955—1972年全部工业生产的平均增长速度为6.3%，而“乙类”工业则为6.5%。日本1951—1955年，全部工业年平均增长率为15.6%,“甲类”工业为14.5%，“乙类”为18.6%。苏联“甲类”工业和“乙类”工业的比重：1960年为72.5%、27.5%，1970年为73.4%、26.6%，1974年为73.8%、26.2%，增长速度趋于接近。

在工业化的过程中，用机器劳动代替手工劳动，必须使生产资料优先增长，否则就不能以先进技术武装国民经济各部门，就不能在先进技术基础上使生产不断扩大，这也是社会生产发展的客观要求和必然趋势。但是，也应该看到，生产资料优先增长，并不是一切社会、一切时期所必然出现的客观经济规律。马克思分析资本主义再生产，并没有把生产资料优先增长作为客观经济规律。众所周知，马克思的再生产公式，是假定两大部类平行发展的。马克思甚至还这样指出过：“如果要使事情正常地进行，第Ⅱ部类就必须比第Ⅰ部类积累得快”[①]。这就意味着，在一定条件下，第Ⅱ部类增长速度可以快于第Ⅰ部类。列宁根据马克思的再生产公式，加进技术进步的因素，虽然得出了生产资料优先增长的结论，但列宁也不是说这是一切社会、一切时期所必然出现的规律，而只是针对资本主义社会以机器劳动代替手工劳动那种技术进步的时期来说，“生产资料增长最快这个规律的全部意义和作用就在于：机器劳动代替手工劳动（一般指机器工业时代的技术进步）要求加紧发展煤、铁这种真正‘制造生产资料的生产资料’生产。”[②] 可见，列宁讲的生产资料优先增长，是讲“机器工业时代技术进步”，即机器劳动代替手工劳动那种技术进步。

前面已经谈到第一次工业革命时期，表现为轻工业的优先增长；第二次工业革命时期，表现为重工业的优先增长；第三次工业革命时期，表现

① 《资本论》第2卷，人民出版社1975年版，第579页。

② 《列宁全集》第1卷，第88页。

为生产过程高度的集约化，生产资料利用的不断节约。资本主义工业发展的实际情况也表明：从发展轻工业开始，轻工业优先增长；然后表现为加速发展重工业，生产资料优先增长；然后表现为两大部类增长速度趋于接近，有时表现为生产资料优先增长，有时表现为消费资料的优先增长。从历史发展的较长过程来看，呈现出这样一种趋势：消费资料优先增长—生产资料优先增长—社会生产两大部类发展速度趋于接近。

我们之所以在这里不厌其烦地论证这些问题，目的在于说明：不要把生产资料优先增长绝对化了，不要把生产资料优先增长看成任何时期的绝对规律，而忽视发展消费资料生产。特别是在社会主义下，更应该看到：发展生产资料生产，不是为了发展生产资料本身，而是为了发展消费资料生产，来满足日益增长的需要。在我国目前情况下，也不宜片面强调生产资料优先增长，而应该使消费资料适当地优先增长，来加速整个国民经济的发展。这是因为：第一，我国目前现代化的物质技术基础还很薄弱，不可能全面地实现全盘机械化和自动化。在今后一个相当长的时期内，我们的生产技术将是手工劳动、机械化、半机械化同时并存。第二，我国人口多，需要就业的劳动力多，在技术政策方面，不能不考虑这一客观实际。加速发展消费资料生产，特别是发展轻工业中那些“劳动密集”行业和手工业，既能增加生产，满足需要，又大大有利于解决就业问题。而先进的现代化技术，只能在少数企业、部门首先采用。第三，我国当前农业、轻工业还很落后，还不能适应国民经济发展的需要。加速发展消费资料生产，加速发展农业、轻工业，逐步满足人民需要，逐步积累资金，逐步扩大市场，就为加速社会主义工业化创造了极为重要的条件。从这三方面来看，在一个时期之内（例如几年），适当地使消费资料优先增长，就更有利于以后大规模地用机器劳动代替手工劳动，加速发展生产资料生产；而生产资料生产的迅速发展，反转来又为加速发展消费资料生产创造了重要的条件。社会主义下两大部类之间就是这样相互促进的。

有人认为：“在强化的社会主义扩大再生产的条件下，高速度地扩大再生产也同第Ⅰ部类产品增长速度更快于第Ⅱ部类产品增长速度紧密地联系着。”“在社会产品中第Ⅰ部类的比重愈高（这是第Ⅰ部类的产品比第Ⅱ

部类的产品更快增长的结果)，社会总产品再生产的速度也就愈高。"[①] 这种意见是不正确的。这是把社会主义下两大部类对立起来，忽视了社会主义生产的目的，忽视了社会主义下生产资料生产与消费资料生产之间相互促进的极密切的内在联系，片面强调生产资料优先增长的作用，忽视了发展消费资料生产对社会主义扩大再生产的作用。其结果必然是为生产而生产，为发展生产资料而发展生产资料，必然引起比例失调，降低社会主义再生产的速度。

综上可知，从消费资料生产出发，搞好国民经济综合平衡，与生产资料优先增长并不矛盾。我们不能把生产资料优先增长与加速发展消费资料生产对立起来，既不能把生产资料优先增长绝对化，忽视消费资料生产的发展，又不能忽视在一定条件下生产资料必须优先增长。问题在于：生产资料优先增长服从于什么目的，以什么为出发点。如果是从消费资料生产出发，为发展消费资料而使生产资料一定程度的优先增长，也是社会主义扩大再生产所要求的。

三、如何从消费资料生产出发搞好国民经济综合平衡?

从消费资料生产出发进行综合平衡，这就是说，首先安排消费资料的生产，并按照实际可能确定其发展规模和速度；根据消费资料生产的发展规模和速度，相应地安排制造消费资料的生产资料的生产，并按照实际可能确定其发展规模和速度；然后根据制造消费资料的生产资料发展的规模和速度，相应地安排制造生产资料的生产资料的生产，并按照实际可能确定其发展规模和速度；然后根据需要和可能，确定其他部门的发展规模和速度。反复计算、比较、分析，通过综合平衡，确定整个国民经济的发展规模、速度和比例。

在实际工作中，要真正做到从消费资料生产出发搞好国民经济综合平衡，还必须正确处理几个关系：

第一，正确处理生产和消费的关系。二十多年前，雅罗申柯反对斯大

① 克隆罗德：《社会主义制度下的社会产品及其构成》，张贤务等译，第 169-170 页。

林关于社会主义基本经济规律的定义，提出："你所表述的社会主义的基本经济规律不是从生产占首要地位出发，而是从消费占首要地位出发的。"斯大林批判了雅罗申柯提出的为生产而生产的公式，指出："生产从手段变成了目的，而保证最大限度地满足社会经济增长的物质和文化需要，却被取消了。结果弄成生产增长是为了生产增长，生产是目的本身，而人及其需要就从雅罗申柯同志的视野里消失了。"① 二十多年来，在我们的经济工作中，为生产而生产，忽视社会主义生产目的的情况，却是经常出现的。最集中地表现在对待生产与消费的关系上：重生产，轻消费；片面强调生产对消费的决定作用，忽视消费对生产的促进作用。这样，重视生产资料生产，忽视消费资料生产；重视积累，忽视消费；重视生产性积累，忽视消费性积累；重视生产，忽视生活等等问题都出来了。例如，我们职工住房问题十分紧张，但长期以来，却为很多人所忽视。据 1977 年对全国 190 个城市的调查，职工住房平均每人居住面积比中华人民共和国成立初期下降了，有的城市按人口平均只有 2 平方米，拥挤不堪，影响了生活，也影响了生产。类似这种忽视人民消费的情况，还是很多的。

长期以来，由于忽视消费、忽视消费对生产的促进作用，在我们经济工作中，常常片面地强调发展生产，把发展生产和改善生活对立起来，只抓生产，不抓生活，以致"重生产，轻生活"，忽视生活的提高，挫伤了劳动者的积极性。马克思说："没有生产，就没有消费，但是，没有消费，也就没有生产，因为如果这样，生产就没有目的。"② 要看到消费本身就是生产的一个要素，消费是发展生产的强大动力。我们必须正确处理生产和消费的关系，在抓好生产的同时，抓好生活；在最近几年之内，要适当降低积累率，使消费的增长速度高于积累的增长速度；要制定正确的工资政策、价格政策、税收政策和人民公社收益分配政策。总之，要在生产发展的基础上，使人民实际消费水平逐步有所提高，充分发挥消费对生产的促进作用。

---

① 斯大林：《苏联社会主义经济问题》，人民出版社 1971 年版，第 60、62-63 页。

② 《马克思恩格斯选集》第 2 卷，第 94 页。

第二，正确处理农轻重的关系。农业、轻工业、重工业是国民经济中最基本的物质生产部门，国民经济比例关系是否合理，首先看农轻重的比例是否合理。目前，我国钢产量已达到三千万吨。但其他一些国家达到三千万吨钢的时候，农业、轻工业生产水平却比我们高得多。比如，钢产量达到三千万吨时，美国是 1911 年，苏联是 1951 年，西德是 1959 年，日本是 1963 年。按当时每一农业劳动力生产的粮食来讲，美国比我们高 8 倍，西德比我们高 3. 5 倍，苏联比我们高 1 倍，日本比我们高 60%。按人口平均计算的棉纱、棉布、纸张来说，苏联当时比我国目前高半倍到 1 倍。西德生产的自行车、棉布，比我们高 1 倍至 2 倍；手表和纸张比我们高 10 倍。日本的轻纺工业品比我们高得更多。这说明我们的农业、轻工业很落后，说明我们的经济结构很不合理。我们调整经济结构，首先要调整农轻重的结构，改变长期以来形成的重工轻农的状况。

有人认为：最近一两年来，我们已经改变了农轻重的投资比例，已经解决了农轻重的问题了，好像农轻重的比例再不用调整了。这种观点是不正确的。农轻重的比例，不仅表现在投资的分配上，而且表现在各种物资的分配上，表现在各个部门，特别是重工业部门对农业的支援上。调整农轻重的关系，必须调整重工业的内部结构。目前，就我国重工业的内部结构来说，为重工业本身服务的比较多，为农业轻工业服务的比较少。据统计，重工业投资中用于直接为农业服务的农用工业（农机、化肥、农药等）的比重只有 8%左右，钢材生产消费量中用于农业、轻工业、农机工业的只有 25%左右。轻工业产值中以工业品为原料的比重仅占 30%左右。重工业支援农业的生产资料，数量不够，品种不全，质量不高，远远不能适应农业进一步发展的需要。因此，必须改变重工业的内部结构，加速发展那些为农业、轻工业服务的部门，为农业、轻工业提供越来越多的机器、设备和劳动对象，如塑料、合成纤维、合成橡胶等，还要为农业、轻工业提供农产品加工的原料。这样，工业支援农业也就有了新的内容，农轻重的关系也就进一步密切起来了。

第三，正确处理消费资料生产的内部关系。除了要正确处理生产资料生产（主要是重工业）的内部关系外，还必须正确处理消费资料生产的关系。随着生产的发展和消费水平的提高，消费结构也在不断变化。如果我们把消费资料分为生存资料、享受资料、发展资料，可以明显看到：生存资料在消费中所占比重将逐步降低，享受资料所占的比重将逐步提高，发展资料所占比重将提高更快。如果我们把消费资料分为吃、穿、用等项，这几项之间以及各自内部的结构，也会不断发生变化。消费资料的生产结构，就要适应消费结构的这些变化，才能更好地满足日益增长的需要。例如，轻工业中要增加一些新的行业，要多生产一些质量好、式样新的中高档商品，如各种化纤纺织品、针织品、手表、皮鞋、电视机、家用电器设备、工艺美术品等，既满足了市场需要，又为国家收回货币，积累资金。农业中，要调整农业内部结构，加速发展林、牧、副、渔各业，迅速提高农产品商品率。特别要看到这样一种趋势：随着工农业生产的发展和人民消费结构的变化，农业中一部分产品，原来是自给性产品，将越来越多地变为商品，经过加工，变为质量更高的消费品。这正是社会再生产不断扩大、人民消费水平不断提高的客观要求。正如马克思所说："大规模农业越发达，它购买'先行于它生产的'产品和卖出自己的产品就越多。"①这样就要加速发展农产品加工工业，走农工副相结合的道路。

第四，正确处理购买力和商品供应量之间的关系。购买力和商品供应之间的关系，实际上是商品的供求关系。这个比例关系是否协调，具体地反映了社会生产与社会需要之间是否平衡，财政、信贷、物资、外汇是否平衡。我们要保证国民经济有计划、按比例的发展，要满足日益增长的需要，就必须保持商品的供求平衡。不仅要在商品总量上达到平衡，而且要在主要商品的结构上达到平衡。长期以来，有一种观点认为：在社会主义下，生产总是赶不上需要，因而商品供不应求，是长期的必然趋势，甚至是社会主义制度优越性的具体表现。这种观点是错误的。从生产与需要的关系来看，需要能刺激生产的发展，需要可以走在生产的前面。这种需要与我们通常所说的"有支付能力的需要"即购买力，是不能混为一谈的。"有支付能力的需要"或购买力，却不能走在生产的前面，它必须与实际

① 《剩余价值理论》第二卷，人民出版社 1975 年版，第 50 页。

的商品供应相适应。商品供求之间必须平衡，才能满足需要，才能保持市场和物价的稳定，保证社会再生产的顺利进行。

购买力和商品供应之间不平衡，原因是很多的，基本建设规模过大，战线过长，其结果也必然形成商品供求失调。因为基建投资中，有一部分转化为购买力，而基建规模过大，战线过长，必然影响消费资料的生产，影响消费资料的供应。因此，坚决缩短基本建设战线，是解决国民经济比例失调（包括商品供求失调）的根本措施之一。此外，增加消费资料生产，控制和转移购买力，加强流通环节，改进商业工作等等，都是必要的。

要正确处理这些关系，真正从消费资料生产出发，搞好国民经济综合平衡，最根本的一条，在于肃清“左”倾思想的影响，冲破林彪、“四人帮”所制造的精神枷锁，解放思想，敢于面对现实，揭露矛盾，研究问题，解决问题。我们要坚持辩证唯物主义的认识路线，从实际出发，调查研究，真正认识和掌握经济规律，按客观规律办事，首先是按社会主义基本经济规律办事，来加速四个现代化的进程。

原载《江汉论坛》1980 年第 1 期

消费是生产关系一个方面

消费问题，是经济理论中一个很重要的问题。但也正如列宁所说的：消费问题，“至今还是经济学家的真正绊脚石”，“糊涂观念”还是很多。[①]例如，消费是否为政治经济学研究的对象？是否为生产关系一个方面？多年以来，在学术界存在着争论。我认为，搞清这个问题，对于认清社会主义生产关系的实质，对于发挥消费在社会再生产中的作用，对于实现社会主义生产目的，端正经济工作的指导思想，均具有重要的意义。在这篇短文里，只对消费是否为生产关系一个方面这一问题，提出一些初步的看法，以供讨论。

（一）

我们这里所讲的消费，是指个人消费，不包括生产消费在内。个人消费的内容，不仅包括实物形式的消费，而且包括满足消费需要的劳务在内。我认为，个人消费，也反映社会生产关系，是生产关系一个方面。为什么这样说呢？

第一，从生产关系的内涵及其实现来看。社会再生产过程，包括生产、分配、交换、消费四个环节，马克思、恩格斯通常是把四者并列，都作为“经济形式”，指出“……籍以进行生产、消费和交换的经济形式是

① 《列宁选集》第1卷，人民出版社版，第180页。

暂时的和历史性的形式。"[1] 消费既然是一种"经济形式"，而且是"历史性的"，很显然是反映生产关系的。特别应该看到：马克思主义经典作家，还把消费包括在"生产关系的体系"之中。马克思说："我们得到的结论并不是说，生产、分配、交换、消费是同一的东西，而是说，它们构成一个总体的各个环节，一个统一体内部的差别。"[2] 生产、分配、交换这些过程既然体现生产关系，消费既然是"一个总体"中的一个环节，当然也从一个侧面体现了生产关系。列宁在《什么是人民之友及他们如何攻击社会民主主义者》一文中更明确地提出了"生产关系的体系"的问题，消费关系，应该和生产领域的关系、分配领域的关系、交换领域的关系一起组成为"生产关系的体系"。消费应该是"生产关系的体系"之中一个重要组成部分。

社会再生产的四个环节，相互联系，不可分割，但又各自有其相对独立性。生产关系决不是空中楼阁，必须体现在具体的经济过程中，也就是说，必须具体体现在生产、分配、交换、消费四个环节中。如果脱离具体的经济过程，生产关系就会驾空。用于消费的物质资料和劳务，从生产、分配、交换到消费的整个运动过程，都是在一定的生产关系下进行的，并且受生产关系的制约。在资本主义下，"产品的使用取决于消费者所处的社会条件，而这种社会条件本身又建立在阶级对抗上"[3]。在社会主义下，虽然排除了阶级对抗，但消费决不能脱离消费者所处的社会条件，决不能脱离生产关系，脱离生产、交换、分配而孤立地运动。

还应该看到：生产关系，总是表现为物质利益关系。而这种物质利益关系的实现，归根到底，要通过消费关系来反映。人们在生产过程、交换过程和分配过程中所获得的物质利益，最后总得通过消费、通过人们在消费中享受到的物质利益的实惠而最终实现。在社会主义下，也是生产资料公有制的最终实现。这些物质利益的实现，都体现了生产关系，是生产关系的最终实现。

---

① 《马克思恩格斯选集》第 4 卷，人民出版社版，第 32 页。
② 《马克思恩格斯选集》第 2 卷，人民出版社 1975 年版，第 102 页
③ 《马克思恩格斯全集》第 4 卷，第 104 页。

马克思主义经典作家并不是反对把消费作为政治经济学研究的对象，而是反对资产阶级经济学家抽象地研究“消费一般”，并把消费作为生理现象脱离资本主义生产关系来进行研究。马克思在《资本论》中科学地区分了生产消费和个人消费，具体地划分了第Ⅱ部类中的两个副类，揭示了资本主义下消费的资本主义性质，揭示了资本主义下生产与消费的对抗性矛盾，揭示了消费与资本主义经济危机的关系。在《“政治经济学批判”导言》中又全面地对生产、分配、交换、消费四个环节在社会再生产过程中的地位、作用及其相互关系，做了科学的论证。可见，马克思是把消费作为生产关系的一个方面，并进行深入的研究的。

列宁多次批判资产阶级经济学家把消费看作是脱离生产关系的观点，他在批判资产阶级经济学家“把‘消费’当作特殊的科学部门而且和‘生产’分开”时指出：“……说明他们对政治经济学的对象的了解是极不科学的。政治经济学的对象决不像通常所说的那样是‘物质资料的生产’（这是工艺学的对象），而是人们在生产中的社会关系。”“如果生产关系没有阐明（例如，不了解整个社会总资本的生产过程），关于消费和分配的任何论断都会变成废话，或者变成天真的浪漫主义的愿望。”①

以上是从生产关系本身来看，说明消费是生产关系一个方面。

第二，从消费体系的内容来看。马克思提出了“需要的体系”的问题。我认为：在社会再生产过程中，也有一个“消费的体系”的问题。消费的体系，主要包括消费水平、消费结构和消费方式，这三者都反映了生产关系。

消费水平，不仅反映一个社会的生产力水平，也反映一个社会的生产关系，包括生产资料所有制状况。在资本主义下，资本家为了得到最大限度的利润，总是把劳动者的消费水平压到最低限，“……降到劳动力的价值以下，因为这样一来，劳动力就只能在萎缩的状态下维持和发展”②，在社会主义下，劳动者的消费，不再以维持劳动力在生理上的最低限为界

① 《列宁全集》第2卷，人民出版社版，第166-167页。
② 《资本论》第1卷，人民出版社1975年版，第196页。

限，而是“扩大到一方面为社会现有的生产力（也就是工人的劳动作为现实的社会劳动所具有的社会生产力）所许可，另一方面为个性的充分发展所必要的消费的范围”。[①] 恩格斯在《雇佣劳动与资本》的导言中指出：只有在一个新的社会制度之下，生活资料、享受资料、发展和表现一切体力和智力所需要的资料，才能“同等地、愈益充分地交归社会全体成员支配”。[②] 才能逐步实现“充分保证全体成员的福利和自由的全面的发展”[③]。可见，消费水平，反映不同社会的社会性质，反映不同的生产关系的状况。即令在社会主义社会，不同阶层、不同居民集团之间的不同消费水平，虽然不反映阶级差别，但也反映人与人之间的物质利益的差别，在某种程度上反映他们在社会经济运动中的地位和作用，这些都反映生产关系。

消费结构，反映生产关系状况更为明显。在阶级社会里，“产品的使用取决于消费者所处的社会条件，而这种社会条件本身又建立在阶级对抗上”[④]。“工人买马铃薯和妇女买花边这两者都是根据本人的意见行事的。但是他们意见的差别就是由于他们在社会上所处的地位不同，而这种社会地位的差别又是社会组织的产物。”[⑤] 马克思在《资本论》第 2 卷中把第Ⅱ部类又划分为两个副类：必要消费资料和奢侈消费资料。指出：奢侈消费资料“只进入资本家阶级的消费，所以只能和花费的剩余价值交换，而剩余价值是绝对到不了工人手中的”[⑥]。马克思还指出：“奢侈品所代表的只是一种剩余劳动，并且是直接以富人作为收入来消费的剩余产品形式出现的剩余劳动。”[⑦] 阶级社会里的不同的消费结构，正是阶级地位的反映，正是生产关系的反映。在社会主义下，消费结构虽然不再反映阶级关系，但也反映不同阶层、不同居民集团在消费中的差别，不同的消费结构，正

① 《资本论》第 3 卷，第 990 页。
② 《雇佣劳动与资本》，单行本 1965 年版，第 9 页。
③ 《列宁全集》第 6 卷，第 37 页。
④ 《马克思恩格斯全集》第 4 卷，第 104 页。“产品的使用”，可译为“产品的消费”。
⑤ 马克思：《哲学的贫困》，人民出版社 1961 年版，第 32 页。
⑥ 《资本论》第 2 卷，人民出版社 1975 年，第 448 页。
⑦ 《剩余价值论》，第 3 册，人民出版社 1975 年版，第 269 页。

反映了不同的消费水平，这种差别正是生产关系的反映。

消费方式也明显地反映生产关系。“人们能否自由选择某一社会形式呢？决不能。在人们的生产力发展的一定状况下，就会有一定的交换（commerce）和消费形式。”① 消费的社会形式，就是人们在消费过程中的相互关系，也就是生产关系。“饥饿总是饥饿，但是用刀叉吃熟肉来解除的饥饿不同于用手、指甲和牙齿啃生肉来解除的饥饿。”② 在社会主义下，随着生产的发展，消费方式也在发展变化。比如，消费社会化的发展，服务行业的发展，个人消费和社会公共消费比例的变化，消费中免费部分和付费部分的比例的变化，都反映了人们在消费过程中相互关系的变化，都反映了生产关系。

由此可见，从消费体系的内容来看，消费水平、消费结构和消费方式，都体现了生产关系，都体现了生产资料所有制和人与人之间的关系。特别应该看到：我国各地区、各民族在经济、文化等方面，发展是很不平衡的。各个民族之间，地区之间，乃至城乡之间、工农之间、脑力劳动者和体力劳动者之间，在消费水平、消费结构、消费方式等方面，都有很大的差别。这些差别，构成我国整个消费体系内部的多样性。这些差别和多样性，不正是生产关系的具体体现吗？

第三，从消费资料个人所有制来看。在阶级社会里，存在着消费资料的个人所有制，尽管在内容和性质上是不同的。“共产主义并不剥夺任何人占有社会产品的权力，它只剥夺利用这种占有去奴役他人劳动的权力。”③ 马克思在《资本论》中更明确地指出：“在协作和对土地及靠劳动本身生产的生产资料的共同占有的基础上，重新建立个人所有制。”④ 显然，这里讲的“重新建立个人所有制”，不是重新建立生产资料的私人所有制，而是建立消费资料的个人所有制。在社会主义下，除了一部分集体消费外，大部分消费资料是个人所有。这种消费资料个人所有制，是劳动

---

① 《马克思恩格斯选集》第 4 卷，第 320-321 页。
② 《马克思恩格斯选集》第 2 卷，第 95 页。
③ 《共产党宣言》1971 年单行本，第 40 页。
④ 《资本论》第 1 卷，第 832 页。

者从生产资料公有制中得到的物质利益的一个极其重要的方面，是保证劳动力再生产、促进生产发展的强大推动力。马克思说："消费不仅是使产品成为产品的最后行为，而且也是使生产者成为生产者的最后行为。"① 消费资料的占有，是实现生产资料占有的"最后行为。"如果没有消费资料的个人占有，生产资料公有，对劳动者也就失去了意义。列宁说得好："土地是不能吃的，……单靠土地归人民所有是不能消除贫困的。"② 既然消费是"使劳动者成为劳动者的最后行为"，既然消费反映消费资料的占有关系，既然社会主义下的消费反映社会主义的消费资料个人所有制，反映生产资料公有制的最终实现，这就是极其明确地说明：消费是反映生产关系的一个重要的方面。

（二）

消费是否为生产关系一个方面，迄今为止，还存在着各种不同的意见。

有人引用马克思在《政治经济学批判》导言中的一段话："……消费这个不仅被看成终点而且被看成最后目的的结束行为，除了它不会反过来作用于起点并重新引起整个过程之外，本来不属于经济学的范围。"③ 因而认为：消费不属于经济学范围，不是生产关系的一个方面。这是一种误解。很显然，马克思在这里是批判资产阶级经济学家关于生产、分配、交换、消费之间的"肤浅的联系"，批判资产阶级经济学家总是把资本主义生产看成"生产一般"，把资本主义生产说成是合乎自然的永恒的一般生产的观点；批判资产阶级经济学家的所谓"消费是个别"，即把资本主义社会的消费说成是消费者自己的事，与社会制度无关，从而否定资本主义社会生产与消费之间对抗性的矛盾的观点。资产阶级经济学家把消费看成是纯粹的生理和生物的一种自然过程，故意排除消费的社会方面。他们论述消费的"肤浅的表象"是："在消费中，产品脱离这种社会运动，直接

① 《马克思恩格斯选集》第 2 卷，第 96 页。

② 《列宁论社会主义所有制》，法律出版社 1959 年版，第 592 页。

③ 《马克思恩格斯选集》第 2 卷，第 92 页。

变成个人需要的对象和仆役，被享受而满足个人需要。”① 按照这种“肤浅的表象”来说，消费当然“不属于经济学的范围”了。其实，马克思在这里讲得很清楚，强调指出消费对生产以及整个再生产的巨大的反作用，作为“终点”、作为“最后目的的结束行为”的消费，不仅影响生产（“反过来作用于起点”），而且影响包括分配、交换在内的整个社会再生产过程（“并重新引起整个过程”）。马克思正是从生产、分配、交换、消费的内在联系来批判资产阶级经济学家的“肤浅的联系”，从而揭示了资本主义生产关系的实质。如前所述，生产关系不是空洞的，而是在生产、分配、交换、消费四个环节及其相互关系中反映出来。消费对生产和再生产的这种反作用，不正是生产关系的具体体现吗？可见，引用马克思的上述一段话，只能说明消费是生产关系的一个方面，不应该得出相反的结论。

还有一种意见认为：恩格斯在《反杜林论》中讲政治经济学的对象时，只包括生产、分配、交换，而不包括消费，因而认为消费不是生产关系一个方面。这也是一种误解。恩格斯在《反杜林论》中论述政治经济学的对象时，是从历史发展过程来说的。他首先给政治经济学下了一个定义：“是研究人类社会中支配物质生活资料的生产和交换的规律的科学。”② 然后分析历史的发展过程，分析人类社会经济的发展过程，指出：“随着历史上一定社会的生产和交换的方式和方法的产生，随着这一社会的历史前提的产生，同时也产生了产品分配的方式和方法。”③ 接着又给政治经济学下了一个定义：“政治经济学作为一门研究人类各种社会进行生产和交换并相应地进行产品分配的条件和形式的科学。”④ 恩格斯下这个定义，是针对资本主义社会的情况而言的。而我们知道，资本主义社会的消费，正反映了劳动力对资本的依存关系。“工人往往被迫把自己的个人消费变成生产过程的纯粹附带的事情。在这种情况下，他给自己添加生活资料，是为了维持自己劳动力的运转，正像给蒸汽机添煤加水，给机轮上油一样。

① 《马克思恩格斯选集》第 2 卷，第 91 页。
② 《马克思恩格斯选集》第 3 卷，第 186 页。
③ 《马克思恩格斯选集》第 3 卷，第 187 页。
④ 《马克思恩格斯选集》第 3 卷，第 189 页。

在这里，他的消费资料只是一种生产资料的消费资料，他的个人消费是直接生产消费。”[1] 因此，工人的个人消费是“在生产过程以外执行生活职能”。[2] 马克思恩格斯把工人的个人消费附属于生产消费，没有把消费单独列出来，是与资本主义生产关系的特点以及当时消费经济还很不发达的情况相联系的。但是，随着社会化大生产的发展和分工的进一步扩展，随着消费水平的提高和消费结构的变化，随着消费的社会化，消费的范围越来越广，消费的内容越来越丰富，原来作为个人消费过程中的一部分，逐步社会化，独立成为社会消费部门（如公共饮食业、旅游业等）。这样，消费问题愈来愈重要，愈来愈成为政治经济学研究的对象，愈来愈体现出社会生产关系的内容。

还有一种意见认为：在生产、交换、分配中可以包括消费，因而消费不必单独列出，不成为生产关系一个方面。这种观点也是不妥当的。生产、分配、交换、消费，是社会再生产过程中各自独立，缺一不可的四个环节，谁也包括不了谁，谁也代替不了谁。“我们得到的结论并不是说，生产、分配、交换、消费是同一的东西，而是说，它们构成一个总体的各个环节，一个统一体内部的差别。”[3] 生产和交换，代替不了消费，是显而易见的。例如，生产增加了，交换也顺利进行了，但产业结构不合理，农轻重比例失调，生产资料生产与消费资料生产比例失调，这种生产的增加，能相应地提高消费吗？不能，我国三十年来生产增长速度相当快，而人民消费没有得到应有的提高，就是有力的证明。分配也是代替不了消费的，例如：居民货币收入增加了，购买力增加了，而商品可供量没有得到相应的增加，造成商品供不应求；或者是商品总量增加了，分配给每个人的商品总量增加了，但商品的花色品种不对路，不能适应消费者消费结构的变化；或者是商品质量低劣。所有这些，都不能给消费者带来实惠。这种情况，在我国也经常出现，分配的结果，并没有促进消费的提高，分配能代替消费吗？不能！消费是一个独立的领域，独立的环节，有它本身的

---

① 《资本论》第 1 卷，第 627 页。
② 《资本论》第 1 卷，第 627 页。
③ 《马克思恩格斯选集》第 2 卷，第 102 页。

内在规律，决不是其他环节所能“包括”、所能“代替”的。像我们前面所说的不同阶层、不同社会集团在消费水平、消费结构、消费方式等方面的差别，这些差别的发展趋势和规律性，以及由此而在社会经济运动中所产生的影响，这些问题都不是生产、交换、分配所能“代替”“包括”的。特别是随着生产的发展和消费结构的变化，新的部门、新的行业不断涌现，如服务行业越来越多，科学文化等方面的需要越来越多，精神生活方面的要求越来越高，使消费领域的范围越来越大，生产、分配、交换，怎么能“包括”“代替”这些内容呢？特别是在社会主义下，劳动者是生产资料的主人，是社会经济运动的主体。而劳动者的消费需要，正是保证了劳动力的再生产，保证作为社会经济运动的主体的劳动者能充分施展自己的智慧和能力，加速社会经济的发展，并在保证日益增长的物质文化需要不断得到满足的情况下，使劳动者得到全面的发展。这些内容，更不是生产、交换、分配所能“包括”“代替”的。

还有一种意见认为：消费是纯生理、生物的过程，是人与物的关系，因而不包括在生产关系之内。这种观点，更是不妥当的。第一，决不能把消费看成是单纯生理、生物的过程，消费除了生理、生物的过程的一面，还有社会性质的一面。就以个人消费来说，在资本主义下和在社会主义下，也是根本不同的。在资本主义下，“因为工人要不断作为可供资本家剥削的材料出现在市场上，他首先就得活下去，就得通过个人的消费来维持自己。但是，在这里，把这种消费本身作为前提，只是因为这是资本对劳动力进行生产消费的条件，也就是说，只是因为工人通过他的个人消费，把自己作为劳动力来维持和再生产。”[①] 在资本主义下，劳动者的个人消费，是生产和再生产资本、创造剩余价值的一个要素。在社会主义下，劳动者的个人消费不仅为了维持劳动力再生产，提高劳动力的素质，而且能使劳动者日益增长的物质文化需要不断得到满足，使劳动者在德育、智育、体育方面得到全面发展，这正体现了社会主义生产目的。同样都是个人消费，在不同社会下性质是不同的。这不正是说明消费反映生产关系

① 《资本论》第2卷，第69-70页。

吗？马克思谈到资本主义下的消费情况时还指出：“我们的需要和享受是以社会的尺度，而不是以满足它们的物品去衡量的。因为我们的需要和享受具有社会性质……”[①] 消费水平、消费结构、消费方式，都具有社会性质，这点前面已说过，不再赘述。第二，即令是满足生理需要的消费，也不能不受生产关系的制约。像我们前面引用过的马克思所说的“用刀叉吃熟肉来解除的饥饿不同于用手、指甲和牙齿啃生肉来解除的饥饿”，这就反映了不同的生产力水平和生产关系的性质。任何消费，都反映一定的生产资料所有制形式。因此，决不能脱离一定的生产关系来抽象地谈“消费一般。”

综上可知，把消费看成是脱离生产关系而孤立存在的观点，忽视消费的作用，是没有根据的，是极其有害的。

（三）

消费既然是生产关系的一个方面，我们就要重视消费，充分发挥它在社会再生产中的作用，通过消费，来促进生产的发展，来促进交换方式和分配方式的不断完善，来逐步提高人民的消费水平，实现社会主义生产目的，并使劳动者的“体力和智力获得充分的自由的发展和运用”[②]。我们把消费作为生产关系的一个方面，就是要研究消费领域中的生产关系，就是要研究社会主义消费的规律，研究消费领域中的生产关系和生产力不相适应的部分，研究如何正确处理消费过程中人与人的关系，来调动广大劳动者的积极性，来促进生产的发展和人民消费水平的提高。在这里，有几个问题是值得研究的：

第一，如何充分发挥消费在社会再生产中的作用。“消费直接也是生产”“消费创造出新的生产的需要”“消费生产出生产者的素质”。[③] 可见，消费在社会再生产中的作用是巨大的。例如，通过消费，保证劳动力再生产，提高劳动力的素质；通过消费，调动劳动者的积极性，提高劳动生产

---

① 《雇佣劳动与资本》，人民出版社 1971 年版，第 30-31 页。

② 《马克思恩格斯选集》第 3 卷，第 322 页。

③ 《马克思恩格斯选集》第 2 卷，第 95 页。

率；通过消费，扩大需要，扩大商品市场，加速社会产品的实现。总之，要正确处理消费中的关系来促进整个社会再生产的顺利发展，从而不断满足全体人民日益增长的物质文化需要。在消费过程中，有许多牵涉到生产关系方面的问题，需要认真进行研究，加以解决。例如，如何根据我国生产力水平低以及多层次生产力的状况，来确定各阶层人民（包括工农之间、城乡之间、脑力劳动与体力劳动之间）的消费水平及其提高速度的对比关系？如何根据各阶层人民（例如不同民族、不同地区等）的不同消费结构研究其发展趋势和规律性？如何确定社会集体消费与个人消费增长速度的比例关系？不同价格水平对各阶层人民消费的影响如何？采取提高工资还是采取补贴方法对不同阶层人民的消费产生的不同影响？诸如此类的问题，都是有关生产关系的问题。正确解决了这些问题，会大大有利于生产力的发展。

第二，合理调整产业结构，加速发展消费资料生产。“没有需要，就没有生产。而消费则把需要再生产出来。”① 我们要根据社会需要，安排社会生产，调整产业结构。而消费的状况，正是确定社会需要、确定生产比例和产业结构的要素之一。列宁指出：“〈社会消费能力〉和〈不同生产部门的比例〉——这决不是什么个别的、独立的、彼此没有联系的条件。相反地，一定的消费状况仍是比例的要素之一。”② 我们要重视消费，充分发挥消费在社会再生产中的作用，就是根据社会需要，特别是消费需要来调整产业结构。我们过去，产业结构不合理，农业、轻工业长期落后，消费资料生产长期落后。“基础结构”部门和国民经济发展不相适应。今后必须加速发展农业、轻工业，加速发展消费资料生产，加速发展燃料动力工业，逐步建立合理的产业结构。有一种意见认为：我们这两年轻工业的增长已经很快了，现在必须把重工业搞上去，似乎再不必要那样加速发展轻工业了。这种观点，是值得研究的。我们这两年轻工业虽然增长很快，但基础还薄弱，花色品种、质量的问题还没解决，不少消费品供不应求的

---

① 《马克思恩格斯选集》第 2 卷，第 94 页。

② 《列宁全集》第 4 卷，第 44 页。

情况还很严重。如果稍一放松消费品的生产，长期以来农轻重比例严重失调的状况，就无法根本改变，合理的产业结构也无法建立。当然，在加速发展轻工业的同时，决不可以忽视重工业的发展，因为农业、轻工业和整个国民经济的发展，都依靠重工业来武装。当前特别要抓好能源的开发和利用，抓好交通运输的建设。但目前还必须加速发展农业、轻工业，这也是进一步发展国民经济所必需的。

第三，要逐步改变消费结构。随着生产的发展和消费水平的提高，消费结构也会不断变化。我们知道，人民的需要有着层次性，我们大体上可分为三大类，即生理上的需要、精神上的需要和社会上的需要。需要有层次性，消费也有层次性。如果按恩格斯把消费资料分为生存资料、享受资料和发展资料三类，一般说，首先要满足生存资料的需要，然后满足享受资料和发展资料的需要。消费结构变化的趋势是：随着生产的发展和居民收入水平的提高，生存资料在整个消费资料中所占比重将逐步降低，享受资料所占比重将逐步提高，发展资料所占比重将提高更快。消费结构的这种变化，正反映人们消费水平的提高。我们要使消费结构的变化，朝着有利于提高人民消费水平的方向发展，使消费结构更加合理。这样，适应消费结构的变化，去调整生产结构，使生产结构与需要结构相适应，从而促进整个国民经济按比例地发展。

第四，要改变消费方式。随着生产的发展和消费水平的提高，消费方式也将逐步改变。例如，社会化的大生产，高度发达的社会分工，要求消费社会化。而新的生产部门和消费部门的出现，特别是服务行业的发展，为加强消费社会化创造了有利的条件。这就要求加速发展集体福利事业，加速发展城乡公用事业和服务行业，以利于加强消费社会化，并促进人们物质文化生活水平的不断提高。特别应该看到：随着人民群众收入水平不断提高，对高档商品，特别是耐用消费品的需要不断增加，要加速发展这些部门来适应消费结构的变化。另外，随着物质生活水平的提高，对文化教育方面的需要越来越高，必须增加智力投资，开发智力资源，必须加速发展文化、教育事业。这对提高人民消费水平、促进国民经济的发展，作用是很大的。

消费水平、消费结构、消费方式，都具体地体现在消费模式中。消费模式不仅反映生产力水平，而且反映社会经济制度的特点和生产关系的本质，它是消费领域中生产关系的具体化。消费模式合理了，消费方面的各种关系处理好了，就能促进生产力的发展。合理的消费模式，必须从一个国家的国情出发，没有一个一成不变的、抽象的模式。从我国当前来说，我们所需要的消费模式，至少应反映下面一些特点：（一）和我国生产力水平低，以及多层次的生产力的状况相适应，消费水平虽应不断提高，但消费的提高速度必须低于劳动生产率的提高速度。要特别注意消费品的花色、品种和质量，以适应人民消费结构的变化，使消费需要逐步得到满足，使人民的生活内容丰富多彩。（二）不仅能反映一个国家的物质文明，而且能反映一个国家的精神文明，反映一个国家的优良传统和民族特色，反映优越的社会主义生活方式。（三）首先保证基本生活需要，在这基础上力求满足日益增长的物质文化需要，逐步使劳动者智力和体力方面得到全面发展。（四）由于我国经济发展不平衡，地区之间差别很大，城乡之间、工农之间、脑力劳动与体力劳动之间在收入水平和消费水平的差别也不可能人为地拉平，因而在消费上的不平衡性、差别和多样性，在相当长时期内还是存在的。我们要承认差别，并逐步创造条件消灭差别，这是长期的任务。

为了建立合理的消费模式，就必须深入调查研究，搞好经济预测。预测今后五年、十年、二十年消费水平可能提高的情况以及其他有关因素的变化情况，建立有科学根据的、对实践有指导意义的消费模式，及时调整消费过程中的生产关系。这对于今后建立合理的消费结构和生产结构，促进整个国民经济按比例地发展，进一步完善社会主义生产关系，都是很有作用的。

原载《湘潭大学学报》1982 年第 1 期，《新华文摘》1982 年第 3 期转载

消费是实现国民经济良性循环的重要关键

在国民经济中，生产、分配、交换、消费是不断运转、不断循环的。消费是国民经济循环的先导性因素，是使国民经济不断循环的原动力。

消费体现社会生产目的，为国民经济的运行提供了明确方向。在国民经济运行中，消费需要导向规律揭示出：消费需要是一切经济活动的出发点；消费需要的总量影响生产总量；消费需要结构影响生产结构；消费需要及其满足程度不断提高，是国民经济不断运行的最终归宿。

消费是比例的要素之一。国民经济中一些主要的比例，包括社会生产两大部类的比例（具体表现为农轻重的比例）、积累与消费的比例等，都与消费有极密切的联系。从中华人民共和国成立四十多年来的实际情况来看，凡是农轻重的比例处理得比较好的时候，生产就发展得比较快，人民消费水平提高较快，国民经济的运行就形成良性循环；凡是农轻重的比例、积累与消费的比例处理得不好，生产发展较慢甚至倒退，人民消费水平没有得到应有的提高甚至下降，国民经济就出现恶性循环。形成良性循环或恶性循环的重要关键，在于是否合理解决了消费问题。

消费需要的层次性上升，包括由以满足基本消费需要为主上升为以满足发展需要为主，上升为以满足享受需要为主，是国民经济不断发展的基本动因。

消费是两种生产相互转化、相互促进的桥梁。通过消费这个桥梁，促进物质资料生产的发展，促进人口质量、劳动力质量的提高，促进两种生产之间的良性循环，促进人的全面发展，体现社会主义生产关系最本质的要求。

通过消费促进国民经济良性循环，必须从消费需要出发，正确处理农轻重的关系；必须合理分配国民收入，正确处理积累和消费的关系，并合理分配个人收入；必须合理调整产业结构；必须开拓消费领域和消费市场；必须促进消费合理化，促进消费结构合理化，提高消费的文明程度，提高消费主体的质量。

国民经济有两种循环：一种是良性循环，即生产、分配、交换、消费紧密衔接，平衡协调，使生产不断增长，消费水平不断提高；另一种是恶性循环，即生产、分配、交换、消费相互脱节，比例失调，使生产没有增长，甚至倒退，消费水平没有得到应有的提高，甚至下降。形成国民经济不良循环或恶性循环的原因很多，而消费却是其中重要关键。

消费在国民经济循环中处于什么地位？消费为什么是实现国民经济良性循环的关键？如何发挥消费在国民经济循环中的关键性作用？这是本文要论述的主要问题。

一、消费在国民经济循环中的地位

国民经济是不断运动、不断发展、周而复始的循环过程。生产是起点，消费是终点，分配和交换是中间环节。这个再生产过程结束后，也就是达到消费这个终点后，又开始新运动过程。这样循环往复，使国民经济螺旋式上升。

但是，为什么要进行生产呢？国民经济的运动达到终点即消费过程以后，为什么还要进行新的生产呢？这是由社会需要决定的。可以说，社会需要是社会经济运动的起点。没有需要，就没有生产。有了需要，人们才进行生产，才有交换和分配，才能进行消费。通过消费，使需要得到满足，又会产生新的需要。而新的需要，又会推动生产不断发展，使社会经济进行新的循环。在这里，我们可以看出消费在经济循环中的地位和作用。消费是第一个经济循环的终点，又是下一个经济循环的先导性因素。马克思说："如果说，生产在外部提供消费的对象是显而易见的，那么，同样显而易见的是，消费在观念上提出生产的对象，作为内心的意象，作为需要，作为动力和目的。"① 又说："因为消费创造出新的生产的需要，因而创造出生产的观念上的内在动机，后者是生产的前提。""没有需要，就没有生产。而消费则把需要再生产出来。"②

这样，我们就可以把国民经济循环引申为如下形式：

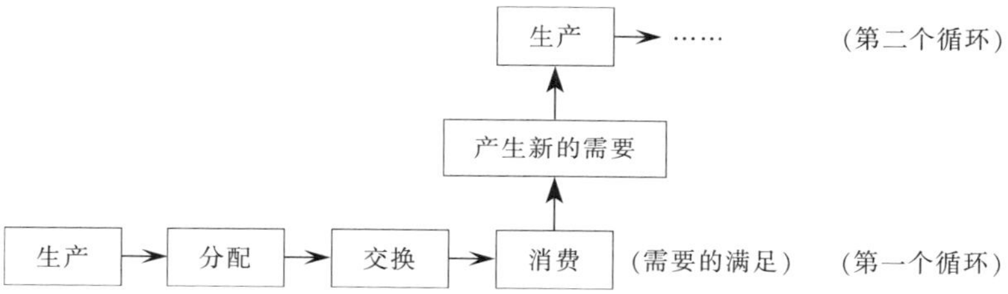

从这里可以看出：需要、生产、交换、分配、消费、需要之间的不断循环，使生产不断增长，消费不断发展，需要不断得到满足。正因为这样，马克思才说："消费的需要决定着生产""生产直接也是消费""消费直接也是生产"。③ 马克思也正是看出消费在经济循环中的地位和作用，才明确指出："而消费这个不仅被看成终点而是被看成最后目的的结束行为……又会反过来作用于起点并重新引起整个过程……"④ 这就是说，当第一个经济循环达到消费这个终点后，使需要得到满足，又会产生新的需要，"反过来作用于起点"，引起生产的发展，"重新引起整个过程"，也就是引起第二个经济循环，这样周而复始地不断运转。马克思这一段话正说明了消费在国民经济循环中的地位和作用。

从上面图式可以看出：消费是国民经济循环的先导性因素，是国民经济不断循环的原动力。

---

① 《马克思恩格斯选集》第 2 卷，第 94 页。
② 《马克思恩格斯选集》第 2 卷，第 94 页。
③ 《马克思恩格斯选集》第 2 卷，第 102、93 页。
④ 《马克思恩格斯选集》第 2 卷，第 92 页。

二、消费体现社会生产的目的

消费直接体现社会生产目的。马克思在詹姆斯·密勒《政治经济学原理》一书的摘要中谈到："'生产、分配、交换只是手段。谁也不为生产而生产'，所有这一切都是中间的、中介的活动。'目的是消费'。""非生产性消费不是手段，而是目的；是通过消费得到的享受，是消费前的一切活动的动机。"① 又说："没有消费，也就没有生产，因为如果这样，生产就没有目的。"② 生产没有明确的目的，为生产而生产，生产与消费脱节，生产出来的东西不适应消费者的需要，消费者需要的东西却很短缺，这样当然不可能形成国民经济的良性循环。

消费应该是生产的目的，这是生产与消费的本质联系的客观要求。马克思说："古代的观点和现代世界相比，就显得崇高得多。根据古代的观点，人，不管是处在怎样狭隘的民族的、宗教的、政治的规定上，毕竟始终表现为生产的目的。在现代世界，生产表现为人的目的，而财富则表现为生产的目的。事实上，如果抛弃狭隘的资产阶级形式，那么，财富岂不正在普遍交换中造成的个人的需要、才能、享用、生产力等等的普遍性吗……"③ 可见，在资本主义社会，从社会经济发展过程的客观要求来说，生产的目的也应该是消费。但是，资本主义生产资料私有制和资产阶级的私利，也就是马克思所说的"狭隘的资产阶级形式"，把生产和消费的固有联系人为地割裂开来，使生产目的变质了，生产为了追求剩余价值，不可能为了满足广大劳动者的消费需要。正如马克思所说的，在资本主义社会，"收入（消费）是作为结果，而不是作为起决定作用的目的出现的"。④ 列宁也指出："消费不是资本主义生产的目的，这是事实。这个事实同资本主义社会的生产归根到底也是与消费相联系并且以消费为转移这

① 《马克思恩格斯全集》第42卷，第31页。
② 《马克思恩格斯选集》第2卷，第94页。
③ 《马克思恩格斯全集》第46卷上册，第486页。
④ 《剩余价值理论》第2册，人民出版社1975年版，第629页。

个事实之间的矛盾，并不是学说上的矛盾，而是现实生活中的矛盾”。[①] 只有在社会主义下，生产的目的才真正为了满足全体人民日益增长的物质文化需要，即消费需要。列宁说：“社会主义社会是一个为了消费而有计划组织生产的大消费合作社”。[②] 消费既然成为社会主义生产的直接目的，这就为生产的发展，为国民经济的运行提供了明确的方向，就能带动促进整个国民经济的顺利发展，这就为实现国民经济良性循环创造了条件。

从社会主义生产目的，我们可以看出：在社会主义经济运行中，在国民经济循环中，有一个消费需要导向规律在起作用。这个规律，揭示出：

1. 消费需要是各项经济活动的出发点。马克思恩格斯说：“人们为了能够创造历史，必须能够生活。但是为了生活，首先就需要衣、食、住以及其他东西。因此第一个历史活动就是生产满足这些需要的资料，即生产物质生活本身。”[③] 消费需要是人们的初始需要，最基本的需要，马克思称之为“必要的需要”“最直接的需要”“最重要的需要”。人们对生产资料的需要，是由于对消费资料的需要而产生的。消费需要引起生产需要，甚至在一定程度上决定生产需要。列宁指出：“生产消费（生产资料的消费）归根到底总是同个人消费联系着，总是以个人消费为转移的。”[④] 因此一切经济活动，特别是消费活动，要以满足消费需要为出发点。这就是说，消费需要是安排社会生产、进行国民经济综合平衡的现实出发点，消费需要的发展方向，引导社会生产的发展方向，引导国民经济运行的方向。

2. 消费需要的总量影响生产总量。恩格斯说：“根据历史唯物主义观点，历史中的决定性因素，归根结底是直接生活的生产和再生产……一方面是生活资料即食物、衣服、住房以及为此所必需的工具的生产……”[⑤] 可见，历史中的决定因素，首先是消费资料的生产，是消费需要的满足，然后才是“为此所必需的”生产资料的生产。这样，消费需要的总量，决

① 《列宁全集》第 4 卷，第 70 页。
② 《列宁全集》第 9 卷，第 356 页。
③ 《马克思恩格斯选集》第 1 卷，第 32 页。
④ 《列宁全集》第 4 卷，第 44 页。
⑤ 《马克思恩格斯选集》第 4 卷，第 2 页。

定了消费资料生产的总量。但要生产消费资料，必须有制造消费资料的生产资料。消费资料生产的总量决定了制造消费资料的生产资料的生产总量。马克思在谈到资本主义再生产的内在联系时早就指出："……不变资本的生产，从来不是为了不变资本本身而进行的，而只是因为那些生产个人消费的生产部门需要更多的不变资本。"① "不变资本"的实物形态就是生产资料。这样，消费需要总量不仅决定消费资料生产的总量，也影响生产资料生产的总量，从而影响整个社会再生产的发展。

3. 消费需要结构，影响生产结构。恩格斯说，在社会主义社会，"……就应当考虑，靠它所掌握的资料能够生产些什么，并根据这种生产力和广大消费者之间的关系来确定"②。这就是说，在一定生产力水平下，根据消费者的消费需要来考虑"生产些什么"，也就是根据消费需要结构，来决定生产结构。可以说，消费需要结构的变化，是产业结构变化的根本动因。在消费需要导向规律的作用下，消费需要结构决定消费品供应结构，从而决定消费品生产结构。而消费品生产的结构，影响整个产业结构。而且，产业结构的调整，必须以满足消费需要为出发点，必须适应消费需要结构的变化。由于消费需要结构影响甚至决定产业结构，这就必然影响国民经济的运行，影响国民经济的循环。

4. 消费需要及其满足程度不断提高，是国民经济不断运行的落脚点或最终归宿。马克思说："……因为需要会扩大，但是，满足这种需要的生产力同时也会扩大。"③ 消费需要是否得到满足？满足程度如何？是消费领域的中心问题。消费需要满足程度不断提高，反映了国民经济运行得到了最佳的归宿。

以上，通过消费需要，通过消费需要导向规律作用，进一步看出消费在国民经济循环中的作用。但我国过去，在国民经济运行中起主导作用的，还不是消费需要导向规律，而主要是供给导向规律。生产什么，供给什么；供给什么，消费什么。这样就不利于消费需要的满足，也不利于生

① 《资本论》第3卷，第341页。
② 《马克思恩格斯全集》第1卷，第615页。
③ 《资本论》第3卷，第926页。

产的发展。我们还必须强调社会主义生产目的，强化消费需要导向规律的作用，以利于消费需要不断满足，以利于国民经济的良性循环。

三、消费是比例的要素之一

列宁说："'社会消费力'和'不同生产部门的比例'——这决不是什么个别的、独立的、彼此没有联系的条件。相反，一定的消费状况是比例的要素之一。"[①] 马克思也说过："是什么东西维持了生产的正确的或大致正确的比例呢？是支配供给并先于供给的需求；生产是紧随着消费的。"[②] 消费为什么是"比例的要素之一"？这是因为，国民经济中一些主要的比例都与消费有关。一些主要比例的确定以及是否按比例发展，都与消费有极密切的联系。

例如，社会生产两大部类的比例，是国民经济中最重要的、具有战略意义的比例，它与消费的状况有极密切的联系。社会生产两大部类的比例，具体表现为农业、轻工业、重工业的比例。农业、轻工业是生产消费资料的主要部门，重工业是生产生产资料的主要部门，消费的状况在很大程度上决定农、轻、重的比例。又例如，积累与消费的比例，是国民经济中另一个重要的、具有战略意义的比例，消费的状况，在很大程度上决定积累与消费的比例。下面，我分别从我国四十年来农、轻、重的比例以及积累与消费的比例来说明消费的状况是比例的要素之一，说明消费的状况对于国民经济的发展、对于实现国民经济良性循环的作用。

先从中华人民共和国成立四十多年来农、轻、重的比例谈起。

从我国农业、轻工业、重工业的发展速度来看，1949 年到 1978 年，重工业总产值共增长 90.6 倍，农业总产值只增长 2.4 倍，轻工业总产值只增长 19.8 倍，农、轻、重发展速度的差距越来越大。从 1979 年到 1989 年，农业总产值增长 0.76 倍，轻工业总产值增长 2.9 倍，重工业总产值增长 1.83 倍。轻、重工业增长速度的差距缩小了，但农业、重工业增长速

---

① 《列宁全集》第 4 卷，第 44 页。

② 《马克思恩格斯全集》第 4 卷，第 109 页。

度的差距仍然很大。

从农业、轻工业、重工业在工农业总产值中的比重来看：1949 年，农业为 70%，轻工业为 22.1%，重工业为 7.9%。1952 年农业为 56.9%，轻工业为 27.8%，重工业为 15.3%；1960 年，农业为 21.8%，轻工业为 26.1%，重工业为 52.1%。十年之间，农业比重下降如此之多，重工业比重上升如此之多，这是很不正常的。以后虽有所调整，但轻工业所占比重变化不大，农业比重仍大幅下降，重工业比重仍上升较快。如 1985 年农业为 27.1%，轻工业为 34.6%，重工业为 38.3%；1989 年，农业为 22.9%，轻工业为 37.7%，重工业为 39.4%。从发展趋势来看，农业在工农业总产值中的比重应该下降，重工业在工农业总产值中的比重应该上升，但我国这四十多年来，农业所占比重下降过快，重工业所占比重上升过快，而且有时大起大落，这样就造成农、轻、重比例不协调。

从农业、轻工业、重工业基本建设投资来看（比重，以投资总额为 100）

时期	农业	轻工业	重工业
“一五”时期	7.1	6.1	36.2
“二五”时期	11.3	6.4	54.0
1963—1965 年	17.6	3.9	45.9
“三五”时期	10.7	4.4	51.1
“四五”时期	9.8	5.8	49.6
“五五”时期	10.5	6.7	45.9
“六五”时期	5.1	6.9	38.5
“七五”时期			
1986 年	3.0	7.0	38.2
1987 年	3.1	7.4	43.5
1988 年	3.0	7.4	44.8
1989 年	3.3	7.9	45.1

注：1985 年以后按新行业划分，农业不包括气象，气象划入综合服务事业。

从上面情况可以看出：我国四十年来，农业投资在投资总额中的比重是下降的，而且下降的幅度很大，包括最近几年；轻工业的投资比重虽没有降低，但在投资总额中所占比重很小，一般只达重工业投资的 1/4 左右，有的年度只达1/10，甚至不到1/10；农业的投资，一般也只占重工业投资的1/6左右，有的年度只达1/13，甚至1/15。投资比重差距过大，农业、轻工业投资过少，必然影响农业、轻工业的发展。

一些发达国家的工业化，都是从发展农业、轻工业开始的。农业、轻工业有了较大的发展，有了资金，有了市场，这就为加速发展重工业创造了重要的条件。重工业在国民经济中的比重的提高，实现工业化，是一个比较长的过程，绝不是短期内可以实现的。比如英国，1812年生产资料工业在全部工业中的比重为31%，消费资料工业在全部工业中的比重为69%，大体相当于我国1952年的情况。到1907年生产资料工业的比重才达到58%，消费资料工业比重才下降到42%，也大体相当于我国1958年的情况，却花了将近100年的时间。而我们不到10年的时间，却使轻工业的比重由1949年的73.6%下降到1958年的53.5%。美国工业化，大体从1820年开始，从1801年到1860年，农业总产值增长5倍多，轻工业也发展较快，这就为发展重工业创造了条件。但1860年，农业在工农业净产值中的比重，仍占63.8%，工业仅占36.2%；在工业总产值中，轻工业约占70%，重工业只占30%。到1900年，工业净产值已占工农业净产值的61.8%，但轻工业仍占工业总产值55.8%，重工业只占44.2%。直到1929年，美国的重工业产值才占到工业总产值的55.7%，轻工业产值才下降到44.3%。可见，轻重工业比重的变化，并不是随意的。重工业的比重要占优势，需要先发展农业、轻工业，需一段较长的时间。

至于农业在工农业总产值中比重的下降，也不是随意的。经济发展的低级阶段，农业在国民生产总值中还有相当大的比重；只有进入经济发展的中级阶段以后，即生产力水平已大大提高，大体上已建立了完整的工业体系以后，农业在国民生产总值中的比重才迅速下降；到了经济发展的高级阶段，第三产业比重迅速上升，农业在国民生产总值中的比重才很小。农业在国民经济中比重降低，是建立在劳动生产率，特别是农业劳动生产率不断提高的基础上的。但我国过去，却不是这样，农业劳动生产率并没有大幅提高，而农业在国民经济中的比重却大幅降低。这样必然造成农业的落后，影响整个国民经济的发展。

我国在十一届三中全会以前，口头上说是“农轻重”，实际做的是“重轻农”。片面强调优先发展重工业，而且为时过长，倾斜度过大。重工业的发展又主要是自我循环，自我服务，影响了农业、轻工业的发展。为什么会这样呢？从指导思想来看，应该说是由于忽视了社会主义生产目的，忽视了农业、轻工业在国民经济发展中的作用，忽视了消费在国民经济循环中的作用。发展农业、轻工业，不是为了满足人们日益增长的物质文化需要即消费需要，而是为了发展重工业。在为重工业而重工业的公式中，生产目的不见了，社会主义基本经济规律不见了。在实际工作中，我们也就不惜孤立地、超高速地去发展重工业，不惜挖农业来补重工业。这样，造成农业和轻工业，特别是农业的落后，影响了国民经济的发展。下面，从我国四十年来几个经济循环的实际情况来看，问题就更明显了。

“一五”时期（1953—1957 年），由于当时工业基础很薄弱，重工业很落后。在当时历史条件下和国际环境下，采取优先发展重工业的方针，是完全必要的。重工业的发展，对于改变长期落后的面貌，对于打下社会主义工业化的物质技术基础，起了重要的作用。同时，农业、轻工业也得到较快的发展。尽管“一五”后期，开始出现重工业的发展与农业、轻工业的需求不相适应的情况，但总的来说，还没有出现大的比例失调。从 1949 年到 1957 年，社会总产值由 557 亿元增加到 1606 亿元，农业、轻工业、重工业都有较快的增长，人民生活也有显著的改善。“一五”时期全国居民消费水平平均每年增长 4. 2%。因此，“一五”时期，国民经济的发展，可以说是良性循环。

1958 年至 1960 年，即所谓“大跃进时期”，重工业增长 2. 33 倍，轻工业只增长 47%，农业反而下降 22. 7%；在工农业总产值中，农业产值由 43. 8%下降到 21. 8%，轻工业由 31. 2%下降到 26. 1%，重工业由 25. 5%猛增至 52. 1%。农轻重出现了严重的比例失调。1960 年不仅农业生产下降，轻工业生产也下降了 10%，造成消费品的严重短缺，使人民生活水平下降。例如，居民消费水平 1958 年为 105 元，1959 年下降为 96%，1960 年仍只有 102 元。如果从这三年的情况来看，整个国民经济是严重的恶性循环。

1961 年至 1965 年，国民经济调整时期，花很大力量进行调整，大力发展农业，调整工业内部结构，加强轻工日用品生产，努力解决人民吃、穿、用等问题。经过五年调整，“大跃进”后，农轻重比例严重失调的情况，初步得到扭转。但是，由于前几年已大伤元气，影响了经济的发展和人民生活的改善。1958 年，工农业总产值 1649 亿元，1963 年还只达到 1635 亿元，1965 年才达到 2235 亿元；农业总产值 1958 年为 537 亿元，1963 年还只达到 584 亿元，1965 年达到 833 亿元；轻工业总产值 1958 年为 503 亿元，1963 年还只达到 445 亿元，1965 年才达到 723 亿元。全国居民消费水平，1958 年 105 元，1963 年只有 116 元，1965 年还只有 125 元。因此，1958—1965 年，总的来说，整个国民经济是一种恶性循环。

“文革”时期（1966—1976 年），采取了以备战为中心的建设方针，特别是强调“以钢为纲”，强调“先生产，后生活”“先治坡，后治窝”，加剧了农轻重的比例失调，消费品严重不足，非生产性建设投资比重偏低，第三产业就业人数比重下降，给人民生活造成很大的困难。

1977—1978 年，又搞“洋跃进”，高指标，大计划，追求“超速度”，重工业继续优先，使农轻重的比例更加失调。农业在工农业总产值中的比重：1966 年为 35.9%，1976 年下降为 27.7%，1978 年下降为 24.8%。轻工业在工农业总产值中的比重：1966 年为 31.4%，1976 年为 31.9%，1978 年为 32.4%。重工业在工农业总产值中的比重：1966 年为 32.7%，1976 年 40.3%，1978 为 42.8%。粮棉油不能完全自给，消费品严重短缺。经济的高速度增长，主要是重工业特别是加工工业带动的。这样更造成原材料、燃料、电力的紧张，造成整个国民经济的比例失调。其结果，人民生活没有得到应有的改善，居民消费水平，“三五”时期平均每年只增长 2.1%，“四五”时期平均每年只增长 2.2%，其中 1968 年还比上一年下降 3.5%，1974 年比上一年下降 0.2%。可见，1966—1978 年，国民经济也是恶性循环。

党的十一届三中全会后，调整了农轻重的比例，加速发展农业和轻工业，使国民经济的发展，逐步趋于协调。1979—1989年，工农业总产值平均每年增长10.9%，其中农业总产值平均每年增长5.9%，轻工业总产值平均每年增长14.3%，重工业总产值平均每年增长10.7%。农业在工农业总产值中的比重：1979年为26.2%，1989年为22.9%，略有下降。轻工业在工农业总产值中的比重：1979年为32.1%，1989年为39.4%，有所上升。重工业在工农业总产值中的比重：1979年为41.3%，1989年为39.4%，略有下降。1979—1989年，全国居民消费水平平均每年增长6.9%。城乡居民消费内容日趋多样化，消费质量有了较大提高，贫困地区的人民生活也有了不同程度的提高。从总的来说，1979—1990年的国民经济，可以说是良性循环。

上面，我们从我国国民经济发展四十年来的实际情况来看，其中有良性循环，有恶性循环。凡是农轻重比例处理得较好，农、轻、重的发展平衡协调，农业、轻工业发展较快，人们消费水平也提高较快，就会形成良性循环；凡是农轻重关系处理得不好，比例失调，农业、轻工业发展缓慢，人们消费水平没有得到应有的提高，就会形成恶性循环。可见，农轻重三个重要部门的平衡协调，以及消费问题的合理解决，是促进国民经济良性循环的重要条件。

下面，我们再从我国近四十年来积累与消费的比例来看。

“一五”时期，积累与消费的关系是处理得比较妥当的，积累率与消费率也是比较稳定的。1952年积累率为21.4%，消费率为78.6%，整个“一五”时期，积累率为24.2%，消费率为75.8%，五年间积累率大体在23%~25%摆动。积累和消费的比例较协调，促进了国民经济的良性循环。

1958年至1965年这段时间，由于1958年开始搞“大跃进”，片面强调“优先发展重工业”，大搞“重轻农”，大搞“高指标，高积累，高速度”。1958年积累率提高到33.9%，1959年提高到43.8%，1960年仍然高达39.6%。1961年进行调整，积累率突然下降至19.3%，1962年下降到10.4%，1963年下降到17.5%。积累率这种大起大落，是极不正常的。1961—1963年，积累率大大降低了，虽然消费率大大提高了，但由于生产倒退，国民收入下降，比如“二五”时期国民收入下降3.1%，1961年国民收入比1960年下降30%，这样，高积累变成了“低积累—低效率—低速度—低消费”，国民经济陷入恶性循环。

1966年至1978年，仍然走重积累、轻消费的老路，积累率偏高。在十三年的时间里，除1967—1969年三年外，其余十年的积累率都超过了30%，1978年高达36.5%，十三年平均积累率为31.2%；而在积累中，生产性积累的比重偏高，非生产性积累的比重偏低。非生产性积累的比重，除1966年为31.1%外，其余年度均在30%以下，1967年只占17.8%，1968年只占21.5%，1972年只占21.3%。非生产性积累比重过低，造成对人民生活的“欠账”过多，也不利于生产的发展。在“以钢为纲”“洋跃进”的思想指导下，必然造成“高积累，低消费”的格局，必然造成国民经济的恶性循环。

1979年以后，在十一届三中全会的路线指引下，改变了传统的经济发展战略，扭转了国民经济比例失调的局面，重视人民生活，重视消费的作用。消费基金的增长速度超过了国民收入的增长速度。而且，非生产性积累在积累中的比重也大大提高了，每年都在35%以上，1980年达45.5%，1981年达53.2%，1982年达53.6%，1983年达47.5%。这样，人民消费水平得到大幅度的提高，开始从温饱型向小康型过渡。在这段时间的后期，虽然出现了消费膨胀和市场疲软等问题（这是很多复杂的原因引起的），但总的来说，这段时间的经济循环是良性循环。

从上面情况可以看出：正确处理积累与消费的比例，合理解决了消费问题，对实现国民经济良性循环，关系很大。我们一直认为：“衡量一个国家经济发展的好坏，衡量国家经济运转是良性循环，还是不良循环，关键在于是否合理解决了消费问题。”但有人认为：“所谓生产和生活之间的良性循环，那就是平衡点逐步地由生活这一端向生产那一端移动的循环。生产品愈多，满足生活需要的部分相对说来就愈少，这就可以把更多的东西用于积累，用于扩大再生产，从而使生产品更为增多。……在这样的良性循环中，由于生产力的不断发展，因而用于生活需要的部分相对地会越来越缩小。……这就是生产与生活之间的平衡点愈来愈向生产的一端靠近，向生活的一端疏远的循环。”“从双方的比例看，积累所占的比例会越来越增加，消费所占的比例会愈来愈减少。”① 这是把积累和消费对立起来了，只看到积累在社会再生产中的作用，没有看到消费在社会再生产中的作用。如果“生产与生活之间的平衡点愈来愈向生产的一端靠近，向生活的一端疏远”；如果“积累所占的比例愈来愈增加，消费所占的比例愈来愈减少”，其结果必然是高积累，低消费，忽视人民消费的增长，挫伤广大人民的生产积极性，不利于生产的发展，也不利于积累的增加，其结果只能造成国民经济的恶性循环。国内外这种教训，是很深刻的。

四、消费需要的层次性变化是国民经济不断发展的基本动因

消费需要呈现着层次性，人们首先满足最基本的需要，即较低层次的需要。这些需要初步得到满足以后，就会追求较高层次的需要。消费需要这种由低层向高层的不断发展，促进国民经济不断发展，不断繁荣。如果我们用恩格斯所说的三种消费资料即生存资料、享受资料、发展资料来划分：对生存资料的需要，是低层次的需要；对享受资料、发展资料的需要，是高层次的需要。当生存资料的需要初步得到满足后，就会追求发展资料、享受资料，以满足高层次的需要。正如恩格斯所说：“人类的生产在一定的阶段上会达到这样的高度：能够不仅生产生活必需品，而是生产奢侈品，即使最初只是为少数人生产。这样，生存斗争就变成为享受而斗争，不再是单纯为生存资料斗争，而且也为发展资料，为社会地生产发展资料而斗争，到了这个阶段，从动物界来的范畴就不再适用了。”② 我们是否可以把人们的消费需要及其不断得到满足的层次性上升，分为三个阶段：第一阶段，以满足生存需要为主，如最基本的吃、穿、住、用、行等的需要。第二阶段，当基本生活需要初步得到满足以后，就转入以满足发展需要为主。这时，享受需要也开始得以满足，生存需要的满足，也进一步得到扩展和提高，但以发展需要的满足为主。第三阶段，当发展需要得到基本满足以后，就转入以追求享受需要的满足为主，发展需要得到更好

① 彭泽农等：《波浪式发展规律研究》，上海人民出版社，第 294、295 页。

② 《马克思恩格斯全集》第 34 卷，第 163 页。

的满足。消费需要这种层次性上升，促进产业结构的层次性上升，促进国民经济增长的层次性上升。马克思在描述资本主义社会消费需要的不断满足、不断发展时指出：个人需要“在多大程度上通过交换的形式得到了满足，——还有，这些需要通过交换，通过个人交换，在多大程度上不仅是消费，而且被生产出来”，这样，“资本就达到了最高发展”。①

马克思还说：“需要是同满足需要的手段一同发展的，并且是依靠这些手段发展的。”② 消费需要的层次性上升，依靠并促进社会生产的层次性上升，促进国民经济的繁荣。马克思还说：“在社会中消费者和生产者是不等同的：第一个范畴即消费者范畴……比第二个范畴（即生产者范畴）广得多，因而，消费者花费自己收入的方式及收入的多少，会使经济生活过程，特别是资本的流通和再生产过程发生极大的变化。”③ 消费者范畴为什么比生产者范畴“广得多”？消费者花费自己收入的方式以及收入的多少，为什么会使社会再生产过程“发生极大的变化”？这是因为，消费者的收入提高了，消费需要不断得到满足了，会促进社会生产不断发展，促进经济生活不断丰裕，必然使社会再生产过程“发生极大的变化”。

消费需要的层次性上升，社会生产的层次性上升，经济生活的层次性上升，正反映了国民经济运行的良性循环。

我国当前，正处在温饱生活向小康水平的过渡，这也反映消费需要的层次性变化。小康水平，反映物质生活的不断改善，反映精神文化生活的不断丰富，反映消费质量的不断提高，反映消费结构趋于合理。如果按消费需要的层次性变化的一般趋势，是否可以说，我国当前正处在由以满足生存需要为主逐步向以满足发展需要为主的过渡，不断增加发展资料的消费，以促进人们体力和智力的不断发展，促进劳动力质量的不断提高，提高国民经济的整体素质，而不应该超越消费需要的发展阶段和生产力的发展水平，过多地发展享受资料的消费。我们还应该在消费需要的层次性上升过程中，逐步调整产业的结构，促进社会生产的层次性上升，促进社会

---

① 《马克思恩格斯全集》第 46 卷下册，第 25 页。

② 《资本论》第 1 卷，第 559 页。

③ 《剩余价值理论》第 2 卷，第 562 页。

经济生活的繁荣，实现国民经济持续、稳定、协调的发展，也就是实现国民经济的良性循环。

五、消费是两种生产相互转化、相互促进的桥梁

恩格斯说："……生产本身又有两种。一方面是生活资料即食物、衣服、住房以及为此所必需的工具的生产，另一方面是人类自身的生产，即种的蕃衍。"① 这就说明：第一，生活资料的生产和生产资料的生产或者说"工具的生产"，虽然都是物质资料生产，但生活资料的生产是基本的、主要的，生产资料的生产或者说"工具的生产"，是"为此所必需的"，即由于生产消费资料而引起的，是派生的；第二，物质资料（主要是生活资料）和人类自身的生产，这两种生产，都是"直接生活的生产和再生产"，是"历史中的决定性因素"。②

两种生产，相互依存，相互转化，相互促进。没有物质资料的生产和再生产，就没有人类自身的生产和再生产；没有人类自身的生产和再生产，就没有劳动力的生产和再生产，当然也就不可能进行物质资料的生产和再生产。两种生产，通过消费联系起来了：通过消费，实现了人类自身的再生产，不仅满足了人们对生存资料的需要，也满足了人们对享受资料、发展资料的需要；不仅恢复了人的智力和体力，而且发展了人的智力和体力；不仅促进了劳动力质量的提高，而且有利于促进人的全面发展。这样就使人类自身的生产处于最佳状态，这就为物质资料再生产的扩大和提高创造了最重要的条件。物质资料生产扩大了，提高了，消费资料的生产扩大了，提高了，人们消费的内容丰富了，质量提高了，就更有利于促进人类自身的生产，有利于促进人口质量的提高，有利于促进劳动力质量的提高。这样就使两种生产之间相互渗透，相互转化，相互促进，形成一种良性循环，即人类自身的生产—促进物质资料的生产—物质资料生产进一步扩大和提高—进一步促进人类自身的生产。而这种良性循环，是以消

① 《马克思恩格斯选集》第 4 卷，第 2 页。
② 《马克思恩格斯选集》第 4 卷，第 2 页。

费为桥梁，为中介，是通过消费而实现的。

需要强调的是：要完善人类自身的生产，主要不在于增加人口的数量，而在于提高人口的质量，提高劳动力的质量，这也是发展物质资料生产最重要的条件。但要提高人口的质量，提高劳动力质量，必须通过消费，“消费生产出生产者的素质”。特别要通过发展资料、享受资料的消费，提高消费质量，从而提高人口质量和劳动力质量。从这里，我们可以看出：两种生产之间最本质的联系，最主要的要求，在于通过消费、通过发展物质资料的生产（主要是消费资料，包括劳务）来促进、提高人口的质量，提高劳动力质量。这里，我们又需要回到社会主义生产目的问题上来了。生产的目的是满足人们日益增长的物质文化需要，即消费需要。满足日益增长的消费需要又为了什么呢？我们说，应该是为了人，为了人的发展，为了人的全面发展。马克思说：未来社会将是以“每个人的全面而自由发展为基本原则的社会形式”[①]。马克思又说：共产主义“是通过人并且为了人而对人的本质的真正占有，因此，它是人向自身、向社会的（即人的）人的复归。……它是人和自然界之间、人和人之间的矛盾的真正解决……”[②]“人以一种全面的方式，也就是说，作为一个完整的人，占有自己的全面的本质”[③]。这就是说，我们要以人的发展、人的全面发展，作为最高目标，在发展生存资料的基础上，不断发展享受资料和发展资料，特别是发展资料，以满足人的发展、人的全面发展的需要，不断提高人们的消费水平，包括精神文化消费水平。在社会主义社会，人们的消费，不单是为了延续劳动力，而应该通过消费，通过消费需要的更好的满足，实现劳动力再生产的最佳状态，促进人的全面发展。马克思早就指出：在社会主义社会，人们的消费，应该“从资本主义的限制下解放出来，把它扩大到一方面为社会现有的生产力……所许可，另一方面为个性的充分发展所必要的消费的范围……”[④] 只有人们的消费需要不断得到满足，满足程度

① 《资本论》第 1 卷，第 649 页。
② 《马克思恩格斯全集》第 42 卷，第 120 页。
③ 《马克思恩格斯全集》第 42 卷，第 123 页。
④ 《资本论》第 3 卷，第 990 页。

不断提高，不断促进人的全面发展，才是社会主义最本质的要求的根本体现。列宁早就指出："只有社会主义才可能根据科学的见解来广泛推行和真正支配产品的社会生产和社会分配，也就是如何使全体劳动者过最美好、最幸福生活。只有社会主义才能实现这一点。我们知道社会主义应该实现这一点，而马克思主义的全部困难和全部力量，也就在于了解这个真理"。[①]《中共中央关于制定国民经济和社会发展第七个五年计划的建议》第58条指出：在生产发展的基础上，不断提高人民的物质文化生活水平，使全体社会成员共同富裕，是我们党和国家推进社会主义现代化建设的全部政策的基本出发点。上面这些要求，只有通过两种生产的良性循环，才能得到较好的实现。马克思指出：在自然经济形态下，"人的生产能力只是在狭窄的范围内和孤立的地点上发展着"。在商品经济形态下，"才形成普遍的社会物质变换，全面的关系，多方面的需求以及全面的能力的体系"。[②] 马克思在谈到社会主义社会的情况时，问题就更清楚了。他说："社会化的人，联合起来的生产者，将合理地调节他们和自然之间的物质交换，把它置于他们的共同控制之下，而不让它作为盲目的力量来统治自己，靠消耗最小的力量，在最无愧于和最适合于他们的人类本性的条件下来进行这种物质变换。"[③] 这里所说的"普遍的社会物质变换""合理地调节他们和自然之间的物质交换"，就是合理地发展物质资料的生产；这里说的"最无愧于和最适合于他们的人类本性"，就是要使人们日益增长的物质文化需要不断得到满足，形成"全面的关系，多方面的需求以及全面的能力的体系"，使人们在智力、体力方面获得充分的自由的发展，也就是说，促进人的全面发展。要在这种目标和条件下"来进行这种物质变换"，从而实现人类自身的生产的最佳状态。马克思这两段话，正说明了两种生产之间相互促进的关系，说明两种生产之间的良性循环。通过两种生产之间的良性循环，促进整个国民经济的良性循环。从这里，可以看出消费在国民经济循环中的作用。

---

① 《列宁选集》第3卷，第571页。

② 《马克思恩格斯全集》第46卷，上册，第104页。

③ 《资本论》第3卷，第926-927页。

六、如何通过消费，促进国民经济良性循环

如何从消费需要出发，把消费纳入社会再生产总过程的运行之中，处理好消费与各方面的关系，促进国民经济的平衡协调，以发挥消费在经济循环中的促进作用？我们认为，要强调下面几点：

第一，从满足消费需要出发，正确处理农轻重的关系。要处理好农轻重的关系，必须着眼于消费需要的满足。首先必须强调发展农业，强调农业的基础作用。我国是一个农业大国，有 11 亿多人口，8 亿农民。我们过去口头上说是农轻重，结果总是重轻农，就是忘记了这个基本国情。建设有中国特色的社会主义，特色在哪里？应该说，在农村，在农业，在于从中国实际情况出发，解决了拥有 8 亿农民这个农业大国的社会主义工业化的问题，这是我们最重要的特色。前面已经说过，我国过去，由于重工业的片面发展，自我服务多，为农业轻工业服务少。因而重工业的发展，并没有带动一个较长的产业链，并没有动摇“二元经济结构”的根基。因此，我们现在是否应该重新提出：按农轻重的顺序来安排国民经济计划？是否应该再强调：通过发展农业和轻工业来促进重工业和整个国民经济的发展？从较长时期来看，社会生产两大部类的发展，是否呈现这样一种规律性：消费资料优先增长—生产资料优先增长—两大部类增长速度趋于接近。农业、轻工业、重工业是社会生产两大部类中最重要的部门。因此，农轻重的发展趋势，是否呈现这样一种规律性：农业、轻工业优先发展—重工业优先发展—农业逐步工业化，轻重工业发展速度趋于接近。

农业在国民生产总值中的比重以及在工农业总产值中的比重将逐步降低，这是由于农业劳动生产率提高，农产品商品率提高，农产品加工工业不断发展，大量的农产品转化为轻工业产品，因此，轻工业在国民生产总值中的比重以及在工农业总产值中的比重，经过一段时期的降低以后，不会无限降低。从较长时期来看，轻重工业的发展速度，趋于接近、趋于稳定。许多国家在工业化过程中以及实现工业化以后，大体呈现上述趋势。例如：1929 年以后，美国生产资料工业和消费资料工业增长速度的差距比较小，二者比重的变化也不大。生产资料工业与消费资料工业的比重：

1929 年为 58. 3 ∶ 41. 7，1937 年为 60. 1 ∶ 39. 9，1939 年为 59. 3 ∶ 40. 7，1947 年为 60. 3 ∶ 39. 7，1950 年为 61 ∶ 39，1952 年为 63. 6 ∶ 36. 4，1959 年为 64. 8 ∶ 5. 2。

苏联在第一个五年计划时期，强调优先发展重工业，因而重工业（甲类工业）的增长速度大大高于轻工业（乙类工业）的增长速度。当时的比例是 1 ∶ 2. 44；第二个五年计划时期是 1 ∶ 1. 28，第三个五年计划时期是 1 ∶ 1. 53。但第二次世界大战后，情况有了显著的变化，甲类工业与乙类工业增长速度的差距缩小了。比如 1946—1950 年为 1 ∶ 0. 88（“乙类”增长快于“甲类”），1951—1955 年为 1 ∶ 1. 08，1956—1960 年为 1 ∶ 1. 14，1961—1965 年为 1 ∶ 1. 16，1966—1970 年为 1 ∶ 1. 01，1971—1974 年为 1 ∶ 1. 05。

从我国情况来说，如前所述，农业在工农业总产值中的比重，四十年来下降很多、很快。1984 年以后，还在继续下降，1989 年已下降到 22. 9%，看来目前再也不应下降了。最近几年，随着农业生产的发展，比重还应略有提高。“八五”期间，能否提高到 25%左右？

从轻重工业比重来看，目前已大体接近。如 1988 年轻工业为 49. 3%，重工业为 50. 7%；1989 年轻工业为 48. 9%，重工业为 51. 1%。这种比例，大体是适当的，最近几年，也可以大体稳定这种态势，不应该有过多的变化。

但是，由于 1979—1985 年间，轻工业增长速度略快于重工业的增长速度，轻工业在工业总产值中的比重由 1978 年的 43. 1%上升到 1985 年的 46. 7%。有的人就因此而惊呼：“出现了产业结构轻型化的反向变化”。还有人认为：我国当前产业结构的主要问题是“轻型化超稳状态”。认为“目前发达工业大国的重工业化率都在 60%至 65%之间。而我国重工业产值占工业总产值的比重在 1970 年超过轻工业后，本应继续上升，但实际上从 1980 年后便进入了一种下跌超稳定状态。我国轻重工业这种比例关系和发达国家在工业化过程中的发展趋势相背离”。产业结构“轻型化”“重型化”这些提法是否科学，这里姑置勿论。但我国经过一段时期的调整，把过重的重工业发展速度略为降低一点，把过轻的轻工业发展速度略为加快一点，这应该说是正常的、合理的，怎么就认为是不正常的、不合理的“反向变化”呢？至于“发达国家工业化过程中的发展趋势”，也不是像这些同志所说的重工业比重不断上升，而是像我们前面引证的材料所指出的重工业比重经过一段时期逐步上升（也不是年年上升）以后，轻重工业比重趋于接近。更何况，我们当前的情况与一些发达国家是不同的。我们有11亿多人口，有将近6亿劳动力，每年有新增劳动力1700万人要就业，我国现在已有剩余劳动力1亿多。我们在一定时期内，还必须大力发展劳动密集型产业，大力发展第三产业，以吸收大量的劳动力。因此，我国当前，重工业的发展还不能过急过快，有机构成提高不能过急过快，以便于吸收剩余劳动力。我们现在并没有“超稳”，而是力争国民经济稳定协调的发展。

还有人认为：“第Ⅱ部类生产的扩大，要在以压缩前一时期的消费为代价，从而扩大第Ⅰ部类生产的条件下才能实现。也就是说，要加快第Ⅱ部类的发展，首先必然压缩第Ⅱ部类自身，以支持第Ⅰ部类发展，然后才有可能使第Ⅱ部类得以迅速发展。”这是把两大部类的发展对立起来了，两大部类之间，相互促进，互为条件。第Ⅱ部类的发展，本身就为第Ⅰ部类的发展创造了条件，决不能通过压缩自身的办法去支持第Ⅰ部类的发展，因为第Ⅱ部类萎缩了，第Ⅰ部类决不可能孤立地发展。其结果，第Ⅰ部类、第Ⅱ部类都会趋于萎缩。

我国今后十年经济发展的重要目标是要实现小康。小康水平要求“生活资料更加丰裕，消费结构趋于合理，居住条件明显改善，文化生活进一步丰富……”“……在温饱的基础上，生活质量进一步提高，达到丰衣足食”。这就必须加速发展农业、轻工业，加速发展消费资料生产，特别要发展发展资料的生产，既满足人们日益增长的物质文化需要，又有利于促进整个国民经济包括重工业的发展，促进国民经济的良性循环。而决不能重复过去的错误，片面地优先发展重工业，决不能不顾条件地大搞“重型化”，把重工业的发展搞得过急过快！

第二，合理分配国民收入。合理分配国民收入，首先要正确处理积累与消费的关系。从我国过去的情况来看，积累与消费的比例，主要有两个问题：一是在一段相当长的时期内，积累率偏高，这在前面已经分析过了；二是在年度之间，起伏过大。如 1959 年积累率高达 43.8%，1960 年高达 39.6%，但 1961 年突然降低到 19.2%，1962 年降低到 10.4%，1966 年上升到 30.6%，1967 年忽又下降到 21.3%，1968 年下降到 21.1%，1970 年又上升到 34.1%，1976 年下降到 30.6%，1978 年又上升到 36.5%。起伏如此之大，在历史上是罕见的。积累率变化太大，就会造成生产大起大落，影响国民经济的稳定、协调。西方很多国家，积累率一般较低，而且比较稳定。比如，美国的积累率较低，1929 年为 16%，1937 年为 9.9%，1940 年为 15%，1950 年为 18.5%，1955 年为 16.2%，一直比较稳定。苏联的积累率虽然较高，但一般也在 30%以下。如：1927—1928 年为 21.3%，1932 年为 26.9%，1937 年为 26.4%，1940 年为 28.8%，1950 年为 27%，1951—1960 年间在 25%~26%变动。波兰、匈牙利有一段时期，积累率偏高，以后被迫降低，起伏较大，影响了国民经济的发展。

有人提出，我国目前还应该“适当提高积累比重，抑制消费的过快增长”，今后五年中，“积累率至少要高于 1989 年 33%的水平”。这种意见是值得研究的。消费的过快增长，当然应该抑制。但我国目前积累率已超过 30%，还会造成“消费的过快增长”吗？1989 年积累率达 33%，已算是较高了，至少要高于这个水平，是否又会搞成“高积累”呢？要推进工业化和现代化的进程，当然要增加积累，要解决“八五”期间 2.6 亿人口就业的问题也当然应增加积累。但应该看到，我国人口多，人口增长快，每年新增加的国民收入，至少要有 60%以上用于满足新增人口的消费，还要有一部分用于提高人民的消费水平（还有其他不属于提高人民消费水平的支出），剩余的部分才能用于积累。我们是否可以考虑，在处理积累和消费的关系时，首先着眼于消费，保证消费的最低限（如保证新增人口的最低消费需要，提高消费水平的最低需要），对新增的国民收入进行合理分配。因此，积累的增长速度不能过快，现在已经偏高的积累率不能再高，近几年还应该略为降低。从我国当前情况来看，积累率以不超过 30%为宜，最好暂时稳定在 25%~28%。另外，由于我们这几年安排劳动力就业，主要在劳动密集型产业，在第三产业，有机构成低，较少的资金就可以吸收较多的劳动力。因此，我们在“八五”甚至“九五”期间，将积累率降至30%以下，是完全可能的。

合理分配国民收入，还必须保持国家财政在国民收入中必要的比重。我国近十年来，国家财政在国民收入中的比重不断降低，1979 年为 31.9%，1985 年为 26.2%，1988 年降为 21.3%，1989 年降为 21.2%，确实偏低了；个人收入在国民收入中的比重，1979 年为 49.9%，1985 年为 62.2%，1988 年为 66%。国家财政在国民收入分配中的比重过低，财力不足，就难以进行国民经济综合平衡和有效的宏观调控。个人收入在国民收入分配中的比重过高，必然导致消费需求膨胀，不利于国民经济的发展。根据我国 1952 年至 1988 年 37 年的情况，财政收入占国民收入的比重，高于 30%的有 24 年，低于 30%的有 13 年，大多在 30%左右。因此，我国财政在国民收入分配中的比重，一般以 28%~30%为宜，最低不应低于 25%。

合理分配国民收入，还必须合理分配个人收入，反对平均主义和分配不公。平均主义会导致消费的雷同化和同步化，分配不公会导致消费悬殊和畸形消费。分配不合理，必然造成消费不合理，不利于生产的发展，不利于国民经济的良性循环。我国当前，一方面平均主义相当严重，工资差距很小，脑体倒挂；另一方面，这几年少数人暴富，一年之内，收入几万元，几十万元，甚至更多。如有些人利用价格双轨制的价格差额而得到的“寻租”收入，这几年达 4000 亿元，仅 1987 年一年就达到 2000 亿元，这些钱都落入个人腰包。这些过高的收入，相当一部分进入消费领域，造成不合理的消费甚至畸形消费，不利于国民经济的健康发展。因此，要逐步克服平均主义，要采取坚决有力的措施，克服分配不公，逐步改变分配格局。

第三，合理调整产业结构。要充分发挥消费在经济循环中的作用，必须使消费结构合理化。要使消费结构合理化，必须合理调整产业结构。调整产业结构，牵涉到经济发展的战略目标、战略重点、战略步骤，牵涉到一系列复杂的因素。从我国当前来说，我们认为，应该加速发展食品工业和民用建筑业，使之成为主导产业。与此同时，要充分重视第三产业的发展。

人们的消费顺序，首先是解决吃的问题。我国近四十年来，特别是十一届三中全会以来，温饱问题基本得到解决，吃的消费大为改善。根据恩格尔定律，随着人们收入的提高，吃在消费结构中的比重应不断下降。但我国近四十年来，下降不多，恩格尔系数还出现四次反弹。如城镇居民的恩格尔系数，1957 年为 58.43%，1964 年上升为 59.22%，1981 年为 56.66%，1982 年又上升为 58.65%，1983 年上升为 59.2%，1985 年为 52.25%，1987 年上升为 53.47%，1988 年为 51.47%，1988 年为 51.36%，1989 年为 54.5%。农民家庭恩格尔系数，1957 年为 65.8%，1965 年为 68.5%，1985 年为 57.7%，1987 年为 55.2%，1988 年为 53.4%，下降也不多。目前，我们还不能说吃的问题已经完全解决了，有一小部分人还没有解决温饱问题，有相当一部分的人还没有吃好，吃的支出在人们消费支出中仍然占主要地位。估计到 20 世纪末，恩格尔系数还不可能下降很多，有人估计在 45%~48%，不可能降至 45%以下。更好地满足吃的需要，大力发展食品工业，仍是我们当前的重要问题。食品工业应成为我们当前的支柱产业之一。我们过去，食品工业很不发达，在工业总产值中的比重，不仅没有提高，反而大大降低。比如，1957 年为 23.7%，1963 年下降为 14.2%，1970 年下降为 8.2%，1984 年下降为 7.5%。我们今后十年，要在大力发展农牧渔业的基础上，大力发展食品工业，使食品工业在工业总产值中的比重达到 10%~12%。要提高食品工业的加工深度，要依靠新的科学技术在食品工业中的运用，提高质量，生产丰富多彩的高级食品。要把作为生存资料食品的一部分，转化为发展资料和享受资料。食品工业发展了，不仅可以更好地满足人们对食物的需要，提高食物消费水平和人民的健康水平，而且由于食品工业是劳动密集型行业，可以吸收大量劳动力。

有些发达国家，如美国，一直把建筑业作为支柱产业。我们的民用建筑还很落后，远远不能适应国民经济的发展。民用建筑业的发展，可带动很多产业的发展。有人统计，建筑业的发展，可带动钢材、木材、玻璃、陶瓷、塑料、家用电器、室内装修等五十多个产业的发展，还能吸收大量劳动力就业。随着住宅商品化的发展和住宅消费水平的提高，民用建筑业将有一个较快的发展。1989 年建筑业在我国国民收入中的比重为 5. 9%，到 20 世纪末达到 10%左右，是完全可能的。

发展第三产业，不仅能吸收大量劳动力，而且能活跃城乡经济，促进商品经济的发展。不仅如此，相当大一部分的发展资料、享受资料是第三产业生产的。发展第三产业，有利于促进产业结构的现代化，提高消费质量。我国第三产业长期落后，第三产业就业人数在总劳动力中的比重，1952 年为 9. 1%，1958 年上升为 15. 2%，但 1962 年以后一直下降，在 10%以下，到 1979 年以后才上升到 12. 2%，1989 年才达到 17. 9%。这个比重，和一些发达国家相比，差距太大。例如：美国第三产业就业人数占总人数的比重，1970 年就达到 61%，1982 年高达 69. 2%；法国第三产业就业人数在总劳动力中的比重，1977 年为 53%，1980 年达 61%；日本第三产业就业人数在总劳动力中的比重，1970 年为 46. 7%，1980 年上升为 55. 4%。我国第三产业长期落后，是我们经济不发达的重要原因之一。

发展第三产业，必须从我国当前生产水平和居民收入水平、消费水平的实际情况出发，决不能贪大求洋。例如，我们前几年大搞楼堂馆所，大搞高级饭店、宾馆、游乐场等，造成不少浪费。今后要多发展那些目前比较落后而又急需发展的行业，特别要加速发展发展资料的生产，提高发展资料在消费结构中的比重。

上面这些都说明：要从消费着眼，合理调整产业结构。我们当前应大力发展食品工业、民用建筑业，将其作为支柱产业，以利于更好地解决吃、住两大问题；还要大力发展第三产业，提高第三产业在国民经济中的比重。这些问题解决了，就会大大有利于国民经济良性循环。

第四，开拓消费领域和消费市场。必须不断开拓新的消费领域，开拓新的产业和产品，开拓消费市场，以满足日益增长的消费需要。马克思说：“由于人类自然发展的规律，一旦满足了某一范围的需要，又会游离出、创造出新的需要……社会需要的范围和满足这些需要的资料的范围日益扩大，从而使人的生产能力得到发展，因而使人的才能在新的方面发挥作用。”①

① 《马克思恩格斯全集》第 47 卷，第 260 页。

我们的消费领域过于狭窄，既不利于满足消费需要，又不利于吸收购买力，不利于消费品的供求平衡。因此，必须开拓消费领域，开拓消费市场。

劳务消费，是一个极其重要的消费领域。消费需要的满足，越来越表现在劳务消费上面。人们对享受资料、发展资料的需要，越来越表现在劳务消费的满足上面。劳动力质量的提高，特别是智力的发展，也主要通过劳务消费的满足而实现。特别应该看到，消费的发展，对于国民经济按比例的发展，对于促进国民经济循环，作用很大。物质生产领域与劳务生产领域之间，在客观上存在一定的比例。物质生产的发展，不仅为劳务生产的发展创造了条件，而且要求劳务生产相适应的发展；劳务生产发展了，反转来又促进物质生产的发展。国民经济按比例的发展，不仅表现在物质生产领域各部门之间按比例的发展，而且表现在物质生产领域与劳务生产领域之间按比例的发展。物质生产领域与劳务生产领域间平衡协调，相互促进，就会大大有利于促进国民经济良性循环。例如，发展劳务消费，使劳务参与了流通和消费过程，就会大大扩展消费领域，不仅大大有利于满足人们的消费需要，而且大大有利于解决消费品供求矛盾。由于劳务加入了流通和消费过程，总购买力和消费品供应的平衡，就不是总购买力和实物消费品总量之间的平衡，而是总购买力与消费品总量（实物消费品总量+劳务消费品总量）之间的平衡。这样，购买力就会分流，就不是集中投向于实物消费品，一部分购买力就会投向于劳务消费品，就会大大扩展市场，扩大消费领域，就会大大有利于消费品供求平衡，促进国民经济的良性循环。

我国劳务消费极为落后，劳务消费水平很低。有人估计，1981 年我国城镇居民劳务消费在消费结构中的比重为 6.09%，农村为 2.43%，与一些发达国家劳务消费在消费结构中达 40%以上的情况相比，差距很大，大大影响了人们的消费生活，大大影响了国民经济的发展。

我们劳务消费水平低，与我们劳务还没有商品化、市场化有关。我国劳务市场，一直没有很好地建立。最近几年，刚刚开始出现，但范围极其狭窄，市场机制很不健全，有的无“场”、有的有“场”无“市”。要发展劳务消费，必须促进劳务消费社会化、市场化，解决“企业办社会”“单位办社会”的问题，树立商品经济观念，彻底克服自给自足的自然经济观念。

开拓、发展劳务市场，除了要大力发展一般生活服务的劳务外，还要大力发展精神文化产品，发展精神文化消费。马克思早就把生产力区分为物质生产力和精神生产力。他在谈到自然经济解体的条件时指出：“只有在物质的（因而还有精神的）生产力发展到一定水平时才有可能。”[①] 我们现在正是由自然经济、半自然经济向商品经济转变的时期，不仅要大力发展物质生产力，而且要大力发展精神生产力，要使精神生产力发展到较高的水平，以适应人们提高精神文化消费水平的需要。要反对那种“消费品拜物教”，只强调物质资料的消费，而忽视精神文化消费。需要强调的是：精神文化产品，要特别强调质量。精神文化消费，要特别注意提高消费质量。

从我国住宅市场来说，最近几年刚刚出现，还需要逐步发展和完善。住宅是很重要的消费资料，我们长期以来，把住宅作为福利，不作为商品，象征性的房租，使国家每年支付几百亿元的补贴，用于城市居民的住房消费。不仅不利于住宅事业的发展，也扭曲了消费结构；不仅不利于住宅的合理分配，也不利于吸收大量的购买力，拓宽消费领域。在一些发达国家，人们的消费结构中，住房消费大致占 20%，而我们却不到 1%。这种不合理现象，不利于国民经济的发展，不利于国民经济良性循环。因此，必须大力开拓住宅市场，把住宅这个重要的消费资料纳入消费市场，把巨大的住宅市场纳入社会主义市场体系之中，纳入有计划的商品经济的运行之中，发展住宅租赁和住宅买卖市场，加强住宅租赁、抵押、买卖的管理，加强住宅经营的专业化、企业化、社会化。我们要通过逐步实现住宅商品化，逐步改革住房制度，吸收大量购买力，改善消费结构，促进产业结构合理化，以利于促进国民经济良性循环。到 20 世纪末，使住房支出在消费结构中的比重由现在的不到 1%提高到 10%左右，把推进城镇住

① 《马克思恩格斯全集》第 46 卷上册，第 505 页。

房制度改革作为拓宽个人消费领域、满足消费需要、吸收大量购买力、促进国民经济良性循环的重要措施之一。

第五，要促进消费合理化。消费不合理，就难以发挥消费在国民经济循环中的作用。我们提倡文明消费，合理消费。消费合理化，不仅有利于节约社会劳动，提高消费效益，而且有利于建立文明的、健康的、科学的生活方式。消费合理化，有利于促进生产合理化、分配合理化、流通合理化，有利于促进国民经济良性循环。在我们的消费领域里，不合理的情况还很多。例如，我们的消费结构还不合理，恩格尔系数还偏高，城镇居民的住宅消费比重太低；劳务消费在消费结构中的比重还偏低，特别是精神文化消费的比重偏低。我们要通过提高收入水平、消费水平，逐步完善消费结构。又例如，在我们有些人的消费行为中，还存在一些不文明、不健康的消费甚至畸形消费。有的不顾自己的经济条件，盲目攀比，盲目消费；有的婚嫁丧葬，大操大办，不惜举债度日；有的享乐至上，挥霍浪费，甚至挥金如土；有的大搞封建迷信，修坟造庙；有的个人至上，自我中心，无视社会规范，我行我素。这些不合理的消费，不仅影响个人的消费生活，也影响社会风气。因此，必须用科学社会主义的价值观、消费观，对消费进行正确引导，使各项消费活动，有利于人的身心健康和全面发展，有利于发扬社会主义物质文明和精神文明。

这里牵涉到一个很重要的问题：要使消费合理化，提高消费的文明程度，必须提高消费者本身的质量。消费者是一切消费活动的主体，是消费领域各种消费关系的主体。消费主体的质量提高了，才能更好地利用客体，发挥消费在国民经济循环中的作用。提高消费主体的质量，一个极其重要的方面是提高消费者的消费能力。马克思说："决不是禁欲，而是发展生产力，发展生产的能力，因而既是发展消费的能力，又是发展消费的资料。消费的能力是消费的条件，因而是消费的首要手段，而这种能力是一种个人才能的发展，一种生产力的发展。"① 马克思在这里高度评价了消费者的消费能力的重要性，认为是"消费的条件"，是"消费的首要手

① 《马克思恩格斯全集》第46卷上册，第225页。

段”。而这种能力的发展，就是“一种生产力的发展”。要提高消费者的能力，除了提高政治思想素质外，还必须提高科学文化素质。马克思说：一个人要“多方面享受，他就必须有享受的能力，因此他必须是具有高度文明的人”[①]。特别是当代科学技术迅猛发展，新的科学技术越来越多地运用于消费领域，“具有高度文明的人”，才能更好地利用消费资料，才能进行文明消费，合理消费，才能成为“一种生产力的发展”，才能更好地发挥消费在国民经济循环中的良好作用。

原载《我的经济观（2）》，江苏人民出版社 1992 年 2 月出版

① 《马克思恩格斯全集》第 46 卷上册，第 392 页。

不能选择“消费需求推动型”的发展战略吗?

目前，我国经济学界正在讨论“消费需求推动型”经济和“投资需求推动型”经济，讨论二者的优劣以及我国当前应采取何种类型等问题。笔者就我国当前能不能选择“消费需求推动型”发展战略的问题，提出一些初步意见。

一、什么是“消费需求推动型”经济?

有人提出，我国当前不能选择消费需求推动型的发展战略，因为这种发展模式的基本特点是：社会总需求明显大于总供给；膨胀的消费需求主导着社会再生产，引导、拉动投资，进而决定生产；以满足国内消费需求为目标的新兴消费产业成为国民经济中的主导产业。这种观点是缺乏根据的。

社会总需求大于社会总供给，取决于许多复杂的因素（包括社会商品总供给量和总需求量是否平衡、货币供给量和需求量是否平衡，以及引起不平衡的很多复杂因素），决不能简单地一概归之于消费需求的膨胀。党的十一届三中全会以前，甚至是消费需求受到抑制时，也出现过社会总需求大于社会总供给的情况。

消费需求膨胀引导、拉动投资，造成投资需求膨胀的情况，还不多见；而投资需求膨胀造成消费需求膨胀的情况，则经常出现。这是因为，基本建设投资中，有40%左右转化为消费需求（包括职工工资、奖金、办公费、农业开荒费用等)。我国 1983 年全社会固定资产投资为 1430.06 亿元，1984 年高达 1832.87 亿元，1985 年高达 2543.17 亿元，1986 年高达 3019.62 亿元，1987 年高达 3640.54 亿元，1988 年高达 4496.54 亿元。这几年的消费需求也同时膨胀，1984 年比上年增长 31.9%，1985 年比上年增长 29.2%，1986 年比上年增长 12.1%，1987 年比上年增长 19.2%，1988 年比上年增长 26.6%。这几年的消费需求膨胀虽然有多种原因，但投资需求增长过快，是其中重要原因之一。

至于说消费需求推动型经济会导致新兴消费品产业成为国民经济中的主导产业，这也不尽然。即令新兴消费品产业大发展，成为主导产业，大大满足了居民消费需要，大大提高了居民消费水平，这又有什么不好呢？

可见，上述三点，根本不是消费需求推动型经济的特点。

我们认为，消费需求推动型经济，就是以消费需求为导向来推动整个国民经济的发展。它根本不同于投资需求推动型经济。我国过去，特别是十一届三中全会以前，经济的发展主要依靠投资需求来推动。通过增加投资，特别是扩大基本建设来促进经济的增长。高积累、高投资，结果是低消费、低效益。与此相反，在市场经济下，以市场为导向，也就是以市场需求为导向，市场需要什么，就生产什么。需求总量决定供给总量，需求结构决定供给结构。而市场需求，首先是消费需求。因为消费需求，是人民最直接、最重要、最基本的需求。正如英国著名经济学家马歇尔所说的：“一切需要的最终调节者是消费者的需要。”① 以消费需求为导向，促进整个市场的繁荣，促进社会经济的发展。因此，消费需求推动型经济，就是以需求为导向，充分发挥消费在商品经济运行中的作用的经济，是人们的消费需求不断得到满足的经济，是通过消费需求及其不断满足，推动国民经济不断运转，实现生产与消费的良性循环的经济。

二、“消费需求推动型”经济会带来什么后果？

有人说，消费需求推动型经济会带来下列后果：由于消费需求持续膨

① 《经济学原理》上册，商务印书馆 1981 年译本，第 111 页。

胀，因而会出现超前消费，尤其是享受资料消费超前，存在消费早熟；由于社会总需求膨胀，因而物价指数居高不下，甚至出现顽固性通货膨胀；由于总需求过旺，使技术进步缓慢，物价不断上升，使生产成本上升，难以形成真正的外向型经济；由于通货膨胀，人民消费水平下降。

事实果真如此吗？答曰：否！

第一，前面已经说过，消费需求推动型经济是需求导向，主要是消费需求导向型经济，它有利于促进国民经济良性循环，它和消费需求膨胀是风马牛不相及的。我们过去造成消费膨胀，不是消费需求导向引起的，恰恰相反，是没有真正发挥消费需求导向作用的结果。

第二，通货膨胀、物价上涨，不能统统归之于消费需求推动型经济引起的。譬如，我国目前已出现通货膨胀、物价上涨的势头，消费品价格上涨，生产资料价格上涨更快。货币流通量 1991 年比上年增加 20%，1992 年比上年增加 25%以上。造成经济过热的原因，并不是消费需求推动的，并不是消费需求过热，而是投资需求推动的，是投资过热。1992 年全社会固定资产增长 37.6%，全民所有制经济的投资超过 7500 亿元。1993 年第一季度全民所有制经济的投资比去年同期增长 70.7%，预计将超过 45%；全社会固定资产投资将达 1 万亿元，甚至会达 1.1 万亿元，比去年增加 40%。但消费需求增长并不快：1989 年全国居民消费水平不仅没有提高，反而下降 1.3%；1990 年全国居民消费水平只提高 1.3%；1991 年城镇居民的消费水平提高 7.7%，农村居民只提高 2%；1992 年社会商品零售总额只增加 14.5%，剔除物价上涨因素，只增加 8%。可见，消费需求的增长，大大低于国民生产总值和国民收入的增长，更大大低于投资需求的增长。投资需求增长过快，才是我国当前通货膨胀、物价上涨的根本原因。

第三，影响生产成本上升、物价上涨的重要原因之一，是生产资料价格上涨。而生产资料价格上涨的重要原因，是由于投资过热、投资需求膨胀，而不是消费需求直接引发的。至于是否成为外向型经济，取决于许多复杂的因素，决不能简单归结为消费需求导向型经济造成的。

第四，人民消费水平下降，有很多原因。其中的重要原因之一是投资需求过旺，高积累必然低消费，我国在十一届三中全会以前就是如此。这决不可能是消费需求推动型经济造成的。恰恰相反，只有由投资需求推动型经济转变为消费需求推动型经济，才能逐步提高人民消费水平，满足人民日益增长的物质文化需要。

有人说，世界上迄今尚无依靠消费需求推动型经济而取得成功的先例，这恐怕是不了解实际情况吧。英、美、法、日等国的工业化，都是从发展农业、轻工业开始的，都是以消费需求推动型经济而逐步发展起来的。另外有些国家（如苏联），以前片面强调优先发展重工业，片面强调投资推动型经济，忽视消费需求的增大，因而出现严重的问题。这些经验教训，是很值得我们吸取的。

原载 1993 年 11 月 4 日《经济学消息报》

消费热点与经济增长

消费热点的出现，有利于繁荣市场，充分发挥消费需求对经济的拉动作用；有利于形成新的经济增长点，促进产业结构的升级和优化，促进经济的增长，促进国民经济的良性循环。到1998年7月底，我国居民储蓄存款余额已达50750亿元，将进入新一轮消费周期，消费需求拉动经济增长的作用将不断增强，消费热点将不断出现。

一、我国近期可能出现的消费热点

住房消费热点。城市居民住房消费热点的形成，是我国经济发展的必然趋势。发展住房消费，改善住房条件，不仅有利于提高消费层次和质量，而且可以带动一个较长的产业链条；不仅会使民用建筑业成为支柱产业，而且会带动建材、冶金、机械、化工、林业以及室内装饰业和家用电器业的发展；不仅能扩大消费市场，而且能形成持续、稳定的新的经济增长点。一些发达国家特别是美国，房地产业成为支柱产业和经济增长点持续了相当长的时期。前不久，朱镕基总理强调要加速住宅商品化、货币化，停止福利分房。要做好这项工作，除了要改变对住房消费的传统观念外，当前还要着重解决住房售价高与居民实际购买力低的矛盾。这就需要大力发展经济实用的普通商品房，包括安居工程，尽量少建高级别墅、高级宾馆、高级商厦；降低民用住房的价格，取消对住宅建设不合理的收费，建筑企业要降低建筑成本，降低利润；加快建立住宅建设融资体系，完善城市居民购房分期付款、抵押贷款等消费信贷制度；全面建立和完善住房公积金制度，加大公积金归集力度，完善监督体系。目前，全国累计归集的住房公积金已超过800亿元，巨额的公积金对发展住房消费将起着越来越大的作用。

信息消费热点。信息不仅是一种重要的资源，也是一种强大的新的生产力和消费力。以信息技术为核心的电子信息产业，是新兴的高科技产业，具有很高的产业关联度和附加价值，能带动机械、电器、新型材料等十几个产业。信息消费热点的形成，也是发展的必然趋势。1996年世界信息产业的销售额已达到一万亿美元。美国信息产业在国民生产总值中的比重居世界前列。我国信息消费、信息产业也发展较快。“九五”时期，我国电子信息产品的需求每年以30%以上的速度增长。中共中央关于制定国民经济和社会发展“九五”计划和2010年远景目标的建议中指出：要重点开发电子信息等方面的高技术，积极发展信息咨询等新兴产业。近两年，我国已出现的“电话热”还在升温。预计到2000年，大城市和沿海城市的家庭电话将基本普及；家用电脑进入城镇居民家庭每年以50%以上的速度不断增长，到1997年我国个人电脑累计装机量已超过340万台。预计十年之内，大城市和沿海城市的家用电脑将基本普及。电子信息产业将成为我国最有发展前途、规模最大的新兴产业。

旅游消费热点。当前，旅游业已成为世界第一大产业。早在1994年，全球旅游业总产值已达到3.4万亿美元，预计到2005年可达7.9万亿美元。近年来，我国旅游业发展很快，1996年国际旅游人数已达5112.8万人次，创汇总额已达102亿美元。1996年国内旅游人数已达6.4亿人次，旅游收入1800亿元。发展旅游业，不仅能增加收入，而且能带动商业、饮食业、娱乐业、交通运输业等一系列产业的发展；不仅能优化产业结构，而且能吸收大量劳动力，有利于增加就业岗位。发展旅游业，投资较少，收效较快，是经济效益和社会效益均较高的新兴产业。当前的问题是：需要改善旅游区的基础设施，改善旅游消费环境，合理开发旅游资源，丰富旅游消费内容。特别是要发展高层次的旅游消费，发展特色旅游，包括文化旅游、生态旅游等；要开拓新的旅游产品，提高服务质量，提高旅游产业的总体水平。

农村家电消费热点。目前，农村居民家用电器的普及率还很低。1996年农村居民家庭平均每百户家电拥有量：彩电为22.9%，冰箱为7.2%，洗衣机为20.54%，收录机为31.15%。如果全国2.3亿户农户家电拥有量达到现在城镇居民水平，需要新增收录机9700万台，彩电1.58亿台，洗衣机1.66亿台，冰箱1.4亿台。这将是一个很大的消费市场，是一个巨大的经济增长点。要大力发展农村经济，增加农民收入，改善农村用电、用水、交通等基础设施。农用家电要适应农村的特点，其功能简单适用、耗电量低、价格适宜，以加速农村家电消费热点的来临。

文化教育消费热点。发展文化教育事业，是提高国民素质、提高生产力和消费力的关键。随着广大群众对文化教育重要性的认识不断提高，文化教育消费将在人们的消费中占据越来越重要的地位。加之文化教育的福利性消费逐步减少，市场化、货币化比重逐步提高，文化教育消费在人们消费结构中的比重将不断提高，成为人们消费中经常性的较长期的热点。

汽车消费热点。汽车工业对促进产业结构升级和优化以及国民经济发展的作用很大，对方便居民生活、提高消费质量的作用也很大。很多国家早就把汽车工业作为支柱产业，作为新的经济增长点。我国当前由于道路、停车场等基础设施一时难以跟上，加之汽车价格高和其他费用多等原因，居民购买汽车还有困难。汽车消费热点虽然会出现，但现在还未形成。我们应努力创造条件，使汽车消费热点早日到来。

二、积极引导消费需求，培育消费热点

要使消费热点能够促进经济的增长，就需要引导消费需求，培育消费热点，使其真正成为新的经济增长点。为此，应当注意以下几个问题：

第一，站在可持续发展的战略高度来培育和引导消费热点。消费热点的形成和发展，不仅要有利于满足人们的物质文化需要，而且要有利于满足人们的生态需要。消费热点的出现，不能以牺牲环境、浪费资源为代价。必须坚持可持续发展战略，充分利用和节约资源，保护生态环境，促进生态平衡。

第二，进一步转变经济增长观念。要认识到传统的供给导向型经济已转变为需求导向型经济，充分认识扩大消费需求对经济增长的作用。要适当鼓励消费，决不能抑制消费需求，更不能像过去那样一哄而起，大搞重复建设，造成很大的浪费。要采取有效措施，对消费热点加以正确引导和培育，并在消费热点的形成和发展过程中，紧扣支柱产业建设，紧扣产业结构的升级和优化，使其成为新的经济增长点。

第三，提高居民的购买力，使居民的潜在购买力变为现实购买力。提高居民收入水平，特别是发展农村经济，提高农民的收入水平，这是形成消费热点的基础。为了扩大有效需求，需要利用各种经济杠杆，包括采取消费信贷等方式。对价格偏高的热点消费品，要采取有效措施，逐步降低价格，以利于扩大消费需求。企业也要面向市场，发展新技术，开发新产品，以适应市场日新月异的消费需求。必须克服消费品生产“小而全”和“散而乱”的现象，促进产业结构的升级。

第四，创造优良的消费环境。消费热点与消费环境有着密切的联系。如旅游环境欠佳，服务态度不好，就会影响旅游消费的发展。水、电、交通、通信等基础设施建设的好坏，对消费的影响也很大。要下大力气加强农村基础设施建设，开拓农村广阔的消费市场。

第五，不断提高消费者的素质。马克思说：一个人“要多方面享受，他就必须有享受的能力。因此他必须是具有高度文明的人”。当前，科学技术和文化艺术不断渗透于消费领域，要求消费智能化，要求消费者不断提高科学文化素质，提高创新能力，享受现代科学技术和文化艺术的丰硕成果。这样，才有利于消费热点和新的经济增长点的形成和发展。

总之，我们要充分认识市场经济条件下需求导向对经济增长的作用，通过消费需求的导向作用，通过扩大并实现消费需求，促进消费热点的形成和发展，形成新的经济增长点，从而形成消费需求与经济增长之间的良性循环，促进消费层次和消费质量的提高，促进经济的增长。

原载《人民日报》1998 年 8 月 25 日

充分发挥消费需求的拉动作用

一、市场经济下消费需求的拉动作用

众所周知，在传统的高度集中的计划经济下，消费对生产的推动作用受到了很大的限制。在市场经济下，供给导向型经济已转化为需求导向型经济，而市场需求，首先是消费需求。英国著名经济学家马歇尔早就指出："一切需要的最终调节者是消费者的需要。"[①] 关于消费需要的作用，马克思早就说过："没有需要，就没有生产。而消费则把需要再生产出来"，"消费的需要决定着生产"。[②] 生产和消费是相互促进，互为条件的。人们通过消费，满足了需要，又会产生新的需要，新的需要又推动生产不断发展。我国近年来，消费需求的拉动作用越来越明显，对经济增长的作用越来越大。正如一些同志所说的：只有从扩大消费需求入手，才能真正抓住扩大内需的"牛鼻子"。应该说，最终需求是经济增长的根本动力。

《中华人民共和国国民经济和社会发展第十个五年计划纲要》强调："坚持把提高人民生活水平作为根本出发点，不断提高城乡居民的物质和文化生活水平，是社会主义的本质要求和发展经济的根本目的。"江泽民同志在庆祝中国共产党建党 80 周年纪念大会上的讲话中，又明确指出：

---

① 马歇尔：《经济学原理》上册，商务印书馆 1981 年译本，第 111 页。

② 《马克思恩格斯选集》第 2 卷，人民出版社 1972 年版，第 94、108 页。

“我们建设有中国特色社会主义的各项事业，我们进行的一切工作，既要着眼于人民现实的物质文化生活需要，同时又要着眼于促进人民素质的提高，也就是要努力促进人的全面发展，这是马克思主义关于建设社会主义新社会的本质要求。”这些都说明：扩大消费需求，更好地满足人民的物质文化需要，对人的全面发展、对社会经济的发展有重要的作用。

我国即将全面进入小康社会。小康生活的主要特征是人民的消费由以数量扩张为主逐步转变为以提高质量为主，由以生存资料为主逐步转变为以享受资料和发展资料为主，逐步优化消费结构，提高消费层次和质量。当前，农村居民正进入由以满足吃、穿、用为特征转变为以住、行为特征的消费结构的升级。这就必须扩大消费需求，促进消费结构的优化和升级，形成新的消费热点和经济增长点，从而促进经济的增长。经济的增长，又进一步促进消费需求的扩大。这样就形成了消费需求与经济增长之间的良性循环。这不仅实现了扩大内需的目的，也实现了“发展经济的根本目的”。这就进一步说明了：扩大消费需求，启动消费，不是权宜之计，而是关系到“建设社会主义新社会的本质要求”的大问题。

二、我国近年来消费需求不旺的主要原因

我国近年来，消费需求已发挥了导向作用和拉动作用，对经济增长发挥了越来越大的作用。但总的说，消费需求不旺。这是传统的由供给导向型经济转变为需求导向型经济、由低水平的短缺经济转变为买方市场的必然结果。无论在供给方面，还是需求方面，都存在深层次的原因，渗透于体制转换的过程之中。从需求方面来看，根本原因是大部分居民收入水平偏低。2000 年，虽然城镇居民平均每人可支配收入达到 6279. 98 元，农村居民人均纯收入达到 2253. 39 元，但大部分人的收入在平均数以下。如 1999 年，城镇居民家庭中，尚有 5%的困难户，全年可支配收入仅为 2325. 7 元；10%的最低收入户，全年可支配收入仅为 2617. 8 元；10%的低收入户，全年可支配收入仅为 3492. 27 元。2000 年农村居民家庭中，全年纯收入在 500 元以下的，尚有 2. 64%；500~1000 元的有 11. 54%；1000~1500 元的有 17. 92%；1500~2000 元的有 17. 92%。可见城乡居民中，还有

不少人收入水平很低。近年来，我国居民收入增长率远远低于国内生产总值的增长率。国内生产总值增长率：如以 1978 年为 100，1981 年为 111，1986 年为 209. 9，1991 年为 308. 6，1996 年为 536. 8，1999 年为 673. 0；城乡居民家庭人均收入增长率：如以 1978 年为 100，1981 年为 317. 4，1996 年为 418. 2，1999 年为 473. 5。可见，20 世纪 90 年代以来，城乡居民收入增长幅度大大低于国内生产总值的增长，特别是近几年，农村居民收入的增幅，大大降低，如人均纯收入：1997 年为 2090. 1 元，1998 年为 2162 元，1999 年为 2210. 3 元，2000 年为 2253. 4 元，增幅很小。

我国居民收入水平之所以偏低，根本原因在于最终消费率偏低，而且最近 20 年来，不断下降。例如，“六五”时期平均为 66. 1%，“七五”时期平均为 58. 7%，“九五”时期平均为 59. 3%。其中，1993 年降至 58. 5%，1994 年降至 57. 4%，以后几年一直在 58%上下徘徊，直到 1999 年才略微提高到 60. 3%，2000 年提升到 60. 8%。最终消费率如此之低，在国际上是罕见的。总消费占国内生产总值的比重：1997 年世界平均为 77. 2%。日本 1997 年为 70. 1%，韩国 1998 年为 66. 2%，菲律宾 1998 年为 83. 7%，加拿大 1997 年为 78. 7%，美国 1997 年为 82. 9%，法国 1997 年为 79. 3%，德国 1997 年为 77. 2%，意大利 1997 年为 78. 1%，罗马尼亚 1998 年为 90. 8%，俄罗斯 1998 年为 78. 8%，英国 1997 年为 84. 6%，澳大利亚 1997 年为 78. 7%，新西兰 1997 年为 78. 6%。不发达国家：1998 年印度为 79. 1%，以色列为 90. 8%，越南为 78. 7%，尼日利亚为 83. 1%，阿根廷为 82. 6%，巴西为 81. 4%。我国多年来最终消费率偏低，必然使居民消费率偏低（最终消费包括政府消费与居民消费，我国最近 20 年来，政府消费与居民消费的比例变化不大），必然影响居民消费需求的增长。

上面是从支付能力、居民的收入水平来分析我国近年来消费需求不旺的主要原因。另一方面，从商品供给来看，也有不少问题。我国长期以来，由于盲目投资，产品趋同倾向颇为严重，产业结构、产品结构很不合理。特别是近年来，城乡居民正进入消费结构升级的阶段，但我们的产业结构、产品结构还不能适应消费结构升级和优化的要求。市场不需要的产品，仍然大量生产，大量供应，而科技含量、文化含量高的产品，还较缺乏，因而出现市场疲软，商品大量积压的情况。供过于求的商品，1998 年达 33.8%，2001 年已上升为 83%。这就进一步说明：扩大投资需求，也有个正确的导向问题，从某种意义上来说，也要发挥消费需求的导向作用。正如《中华人民共和国国民经济和社会发展第十个五年计划纲要》强调指出的："不断提高城乡居民的物质和文化生活水平，是社会主义的本质要求和发展经济的根本目的。"

三、扩大消费需求，培育消费热点

住房正在成为城市居民的消费热点。住房不仅是极重要的生存资料，也是重要的享受资料、发展资料。"小康不小康，关键在住房"，城镇居民当前最迫切的需要是进一步改善住房条件。这几年，住房商品化发展较快，城市居民住房条件有较大改善。人均居住面积，1999 年达 9.8 平方米，2000 年已达 10.3 平方米。据国家统计局有关资料，这几年新建的商品房，绝大部分出售给个人。如 1999 年全国商品房销售额 2987.9 亿元，其中销售给个人的为 2095.9 亿元，占 70.1%；2000 年全国商品房销售额 3572 亿元，其中销售给个人的为 2840.3 亿元，占 79.5%。《中华人民共和国国民经济和社会发展第十个五年计划纲要》提出，2005 年城镇居民人均住房消费的需求量就更大了。当前要解决住房价格高和居民实际购买力低的矛盾，除发展住房消费信贷外，还要尽可能降低房价。

在农村，家电消费将成为消费热点，是发展的必然趋势。当前农村居民消费结构的升级，首先是满足家用电器的需要，但现在的满足程度还很低。2000 年农村居民平均每百户的拥有量：彩电 48.74 台，电冰箱 12.31 台，洗衣机 28.58 台，照相机 3.12 架。如果农村 2.3 亿农户的家用电器拥有量达到现在城市居民家庭的水平，就需要彩电 1.30 亿台，电冰箱 1.58 亿台，洗衣机 1.47 亿台，照相机 9500 万架。其他一些耐用品的需求量都很大。这是一个极其广阔的消费市场。现在的问题是要引导生产企业生产出适应农村需要、功能简单、耗电量低、质量可靠、价格低廉的家用电器，供应农村市场。

小汽车消费也将成为我国居民特别是城市居民的消费热点。最近两三年，我国轿车生产和销售量大量增加。2001 年前 11 个月汽车产量中，轿车和微型车所占过半。轿车净增产量近 10 万辆，销售量净增 12 万辆。其中，私人买车占 70%以上。私人汽车拥有量由 1990 年的 81.62 万辆增加到 2000 年的 625.73 万辆，有人估计，2005 年将达 1557 万辆。如以每辆售价 10 万元计算，当年居民汽车购买费用就达 1557 亿元。随着小汽车价格的降低和一些不合理费用的减免，小汽车将更多地进入居民家庭，成为消费热点和新的经济增长点。

信息消费、网络消费正在成为消费热点。《中共中央关于制定国民经济和社会发展第十个五年计划的建议》提出："要把推进国民经济和社会信息化放在优先地位"，"面向消费者，提供多方面的信息产品和网络服务"。我国"九五"时期电子信息产品的需求每年以 30%以上的速度增长。1999 年我国国内市场拥有计算机已达 2100 万台。2000 年 6 月底，我国拥有计算机互联网用户已达 1690 万户。2001 年 7 月底，我国移动电话用户达到 1.206 亿户，超过美国，跃居世界第一。《中华人民共和国国民经济和社会发展第十个五年计划纲要》提出，要提高计算机普及率，2005 年达到 4%以上。可以预计，信息消费将不断升温，将成为一个新兴的很有发展前途的消费热点。

旅游消费正在成为消费热点。我国近几年旅游消费发展很快，1999 年城乡居民旅游已达 7.19 亿人次，总花费 2831.9 亿元；2000 年出游总人数已达 7.44 亿人次，总花费 3175.5 亿元。有人统计，目前已有 93%的城镇居民和 40%的农村居民外出旅游。特别是近年来，在节日假日，人们大量外出旅游，盛况空前。旅游消费的发展，带动了商业、服务业、交通运输业的发展，促进了经济增长。当前，旅游消费正在升温，已成为新的经济增长点。

文化教育将成为最大的经久不息的消费热点。我国过去，由于把文化教育作为一种福利，采取"包"和"统"的办法，因而限制了文化教育的发展，远远没有满足人们日益增长的需要，很多人文化教育水平偏低。2000 年，在总人口中，文盲还占 6.7%，小学文化程度的占 35.7%，初中文化程度的占 34%，高中文化程度的占 11.1%，大学文化程度的只占 3.6%。最近几年，国家大力进行文化教育体制的改革，增加对文化教育的投入，并鼓励私人、集体把文化教育作为产业来办。各级学校实行扩招，入学人数大量增加。很多家庭的支出中，教育消费的比重不断提高。国家统计局城调总队 1999 年对全国 15 万户城镇居民家庭进行的一次大规模抽样调查显示：全国 54%的城镇居民家庭有子女在校就读，家庭平均每年的教育支出为 2690 元，占家庭全年实际支出的 15.1%。另据中国社会调查事务所 2000 年在北京、天津、上海等 6 地对 3900 人进行的问卷调查数据显示，54%的家庭子女教育费占全家总收入的 30%以上。这些都说明：文化教育正在成为消费热点。今后文化教育消费将不断升温，这是不言而喻的。

四、如何进一步扩大消费需求

第一，要提高居民收入。著名发展经济学家 H. 钱纳里等进行的一项实证研究表明：在人均国内生产总值 1000 美元左右时，世界各国居民消费占 GDP 的比重一般为 61%。[①] 我国 2000 年人均 GDP 接近 1000 美元，但当年的居民消费率仅为 48.4%，比国际平均水平低 12.6 个百分点。居民消费率偏低，居民收入必然偏低了。有人提出：我国“十五”时期，第一步目标是使最终消费率提高到接近东亚国家 62%的较低水平，居民消费率提高到接近东亚国家 50%的较低水平。为了实现这一目标，居民消费增长率在这五年中应当比国内生产总值增长率高出 1~2 个百分点。这些意见是切合实际的。

提高居民收入，首先是提高职工工资。最近几年，不断增加职工工资，对扩大消费需求、提高职工消费水平，起了重要的作用。今后还需要尽可能增加职工工资，还可考虑重新设计工资方案，把过去一些福利性消费逐步转化为商品化、货币化消费纳入工资之中，较大幅度地提高工资水平。如果最近几年之内，职工工资每年提高 10%，全国职工就可增加收入将近 2000 亿元。如果以 75%作为消费，就会使市场增加 1500 亿元的消费需求。加上城镇其他居民的收入的增加，以及我国加入 WTO 后外贸企业的进入，还会增加我国劳动力的就业，估计这些方面也会每年增加收入

---

① H. 钱纳里等：《发展的型式 1950—1970》，经济科学出版社 1988 年中文版。

500 亿元左右。这样每年就会扩大消费需求 2000 亿元。提高居民收入，关键是提高农民收入。前不久，中央经济工作会议强调指出："大力调整农业结构，千方百计增加农民收入，是新阶段农村工作的中心任务。继续推进农业和农村经济结构调整，是提高农业效益、增加农民收入的重要途径。"这就要加速农业产业化的经营，加速发展畜牧、水产业以及当地资源丰富的有特色的产业，使资源优势转化为商品优势；要提高农产品质量，大搞农产品加工增值；要加强农村小城镇建设，大力发展农村第三产业；要加强农村基础设施建设，如水利建设、公路建设等，政府也可增加这方面的投入，这不仅为发展农村经济创造重要的条件，而且有利于增加农民收入（这些投资，有 40%左右转化为消费需求）。农村居民收入如果一年能提高 10%，就将近 2000 亿元，如以 75%作为消费，就会增加 1500 亿元的消费需求，对扩大消费市场的作用很大。

第二，要发展消费信贷。消费信贷，是社会经济发展的必然趋势。马克思在谈到信贷制度时曾经指出："资本主义生产按它现在的规模，没有信用制度……显然，不能存在。"马克思还特别强调消费信贷的作用："信用制度只有在不仅加速生产，而且也加速消费的情况下，才会使周转发生变化。"① 市场经济越发展，消费需求的导向作用和拉动作用越大，消费信贷的作用也越大。通过消费信贷，使潜在需求变为有效需求，不仅可以调节消费品供求总量，而且可以调节供求结构，促进产业结构的升级和优化；不仅可以扩大消费需求，提高消费质量，而且可以扩大劳动力就业。很多发达国家，信贷消费在消费中所占比重很大，有的甚至达 70%以上。消费信贷满足了消费需求，促进了经济发展。我国目前还没有建立比较完善的消费信贷体系，问题较多。一是信贷品种比较单一，旅游、文化教育等消费信贷还不普遍。小额贷款、信用卡等形式还不普遍。二是有些规定还不合理。贷款门槛太高，如汽车贷款要求申请者月收入在 3000 元以上，医疗贷款要求贷款人或担保人月薪不低于 1000 元。实际上限制了大多数人参加消费信贷。有的贷款偿还期短，使有些人感到压力很大。三是手续

① 马克思：《资本论》第 2 卷，人民出版社 1975 年版，第 357、210 页。

麻烦，由于还没有建立资信评估和信贷担保制度，贷款手续很麻烦。四是我国目前消费信贷在银行贷款总额中的比重还很小，与发达国家个人消费贷款占信贷总额的20%~30%相比，差距还很大。当前发展消费信贷，需要扩大消费信贷的规模和增加品种，采取灵活多样的方式，扩大消费信贷的空间。金融机构应扩大消费信贷的规模和资金来源，增加信贷品种，包括住、行、用，以及旅游、文化教育和新的信息消费，都可以进行贷款。特别是针对消费倾向大的中、低收入家庭，可以搞小额贷款，如千元级的消费品贷款。也可多推行信用卡借贷消费。要逐步建立、完善消费信贷的法规和具体的规章制度，包括个人信用登记制度、个人信用评估制度、个人信用风险制度等。还要建立消费信贷的风险防范机制，建立、完善信用担保制度。最重要的是要尽快制定《消费信贷法》，使消费信贷有法可依，有章可循，并有利于鼓励、引导消费。

第三，要增加消费品的有效供给。加速调整产业结构、产品结构，依靠科学技术促进产业结构的优化、升级，生产适应市场需要的消费品，特别是新产品。要加强市场调查，深入了解市场的供求情况，了解消费心理和消费需求的变化趋势，及时调整产业结构、产品结构。除了用高科技改造传统产业外，还要加速发展新产业，包括信息产业。信息市场和信息服务发展了，将大大有利于增加商品的有效供给，避免无效供给，就能活跃消费市场，满足新的消费需求。还要加速发展文化教育，加速产业化的进程。除政府增加对文化教育的投入外，还要充分调动社会办文化教育的积极性，以适应日益增长的对文化教育的需求。与此同时，要继续整顿市场经济秩序，改善消费环境，加大打假的力度，净化市场，使人们敢于消费，放心消费。

总之，充分发挥消费需求的拉动作用，就能扩大消费需求，促进消费结构的升级和优化，提高劳务消费特别是精神文化消费在消费结构中的比重，使消费层次、消费质量不断提高，促进人的素质的提高和人的全面发展，促进经济增长和社会全面进步，促进社会主义市场经济的健康发展。

原载《经济纵横》2002 年第 3 期

扩大消费需求 促进经济发展

当前，在国际金融危机导致世界经济衰退、我国出口疲弱的情况下，我们不仅要深刻认识消费需求的拉动作用，而且要充分发挥消费需求的导向作用，努力扩大消费需求，从而实现扩内需、保增长、调结构的目标。

市场经济是需求导向型经济，而市场需求中最重要的是消费需求，因为它是最终需求。马克思指出，如果没有消费，生产就没有目的。英国经济学家马歇尔认为，一切需要的最终调节者是消费者的需要。在市场经济条件下研究经济发展，必须首先考虑消费需求问题。在当前国际金融危机导致世界经济衰退、我国出口疲弱的情况下，尤其应重视发挥消费需求的作用，努力扩大消费需求，从而实现扩内需、保增长、调结构的目标。

一、扩大消费需求作用重大

消费需求是拉动社会经济发展的最终力量。扩大消费需求，提高消费水平和质量，能够提高消费力，进而提高生产力，促进消费力与生产力之间形成良性循环，推动经济又好又快发展。

直接体现社会生产目的。只有扩大消费需求，才能满足人民日益增长的物质文化需要，实现社会生产目的，促进人的身心健康和全面发展，从而真正体现以人为本。

直接拉动经济增长。只有扩大消费需求，才能提高消费水平和质量，促进消费结构优化升级。消费结构优化升级会促进产业结构优化升级，形成新的消费热点和新的经济增长点，从而形成消费需求与经济增长之间的良性循环，促进经济不断发展。

有利于转变经济发展方式。扩大消费需求，对经济发展不仅有拉动作用，而且有导向作用；改善消费需求，不仅能引导消费合理发展，而且能引导投资方向；重视消费需求，不仅能避免盲目投资、无效投资，而且能根据消费需求的新变化，及时发展相应的产业和产品，提高产品科技含量、文化含量，节约资源，保护环境，从而有利于转变经济发展方式，提高经济增长的质量、效益和水平。

有利于促进社会和谐。消费需求扩大了，就能使居民消费由以生存消费为主逐步转变为以享受和发展需要为主。这就要求加快发展第三产业，特别是发展文化、教育、科技和生活服务等产业。第三产业大多属于劳动密集型产业，这些产业发展了，就能吸纳大量劳动力，缓解我国的就业压力。同时，这些产业的发展还有利于提高人的素质，促进社会文明。

二、当前消费领域存在的问题

改革开放以来，我国城乡居民消费需求不断扩大，消费水平和消费质量逐步提高。但也要看到，消费领域还存在不少问题。这些问题在我国经济受到国际金融危机冲击的严峻形势下显得更为突出，成为制约我国经济发展的重要因素。

投资率偏高，最终消费率偏低。我国最终消费率（总消费在 GDP 中的比重）2000 年为 62.3%，2005 年为 51.8%，2007 年为 48.8%。最终消费率之低，是世界上少有的。2003 年，低收入国家最终消费率为 79.7%，中等收入国家为 71.7%，高收入国家如美国为 86%（2002 年），世界平均为 79.1%。我国比这些国家要低 20~30 个百分点。最终消费率偏低，意味着消费需求对经济增长的贡献偏小，经济发展的内生动力不足。

产业结构不合理，不能适应消费结构升级的要求。例如，我国第三产业发展滞后，在国内生产总值中的比重几年来一直在 40%左右，而世界平均为 67.9%（2003 年），其中美国为 75.3%、法国为 72.8%、英国为 72.4%。我国相差 20~30 个百分点。第三产业发展滞后，就难以适应消费结构优化升级的要求，就会制约消费需求扩大。

消费环境存在不少问题，消费成本偏高。在生态环境方面，环境污染和生态破坏还较为严重；在市场环境方面，假冒伪劣商品还不时危害消费者；在精神文化领域，黄、赌、毒现象还不同程度存在。生态环境、市场环境不干净，增大了消费成本，使消费者不敢放心消费，直接影响消费需求扩大。

收入分配差距较大，中低收入者有效需求偏低。中低收入者占我国人口的大多数。他们消费倾向高，但收入低、购买力差。加之社会保障体系还不健全，不少人有后顾之忧，不敢放心消费。而高收入者消费倾向较低，有效需求并不高。特别是少数高收入者大搞奢侈消费，不仅浪费资源，而且败坏社会风气，影响正常消费。

三、进一步发挥消费需求的作用

针对我国经济发展中的突出问题，党的十七大强调：坚持扩大国内需求特别是消费需求的方针，促进经济增长由主要依靠投资、出口拉动向依靠消费、投资、出口协调拉动转变。为应对国际金融危机的冲击，《2009年国务院政府工作报告》要求，“积极扩大国内需求特别是消费需求”。贯彻落实中央的决策部署，进一步发挥消费需求的作用，需要强调以下几点：

确立消费导向。我们不仅要深刻认识消费需求的拉动作用，而且要充分发挥消费需求的导向作用。在消费需求方面，应把握好四个“点”：消费需求的出发点——提高消费水平和质量，促进人的身心健康和全面发展；消费需求的凝结点——消费热点的形成和发展；消费需求的升华点——形成新的经济增长点；消费需求的落脚点——人与经济、社会、自然协调发展。把握好这四个“点”，不仅可以使消费本身科学合理运转，而且能够引导投资科学合理运转，提高投资的经济效益和社会效益，促进消费需求与经济增长形成良性循环。

提高居民收入。扩大消费需求，基础是提高居民收入。应着力提高中低收入者的收入，逐步缩小居民收入差距，走共同富裕道路。除了要进一步提高城镇中低收入者的收入，还要着重提高农民的收入。在当前，就是要努力实现党的十七届三中全会审议通过的《中共中央关于推进农村改革发展若干重大问题的决定》提出的目标：到2020年，农民人均纯收入比2008年翻一番，消费水平大幅提升。实现这一目标，要求加快构建现代化农业产业体系，发展农业产业化经营，搞好农产品精深加工、转化增值。特别要根据当地资源优势发展特色产业，使资源优势转化为产业优势、产品优势。这是提高农民收入的基本途径。

调整产业结构。我国现在的产业结构还不能很好地适应消费结构升级的要求。应加快发展第三产业特别是发展文化、教育、科技、生活服务等产业。科学技术是第一生产力，文化教育可以说是第一消费力。应进一步研究落实科教兴国、人才强国战略，加快建设人力资源强国。还应强调，在消费结构升级的过程中，消费领域会不断扩大，新的消费热点会不断出现，这就需要及时调整产业、产品和服务结构。比如，随着"家电下乡"的推进，家电消费将成为我国农村消费的热点。这就要求生产出适应农村需要的产品，并保证质量和售后服务。又如，近年来闲暇消费迅猛发展，旅游、健身以及各种文化娱乐活动已成为新的消费热点。如何扩大闲暇消费领域，以适应闲暇消费发展的要求，是一个很重要的问题。发展高层次、高质量的闲暇产业，不仅有利于提高我国城乡居民的消费质量，而且能吸引大量的国外游客，有利于促进我国经济文化发展。

改善消费环境。加快形成资源节约、环境友好的消费方式，节能、节地、节材、节水，发展循环经济。治理和保护生态环境，建设生态城市、生态社区、生态村镇。大力发展生态农业，从源头上治理污染，确保农产品质量安全，认真搞好从农田到餐桌的全程质量安全监管。进一步整顿市场秩序，加大"打假"和"扫黄打非"的力度，特别是要加强食品安全监管，保证人民群众吃得放心。应从各个方面净化消费市场，培育优良的社会机体。消费环境改善了，消费者敢于消费、乐于消费，就会为扩大消费需求创造重要的条件。

健全社会保障。要扩大消费需求，必须提高消费倾向。我国不少人消费倾向低的原因，除了收入差距大，还在于社会保障体系不健全，人们有后顾之忧，不敢放心消费。因此，应加快建立覆盖城乡居民的社会保障体系，“努力使全体人民学有所教、劳有所得、病有所医、老有所养、住有所居，推动建设和谐社会”。城乡居民免除了后顾之忧才敢放心消费，消费倾向就会提高，消费需求就会扩大，进而实现消费需求与经济发展之间的良性循环。

原载《人民日报》2009 年 7 月 20 日

略论消费需求的导向作用

消费需求对社会经济发展不仅有巨大的促进作用，而且有重要的导向作用。马克思指出："在社会主义的前提下，人的需要的丰富性，从而某种新的生产方式和某种新的生产对象具有何等的意义：人的本质力量的新的证明和人的本质的新的充实。"英国经济学家马歇尔认为："一切需要的最终调节者是消费者的需要。"的确，市场经济是需求导向型经济，而需求首先是消费需求，消费需求是一切经济工作的起点、终点和新的起点。从我国情况来看，加快经济发展方式转变，推动产业结构优化升级，必须坚持扩大国内需求特别是消费需求的方针，促进经济增长由主要依靠投资、出口拉动向依靠消费、投资、出口协调拉动转变。这就是说，消费需求对于产业结构优化升级和经济发展方式转变具有重要导向作用。

一、消费需求的导向作用，导向何方?

消费需求的导向作用，应体现在引导消费结构优化升级，从而促进产业结构优化升级。从我国当前情况来看，大多数居民的消费正由过去以满足生存消费为主向以满足享受和发展消费为主转变。这就要求加快产业结构优化升级，发展高层次消费，特别是文化教育消费。正如 2009 年底召开的中央经济工作会议所指出的：要适应群众生活多样性、个性化的需要，引导消费结构升级；要优先发展教育，大力发展文化事业和文化产业，把满足人民日益增长的文化需求作为扩大内需的重要组成部分。

从现实来看，我国的消费结构还不尽合理。拿恩格尔系数来说，2008年城镇居民家庭为37.9%，农村居民家庭为43.1%，而西方发达国家一般在10%以下。恩格尔系数高，就会影响其他消费的提高，影响消费结构优化升级，比如高层次的服务消费特别是精神文化消费在居民消费结构中所占的比重偏低。与之相对应，我国产业结构也不合理，特别是第三产业发展滞后，难以适应消费结构优化升级的要求。

所以，加快经济发展方式转变，必须着力优化消费结构，提高居民消费水平和质量；必须优化产业结构，以适应消费结构优化升级的要求，形成新的低消耗、高附加值的经济增长点，提升经济发展质量和效益。这就决定了消费需求的导向作用在于促进消费结构优化升级和产业结构优化升级，并使这两个优化升级形成良性循环。只有这样，才能使经济由粗放型增长转向集约型增长，实现全面协调可持续发展。这才是消费需求正确、合理的导向。

二、两个优化升级，"优"在何处?

消费结构优化升级，主要在于提高消费质量，提高消费中的文化含量，特别是发展高层次的精神文化消费。这就要大力推动物质文明、精神文明、生态文明协调发展，并以精神文明为主导，使"崇高的精神之光"（马克思语）渗透到人们的消费过程。

产业结构优化升级，主要在于加快发展第三产业，特别是着力发展文化教育、信息网络以及高层次的生活服务业和旅游休闲业等。还可以根据各地的具体情况，发展具有民族特色、地区特色的产业，使资源优势转化为产业优势。有条件的地区则可以发展高新技术产业，发展面向民生的新型服务业。

还有一个问题值得研究，即如何优化农村产业结构。我国不少地区的农业还是原始农业，尚未建立起现代农业产业。因此，应优化农业内部产业结构，如发展现代农产品加工产业，促进农产品加工增值；发展"名、优、特、新"产业，满足人们日益增长的多样化消费需求；根据各地农村的具体情况，发展旅游休闲业；等等。

应该强调的是，在促进两个优化升级过程中，应始终坚持以人为本，而决不能以物为本，把一切都商品化了。同时，必须端正价值导向，反对奢侈消费，反对以奢侈消费来炫耀消费“升级”。

三、两个优化升级，要“优”在什么基础上？

促进消费结构和产业结构两个优化升级并实现二者之间的良性循环，不是轻而易举就能做到的，需要创造多方面的条件。

增加居民收入。收入是消费的源泉。提高消费水平和质量，优化消费结构，前提条件是提高居民收入。应努力形成两头小、中间大的橄榄型收入分配格局，走共同富裕道路。这就要求逐步提高居民收入在国民收入分配中的比重，提高劳动报酬在初次分配中的比重，着力提高中、低收入者收入。只有切实提高中、低收入者的收入，提高他们的消费倾向，才能提高社会平均消费倾向，提高整个社会的消费力，从而实现扩大消费需求的目标，为两个优化升级奠定扎实的基础。

改善消费环境。消费环境改善了，扩大消费需求才能落到实处，两个优化升级才有良好基础。就生态环境而言，不仅要治理污染，而且要保护和发展优美的自然生态。应坚持走生产发展、生活富裕、生态良好的文明发展道路，建设资源节约型和环境友好型社会，使人民在良好生态环境中生产生活，实现经济社会永续发展。就社会环境而言，应加大打击假冒伪劣和扫黄打非力度，净化消费市场。有了良好的市场环境，消费者才敢于消费、乐于消费，才能实现消费结构优化升级。

培育消费热点。消费热点的形成和发展，有利于消费结构、产业结构优化升级，有利于形成新的经济增长点。我国近一二十年来，消费热点不断涌现，如家庭耐用消费品、住房、小汽车、旅游、信息网络消费等先后成为消费热点，有力拉动了经济增长。目前，除了继续引导和发展这些消费热点，还可开拓一些新的消费热点。例如，在旅游消费方面，可以加快发展生态旅游、文化旅游、红色旅游，丰富旅游内涵，弘扬中华优秀传统文化；在文化消费方面，可以大力发展文化产业——文化产业资源消耗低、环境污染少，是加快经济发展方式转变的一个重要方面。同时，应特别注意培育农村消费热点，如通过家电下乡，形成农村耐用消费品消费热点。

提高人的素质。提高人的素质，是促进消费结构优化升级的重要条件。马克思在谈到“具有尽可能广泛需要的人”时指出，“因为要多方面享受，他就必须有享受的能力，因此他必须是具有高度文明的人”。“具有高度文明的人”要求有“多方面享受”，就牵涉到消费结构优化升级问题。这里还涉及人的价值导向问题。只有人的素质提高了，成为“具有高度文明的人”，才有正确的价值导向，才能科学消费、合理消费，从而促进消费结构和产业结构优化升级。

四、消费需求导向作用的结果如何？

发挥消费需求的导向作用，促进消费结构和产业结构优化升级并使二者形成良性循环，其直接结果就是在经济领域实现“三三佳境”：满足三个需要——人的物质需要、精神文化需要、生态需要都得到满足；实现三个促进——促进人的身心健康和全面发展，促进生产力和消费力良性互动，促进经济社会协调发展；弘扬三个文明——物质文明、精神文明、生态文明相互辉映。“三三佳境”实现的最终结果是社会和谐发展，进而形成全体人民各尽其能、各得其所而又和谐相处的局面。

原载《人民日报》理论版 2010 年 5 月 28 日

消费模式与消费结构

消费模式论析

研究消费模式，不仅有助于认识消费的性质和意义，揭示消费的内在规律，而且有利于正确认识与处理消费与生产、分配、交换的关系，促进消费的合理化与国民经济的良性循环，还有利于促进社会主义商品经济的健康发展和两个文明建设。从社会生活的角度来说，我们要建立文明的、健康的、科学的生活方式，也必须建立合理的消费模式，研究消费模式。然而，研究消费模式牵涉的问题很多，本文仅就几个需要进一步探讨的问题谈些个人见解。

一、关于消费模式的界说

什么是消费模式？到现在为止，经济学界见仁见智，看法还很不一致。有的同志认为，消费模式就是消费过程的主要内容的总和。例如，有的说："消费模式就是消费收入、消费水平、消费结构和消费方式的总和。"这种观点，从消费过程的主要内容去看消费模式是对的。但也有值得研究的地方：第一，"消费收入"这个概念很不明确。消费不等于收入，因为居民收入中，有一部分用于储蓄、生产投资等，并不都用于消费。如果这里指的是用于消费的那部分收入，那就不是消费收入，而是消费支出了。第二，居民收入虽然影响消费水平、消费结构、消费方式，但"收入"是分配领域的范畴，因而它不可能成为消费领域的一种质的规定性。第三，一个统一的有机整体，并不等于它的几个组成部分的简单相加。因而不能笼统地把“消费收入、消费水平、消费结构、消费方式”的简单总和称之为消费模式，而消费模式所包括的内容要比上述界定丰富得多。

还有些同志把消费的特征看成消费模式。例如，有的认为：“消费模式是指一定时期消费的主要特征，包括消费内容、消费水平、消费结构、消费方式、消费爱好、消费趋势以及消费的其他方面的主要特点。”“消费模式是指一定社会在一定时期内消费的特征和量的规定，包括消费方式、消费结构、消费水平等的规范、数量、发展趋向。”这也有可取之处，但值得研究的是：第一，消费虽然反映“消费的主要特征”，但“模式”并不等于“特征”。第二，消费模式不仅有“量的规定”，更重要的是有“质的规定”。因此，我们应该在定性分析的条件下进行定量分析，但上述定义并没有对消费模式的本质作出规定。第三，这里不仅指出了消费过程的主要内容，而且还提出了“消费爱好”“消费趋势”以及消费的“规范”，这也是很可取的。但消费模式还包括其他许多方面的重要内容。这些问题，我们将在下面作详细阐述。

还有的同志着重从消费的基本规范以及“人为规定”来考察消费模式。例如，有的认为：“消费模式是指在一定的生产力发展水平，特定的生产关系，以及与其相适应的上层建筑的作用和制约下，形成的人们消费活动的基本规范。”再如，有的认为消费模式是“人们对消费的人为规定，而不是人们消费实践的客观结果。因而只限于对未来时期人们的消费作出规定，用以指导人们的消费活动。”这些观点，重视消费行为的规范化，是很正确的。但消费模式的内容不止于人们消费活动的基本规范和对未来时期人们的消费作出规定，更重要的是，应当对人们过去的消费行为进行科学总结、升华，找出一些带规律性的东西，以指导人们的消费活动。如果“只限于对未来时期人们的消费作出规定”，又没有经过客观实践的检验，怎么能具有规范性、样板性而成为模式呢？又怎么能指导人们的消费活动呢？

还有的同志着重从消费体制去考察消费模式，认为消费模式是消费体制的骨架。例如，有的认为：“所谓消费模式是指消费体制中最根本、最重要的部分，是消费体制的骨架、基本规定和主要原则。”我们认为，消费模式与消费体制有着极密切的联系，因而，强调从消费体制角度去分析消费模式，这也是很可取的。但问题在于，消费模式与消费体制毕竟是两个不同的范畴。如前所述，消费模式是指人们消费行为中一些带规律性的东西，而消费体制是国家根据国民经济的发展状况和消费领域的实际情况所制定的有关消费方面的管理原则和规章制度，因而，不能把消费模式与消费体制等同起来。

究竟怎样正确界定消费模式？我们认为，消费模式是指在一定生产力水平和一定生产关系下，人们消费行为的方式、规范和质的规定性。具体说：第一，它综合地反映消费领域的主要范畴、主要经济关系和人们消费生活的基本内容，是消费这个有机整体中一些根本性的东西的综合表现，而不只是反映消费领域某个方面，也不是几个组成部分的简单相加。第二，消费模式反映消费领域的本质联系、发展趋势和内在规律性。它不仅反映人们消费活动的主观愿望、要求和行为规范，而且反映人民群众消费生活的丰富实践，反映消费行为的正确方向和必然趋势，反映消费行为的运行机制和发展规律。第三，消费模式不仅是人们丰富的消费实践的总结和升华，而且是人们在消费生活方面的愿望和意志的集中体现。它应该反映国家对消费的基本政策和方针，反映国家对人们消费生活的基本要求和行为规范。而认为“消费是个人的事情，消费模式不应该包括消费者的行为规范”的观点，则是不妥当的。马克思说：“活动和享受，无论就其内容或就其存在方式来说，都是社会的，是社会的活动和社会的享受。自然界的人的本质只有对社会的人说来才是存在的……只有在社会中，自然界才是人自己的人的存在的基础。”① 又说：“只有在集体中，个人才能获得全面发展其才能的手段，也就是说，只有在集体中才可能有个人自由。”② 因此，消费模式应该包括与消费有关的规范、法规以及价值观念和道德标准等方面的内容，这样人们在消费活动中才有所遵循，才能适应消费过程发展的客观规律性。

① 《马克思恩格斯全集》第 42 卷，第 121-122 页。

② 《马克思恩格斯选集》第 1 卷，第 82 页。

二、关于消费模式的内容

消费模式既然反映人们消费生活的总体态势和基本框架，它就应该包括消费领域的主要范畴、主要经济关系、主要规范以及消费生活的发展趋势和规律性。具体说，消费模式应该包括以下几个方面内容：

第一，人们消费生活的主要方面和主要消费关系，即消费需要、消费水平、消费结构、消费方式、消费者权益，以及自给性消费与商品性消费的关系，物质消费与文化消费的关系，实物消费与劳务消费的关系，生存消费、享受消费、发展消费之间的关系，等等。为了反映这些内容和关系，需要一系列指标，如人均消费基金及其增长速度，人均货币收入及其增长速度，居民平均消费水平及其提高速度，居民实际消费水平及其变化，商品化、市场化消费与非商品化、非市场化消费的比例，个人消费与社会公共消费的比例，等等。还应包括消费结构及其变化，如物质消费与文化消费的比例，实物消费与劳务消费的比例，生存资料消费、享受资料消费、发展资料消费的比例，等等。

第二，消费质量及其变化。消费质量不仅包括消费品质量，还应包括消费环境的质量，消费的方便程度、舒适程度，闲暇时间及其利用率，等等。

第三，消费领域内部关系的发展趋势和规律性，即消费的商品化、市场化提高的趋势和规律性，个人消费和社会公共消费比例变化的趋势和规律性，消费结构的发展趋势和规律性，消费水平的发展趋势和规律性，等等。通过这些趋势和规律性的研究，揭示消费模式发展、变化的规律性。

第四，消费行为的社会规范。消费行为的社会规范很多，但要善于抓住抓好消费生活中一些带根本性的、主要的和基本的社会规范。如：消费生活中有关讲求公共道德、遵守公共秩序和纪律方面的规范；反对奢侈淫逸、挥霍浪费，提倡勤俭节约的规范；反对假公济私、化公为私的规范；反对封建迷信、愚昧落后的规范；等等。通过这些规范，树立良好的社会风气，建立科学的、文明的、健康的生活方式。

总之，在消费模式中至少应该包括以上四个方面的内容。

三、关于我国目标消费模式的基本特征

有人认为，我国目标消费模式的基本特征有下列几点：第一，具有国家、企业和劳动者个人多层次的消费决策体系，企业和消费者个人有较大的决策权和自主权；第二，具有计划和市场相结合的调节体系，消费者将更多地依赖市场；第三，消费领域中各种经济利益的有机结合；第四，具有一套完整的相互配合的消费者组织；第五，消费领域中的经济形式、经营方式以及消费方式多样化。

上述观点，是有启发性的。但其中还有不少问题，值得进一步研究。

第一，消费决策和多层次的消费决策体系能否成为消费模式的特征？消费决策是宏观经济决策的一个重要方面，它对消费模式的形成和发展有很大影响。但消费决策不是消费领域的问题，因而它不能构成消费模式的特征。至于说“企业和消费者个人有较大的决策权和自主权”，这只是形成合理的消费模式的重要原因之一，但形成基本特征的原因并不等于基本特征本身，因而它也不是消费模式本身的基本特征。

第二，计划和市场相结合的调节体系能否成为消费模式的基本特征？计划与市场相结合，是有计划的商品经济的运行机制。建立这种调节体系，是发展国民经济的客观要求，也是建立和完善合理的消费模式的重要条件。但不能把形成合理消费模式的条件说成是它的基本特征。至于说“消费者将更多地依赖市场”，这当然是的。但对消费模式来说，这句话过于笼统。因为从城镇居民来说，很少有自给性消费，他们的消费早已“依赖市场”；至于农村居民的消费，也有相当一部分是依赖于市场的。

第三，消费领域中各种经济利益的有机结合，是不是消费模式的基本特征？这里所说的“各种经济利益的有机结合”，实际上指的是国家、集体、个人三方利益的结合，这是我们分配工作的重要原则，但它并不是消费领域的事情。当然，分配合理，国家、集体、个人三者利益结合得好，会影响消费模式，有利于目标消费模式的形成和发展，但这不可能成为消费模式本身的基本特征。

第四，具有一套完整的相互配合的消费者组织，是不是消费模式的基

本特征？毋庸置疑，消费者组织的建立和健全，对于保护消费者权益，保证目标消费模式的实现，具有重要的作用。但这毕竟不是消费模式本身的问题，而是外在的、对目标消费模式的形成和发展有影响的因素，所以它也不能构成消费模式的基本特征。

第五，消费领域中的经济形式、经营方式，是否能成为消费模式的基本特征？消费领域中的经济形式、经营方式，是会影响人们的消费生活和消费模式的，但它毕竟也不是消费模式本身的问题。至于“消费方式多样化”，这反映消费模式的某些特点，但商品经济的发展，不仅使消费方式多样化，也使整个消费生活趋于多样化，消费选择性不断增强，并呈现多层次的变化。因此，“消费方式多样化”虽然反映了消费模式的某些特点，但不是它的本质特征或基本特征。

怎样才能正确认识我国目标消费模式的基本特征呢？这就要求我们在分析我国的目标消费模式时，应该从我国人口多、底子薄、生产力水平不高、经济发展极不平衡等实际情况出发，以我国社会主义初级阶段的经济特征为依据，把消费纳入有计划的商品经济的运行之中，在揭示消费领域内在规律和发展趋势的基础上，来把握目标消费模式的基本特征。基于这样的思路，我国社会主义初级阶段消费模式的基本特征，应当是：

第一，商品化、市场化的消费比重不断提高，逐步形成以商品化、市场化为主体的消费模式。我国现在正经历着由自然经济、半自然经济向商品经济的转变，随着商品经济的发展，非商品化、非市场化消费向商品化、市场化消费逐步转变，消费商品化、市场化程度将不断提高。尽管农产品商品率还不可能提高很快，城镇职工的福利性消费比重还很大，我国市场发育程度还很低，自然经济的影响还很深，大大影响了商品化、市场化消费的进程，但商品化、市场化消费比重在不断提高。经过这种渐进式的发展过程，会逐步形成以商品化、市场化为主体的消费模式。这是我国目标消费模式的一个重要特征。

第二，在居民的消费结构中，发展性、享受性消费的比重逐步提高，并逐步形成以追求发展性消费为主的消费模式。随着经济的发展和居民收入水平的不断提高，人们的消费呈现出层次性的变化，即当生存需要基本得到满足以后，就追求发展资料、享受资料的满足。这种由低层次向高层次的逐步上升，是消费结构发展、变化的一种趋势。这样，由于发展资料在消费结构中的比重不断上升，而逐步形成以追求发展性消费为主的消费模式。这是我国目标消费模式的另一个重要特征。

第三，随着消费品（包括劳务，下同）的日益丰富，逐步形成了消费选择性不断增强的自主型的消费模式。随着社会生产的发展，消费品日益丰富，花色、品种不断增加，质量不断提高，新产品不断涌现，使消费选择性不断增强。随着市场的逐步繁荣，市场机制的逐步健全，人们的消费由封闭型逐步转变为开放型，由限制型逐步转变为选择型，由供给导向型逐步转变为需求导向型。这样，逐步形成了选择性不断增强的、自主型的消费模式。这是我国目标消费模式的又一个重要特征。

第四，由于消费差别的“倒U型”变化，逐步形成一种具有多元性和多样性而又稳定发展的消费模式。世界著名经济学家、诺贝尔奖获得者库兹涅茨分析发展中国家收入分配状况时，提出了“倒U型”假说，即收入差距由小而大、再由大而小的发展趋势。这是因为，收入影响消费，收入差别影响消费的差别。这一假说基本上适用于我国，即也呈现着“倒U型”的变化。这主要是由于：我国社会主义初级阶段还存在着多种所有制，不同经济形式之间收入上有差别；在贯彻按劳分配的过程中，需要克服平均主义，适当拉开收入档次；特别是我国地区经济发展还极不平衡，收入差别更大。上述状况，在短期内难以消除。这样，由于收入分配的差别呈现着“倒U型”的变化，因而消费的差别也就会形成“倒U型”的变化。在这种“倒U型”变化过程中，就会逐步形成一种具有多元性、多样化而又具有统一的方针政策和社会规范的、稳定发展的消费模式。这是我国目标消费模式的又一个重要特征。

第五，随着商品经济的发展和社会主义精神文明建设的加强，逐步形成以提高生活质量为中心的、文明的、健康的、科学的消费模式。随着社会主义建设事业的不断发展，特别是“两个文明”建设的加强和科学社会主义价值观、消费观的逐步深入人心，人们将不仅追求物质生活的丰裕，而且追求精神文化生活的充实；不仅追求生活享受，而且追求人的身心健康和全面发展；不仅追求消费方面的数量扩张，而且追求生活质量的提高。这样，逐步形成一种以追求生活质量为中心的、文明的、健康的、科学的消费模式。这是我国目标消费模式的又一个重要特征。

四、经济运行与消费模式的关系

经济运行模式，在很大程度上决定着消费模式的形成和发展。因此，我们不能只从消费领域去研究分析消费模式，还必须把它置于社会再生产总过程和有计划的商品经济的运行轨道中去考察，这样才能得出正确的结论。

第一，社会再生产各环节的运行对消费模式的影响。生产、分配、交换、消费，形成社会再生产的四个环节。四者之中，生产是处于支配地位的要素，它决定其他环节。生产的总量和结构，决定消费的总量和结构。再生产的比例，特别是农、轻、重的比例，消费和积累的比例，对消费模式有很大的影响。例如，我国在党的十一届三中全会以前，片面强调优先发展重工业，以致农业、轻工业落后，影响了国民经济平衡协调发展，造成消费品短缺，人民的消费没有得到应有的提高，有些年份反而下降了。这种“重重、轻轻、轻农”的经济模式，是造成短缺型、限制型消费模式的重要原因。又例如，我国十一届三中全会以前有一段时期，经济运行采取“重积累、轻消费”“高积累、低消费”的模式，从而造成了低消费、低水平的消费模式。这里值得研究的问题是：在经济运行中，如何处理好生产、分配、交换、消费之间的关系，促进社会再生产的良性循环，以利于消费水平的适度提高？如何从我国现有 11 亿人口、8 亿农民的实际情况出发，正确处理农、轻、重的关系，探索农、轻、重相互促进的规律和数量上的依存关系，以利于在生产不断增长的基础上，更好地满足人民日益增长的物质文化需要？如何正确处理积累和消费的关系，根据国民经济发展的战略目标，探索最佳积累率和最佳消费率，以利于逐步建立合理的消费模式？

第二，经济体制对消费模式的影响。经济体制对消费模式的形成和发展有极重要的作用。在不同的经济体制下，有不同的消费模式。我国在十一届三中全会以前，实行高度集中的、具有实物供给制特征的计划经济体制，忽视商品经济和价值规律的作用，因而形成了非商品化、非市场化的供给制、半供给制消费模式，造成产品结构单一、消费结构单一和消费的集中化、实物化、封闭化的消费模式。十一届三中全会以后，商品经济逐步发展，实行计划经济和市场调节相结合的新经济体制，消费品日益丰富，消费的自主性、选择性逐步增强，消费的商品化、市场化程度逐步提高。这里的问题是：计划调节与市场调节相结合，在消费领域和消费管理体制中如何具体体现？如何逐步提高消费的商品化、市场化程度，提高消费的自主性和选择性？如何运用经济运行的调节体系与杠杆，促进消费的商品化、市场化，以利于合理消费模式的形成和发展？如何逐步减少福利性消费以及一些限制性消费，扩大市场的调节作用，特别是扩大住宅商品化、劳务商品化的作用？如何搞活市场，更好地满足人们日益增长的消费需要？等等。所有这些，都是很值得研究的。

第三，经济运行机制对消费模式的影响。经济运行机制对消费模式也有重大的影响。例如，分配格局对消费模式就有很大的影响。我国目前在分配方面，一方面存在平均主义，另一方面存在分配不公，差距悬殊。分配中的平均主义和分配不公，对消费模式有什么影响？平均主义如何造成消费的雷同或“同步震荡”，如何造成消费方面的总体稳定和局部的跳跃性、波浪式的发展？我们应该如何拉开需求梯度、消费梯度？这些变化又如何影响消费市场和消费模式？分配不公如何造成一部分人消费不足和消费生活简朴，另一部分人则大肆挥霍和畸形消费，同时又增强盲目攀比心理，影响消费生活？所有这些，对合理消费模式的形成和发展会起到什么逆效应？如何矫正收入分配过多地向消费方面倾斜的偏差？如何克服分配不公和分配中的平均主义？所有这些，都是很值得研究的。又例如，价格水平和商品比价的变化，对消费模式也有重要的影响。价格水平影响实际消费水平；各种消费品价格的变化，影响消费品的供求和消费结构。所有这些都会影响消费模式。问题在于，各种主要消费品价格的变化，对该种消费品的需求和供给，会产生何种影响？其间有什么数量上的依存关系？如何通过价格杠杆引导消费需求和需求结构，引导消费品的供应和供应结构，以利于建立合理的消费结构和消费模式？如何通过深化价格改革，建立合理的比价，促进产品结构和消费结构合理化，促进商品经济的发展？又例如，消费市场和市场机制对消费模式也有很大影响。现在，消费领域很狭窄，市场不完善，机制不健全，劳务市场和住宅市场还刚开始，有的有“场”无“市”，有的有“市”无“场”。所有这些，都制约着消费的商品化、市场化。这里的问题是：如何增加消费品的有效供给，不仅使供求总量大体平衡，而且使供求结构大体平衡，避免消费品的短缺和积压？如何通过市场机制、市场调节使供求结构适应需求结构和消费结构的变化？如何发展劳务生产，开拓劳务市场，加速发展那些生活急需的和适应精神文化消费的劳务？如何发展住宅市场，拓宽个人消费领域，以利于消费结构合理化和模式合理化？

第四，消费品的供应结构对消费模式的影响。生产决定消费，生产结构和供应结构决定消费结构，因而影响消费模式。我国过去消费品短缺，花色品种单调，形成了短缺型的、单调的、缺乏选择性的消费模式。消费品的供应结构，主要取决于产业结构。因而，消费品供应结构对消费模式的影响，实质上是产业结构对消费模式的影响。比如，农业内部结构影响消费结构，特别是食物消费结构。1978 年，我国农业总产值中，种植业占 76.7%，林业占 3.4%，牧业占 15%，副业占 3.3%，渔业占 1.6%；1989 年，种植业占 56.2%，林业占 4.4%，牧业占 27.5%，副业占 6.6%，渔业占 5.3%。而很多西方国家，畜牧业在农业总产值中的比重大多在 50%以上，渔业所占比重也高于我们。从我国粮食生产内部结构来说，品种单一。1989 年全国生产粮食为 4.0755 亿吨，其中稻谷占 45%，小麦占 22.6%，二者合计占 67.6%，大豆只占 2.5%，薯类占 6.7%，玉米占 17.2%。从畜牧业内部结构来看，我们历来是“六畜猪为首”。1989 年，肉类总产量为 2628.5 万吨，其中猪肉为 2122.8 万吨，占 81%，牛肉为 107.2 万吨，羊肉为 96.2 万吨，牛羊肉共占 12.8%。而西方很多国家，牛羊肉在肉类总量中占 50%以上。这样就使我们形成了以植物性食物为主的、粮猪型的食物消费结构。从消费品工业内部结构来说，我国食品工业落后。目前，粮食经过加工的还不到 40%，油料经过加工的不到 30%。肉类加工也较少，至于深加工、精加工就更少了。这样，人们消费加工食品所占的比重就较小，相当大部分是直接消费原粮。至于方便食品、营养食品、风味食品就更少了。这种生产结构，直接影响人们的消费结构，影响消费模式。

这里的问题是：如何合理调整产业结构以适应需求结构、消费结构的变化？如何寻找产业结构与需求结构、消费结构的适应点或结合点？从我国当前情况来说，为了适应人民首先解决吃好的要求，在加速发展农业、改善农业内部结构的基础上，如何加速发展食品工业，并根据消费需求结构的变化，调整食品工业的内部结构，增加花色品种，提高加工深度和食品质量，并把作为生存资料的食品的一部分，转化为享受资料和发展资料？如何发展民用建筑业，使它成为国民经济的支柱产业，以适应住宅商品化和提高居住水平的要求？如何发展第三产业并调整第三产业的内部结构，以适应人们提高劳务消费的需要？所有这些都是值得研究的问题。

五、如何建立我国合理的消费模式

建立中国式的合理的消费模式，决不是轻而易举的事情。在这方面，我们强调几点：

第一，必须以科学社会主义的价值观、消费观为指导。任何一种消费模式，都有其指导思想。建立有中国特色的合理的消费模式，必须以科学社会主义价值观为指导，坚持社会主义方向。以科学社会主义价值观、消费观指导消费模式，其目标，在于促进人的全面发展。人们消费需要的满足，不单是为了延续人的智力和体力，而应该有更崇高的目的。马克思说，人类发展的目标是“人以一种全面的方式，也就是说，作为一个完整的人，占有自己的全面的本质。”① 要达到这一崇高目的，需要长期的努力，但社会主义消费模式中，应该体现这一目标。为了促进人的全面发展，必须加速发展科学文化教育，加速发展资料的消费。经济发展必须与文化建设、社会目标结合起来，物质需要的满足必须与精神文化生活的满

① 《马克思恩格斯全集》第42卷，第123页。

足协调发展。要重视全民科学文化水平的提高，重视精神文化消费质量的提高。

以科学社会主义价值观指导消费模式，必须发扬社会主义的精神文明。通过合理的消费模式，培养人们远大的理想，高尚的品德，优良的情操，遵守社会规范和社会公共生活准则，建立和发展平等、团结、友爱、互助的社会主义新型关系。合理的消费模式，应该是社会主义物质文明和社会主义精神文明的最好的结合点，应该把社会主义精神文明渗透于消费模式之中。

以科学社会主义价值观、消费观指导消费模式，还必须坚持合理消费，节约社会劳动。生产、流通领域要节约，消费领域也要节约。现在有些人，把我国"勤俭、朴素"的美德，丢得一干二净。有的花天酒地，吃喝玩乐；有的请客送礼，挥金如土；有的婚嫁丧葬，挥霍成风；有的盲目攀比，债台高筑。所有这些不合理的消费行为都是应该反对的。我们是拥有11亿多人口的国家，生产力水平不高，国民收入还很低，人均经济资源也很有限，有些资源还很短缺，一切消费活动，都要从这个客观实际出发，通过消费合理化，体现出社会劳动的节约，促进生产合理化、流通合理化。

第二，要重视消费和消费模式在经济运行和社会发展中的作用。消费直接体现社会主义生产目的。马克思说："没有消费，也就没有生产，因为如果这样，生产就没有目的。"① 消费需要的满足，是各种经济活动和经济运行的出发点。消费又是"比例的要素之一"②。因此，消费的状况，消费模式的状况，对于国民经济的运行和国民经济持续、稳定、协调的发展影响很大。在这方面，我们既不能过分地强调消费的作用，也不要忽视或低估消费和消费模式的作用。有人说"消费对生产的反作用有正负之分"，"在一定条件下，消费可以是生产发展的强大动力，而在另外一些条件下，它却可能阻碍生产的发展"。这种观点，有正确的一面，但不够全面。马

① 《马克思恩格斯选集》第2卷，第94页。
② 《列宁全集》第4卷，人民出版社1984年版，第44页。

克思谈到消费和生产之间的同一性时，涉及三个方面：其一，“生产是消费；消费是生产。消费的生产。生产的消费”。其二，“每一方表现为对方的手段；以对方为媒介……没有生产就没有消费；没有消费就没有生产”。其三，“两者的每一方当自己实现时，也就创造对方，把自己当作对方创造出来”[①]。“生产直接也是消费”，“消费直接也是生产”。[②] 消费与生产之间这种相互促进的关系，是经济过程中本质的、必然的联系；而消费对生产的阻碍作用，则是二者之间非本质的联系，它是我们计划不周、安排不当以及决策、政策失误等原因造成的，正如有的同志所说的，是“在另外一些条件下”的结果。这也如同我们讲水和舟的关系一样，“水能载舟，也能覆舟”。“载舟”是从水的本性，水与舟本质的、必然的联系来说的；“覆舟”不是水的本性，不是水与舟的本质的、必然的联系，是人没有掌握水的本性造成的。我们不能笼统地说水的作用“有正负之分”，也不能笼统地说“消费对生产的反作用有正负之分”，把主观上没认识掌握客观过程与客观过程中本质的、必然的联系混淆起来。

第三，必须打下合理消费模式的物质基础。建立合理的消费模式，必须有合理的消费水平、消费结构、消费方式，这就必须以增加消费品的有效供给作为物质基础。增加消费品的有效供给，需要强调以下几点：（一）开发和合理利用资源。我国的资源还很短缺，过去的生产力配置又不尽合理，大而全，小而全，重复建设，重复生产，有些产品已经饱和了，还在盲目上马。使有限的资源大量流向低效益、高能耗的企业；而高效益、低消耗的企业，反而得不到所需的资源，造成很大的浪费和损失。因此，要采取各种经济手段，合理配置和调节资源的分配，使有限的资源能得到合理利用。另外，还要采取倾斜政策，开发短缺资源，如开发还没有充分开发和综合利用的农业资源，在开发第一资源（自然资源）的基础上，加速开发第二资源，等等。（二）开发新产品。增加消费品的有效供给，不仅要增加消费品的数量，还要提高质量，增加花色品种，增加新产品。不仅

① 《马克思恩格斯选集》第 2 卷，第 95-96 页。
② 《马克思恩格斯选集》第 2 卷，第 93 页。

要发展传统产业中那些适应市场需要、资源又比较丰富的产业，也要适当发展某些高新技术的新产业、新产品，使产品日益丰富。（三）合理调整产业结构。我们的消费品有效供给不足，重要原因之一是产业结构不合理，不适应需求结构、消费结构的变化。产业结构的调整，前面已谈过，这里补充三点：（一）我们既要加速发展劳动密集型产业，又要适当发展资金、技术密集型产业，当前特别要发展那些资金、技术密集兼劳动密集型的产业，如电子工业、食品工业、轻纺工业、服装工业和医药工业等。这既可吸收大量劳动力，又有利于增加消费品的有效供给，适应市场需要。（二）必须大力发展劳务消费和劳务生产部门。劳务消费，是一个极其重要的消费领域。消费需要的满足，消费水平的提高，越来越表现在劳务消费上。人们对发展资料、享受资料的需要，也越来越表现在这个方面。发展劳务消费和生产，除了发展为人们生活服务且目前还较短缺的劳务外，还要开辟一些新的劳务消费领域，开拓新的劳务生产行业，如为消费者节约时间而提供的服务，为消费者利用闲暇时间提供的服务，为消费者扩大社会交往提供的服务，为发展旅游提供的服务，为消费者美化生活、美化家庭、美化环境提供的服务，等等，以满足日益增长的劳务消费的需要。（三）要大力发展精神文化产品，提高精神文化产品的质量和精神文化消费水平。马克思在谈到自然经济解体的条件时指出：这“只有在物质的（因而还有精神的）生产力发展到一定水平时才有可能”①。我们不仅要发展物质生产力，还要大力发展精神生产力，以适应人们提高精神文化消费水平的需要。

第四，必须处理好消费领域各种关系，促进消费合理化。消费不合理，就难以发挥消费模式在经济运行和社会发展中的作用。在我们的消费领域里，不合理的情况还很多。例如，我们的消费结构还很不合理，恩格尔系数还偏高，劳务消费特别是精神文化消费在消费结构中的比重还偏低。有的人重视物质消费，忽视精神文化消费；在精神文化消费中，重视娱乐性消费，忽视发展性消费，忽视智力投资。有些人一年的书报支出不

① 《马克思恩格斯全集》第46卷上册，第505页。

及购买一张舞票的支出。有些人还存在一些我们前面说过的享乐至上、挥霍浪费等不合理的消费行为。因此，必须对消费进行正确引导，把各项消费活动引向正确的方向。处理好消费领域内部关系，除端正消费方向，促进消费合理化外，还要处理好消费者与生产者、经营者之间的关系，建立消费领域新秩序。建立消费领域新秩序是建立社会主义商品经济新秩序的一个重要方面。如果消费品质次价高，短斤缺两，伪劣假冒，如果消费者不仅蒙受经济损失，而且使身心健康受到影响，何以满足消费者的需要？又何以建立合理的消费模式？因此，必须建立消费领域新秩序，维护消费者权益。当然，损害消费者权益，不单是消费领域的问题，很多还牵涉到生产领域和流通领域。因此，建立消费领域的新秩序，要和建立流通领域、生产领域新秩序以及其他方面的新秩序紧密联系起来，形成社会主义商品经济新秩序。当前特别要制定各种规章制度，搞好经济立法，正确处理生产者、经营者与消费者之间的关系。

第五，提高消费者的消费能力。消费模式既反映消费主体（消费者）与消费客体（消费资料）的协调发展，又反映消费主体对消费客体的合理利用。因此，我们不仅要强调消费客体的质量，还要强调消费主体的质量。提高消费者本身的质量，一个极其重要的方面是提高消费者的消费能力。什么是消费能力？马克思说："决不是禁欲，而是发展生产力，发展生产的能力，因而既是发展消费的能力，又是发展消费的资料。消费的能力是消费的条件，因而是消费的首要手段，而这种能力是一种个人才能的发展，一种生产力的发展。"① 提高消费者的能力，也就是发挥消费者的才能，除了要提高消费者的政治思想素质，树立科学社会主义的世界观和消费观外，还要提高消费者的科学文化水平。没有现代的科学文化知识，就不能很好地利用消费资料，提高消费效益。正如马克思所说："因为要多方面享受，他就必须有享受的能力，因此他必须是具有高度文明的人。"② 只有消费者的政治思想素质和科学文化水平提高了，才能"全面地发挥他

① 《马克思恩格斯全集》第 46 卷下册，第 225 页。
② 《马克思恩格斯全集》第 46 卷上册，第 392 页。

们各方面的才能”[1]，使其成为“一种生产力的发展”，以促进社会主义商品经济的发展，促进消费需要更好地得到满足，促进合理的消费模式的实现。

中共中央关于经济体制改革的决定中指出：经济体制的改革，不仅会引起人们经济生活的重大变化，而且会引起人们生活方式和精神状态的变化。在改革、开放的洪流中，在商品经济不断发展的过程中，我们的生活方式和消费模式必将发生巨大的变化，合理的消费模式将逐步形成和发展，它将更好地为社会主义商品经济服务，为建设两个文明服务。

原载《中国社会科学》1992 年第 3 期

① 《马克思恩格斯选集》第 1 卷，第 223 页。

论宏观消费结构的类型

一

人们的消费结构是各不相同的，但从宏观来考查，可以把各种不同的消费结构，概括地划为几种不同的类型。如划分为低层、中层、高层；或划分为低层、中层偏低、中层、中层偏高、高层；等等。这些不同类型的消费结构，概括地反映了消费和消费结构的差别和不同层次，反映不同的消费水平。

研究消费结构的类型，有重大的理论意义和实践意义。

第一，消费结构的不同类型，反映人们收入水平的差异，反映人们消费需要满足程度的差异，反映消费水平的差异。如何改变消费结构，如何改变消费结构的类型，使日益增长的物质文化需要不断得到满足，这是关系到实现社会主义基本经济规律的要求，关系到制定经济社会发展战略的重大问题。研究消费结构的类型，研究消费结构的差别性、层次性和它的发展趋势，研究不同消费结构由低层向高层变化的幅度和这种变化所引起的对消费品和劳务的需求的增长程度，有利于预测人们对各种消费资料（包括劳务）的需要量，为制定消费品和劳务的发展计划和发展战略提供可靠的依据。

第二，消费结构的差别性，是客观存在的，有时这种差别还较大，我们的任务就是要在普遍提高消费水平的基础上，逐步缩小差别。但是，如何缩小差别？在一定时期内差别将缩小到什么程度？如何适应不同层次的消费需要，促进消费结构由低层向高层转化？如何根据消费结构的类型的发展变化，具体计算对各种消费资料（包括劳务）的需要量的变化，加速发展消费资料和劳务的生产，并及时准备开拓新的消费领域，建立新的行业，开发新的产品，来满足消费结构变化的要求？所有这些问题的解决，为逐步建立合理的产业结构和产品结构提供了重要的条件。

第三，消费结构的类型反映需要的满足程度，反映一个国家的物质文明和精神文明的发展状况。研究消费结构的类型；研究如何改变消费结构的类型来提高物质文化需要的满足程度；研究在消费结构的变化过程中，如何在发展社会主义物质文明的同时，发展社会主义精神文明，促进人的全面发展。这也是社会主义建设过程中一个极为重要的问题。

二

如何划分宏观消费结构的类型？划分的标准如何？我们认为，可以考虑从下面几个方面进行分析：

第一，从收入水平看。由于人们的消费需要呈现着层次性，首先必须满足最基本的生活需要，然后再满足其他方面的需要，因而不同的收入水平必然形成不同的消费结构。收入水平的提高，必然引起消费结构的变化。因此，可以将不同收入水平的居民分为几个组，分析他们的消费状况，以及由此形成的不同类型的消费结构。一般说，较低的收入水平形成低层的消费结构，较高的收入水平形成高层消费结构。

第二，从生存资料、享受资料和发展资料在消费总额中的比重来看。一般说，低层的消费结构，生存资料所占比重较大，享受资料、发展资料所占比重较小；高层的消费结构，生存资料所占比重相对小些，享受资料、发展资料所占比重相对大些。

第三，从吃、穿、用、住等在消费总额中所占比重来看。一般说，低层的消费结构，吃的比重较大，穿、用、住的比重较小；高层的消费结构，吃的比重相对小些，穿、用、住等的比重相对大些。

第四，从耐用消费品的数量和质量来看。低层消费结构，耐用消费品的数量少，质量差；高层消费结构，耐用消费品的数量较多，特别是质量较高。

第五，从劳务消费所占比重来看。劳务消费（包括享有的科学、文化、教育、卫生等消费服务，下同）也反映消费水平。低层消费结构，劳务消费所占比重较小；高层消费结构，劳务消费所占比重相对大些。

第六，从消费质量来看。低层消费结构，不仅消费品的质量差、档次低，而且消费质量也较差，如生活条件、周围环境等均较差，自由时间的消费也较少；高层消费结构，不仅消费品质量高、档次高，其他生活条件、周围环境也较好，自由时间的消费也较多。

在不同社会里，消费结构的类型是各不相同的，性质也是不同的。同一社会的不同时期、不同地区，居民的消费结构也呈现出不同的类型。我们这里，只是就我国当前的情况，考查不同类型的消费结构。这些不同类型的消费结构，反映不同的物质生活、文化生活水平和消费质量，反映消费水平的差异和层次。

三

根据以上划分消费结构类型的标准，我们可以把我国当前居民各种不同的消费结构，概括地划为几种不同的类型。

（一）低层消费结构，我们称之为“简朴型”。收入比较低（如目前城市居民人均每月生活费在 25 元以下），生活比较简朴，收入的大部分甚至极大部分用于生存资料，享受资料、发展资料很少；在消费结构中，吃的比重很大（有的占 70%、80%以上），穿、用、住占的比重很小，劳务消费占的比重很小，耐用消费品很少甚至没有，消费质量比较差。这类消费结构的居民，在我国目前占的比重较小。例如，以城市居民而言，所占比重不到 5%，在农村居民中所占比重会大于城市的比重。

（二）中层消费结构，我们称之为“粗放型”。收入水平不高（如目前城市居民人均每月生活费为 25～35 元），消费水平不高，生活只能维持一般水平，收入的大部分用于生存资料，享受资料、发展资料为数不多；在消费结构中，吃的比重还比较大（如目前不少城市居民吃的比重占 60%

以上)，穿、用、住和劳务消费比重不高；耐用消费品在数量上有所增加，但质量不高。总之，购买力在不断提高，消费向上、向外延伸，消费水平的提高，还只能向“粗放”的方向发展。这类消费结构的居民，在我国目前所占比重也不大。例如，在城市居民中，占25%左右。在农村居民中所占比重会大于城市的比重。

（三）次高层消费结构，我们称之为“集约型”。收入水平较高（如目前城市居民人均每月生活费为35~50元)，消费水平也较高，对生存资料的需要基本得到满足，享受资料、发展资料比重较大；在消费结构中，吃的比重较低（如目前有些城市居民吃的比重在60%以下)，穿、用、住、劳务消费占的比重较大；耐用消费品不断增加，不仅数量较多，质量也较好。收入增加了，在满足基本生活需要以后，集中财力购买质量较高的耐用消费品，或者是持币待购，或者是储币待购。总之，购买力向“高、新、精”的方向比较密集地投放。消费水平的提高，向“集约”的方向发展。这类消费结构的居民，在我国目前占的比重较大。以目前城市居民而言，占45%左右。在农村居民中所占比重会小些。

（四）高层消费结构，我们称之为“舒展型”。收入水平高（如目前城市居民人均每月生活费在50元以上，有的甚至在60元以上)，消费水平高，不仅生存资料的需要满足了，享受资料、发展资料也在较大的程度上得到满足；在消费结构中，吃的比重降低（如目前一些城市居民吃的比重在50%以下)，穿、用、住等所占比重不断提高（穿、用的比重有的占到30%)；劳务消费占的比重也不断提高（不仅有基本劳务，也有中档、高档劳务)；耐用消费品的数量多，质量高，款式新；消费质量也较高。总之，基本消费需要得到较好的满足，物质生活和文化生活都丰富多彩，体现了社会主义物质文明和精神文明的发展，生活比较舒适而开展。这类消费结构的居民，在我国目前是较少的。以城市居民而言，占25%左右。在农村居民中所占比重更小。

上述类型的数量、质量标准都是相对的。如果我们把20世纪末所要达到的“小康水平”看作“舒展型”，那么上述的“舒展型”也只是基本生活需要得到较好满足的水平，还是低水平的“舒展”，是就我们现在情况来看的“舒展”，不是人们的消费需要得到充分满足的“舒展型”。本来，“小康水平”生活虽已能吃饱、穿暖，营养水平较高，生活比较安定、舒适、方便（特别是科学、文化、教育、卫生等水平达到较高的程度），但还不是很富裕的。有人提出：人民消费水平的提高，大体经历四个阶段，即饥寒、温饱、小康、丰裕阶段。我国目前已由中华人民共和国成立前的饥寒阶段进入温饱阶段，小康阶段是由温饱阶段向丰裕阶段前进中的过渡阶段。我们在上面谈的消费结构四种类型由低层向高层的变化，也就是由温饱阶段向小康阶段前进的具体标准，这是我们从现在起到20世纪末所必须实现的重要任务。

四

在生产不断发展和收入不断提高的基础上，如何逐步改变消费结构的类型，实现“小康水平”？上述四种类型消费结构的发展变化达到何种幅度才算“小康水平”？“小康水平”的具体标准如何？这些都是需要进一步加以研究的问题。

第一，为了分析四种类型消费结构发展变化的趋势和变化的幅度，首先必须预测国民收入和居民收入水平的变化以及到20世纪末可能达到的收入水平。

我国1982年工农业总产值为8291亿元，国民收入为4247亿元。如果2000年工农业总产值达到28000亿元，假设国民收入和工农业总产值同步增长或者增长的速度相差较小，到2000年，国民收入可达到15000亿元左右。如果消费基金占国民收入的比重维持在70%~72%，除掉社会集体消费基金和国家其他一些开支，个人消费基金可达8400亿元左右。按12亿人口计算，全国人均年收入约为700元，每月约60元。城市居民人均收入1980年为477元，1982年为535元（其中生活费支出为471元）。农民家庭平均每人纯收入，1980年为191元（其中生活消费支出为162元），1982年为270元（其中生活消费支出为220元）。1952—1981年，我国人均消费额由83元增至276元，平均每年增长4.2%。这中间还有一段时间，由于林彪、江青反革命集团的干扰破坏和我们工作中的失误，几次折腾，使社会经济受到很大影响，人民消费水平没有得到应有的提高。今后在党的正确路线指导下，每人每年平均收入和消费额各增长5%左右，是完全可能的。在这20年内，如果工农业总产值和国民收入的增长速度达到6.5%左右，其中农业总产值增长速度平均每年达到5%左右，这样居民收入水平和消费水平平均每年就可增长5%左右。到20世纪末，人均收入水平就可以达到700元左右，就达到了我们在前面分析的“小康水平”。

第二，如果2000年人均收入达到700元左右，城市居民人均收入达到1100元左右，农村居民人均收入达到600元左右。如果城市居民人均消费额为1000元，即每月平均为80元左右，比1982年提高一倍；农村居民人均消费额为500元左右，即每月平均为40元左右，比1982年提高1.3倍。按此计算，城市居民中“简朴型”和“粗放型”的消费结构将会绝迹，“集约型”的比重也会很小，城市极大部分居民均进入“舒展型”，也就是达到了“小康水平”。其中将有相当一部分每月平均消费额在60元以上，即超过了现在的“舒展型”的水平。在农村居民中，“简朴型”消费结构也会绝迹，“粗放型”的比重也会很小，“集约型”的比重也会较小，大部分达到“舒展型”。也就是说，大部分农村居民的消费水平超过了现在城市的平均消费水平，其中一部分将超过现在城市中较高的消费水平。

第三，到20世纪末，当人们的消费结构比较普遍地达到“舒展型”时，劳务消费的比重将大大增加。有人提出：我国目前劳务消费在消费中所占比重不到5%，到20世纪末，将有6%~8%。这种估计，是否偏低？当然，从农村来说，目前劳务消费在消费总额中所占比重很小，到20世纪末达到6%~8%，大体是适当的。但从城市来说，虽然不可能达到像西方国家高达40%左右的状况，但达到10%以上也是可能的。这是因为，随着文化教育事业的大发展，随着家务劳动的社会化，随着城乡居民自由时间的普遍增加，文化、教育、体育、娱乐、旅游等活动的更多开展，劳务消费的比重将不断提高。

第四，随着收入水平和消费水平的提高，在消费结构中，吃的比重将下降，穿、用、住等的比重将提高。也就是说，越是高层消费结构，吃的比重越小，穿、用、住等的比重相对增大。这种情况，一般说是正确的。

但吃的比重下降，穿、用、住的比重相对上升，不是直线式的，而是螺旋式交替进行的。有人认为，到 2000 年，我国居民消费结构中，食品支出的比重将为 34%，认为这是“小康水平”。这种意见，不能认为是正确的。这是因为：（一）我国目前以及今后一个相当长的时期内，还不能说吃的问题已经解决了。目前的主食主要是原粮，副食的花色品种很少，质量也不高。今后对农产品要进行加工，对食品要进行深加工，加工过的食品、方便食品、营养食品等越来越多，食品的花色品种越来越多，质量越来越高，必然增加居民对食物的支出。（二）在目前以及今后一个时期内，居民购买的食品不仅来自国营商店，还有相当大部分来自集贸市场，而集贸市场的价格一般高于国营商店，这也会增加消费者在食物方面的支出。（三）据有关部门调查，我国人民目前从食物中得到的营养素，主要来源于植物性食品。在热量中，动物性食品仅占 7.5%；蛋白质中，动物性食品仅占 6.7%。今后的发展趋势，在食物结构中，动物性食品的比重会大大提高，这也会使食物支出增加，使食物支出在消费结构中的比重提高。（四）从我国目前一些大城市中高收入的居民的消费结构来看，收入提高对消费结构中食品比重下降的作用并不太显著。即令人均收入在 60 元、70 元甚至 80 元以上，食物支出在消费总额中的比重仍占 50%以上。例如，根据上海市 1981 年对 500 户家庭的典型调查材料：人均收入在 50 元以上的，食品支出在消费总额中的比重为 56.2%；60 元的为 53.75%；70 元的为 52.14%；80 元的为 50.94%。另据 1979 年北京市 1196 户职工家庭人均消费支出结构的材料，人均生活费 25～30 元的，吃的比重占 58.02%；30～35元的，吃的比重为 58.93%；35～40 元的，吃的比重为 57.51%；50 元以上的，吃的比重为 57.58%。这就说明，吃的比重在消费总额中的变化并不显著。到 2000 年也可能占 40%～50%。那种认为 20 世纪末，食物支出在消费总额中的比重将降至 40%以下的观点，是缺乏根据的。那种认为由于食物支出在消费总额中的比重不断下降，因而食品工业不必大发展的观点也是没有根据的。

第五，消费水平的提高，消费结构层次的提高，越来越表现在耐用消费品的拥有量上面，特别是表现在新型的、高档的耐用消费品的拥有量上面。从城市来看，老“三大件”（自行车、手表、缝纫机）已经基本饱和，今后将主要转向家用电器（如电视机、照相机、电冰箱、收录机等）。在农村，先投向“老三件”，三五年后，也将逐步投向家用电器方面。据有人估计：到20世纪末，电视机在全国家庭普及率将为60%~70%，收录机的普及率为30%~40%，电冰箱的普及率为15%~20%，照相机的普及率为15%~25%。假如那时有3亿个家庭，对这些耐用消费品的需要量，将是大有可观的。由于收入水平的提高，居民购买力也将大大提高。例如，城市居民家庭每人每年平均消费额如为1000元，四口之家共4000元，如以20%花在用的方面，即800元，其中300元用于购置一般日用品，500元用于购买耐用消费品。假如那时有1亿个城市居民家庭，就有500亿元用于购买耐用消费品。农村居民家庭，每人每年平均消费额为500元，四口之家共为2000元，如以20%花在用的方面，即400元，其中150元用于购买一般日用品，250元用于购买耐用消费品，2亿个农村居民家庭，就有500亿元购买耐用消费品。城乡合计，对耐用消费品的需求就达1000亿元。这就必须加速发展耐用消费品，特别是那些新型的、高档的耐用消费品，来满足日益增长的需要。

总之，我们要了解不同类型消费结构由低层向高层变化的趋势和幅度，要预测各类居民由于消费结构的变化对各种消费品和劳务的需求的变化，要预测达到“小康水平”时对各种消费品和劳务的需要量。根据不断增长的需要，加速发展食品工业、纺织工业、日用品工业、电子工业和劳务等的生产，不断开拓新的消费领域和行业，提高消费品的质量，增加花色品种，来适应消费结构不断变化的要求。所有这些，就为确定消费品和劳务的发展，为建立合理的产业结构，提供了可靠的依据。这是我们今后一个时期的重要任务，也是实现“小康水平”的物质保证。

原载《求索》1984年第2期

关于消费结构一些值得研究的问题

马克思主义经典作家，早就论述到消费结构问题。马克思研究资本主义再生产时，把资本主义社会的第Ⅱ部类划分为必要生活资料和奢侈品两大分部类；在《剩余价值理论》中还把消费品划为“以商品形式存在的消费品”和“以服务形式存在的消费品”[①]；恩格斯把消费资料划分为“生活资料、享受资料、发展和表现一切体力和智力所需的资料”[②]。这里虽然指的是消费资料的划分，但也可看作消费结构。列宁指出：“一定的消费状况乃是比例的要素之一。”[③] 这里讲的也与消费结构有关。斯大林在阐述社会主义基本经济规律时，把人的需要划分为物质需要和文化需要，讲的就是消费结构。

随着社会经济的发展，研究消费结构问题，越来越重要。研究消费结构，研究消费结构的历史和现状，探讨影响消费结构的各种因素，揭示消费结构的发展趋势和规律性，寻求合理的消费结构，这就为建立合理的产业结构、部门结构和产品结构，为制定消费和消费品发展战略及其对策，提供了重要的依据。建立合理的消费结构，也有利于促进人的身心健康，促进人的全面发展。

结合我国具体情况，消费结构有哪些值得研究的问题？如何进行研

---

① 《马克思恩格斯全集》第26卷第1册，第160页。

② 《马克思恩格斯选集》第1卷，第349页。

③ 《列宁全集》第4卷，第44页。

究？在这里，提出一些初步的看法，和大家一起探讨。

一、消费结构与分配结构、交换结构的关系

消费结构不仅是分配结构、交换结构的最后实现，而且反作用于分配结构、交换结构。但在社会再生产运动过程中，消费结构与分配结构、交换结构往往不相适应。这就需要分析产生矛盾的原因：是分配过程、交换过程的问题，还是消费过程的问题？是生产过程中比例失调所引起的问题，还是调节机制的问题？例如，居民收入水平提高速度如果大于实际消费水平提高速度，说明收入并未转化为消费，购买力没有得到实现。这可能是流通过程的问题，也可能是产业结构、产品结构与消费结构不相适应，生产出来的商品，不是适销对路的。这些都要分析具体情况分别加以解决。通过消费结构，正可以检验分配结构、交换结构乃至生产结构是否合理，是否相互衔接的问题，正可以促进分配结构、交换结构乃至生产结构的合理化。如何使消费结构起到这些作用，是值得研究的。

二、消费结构与人口的关系

人口的数量、结构及其变化，对消费结构有着重大的影响。例如，在国民收入为一定的情况下，人口的增长必然影响人均消费额，影响消费结构。另一方面，消费结构的变化，比如，享受资料特别是发展资料的消费在消费结构中比重的提高，会大大有利于人口和劳动力质量的提高。又例如，人口的自然结构、社会结构、城乡结构、地区结构，都会影响消费结构。因此，我们需要分析人口和劳动力的增长速度，分析人口结构的变化，分析这些变化对消费结构的影响。此外，消费者及其家庭的消费结构，属于微观消费结构，它是宏观消费结构的基础。因此，在研究消费结构与人口的关系时，还需分析微观消费结构与宏观消费结构的关系，需要研究微观消费结构与宏观消费结构如何相互衔接？如何通过微观消费结构的变化，一方面限制人口的增长，另一方面促进劳动力质量的提高，从而有利于宏观消费结构的变化？所有这些，都是值得研究的问题。

三、当前我国消费结构的特点

消费结构，不仅反映生产力水平，也反映社会生产关系的本质，反映社会经济的特点。我们不仅要研究消费结构发展的一般规律，也要研究我国消费结构发展的特殊规律，研究我国消费结构的特点，特别是当前的一些特点。这样，才能从当前实际情况出发，探索其发展变化，找出其规律性。我们过去，由于生产力水平低，商品经济不发达，消费水平低，因而不仅消费结构的类型很落后，而且长期以来，消费结构变化不大。党的十一届三中全会以来，特别是最近两三年，生产发展了，人民收入水平提高了，消费结构也呈现较大的变化。这种变化，表现出如下特点：

第一，人们拥有各种消费品的数量虽变化不大，但质量大有提高。高、中档消费品，优质消费品在消费结构中的比重大有提高，特别是收入水平较高的城市居民，耐用消费品在消费结构中的比重提高更快。“吃的讲求精细营养，穿的讲求时新漂亮，用的讲求名牌高档，住的讲求舒适宽敞”，已成为比较普遍的趋势。这些都反映消费水平的提高。

第二，在某些地区之间、居民集团之间，消费结构的差别有所扩大。由于我国地区经济发展不平衡，居民收入水平发展不平衡，长期以来，在消费水平、消费结构方面存在较大的差别。最近几年，收入水平的差别有所扩大，消费的层次拉开，收入增长较多的居民，高层次消费比重提高较快，因而使不同地区之间、不同居民集团之间消费结构的差别也有所扩大。

第三，劳务消费的比重逐步提高。无论城市或农村，劳务消费的比重均将逐步提高。

如何根据消费结构变化的这些特点，来分析今后消费结构变化的趋势和具体规律性？如何通过消费结构的反馈，来考虑产业结构、产品结构与之相适应？

四、什么是合理的消费结构

什么是合理的消费结构？其基本特征是什么？客观标准如何？有人提

出，合理的消费结构有三个标准：（1）经济标准。“即应由劳动耗费和使用价值总量之间的相应关系所决定”，“社会耗费最低的那些产品和劳务，就获得优先发展。因此，这个经济效益原则，就成了选择一定的消费结构的依据”。（2）生物标准。“消费的生物合理化要求消费结构有利于人的机体的正确合理的发展”。（3）社会标准。“消费结构合理化的社会标准，就要发展那些符合某个社会价值观念体系的那些消费”。[①] 到底经济标准是否为合理消费结构的客观标准？生物标准、社会标准又如何具体化？

我们认为，合理的消费结构，应该体现下面三个标准：第一，应有利于人的智力和体力不断发展。例如，要使人们的食物具备必需的热量、蛋白质等，体现较好的营养水平；要保证人们发展智力所必需的消费品和劳务，体现科学文化水平不断提高。第二，要有较好的消费质量，如环境、生活条件、居住条件等，有利于人的身心健康，促进人的全面发展。第三，要有利于建立科学的、文明的、健康的生活方式。不仅有利于发扬社会主义物质文明，也有利于发扬社会主义精神文明。

问题在于：要体现这些客观标准，是否应该有相应的指标进行考核？这些指标如何设计？这些指标，在数量上如何体现合理？必须深入分析这些问题，才能得出比较科学的结论。

五、收入水平的变化对消费结构的影响

收入水平对消费结构影响极大。消费结构的变化，在很大程度上取决于收入水平的变化。收入水平较低时，首先要满足吃、穿的最基本的需要；收入提高了，然后逐步满足其他需要。

为了分析收入水平对消费结构的影响，必须分析消费结构的层次性和消费需要的层次性。人们的需要是有着层次性的。如果我们把消费需要划分为对生存资料的需要、对享受资料和发展资料的需要，这样，对生存资料的需要就属于低层需要，对一般享受资料和发展资料的需要就属于中层

---

① 【波兰】符·伍茨卡：《社会主义经济中消费的合理化问题》。波兰《计划经济》杂志 1984 年第 1 期。

需要，对高档的享受资料和发展资料的需要就属于高层需要。

人们的消费和消费结构也是有着层次性的。如果生存资料在消费结构中所占比重很大，享受资料、发展资料所占比重很小，就属于低层消费结构；如果生存资料所占比重不太大，享受资料、发展资料有一定比例，就属于中层消费结构；如果生存资料所占比重较小，享受资料、发展资料所占比重较大（特别是高档的享受资料、发展资料占的比重较大），就属于高层消费结构。消费结构是由低层向高层不断变化的，造成这种变化的主要原因是收入水平的提高。

问题在于：这种层次性的变化与收入水平的变化在数量上的依存关系如何？收入水平提高多少，享受资料、发展资料的消费量增长多少？这不仅需要分析数量上的依存关系，而且需要分析不同享受资料、发展资料的不同类型、品种、质量。此外，随着消费水平的提高和消费层次性的变化，生存资料、享受资料、发展资料的内涵也在发生变化。过去属于享受资料和发展资料，现在有的可能成为生存资料。因此，在这些变化过程中，吃、穿、用、住等各个方面，如何具体划分生存资料、享受资料和发展资料？各自的数量界限如何？

问题还在于：对享受资料和发展资料的需要，有着相当大的替代性和选择性。人们收入提高后，购买力既可投向于享受资料，也可投向于发展资料；既可投向于某些享受资料或发展资料，也可投向于其他享受资料和发展资料。这就需要分析这些消费品的替代性和消费者对消费品的选择。

问题还在于：要分析收入水平对消费结构的影响，不仅要分析消费结构的层次性，而且要分析需求弹性和消费需要的满足程度。某些消费品需求弹性大，收入水平的变化对它的需求影响大；某些消费品需求弹性小，收入水平的变化对它的需求变化小；某些消费品满足程度较低，收入水平的变化对它的需求影响较大。诸如此类，对消费结构都会有不同的影响。

这些都说明了：要根据消费需要的层次性的变化和消费品的不同类型，来具体分析收入水平对消费结构的影响。特别要看到：随着商品经济大发展，居民收入将迅速增加，消费品的数量、质量、花色、品种变化将日新月异。我们要在商品经济大发展的情况下来研究消费结构的变化，探索其发展趋势和规律性，把消费结构的变化纳入商品经济的轨道上来，才能揭示问题的实质。

六、消费结构如何与自然资源的结构相适应

消费结构，不仅取决于消费需要，而且取决于消费品的供应结构。消费品的供应结构，在相当大的程度上取决于自然资源的结构。例如，我们能源紧张，就不能过多地发展耗能高的消费品；我们人均耕地面积少，就不能过多地扩大棉田面积；就不能过多地发展养猪业，用几斤粮食去换一斤猪肉，而应该多发展草食动物；等等。我们如何从自然资源的实际情况出发，充分利用优势资源，避免短缺资源？如何发展、开拓优势资源的消费，限制短缺资源的消费，使消费结构与自然资源的结构相适应？

需要指出的是：看资源条件，不仅要看资源总量，而且要看人均资源状况。我们有些资源和其他国家相比，总量并不少，但按人口平均，就很少了。我们不能以这些资源的总量作为发展消费品生产、决定消费结构的依据，而应以人均资源作为依据，才有可靠的物质基础。

七、价格对消费结构的影响

在其他条件不变时，消费品价格总水平影响消费水平，而不同消费品的价格是不同的。当不同消费品的价格发生不同的变化时，影响消费品的供求，因而必然影响消费结构。我国目前消费品价格很不合理，某些初级产品价格偏低，某些加工产品价格偏高，有些劳务价格偏低，需要通过价格体系的改革加以调整。我们要根据自然资源、产供销等各方面情况，合理调整价格。利用价格这个强有力的经济杠杆为发展经济、调整国民经济的比例服务，也为合理调整消费结构服务。

八、关于消费结构中公共消费与个人消费的比例

从长期发展趋势来说，公共消费在消费结构中的比重将逐步提高，个人消费所占比重将逐步降低。但公共消费比重的提高，必须以生产力的发展为前提。在生产力水平不高的情况下，公共消费比重过高，个人消费比

重偏低，就会降低通过按劳分配而实现的消费，就会削弱按劳分配的作用，不利于生产的发展。从世界各国的情况来看，不同收入的国家，公共消费在消费结构中所占的比重大不一样。根据世界银行的调查材料，以1981年为例，公共消费在消费结构中的比重：低收入国家（34个）占11%；下中等收入国家或地区（39个）占13%；上中等收入国家或地区（21个）占15%；高收入石油出口国（4个）占21%；市场经济工业国（19个）占17%。我国过去，公共消费所占比重偏高，特别是各种补贴、福利、免费服务等过多，大大削弱了按劳分配的作用。

这里牵涉到一个重要问题：在国民收入和消费基金总量为一定的情况下，如何使消费基金在集体消费和个人消费之间的分配比例比较合理？它与生产力水平、国民收入总量水平和增长速度的依存关系如何？这里还牵涉到积累和消费的最优比例如何确定的问题。在积累与消费的比例为已定的情况下，我们当前如何逐步取消那些反映平均主义的补贴（包括房租、医疗卫生、集体福利以及价格补贴），用于增加工资，来进一步贯彻按劳分配的作用？在逐步取消一些补贴后，个人收入增加了，对消费结构将产生哪些影响？

此外，城市和乡村，集体消费和个人消费的比例是不同的。如何根据城乡不同的收入水平、原来消费水平、消费品生产和供应等情况，来分析城乡不同的消费结构？

有一种意见认为：消费结构就是集体消费基金和个人消费基金的分配比例。这是把分配结构和消费结构混为一谈了。消费基金在集体消费与个人消费之间的分配比例，是形成消费结构的原因，而不是消费结构本身。

九、关于“吃”在消费结构中的比重

一般说，随着人们收入水平和消费水平的提高，“吃”在消费结构中的比重将逐步下降。这正反映了恩格尔定律的作用。

但是，恩格尔定律在我国的作用还表现出一些特点。有人提出它的适用范围和适用程度还存在一定的局限性。例如，我们最近某些年度，“吃”在消费结构中的比重反而有些上升。有的认为，由于“吃”的内容越来越丰富，花色品种越来越多，质量越来越高，加之食品价格有些上涨，因而“吃”在消费结构中的比重，在一定时期内，要下降还比较困难。我国不可能像有些西方国家那样，随着居民收入水平的提高，食物在消费结构中的比重迅速下降。有的认为，“吃”的比重的变化将呈现交替式的发展或波浪式的发展，即有时下降，有时上升，但总的趋向是下降。但也有人认为，恩格尔定律在我国是完全适用的，并预计到20世纪末，食物在消费结构中的比重将由现在的60%左右下降到34%。

在我国当前情况下，由于“吃”的问题并未得到解决，收入水平一提高，首先就要解决吃的问题，因而“吃”的比重下降会受到一些局限。但另一方面，也有相反的因素在起作用。比如，随着收入水平的提高，劳务消费将不断增加，将迫使食物消费比重有所降低。这就需要在分析各种消费的替代性和选择性，分析影响“吃”的变化的各种因素的基础上，来分析食物在消费结构中的比重的变化，来分析恩格尔定律的适用范围和适用程度，就比较可靠了。

需要指出的是：在某些时期、年度，“吃”在消费结构中比重有所上升，正反映了消费水平的提高，正是消费结构逐步趋于合理化过程中可能出现的现象。因此，还不能像有些同志提出的：把“吃”的比重的升降作为区分消费结构的“良性变动”或“逆性变动”的标准之一。区分消费结构“良性变动”和“逆性变动”的标准到底是什么？还是值得研究的。

十、关于“穿”在消费结构中的比重

有人认为“穿”的质量越来越高，越来越丰富多彩，将使“穿”在消费结构中的比重有所提高。有的甚至认为，吃、穿、用的结构将呈阶段性的变化，现在已经或即将由吃穿用转变为穿吃用，“穿”的比重将迅速上升。也有的认为，由于化纤等在衣着中的比重不断提高，而化纤及其他一些衣料的价格将下降，因而影响“穿”的比重的上升。我们认为：随着收入水平的提高，随着“穿”的数量和质量的提高和花色品种的增多，“穿”的比重有所上升后，将变化不大。这就需要分析“穿”的内容的发展变化以及“穿”的内部结构的变化，才能比较可靠地分析出“穿”在消费结构中所占比重的变化。

十一、关于“用”在消费结构中的比重

在“用”的消费品中，不仅有生存资料，更多的是享受资料和发展资料。消费水平的提高，越来越表现在“用”的消费品上面，特别是表现在这些消费品的质量上面。从实际情况来看，“用”的消费品日新月异，发展最快，内容极其丰富。因此，“用”在消费结构中的比重将逐步上升，这是发展的必然趋势。“用”的消费品，特别是耐用消费品，发展将更为迅速，耐用消费品在消费结构中的比重将提高更快。一些发达国家的“消费革命”主要表现在耐用消费品的发展和普及上面。

如何从我国具体情况出发，在“用”的消费品中，哪些多发展？哪些少发展？如何进行战略选择？特别是在发展耐用消费品方面，如何鼓励那些资金占用少、耗能少、环境污染少的耐用消费品的生产，限制那些资金占用多、耗能高、环境污染严重的耐用消费品的生产？例如，发展家用电器，将增加电力的消费，还需要增加居住的面积，是采取降低电费的办法加以鼓励，还是采取提高电价的办法加以限制？诸如此类，采取何种消费政策最为适当？这些都是值得研究的问题。

十二、关于“住”在消费结构中的比重

从我国目前情况来看，城市居民由于房租很低，“住”在消费结构中的比重很小，占1.5%左右。但是，随着住宅商品化的发展，随着房租补贴的减少（比如，把现在的“暗补”变为“明补”，即一面提高房租，一面把补贴部分适当加到工资中去），居民“住”的支出将增加，“住”在消费结构中的比重将提高，这是发展的必然趋势。

在农村，“住”在消费结构中的比重比城市高得多。农民收入一增加，除改善吃穿以外，主要用于改善居住条件。最近几年，农民修筑新房的就很多。目前，农村居民中，“住”在消费结构中的比重占10%以上。这个比重还会继续提高。据江苏省预测，到20世纪末，“住”在消费结构中的比重将由1980年的12.38%上升到25.27%。当然，由于住房这种耐用消

费品一经修建之后，使用年限相当长，因而当“住”的问题基本解决之后，居民对“住”的支出就会减少，“住”在消费结构中的比重将会下降。因此，有人认为，从较长的时期来看，“住”在消费结构中的比重，其发展趋势将呈现着抛物线状态。有人甚至认为这是规律。

如何继续改善居住条件？如何加速民用住宅的建筑？如何开发和生产新型的建筑材料，来适应民用建筑业的大发展？如何逐步实现住宅商品化？“住”在消费结构中的合理比例如何确定？居住条件的改善如何与生产力的发展和居民收入水平的提高相适应？所有这些问题，都是值得研究的。

十三、关于“行”在消费结构中的比重

过去我们计划和统计消费结构时，很少有“行”的项目。但是，随着社会经济的发展和人民消费水平的提高，“行”在人们消费活动中的地位将越来越重要，“行”在消费结构中的比重将逐步提高。例如，西德中等家庭消费结构中，交通和通信占的比重：1950 年为 2.1%，1960 年为 4.7%，1970 年为 10.8%，1980 年为 14%。其他发达国家的情况也大体如此。特别是旅游活动在人们消费活动中逐步发展，提高了“行”在消费结构中的比重。这里的问题是：旅游活动是否可列入“行”的范围？另外，随着居民收入水平的提高，私人交通工具将不断增加，私人交通工具的支出，是否可从一般“用”的支出列为“行”的支出？

从我国具体情况来说，由于能源短缺，是否应该多发展公共交通工具，而适当限制耗能高、容易造成污染的私人交通工具（如小汽车、摩托车、游艇等）？如何设计既省能又方便的交通系统和交通工具，并使公共交通工具和私人交通工具最好地配合？这些问题都是值得研究的。

十四、关于劳务消费在消费结构中的比重

我国劳务消费很不发达。目前在城市居民中，劳务消费在消费结构中的比重占 5%左右，在农村，还只占 2%多一点。一些发达国家，劳务消费在消费结构中的比重高达 40%，有的高达 50%。连南朝鲜也达到 15%左右，印度达到 18%左右。我们发展劳务消费，提高劳务消费在消费结构中

的比重，既可满足城乡人民的消费需要，又可吸收大量劳动力就业；既有利于搞活流通，又有利于促进生产的发展。

劳务消费与实物消费相互依存，又相互替代。商品经济大发展、实物消费大发展的结果，必然要求加速发展劳务消费；劳务消费大发展，反过来又会大大促进商品经济大发展，促进实物消费大发展。从我国当前的情况来看，由于居民收入水平迅速提高，人们的消费，由物质生活的需求扩展到精神生活的需求，因而对劳务的需求越来越多；适应科学技术文化的发展，培养熟练劳动力，也需要大大增加劳务消费，劳务消费在国民经济中的作用越来越大，

劳务消费的增长速度将快于实物消费的增长速度，因而劳务消费在消费结构中的比重将大大提高，这是发展的必然趋势。

要发展劳务消费，需强调劳务消费对发展国民经济、提高人民消费水平的作用；需要大力发展第三产业，特别是科学文化教育和生活服务事业；需要研究劳务的商品化问题，研究劳务的价格，以及当前对劳务的需求结构等问题。劳务消费也有内部结构的问题，哪些劳务消费需加速发展，哪些可暂缓发展？哪些实物消费的发展会直接引起劳务消费的发展？哪些劳务消费的发展会直接引起实物消费的发展？都需要进行具体分析，并根据当前情况通盘考虑，对那些急需的行业，加速发展，逐步提高劳务消费在消费结构中的比重。

十五、关于自由时间（闲暇时间）的消费问题

随着社会劳动生产率的提高，劳动者的自由时间将会增加。在自由时间里，人们都会进行一些消费活动，如何充分利用这些时间，开展一些有益于人的身心健康、有益于人的全面发展的消费活动，促进劳动力质量的提高，促进社会主义精神文明的建设，是很重要的问题。马克思把自由时间看成是“从事较高级活动的时间”，“使个人得到充分发展的时间”，“为个人发展充分的生产力，因而也为社会发展充分的生产力创造广阔余地的”时间。[①] 但

① 《马克思恩格斯全集》第46卷下册，第225-226、221页。

我们目前，不少劳动者却把大部分的自由时间花在紧张的家务劳动或无益于身心健康的活动之中。因此，如何使一些家务劳动逐步社会化，使劳动者在自由时间真正从事“自由活动”，如开展一些有益的科学文化、体育、娱乐、旅游活动等，丰富生活内容，提高消费质量。这就要研究是否需要减少劳动时间，增加自由时间？如何合理利用自由时间？逐步实现家务劳动社会化的途径、方式？如何开展业余科学文化、体育、娱乐活动等？

有一种意见认为：“人们在生活必要时间内消费的是生存资料，在自由时间内消费的是享受资料和发展资料。”这种说法是很不准确的。在“生活必要时间”（这个概念是否科学，姑且不说）里，在自由时间里，都需要消费生存资料，也都需要消费享受资料和发展资料。三种资料的消费，反映消费的层次性和消费结构的层次性，不能作为划分“必要时间”内消费和“自由时间”内消费的标准。

十六、关于农民消费结构的变化及其发展趋势

我国10亿人口中，有8亿是农民。农民消费结构的变化，对于社会经济的发展影响很大。因此，研究农民的消费结构，具有重要的意义。

农民消费结构有其特点。例如，农民的消费中，还有相当一部分是自给性消费。随着农村商品生产的发展，农产品商品率不断提高。在消费结构中，自给性消费的比重将逐步降低，商品性消费的比重将逐步提高，这是发展的必然趋势。这就需要分析农产品商品率的提高对农村消费结构的影响，要分析农产品商品率提高速度与农民收入水平提高速度的关系，要分析农民收入水平的提高与农民收入中用于购买生产资料的比重的变化情况。一般说，农民收入提高后，用于购买生产资料的比重将会提高，但提高速度如何？发展趋势如何？农民收入提高后，用于生活消费的购买力投向如何？吃、穿、用、住及其内部结构变化如何？对比城市居民，有些什么特点？农民家庭商品性支出的变化对生产、流通、分配的影响如何？从我国最近几年的情况来看，农民的收入增长很快。1978年全国农村生产队和社员出售产品的货币收入为580亿元，1984年增至1501亿元。从1978年到1983年，农民的净货币收入由381亿元增加到1127亿元，年增长

24.2%。据有人估计：1978 年到 1984 年新增加的 1798 亿元社会商品零售总额中，约有三分之二来自农民。1984 年全社会购买力中，农民占到 52.5%，农民货币收入的增长，已成为国内市场扩张的一大支柱。[1] 农民收入这种较大幅度的提高，给消费结构产生什么样的影响是很值得研究的。

十七、消费结构的变化如何体现社会主义物质文明和精神文明的结合?

如前所述，消费既包括实物消费品的消费，也包括劳务消费。消费活动，既与物质文明有关，也与精神文明有关。因此，如何使消费结构的变化，最有利于社会主义物质文明与精神文明的结合，是极其重要的问题。例如，小康水平的消费模式是什么？消费结构该呈现哪些变化，才符合这种模式？在小康水平的消费结构中，如何体现社会主义精神文明？这些问题都值得研究。

十八、如何根据消费结构调整产业结构?

产业结构必须与消费结构相适应。因此，必须从不断满足人民日益增长的物质文化需要出发，适应人民消费水平的提高和消费结构的变化，合理调整产业结构、产品结构。例如，如何根据吃、穿、用、住等的变化，及时调整农轻重的结构，加速发展农业、轻工业？如何根据“吃”的内部结构的变化，及时调整农业和食品工业的内部结构？如何适应人民讲究营养、方便、卫生的要求？我们当前食物结构中，畜产品占的比重很小，畜产品的消费量占总热量的比例现在还只有 7%左右，而发达国家占到 50%以上。当然，由于我国人口多，耕地少，草地不多，不可能也不应该像某些西方国家那样采取以肉食为主的食物结构，但肉食的比重也必须逐步提高。如果 20 世纪末要提高到 20%左右，畜牧业就需要大力发展。如何加

① 中国农村发展问题研究组：《国民经济新成长阶段和农村发展》（载《经济研究》1985 年第 7 期）。

速发展畜牧业、水产业？如何加速发展食品加工工业，特别是高中档食品、多品种的营养食品和方便食品？如何根据“穿”的内部结构的变化，及时调整纺织工业和服装工业的内部结构？如何适应人民讲究美观、新颖、应时的要求（例如，适当发展高档呢绒、绸料的生产，加速发展混合纺织物以及各种新型衣料、新型服装的生产）？如何根据“用”的内部结构的变化，及时调整日用品工业的内部结构，特别是加速发展耐用消费品工业？如何适应人民讲究新型、高档、名牌、配套的要求？消费品工业部门，如何在继续提高生产水平的同时，把提高质量、增加品种放在第一位？特别是如何增产名牌产品和优质产品，开拓新品种、新产品、新的生产门类？如何将新的科学技术导入消费品生产领域（例如，如何加速发展并开拓电子工业产品并将其导入消费品工业领域）？如何根据“住”在消费结构中的比重的变化，加速发展民用建筑业，使之成为我国的支柱产业？如何加速发展建筑材料工业？如何根据劳务消费在消费结构中的比重的变化，加速发展第三产业，并及时调整第三产业的内部结构？特别是对那些直接为人民生活服务的社会急需的第三产业，如何进一步放宽政策，给以一些优惠条件，加速其发展？诸如此类。

这里需要强调指出的是：如何根据消费结构的变化，特别是我国消费结构的特点，在继续抓好衣食等必需消费品的同时，大力发展那些提高人民生活质量的丰富多彩的选择性更大的消费品生产？如何开拓新的消费领域、新的行业、新的产品，使消费领域更加广阔？如何使消费品品种多样，花色新颖，使消费内容更加丰富，更好地满足日益增长的物质文化需要，满足不同地区、不同居民集团、不同层次的需要？

我们过去，基本消费往往集中于原料和初级加工品，根据消费结构的变化，基本消费将逐步转变为加工过的，特别是精加工的消费品。因此，在发展第二产业的过程中，除了适当发展传统产业外，还需要大力发展一些新兴产业；在第三产业中，也要发展新兴产业，才能满足日益增长的物质文化需要。总之，如何根据消费结构的新变化，及时调整产业结构，使产业结构与新的消费结构相适应，从而成为国民经济良性循环的新的转折点？这是值得研究的问题。

商品经济的发展和人民收入水平的提高，使消费结构发生巨大的变化。消费结构的上述变化，反过来促使产业结构、经济结构逐步发生新的变化，逐步趋于合理。这些都标志着我国经济的发展进入了一段新的成长阶段。

十九、对消费结构如何进行正确引导？

人们的消费活动，不应该是自发的，而应该是有目的、有意识的行为。消费结构，反映消费的基本内容和基本格局，反映一个社会生活方式的基本内容。《中共中央关于经济体制改革的决定》中指出："在创立充满生机和活力的社会主义经济体制的同时，努力在全社会形成适应现代化生产力发展和社会进步要求的、文明的、健康的、科学的生活方式，摒弃那些落后的、愚昧的、腐朽的东西。"如何使我们的消费结构更合理、更能反映社会主义生活方式的本质，更适应于建立"文明的、健康的、科学的生活方式"的要求？这就必须对消费结构进行正确的引导。

如何用社会主义消费观来引导人们的消费活动？如何把消费结构引向合理的方向？如何根据社会主义消费结构的特点，根据我国的资源状况和生产发展状况以及消费习惯和民族传统，对消费结构进行正确引导？这些问题都需要联系商品经济大发展的新情况，加以研究、解决。

二十、要研究我国经济体制改革对消费结构带来的新变化

《中共中央关于经济体制改革的决定》中指出："经济体制的改革，不仅会引起人们经济生活的重大变化，而且会引起人们生活方式和精神状态的重大变化。"经济体制的改革，对人们的消费活动，包括消费结构的变化，必然产生重大的影响。例如，由于商品经济的发展，由于充分利用价值规律的作用，由于价格和工资体制的改革，由于按劳分配的进一步贯彻，由于企业自主权的扩大，由于广大劳动者积极性的发挥……这些方面的改革，这些方面的变化，都会影响我们的经济生活，都会直接或间接地影响我们的消费结构，都会给我们的消费结构带来新变化。如何分析这些新变化？如何在经济体制改革中，有意识地促进这些变化，使消费结构更合理化，更符合社会主义生产关系的本质要求，更体现社会主义生产目

的？这些都需要我们及时加以研究！

宏观消费结构，可以分为四个层次或四个类型：（一）简朴型；（二）粗放型；（三）集约型；（四）舒展型。消费结构的变化，就是按上述层次，由低向高逐步发展的。近几年来，我国城乡居民收入迅速增长，商品经济逐步发展，我国消费结构已进入了一个新成长阶段，即已由粗放型的消费结构进入集约型的消费结构。尽管说，有一部分居民的消费结构还处于“粗放型”（甚至少数居民还处于“简朴型”），一部分居民已进入“舒展型”，但从大部分居民来说，已进入“集约型”，即收入水平较高（如目前城市居民每人每月生活费在35~50元之间），对生存资料的需要基本得到满足，消费需求正转入享受资料、发展资料，特别是耐用消费品迅速上升的新时期。社会经济的发展，主要不是依靠生存资料的满足来推动，而主要依靠享受资料、发展资料的满足来推动，购买力开始比较集中地向“高、精、新”的消费品投放。这就是新成长阶段消费结构的基本特征。根据这些新情况，我们应该研究产业结构乃至经济结构如何适应这个新成长阶段消费结构的要求，及时进行调整？可以预计，产业结构的合理调整，反转来又促进消费结构的合理化，是消费结构新成长阶段迅速实现的动因，它对整个国民经济的发展将起着极为有益的作用。

消费结构是一个很复杂的问题，需要研究的问题，当然不止于此。研究这些问题，目的在于揭示消费领域的内在规律，揭示消费结构的发展趋势和具体规律性，揭示在商品经济不断发展的条件下，消费需要不断得到满足、消费水平不断提高的广阔前景，为我们制定消费和消费品发展战略，为合理调整产业结构提供依据，从而更好地促进整个国民经济的发展。

原载《湘潭大学学报》1985年“校庆特刊”及1985年第4期

要建立适合我国国情的食物消费结构

李鹏同志在七届人大一次会议上的《政府工作报告》中指出："……食物结构必须适应我国的国情。这也要作为一项长期的重大政策，加以重视和研究。"赵紫阳同志在七届人大一次会议北京代表团联组会上的发言中也指出，要把建立有中国特色的食物消费结构，作为一项基本国策。我国食物结构问题为什么这样重要？食物消费结构如何与我国国情相适应？如何建立有中国特色的食物消费结构？这是本文所要探讨的主要问题。

（一）

各项消费活动，都必须从实际出发，必须符合我们的国情。"民以食为天"，食物消费关系到每个人最基本的需要，更应切合国情。只有这样，才能较好地满足人们对食物消费的需要。

我们的食物，主要来自农业。农业发展水平及其内部结构，在很大程度上决定了食物消费水平和食物消费结构。赵紫阳同志在十三大的报告中指出："在加快发展农业生产的同时，要对居民的消费结构特别是食物结构进行正确的引导和调节，使之同我国农业资源的特点和生产水平相适应。"那么，我国农业资源情况如何？特点又是什么？

我国农业资源最大的特点是：人均耕地面积和人均粮食极其有限。我国人均耕地面积仅 1.5 亩，与某些发达国家相比，差距很大。如人均耕地面积，加拿大为 26.8 亩，美国为 14.6 亩，苏联为 13.6 亩，全世界平均为

4.8亩，我们仅及全世界平均数的1/3。由于人均耕地面积少，人均粮食也就比较少。不仅如此，近年来耕地面积仍在不断减少，粮食播种面积在总播种面积中的比重不断降低。我国粮食播种面积1952年为185968万亩，占总播种面积的87.8%，1957年为200450万亩，占总播种面积的85%，1980年为175851万亩，占总播种面积的80.1%，1984年为169326万亩，占总播种面积的78.3%，1985年为163268万亩，占总播种面积的75.8%。由于粮食播种面积不断减少，单产增加亦不多，而人口增长很快，因而人均粮食增加很少。我国的人均粮食，在世界各国中处于落后地位。如1982年人均粮食产量：美国为1750公斤，加拿大为2271公斤，匈牙利为1376公斤，罗马尼亚为1052公斤，保加利亚为1126公斤，法国为923公斤，苏联为723公斤，民主德国为718公斤，而我们仅为352公斤。

畜牧业的发展和种植业特别是粮食的发展，是相互依存的。西方有些国家之所以以肉食为主，主要原因是人均粮食多，从而促进了畜牧业的发达。比如美国、加拿大、法国、西德等国，每人每年直接消费的粮食不过130~200斤，但用于发展畜牧业的粮食每人每年却高达1400~1800斤。我国人均粮食为数不多，这就大大限制了畜牧业的发展。我国1985年消费粮食4055亿公斤，直接消费的占70%以上，作为饲料经过转化而间接消费的仅占17%（世界谷物总量中有40%作饲料，我们远远低于这个平均水平）。

根据上述情况，我国居民的食物结构，决不能以动物性食物为主，而只能以植物性食物为主，在可能的条件下，逐步增加动物性食品的比重。我国的农业资源现状和农业生产水平，决定了我们的食物结构只能如此。我们对这个问题应该有一个清醒的认识。

（二）

对食物消费结构进行选择，应该着重考虑下面几个问题：

第一，必须与农业资源的特点和生产水平相适应。这在前面已有过论述。美国、加拿大、澳大利亚等国，以肉食为主，由于人均耕地而积大，人均粮食多，因而有条件大力发展畜牧业，有条件大大增加肉食的消费。

英国、联邦德国等国，耕地面积和人均粮食虽不多，但经济发展水平高，有条件每年进口大量粮食发展畜牧业。我国人均粮食量和经济发展水平决定了我们不能以动物性食物为主，只能以植物性食物为主。

第二，食物消费必须立足于国内。特别是在我们有10亿多人口的前提下，决不可能依靠国外去解决吃的问题。我们不可能像美国那样，用5斤粮食去换1斤猪肉，也不能像英、德等国，进口大量粮食去发展畜牧业。我们1985年进口粮食597万吨，花去外汇9.97亿美元。我国人民如果每人每月增加1斤肉食，全年就需要增加130多亿斤。按4斤粮食转化为1斤猪肉计算，全年就需要进口粮食500多亿斤。靠进口粮食增加肉食，那是我们的经济条件所不允许的。赵紫阳同志在七届人大北京代表团联组会上就谈道：到20世纪末，估计全国肉禽蛋的消费增加一倍，粮食由直接消费转为间接消费。按其他国家的情况估算，人均粮食占有量就要到500公斤。这样，我们就会有3000亿斤粮食缺口。假如从国外进口3000亿斤粮食，就要占去每年进口总额所需外汇的三分之二。如果这样，就会像赵紫阳同志所说的："整个国民经济就会陷入一个非常困难的境地"。

第三，必须考虑我国的消费习惯和民族传统。我国长期以来，大多数地区的食物消费结构，以植物性食物为主，以动物性食物为辅。特别在农村，直接消费粮食和蔬菜较多，肉食较少。《黄帝内经·素问》中早就概括了我国的膳食原则："五谷为养，五果为助，五畜为益，五菜为充。""五谷为养"说明了我们的主食应该是"五谷"，粮食是决定人的生长、发育，保养人的身体的主要食品；"五畜为益"说明适当增加肉食，对人的身体健康也是有益的；"五菜为充"说明"五菜"也能充实人的营养，增进身体健康；"五果为助"说明五果也有助于人的身体健康。这四句话，完整地概括了我国的食物结构，应该以植物性食物为主，以动物性食物为辅。而我国大部分人长期以来所养成的消费习惯，也正是如此。

第四，必须注意营养平衡，提高消费效益。科学的食物消费结构，必须体现营养平衡，有较高的消费效益。西方有些以肉食为主的国家，高脂肪、高蛋白、高热量，容易导致肥胖病、高血压、冠心病等，对身体有害无益，已经产生了很大的副作用。我们有些同志，提出我国也要仿效西方国家的食物消费结构模式，也要向以动物性食物为主的方向发展。这不仅不符合我们的国情，也不符合人体正常发展的营养需要，不符合营养平衡的原则。近年来，西方有些营养学家，也认为以植物性食物为主，降低脂肪，降低食物中胆固醇摄入量，更有利于人的身体健康，促进营养平衡，提高消费效益。

（三）

我国目前的食物结构存在很多问题，有些是历史上的原因造成的，有些是由农业生产结构决定的，有些则是近几年消费结构变化中出现的新问题。

第一，人均粮食水平低，食物结构中动物性食品比重难以提高。前面已经说过，我国由于人多地少，人均粮食偏低，目前还不到400公斤。到20世纪末，粮食产量虽可增加，但人口至少将增至12.5亿，人均粮食也不过是400多公斤。这就大大限制了畜牧业的发展，大大限制了食物中肉食比重的提高。但另一方面，由于人们收入提高，首先要解决吃的问题，特别是改善食物结构，增加肉禽蛋的消费。而在消费领域过于狭窄的情况下，增加肉禽蛋的消费，对肉禽蛋等食品的冲击，会更为猛烈。我国近十年来，肉禽蛋的消费增长很快。如下表：

近十年我国每人每年肉禽蛋消费量的变化（公斤）

	1978年	1980年	1985年	1985年为1978年的百分比
猪肉	7.7	11.2	14	181.8%
家禽	0.44	0.80	1.56	354.5%
鲜蛋	1.97	2.27	4.98	252.8%

这不仅扭曲了食物消费结构，促使动物性食品的增长，超过了畜牧业生产的负担能力，使肉禽蛋的需求与供应之间造成很大的矛盾，而且会增加粮食供应的紧张。这种情况再继续下去，就会影响整个国民经济的发展。

第二，粮食品种单一，食物结构简单。我国粮食以稻谷为主，其他品种增长很少，连过去在国际市场上很有地位的大豆，生产也很落后。中华人民共和国成立后，大豆播种面积大大减少。1952 年为 17519 万亩，1957 年为 19122 万亩，1981 年为 12035 万亩，1984 年为 10929 万亩，1985 年为 11577 万亩。现在的大豆产量，还没有达到中华人民共和国成立前的最高产量。1985 年我国粮食产量为中华人民共和国成立前最高产量（1936 年）的 252. 7%，但大豆仅及中华人民共和国成立前最高产量（1936 年）的 92. 9%。早在 20 世纪 30 年代，我国年产大豆 260 多亿斤，为世界之冠，但最近二三十年远远落后于美国、巴西等国。1983 年美国大豆产量为 4342. 1 万吨，巴西为 1459. 3 万吨，我国仅为 976 万吨。由于大豆生产落后，加之加工技术落后，大豆制品很单调。这样，大豆制品在食物结构中的比重很低，大大影响着植物蛋白水平的提高。其实，大豆营养价值很高，蛋白质含量达 40%，为猪肉的 4 倍。不仅蛋白质高，而且含有大米、小麦等所缺少的赖氨酸，又无胆固醇，容易为人体所吸收，是植物蛋白的重要来源。因此，要提高我国人民的营养水平，还要从植物蛋白上下功夫，加速发展大豆、花生、芝麻等作物的生产，用植物蛋白来弥补动物蛋白之不足。

第三，在肉食中，猪肉比重过大，肉食结构过于简单。西方国家，猪肉占肉类的比重不大，如美国只有 28. 14%，法国、苏联等国为 33%；牛肉占肉类的比重，美国为 37. 6%，法国为 33. 9%，苏联为 44. 7%，全世界平均为 32. 9%，我国只有 2. 2%；羊肉占肉类的比重，世界平均为 5. 4%，我国仅为 3. 7%。我国居民消费的肉食中，猪肉占 95%，牛羊肉、禽兔肉等很少。我国 1985 年生产猪肉 1654. 7 万吨，牛肉仅 46. 7 万吨，羊肉仅 59. 3 万吨。其实，牛羊肉、鸡肉的营养比猪肉好。例如，鸡肉的蛋白质含量为 20%，为猪肉的 2 倍，而饲料转化率高 1 倍。1 公斤猪肉需 4 公斤饲料，而 1 公斤鸡肉只需 2 公斤饲料。牛羊肉的蛋白质含量也高于猪肉，况且它们消费粮食少，我国又有广阔的牧草资源。另外，兔肉的营养价值也很高，蛋白质的含量高于牛、羊、猪肉，而脂肪含量却大大低于牛、羊、猪肉。而且兔子繁殖很快，食物又以青饲料为主，消耗粮食很少。因此，发展养兔业，是大有可为的。我们的肉食结构中，要大大提高牛羊禽兔肉的比重。这不仅大大有利于缓解肉食和粮食的紧张局面，而且大大有利于发展动物蛋白，提高营养水平。

第四，食品工业不发达，食物结构简单。我国食品工业很不发达，在有些发达国家，食品工业产值为农业产值的两三倍，我国还只占30%左右。我们长期以来，由于自然经济的影响，农产品商品率低，加之加工技术相当落后，食品工业发展缓慢。比如，粮食用现代工业技术加工的比重还只占粮食总量的35%，油料还只占20%左右，畜产品加工的就更少了。我们的食物消费中，经过工业加工的食品还只占32%，而西方国家已占到80%，甚至90%以上。这说明对很多食物资源，我们还没有进行粗加工。至于深度加工、精加工，更是很少。正因这样，我国食物品种单调，使食物结构也很单调。这不仅影响营养水平的提高，也大大影响农业资源的合理利用。

（四）

如何建立适合我国国情的食物结构？我认为主要应该从以下几方面着手：

第一，调整种植业内部结构。前面已谈到我们的食物结构在很大程度上受农业内部结构的制约。要使食物结构合理，首先必须使农业内部结构合理，因而必须调整农业内部结构。首先要继续发展粮食生产，力争人均粮食稳定在400公斤左右，到20世纪末争取达到人均450~500公斤。这就要稳定耕地面积，不断提高单产。要增加农业的投入，提高土地肥力，精耕细作，科学种田，提高农业扩大再生产能力。1985年我国粮食生产平均每亩单产只有232公斤，还是大有潜力可挖的。粮食稳定增长了，畜牧业的发展就有了可靠的基础，就有利于逐步改变动物性食物比重过低的落后状况。其次要改变粮食的单一结构，加速发展豆类、芝麻、花生等高蛋白作物的生产，特别要加速发展大豆生产。据联合国粮农组织统计：要使中国人均动物蛋白摄入量提高1%，就必须投入饲料粮450万吨。要大幅度提高动物蛋白的比重，在我国是很困难的。而通过增加植物蛋白来提高营养水平，在我国却是很有条件的。大力发展大豆生产，增加各种豆制品，是增加植物蛋白的重要途径。我国不少地区，气候、土壤适宜于种植大豆，我们要力争大豆生产达到中华人民共和国成立前最高产量。如果大豆播种面积能达到中华人民共和国成立前最高水平（1.8亿亩），单产达到200斤，大豆产量在粮食总产量中的比重达到5%左右，并提高加工技术，增加各种豆制品，我们的食物内容就会大大丰富。

第二，调整畜牧业的内部结构。我国的畜牧业一直很落后，不少发达国家畜牧业产值已占农业总产值的50%以上，我国1985年还只占14.5%。为此，要采取各种有效措施，加速发展畜牧业，提高畜牧业在农业中的比重。在大力发展畜牧业的条件下，要逐步调整畜牧业的内部结构。一是加速发展粮食转化率高的牲畜业如家禽。发展养禽业，投资少，生长周期短，见效快，国营、集体、个人均可以经营。二是发展食草动物，如牛、羊、兔等。我国有48亿亩草原，其中可利用面积约33.7亿亩，为耕地面积的两倍多。我国牧草资源也极为丰富，不论山区、平原、丘陵地区，都有适应当地自然条件的牧草资源。这说明，食草动物大有发展前途。这就要求进一步开发草源，除建设草原外，还要开发草山草坡，培养牧草，并提高牧草的质量。发展养兔业，有特殊重要意义。我国养兔业极为落后，市场上兔肉供应很少。发展养兔业，投资少，收效快，成本低，不仅在国内市场上有竞争能力，在国外也大可开拓市场。

第三，加速发展水产业。鱼类营养丰富，既不消耗粮食，又不与粮食争耕地。我国水产资源很丰富，淡水面积2.5亿亩，其中可养殖面积0.75亿亩，现在已利用的面积还不到60%。已利用的水面，平均每亩只产鱼6斤，潜力很大。海洋渔场面积81万多平方海里，海水可养殖面积700多万亩，已养殖面积还不到三分之一。渔业资源虽丰富，但养殖业却很落后。到现在为止，养殖业产值在农业总产值中还只占2%左右，平均每人消费的水产品，1985年还只有4.89公斤。我们要充分利用江河、池塘、水库，并提高养殖技术，提高单产，同时发展海洋捕鱼业，开发远洋渔业资源。争取到20世纪末，渔业产值在农业总产值中的比重达到5%左右，人均水产品达到20~355斤，这应该是很有可能的。

第四，发展蔬菜、水果生产。蔬菜是人们必需的、重要的副食品。

“五菜为充”，可见蔬菜对于增加营养的作用很大。这几年蔬菜价格上涨很快，反映了蔬菜生产还不能满足人们的需要，特别是品种不多，需要采取有效措施加以解决。水果也是营养丰富的食品。在西方国家，每人每年消费水果100~200斤（全世界平均107斤），我国每人每年消费水果还不到20斤。我国1980年果树生产总值23亿元，只占农业总产值的1.09%。而在国外，如日本已占到7.7%，澳大利亚已占到11%。我国的气候、土壤，适宜于种植水果的地区很广，水果不与粮食争地，水果加工成各种罐头，又可增值几倍。因此，大力发展水果生产，对改善食物消费结构，提高居民营养水平，也是大有作用的。

第五，要加速发展食品工业。前面已经说过，我国食品工业很落后，这是我们食物结构比较简单的原因之一。我们要根据农业资源的特点，根据合理的食物结构来考虑食品工业的发展规模、速度和内部结构。食品工业不能以烟酒为主，而应以发展粮食和畜产品加工为主。发展食品工业，首先要大搞粗加工。现在我们很多农业资源没有加工，很多农业资源没有利用。我们的粮食和其他农副产品由于未能及时加工而造成的损失，每年达几十亿元甚至上百亿元，这对农业资源造成了很大浪费。在大搞粗加工的基础上，要进一步搞深加工，多层次加工，使食品花色品种日益丰富，适应不同层次居民的需要。同时要搞综合利用，开发新的食品资源，开拓新行业和新产品，特别要增加饮料、营养食品、方便食品。这也是丰富食物内容，改善食物结构的一个重要方面。应该指出，我国目前畜牧业还很不发达，还不可能大大提高畜产资源加工的比重，这就要对粮食进行深度加工，要大力发展植物蛋白加工工业，特别是大豆、芝麻、花生的加工，以增加植物蛋白，提高营养水平。今后随着畜牧业的发展，当然应该大力发展畜产资源的加工，适当提高动物蛋白的比重。

第六，对食物消费结构要进行正确引导。要根据我国国情，特别是农业资源和生产水平的状况，对食物消费进行正确引导。要逐步摆脱对粮食过分依赖的状况。例如，我们的食物中，直接消费原粮的比重很大，消费加工食品的比重较小。这就要逐步引导大家减少对原粮的直接消费，而转向以消费加工食品为主。这不仅能使农业资源通过加工得到充分利用，而且能丰富食物内容。又如，当前肉禽蛋等动物性食物，供求矛盾比较大，我们就要引导群众，不要过多地集中于这些食物的消费，适当引导群众增加植物性食物的消费，强调我们的食物结构只能以植物性食物为主。我们粮食有限，对消耗粮食过多的食品，也要适当限制其消费。如烈性酒，我国产量居世界第一，1 斤白酒，要消耗 2 斤粮食。如果全国每人每年饮 30 斤白酒，就要消耗 600 亿斤粮食。为了节约粮食，我们在这方面也要加以引导，强调文明消费，合理消费，反对大吃大喝，铺张浪费。又例如，居民收入有较大的提高，就要使购买力的投向适当分流，不过分集中冲击副食品市场，引导其用于住宅、劳务消费等。

总之，要在大力发展农业生产，特别是畜牧业生产的基础上，调整农业、畜牧业的内部结构，使我们的食物结构逐步合理。在以植物性食物为主的条件下，逐步提高动物性食物的比重；在以谷物为主的情况下，逐步提高豆类等食品的比重；在肉食中，在以猪肉为主的情况下，逐步提高牛羊禽兔肉的比重；在食品工业不断发展的条件下，逐步提高加工食品的比重。有人提出，到 20 世纪末，我国食物消费比较合理的目标是：平均每人每天供给的热量 2500~2700 千卡，蛋白质 75 克，每人每年直接消费的粮食约 200 公斤，油脂 10 公斤，肉类 25 公斤左右，其中 30%为牛羊禽兔肉，蛋品 10~12 公斤，奶 12~15 公斤，水果 20 公斤。蛋白质的摄取，仍以植物蛋白为主，但动物蛋白由现在所占比重 7%左右提高到 15%左右。这样，我们的食物结构就比较合理，我们的营养水平也就可以大大提高了。必须指出：我国经济发展很不平衡，各地区之间差别很大，加之各地区的消费习惯和传统也存在较大的差异，因此，全国不可能有一个统一的消费模式和标准。应根据各地区的具体情况，在全国总的资源约束和消费政策的引导下，逐步建立适合各地区的合理的食物消费结构。

原载《求索》1988 年第 5 期

我国消费结构发展趋势与政策引导

一、我国消费结构的主要问题

第一，恩格尔系数居高不下。恩格尔系数高，必然影响享受资料、发展资料比重的提高，影响消费结构的优化。我国恩格尔系数一直居高不下。40年来，收入翻了两番，但恩格尔系数下降不到10%，一直在50%左右，而且出现几次反弹。农村居民恩格尔系数甚至在60%以上，不仅偏高，也出现过反弹。作为衡量消费水平甚至经济发展水平的重要指标，恩格尔系数居高不下，消费层次也就难以提高。

第二，城镇居民住房消费比重过低。在西方国家，住房支出在消费结构中的比重一般占15%~20%，有的高达25%以上。我国城市实行住宅商品化以来，房租有所提高，但在消费结构中的比重仍然很低，1996年还只占3.2%。应该看到，住房不仅是基本的生存资料，也是重要的享受资料和发展资料，住房在消费结构中的比重也必然提高。我国当前城镇居民最迫切的需要是进一步改善住房条件，加速住宅商品化进程，在消费结构中提高住房消费的比重。

第三，劳务消费，特别是精神文化消费比重过低。我国长期以来把劳务生产部门看成是“非生产领域”，不创造价值，因此劳务消费水平一直偏低。最近几年，劳务消费比重虽有所提高，但情况没有根本改变。以城镇居民而言，20世纪90年代占劳务消费极大部分的医疗保健、交通通信、娱乐教育文化服务三项支出在消费结构中的比重，不过 15%左右；农村居民则只有 8%左右。而一些发达国家，早在 1979 年，劳务消费在消费结构中的比重，美国为 40%，日本为 36.2%，西德为 30.8%，法国为 30.6%，英国为 33.2%，差距实在太大。

在劳务消费中，精神文化消费一直滞后。我国城镇和农村居民娱乐教育文化服务在消费结构中的比重不到 10%，这是消费水平、消费质量不高的重要表现。同时，愚昧消费、畸形消费有所抬头。不同居民之间，由于收入水平不同，消费结构必然存在差距。

我国目前收入水平、消费水平、消费结构的差距还较大，甚至有扩大趋势。以地区消费水平而言，1996 年全国居民消费水平为 2677 元。其中，北京为 3519 元，上海为 6712 元，福建为 2944 元，广东为 3832 元，甘肃为 1172 元，西藏为 1202 元，贵州为 1258 元，陕西为 1431 元，最高消费水平是最低消费水平的 6 倍。即使是同属城镇居民，但由于在不同地区，消费结构的差别也相当大。以食品而言，消费水平最高地区的上海是最低地区的贵州的 3 倍多；以家庭设备用品及服务而言，消费水平最高地区的浙江是最低地区的西藏的 3 倍多；以交通和通信而言，消费水平最高地区的上海是最低地区的西藏的 4 倍多；以娱乐教育文化服务而言，消费水平最高地区的上海是最低地区的青海的 3 倍多。

不同地区农民的消费结构差别也很大。以食品消费而言，消费水平最高地区的上海是最低地区的甘肃的 7 倍以上；以衣着而言，消费水平最高地区的北京是最低地区的甘肃的 5 倍；以家庭设备及服务而言，消费水平最高地区的上海是最低地区的甘肃的 8 倍以上；以交通和通信而言，消费水平最高地区的上海是最低地区的西藏的 13 倍；以文化娱乐用品及服务而言，消费水平最高地区的上海是最低地区的西藏的 40 倍。差距之大，虽然有各种各样的原因，但主要是由于经济发展水平、居民收入的差距造成的。

无论从城镇居民还是农村居民来看，目标都是共同富裕，差距过大是值得注意的。长期以来，由于经济发展不平衡以及其他一些原因，我国东中西地区存在差距是必然的。但差距不能无限扩大，而应该呈现“倒 U

形”变化，由小而大，再由大而小，最后达到共同富裕。因此，我国目前必须采取强有力的措施，采取政策倾斜，缩小差距。要根据可持续发展战略，从生产、消费等各个方面创造条件，以利于缩小差距。中西部地区也要在发展生产的基础上，尽量改善、优化消费结构，提高消费质量，尽快缩小地区差距，实现共同富裕。

二、我国消费结构的发展趋势

随着社会经济的发展和居民收入水平的提高，居民消费结构也在不断变化和升级。如果按生存资料、享受资料和发展资料来划分，消费结构发展最一般的趋势是：生存资料在消费结构中的比重不断降低，享受资料、发展资料在消费结构中的比重不断提高，反映消费水平的提高和消费结构的优化。这已成为很多国家消费结构发展的必然趋势。如果按吃、穿、用、住、劳务消费等来划分，一般是：吃在消费结构中的比重会逐步下降，也就是恩格尔系数逐步缩小。穿在消费结构中的比重随着收入水平的提高而提高，然后趋于稳定，甚至略有下降。用在消费结构中的比重将逐步上升，特别是高档用品、耐用消费品品种繁多，日新月异，使用品消费支出增加较快。住在消费结构中的比重在一定时期呈上升趋势，特别是在我国实现住宅商品化阶段，住房消费在消费结构中的比重上升很快；到一定时期以后，特别是住宅商品化实现以后，住在消费结构中的比重又会下降。劳务消费，特别是精神文化消费在消费结构中的比重将不断提高，反映消费结构的优化，这是总的趋势。笔者拟从吃、穿、用、住、精神文化消费、旅游消费等方面，分析消费结构的层次性变化和内部结构的发展趋势。

第一，食物消费比重的变化趋势。恩格尔系数不断降低，是世界各国的普遍趋势。经济发展水平较高，收入水平、消费水平越高的国家，恩格尔系数越小。这里有个问题值得研究：一些发达国家近几十年来恩格尔系数下降均较快，他们的人均国民收入达到1000美元时，恩格尔系数大多在40%以下。为什么我国近20年来，居民收入增长较快，而恩格尔系数下降不快，甚至多次出现反弹？我国现在城乡居民的恩格尔系数，比一些发达国家以前人均国民收入达1000美元时的恩格尔系数要高5%~10%，原因是：（一）我国长期以来，在居民的居住、医疗保健、文化教育等方面有大量的福利性消费。据估算，我国在20世纪90年代以前，各种福利、补贴，大约占工资总额的90%。由于各种福利、补贴多，这些方面的支出少，因而居民仍有可能以较多的支出用于食物消费。（二）我国历来强调“民以食为天”，在各种消费中首先解决食物消费问题。近年来，多数居民还处于温饱阶段，虽然已经“吃饱”，但还没有“吃好”，营养水平还谈不上科学、合理。城乡居民，特别是农村居民在肉、鱼、蛋等动物性食物方面，水平还相当低。20世纪80年代末，世界平均（包括城乡）每人日摄入蛋白质70.4克，其中来自动物性食物占35.1%。而我国城镇居民目前还只有67克，其中来自动物性食物的只占23.9%；农村居民还只有61克，其中来自动物性食物的占8.6%。可见食物营养水平还较低。近年来，很多居民的收入提高，首先用于改善食物消费，因而使恩格尔系数难以下降。（三）我国近年来食物价格上涨较多，使居民食物支出增加。由于上面一些原因，使恩格尔系数下降缓慢。但今后由于各种福利性消费逐步减少，住房、医疗保健、文化教育等各种改革的加快，居民在这些方面的支出会大大增加。加之物价比较稳定，有些食物的价格在回落，这些都使恩格尔系数必然下降。预计到2000年，城镇居民的恩格尔系数可能降至42%~45%，农村居民的恩格尔系数可能降至52%~54%。到21世纪初，居民食物消费已得到较好的满足，加之住房消费、其他耐用品消费、文化教育消费将不断增加，恩格尔系数下降幅度将加快。

第二，衣着消费比重的变化趋势。随着居民收入水平的提高，衣着消费会大大增加，但经过一段时期，衣着消费得到较好的满足，它在消费结构中的比重会比较稳定，甚至下降。很多发达国家的情况都是如此。近年来我国城乡居民平均每人衣着支出也会大大增加，但在消费结构中的比重一般变化不大。近年来，城镇居民衣着消费在消费结构中的比重比较稳定。农村居民在20世纪80年代以来，由于收入水平的提高，衣着消费在消费结构中的比重迅速提高，但经过一段时期，又趋于稳定。预计“九五”时期，城镇居民衣着消费所占比重将稳定在13%左右，到21世纪初，衣着消费得到较好的满足后，所占比重还会下降。农村居民衣着消费在消费结构中的比重，“九五”时期将稳定在7%左右。

第三，用品消费比重的变化趋势。用品消费中，日用品消费在消费结构中的比重较小，一般变化也不大。我国最近10多年耐用消费品比重变化较大。1983年以后，由于耐用消费品大量进入家庭，用品消费比重不断提高。最近一段时期，在城镇，家庭耐用消费品，如彩电、冰箱等原有的家用电器，主要是更新换代，用新的高质量、多功能的产品代替原有的旧产品。另外，一些满足程度较低的，特别是新型耐用消费品，将不断走俏。近两年已出现的“电话热”还在升温，新的家电如空调、录像机、高级组合音响等正在成为城镇居民追逐的目标，很多家庭已拥有电话，电脑将成为城镇居民的下一个消费热点。可以预计，到2000年城镇居民家庭设备用品在消费结构中的比重将由现在的8%左右提高到10%左右。在农村，家用电器满足程度还相当低。最近几年，农村将出现家用电器消费热，农村家用电器将像城市家庭一样，逐步普及。到20世纪末，农村居民家庭设备用品在消费结构中的比重，将由现在的5%左右提高到7%左右。分析用品消费，还要研究家庭小型化、人口老龄化对家庭用品消费的影响。人口老龄化，家庭中老年人增加，不仅对食物消费结构产生影响，对用品消费结构也产生影响，如保健用品、健身器械等消费就会增加；家庭小型化，耐用消费品的需求将会大大增加，其他消费也会增加。这些影响如何，也都是值得研究的。

第四，居住消费比重的变化趋势。人们在基本解决吃、穿问题以后，住的问题就显得更为突出。根据建设部规划，“九五”期间，我国将建成住宅12亿平方米，年均214亿平方米，届时全国城市人均住房使用面积将达14平方米，住房消费将不断提高。住房消费中还应该包括住房的装饰。人们现在对住房的要求，已不满足于避风雨的生存需要，而且要求美观、富丽、宽敞，作为享受资料和发展资料的要求越来越强烈。这样，室内装饰就显得越来越重要。住宅和室内装饰将吸收大量的购买力，使居住消费在消费结构中的比重不断上升。据估计，到2000年，城镇居民居住消费支出在消费结构中的比重将由现在的3%上升到10%左右。当前要着重解决商品房售价高与居民实际购买力低的矛盾。因此，必须降低民用住房的建筑成本，降低利润，降低房价；加快建立住宅建设融资体系，完善购房的分期付款制度和消费信贷等制度；要推行和完善住房公积金制度，采取相应的配套政策措施。随着收入水平的提高，农村居民住房消费水平也在不断提高。20 世纪 80 年代已出现建房热，住房支出不断增加。今后一段时期，农村建房热虽已降温，但还要求不断提高住房质量，有的还要修新房，有的要改造旧房。今后农村住房消费支出所占比重将呈平稳上升的趋势，估计到 2000 年时，农村住房消费支出在消费结构中的比重将在 15%左右。住房消费的发展趋势是：在一定时期内，特别是住房商品化的时期，住房消费比重将迅速提高，以后将比较稳定，甚至呈现下降趋势。在一些发达国家，从较长时期来看，住房消费在消费结构中的比重，一般呈现抛物线趋势。

第五，精神文化消费比重的变化趋势。我国长期以来，精神文化消费比重偏低，这是消费水平、消费质量不高的重要表现。小康水平的实现，不仅表现为物质生活的改善，也表现为精神文化生活的充实。我们要在不断开拓精神文化消费领域的基础上，不断提高精神文化消费的比重。要把物欲型、享乐型消费逐步转化为知识型、科技型消费，加大文化含量和知识含量。预计到 20 世纪末，城镇居民精神文化消费的比重将提高到 15%左右，农村居民将提高到 10%左右。

第六，旅游消费比重的变化趋势。旅游消费，不仅是一种实物消费，也是一种精神文化消费，对人的发展、对社会经济发展、对社会文明有着重要的作用。我国近年来，旅游消费也发展很快。旅游创汇总额，1996 年为 102 亿美元，上升到世界第 9 位。接待外国旅游人数成倍增长，1996 年达 5112.75 万人次。1996 年国内旅游人数达 6139 亿人次，旅游收入 1638 亿元。今后几年，随着居民收入水平的提高，我们的旅游消费将进入一个新的发展阶段。目前的主要问题是：旅游消费还不大合理，缺乏多样化、多层次化和个性化，一般性的观光旅游较多，高层次的文化旅游还不多。旅游环境还有待改善。有的基础设施落后，交通不便；有的旅游景点，自然环境遭到严重污染；有的人文环境不完美，甚至还没有开发、修饰；有的旅游景点搞封建迷信活动，借此牟利；有的旅游服务质量差，甚至出现宰客现象。当前，旅游消费的作用已越来越为人们所认识，旅游消费在消费结构中的比重也将逐步提高。

三、加强对消费结构的引导

市场具有自发性，人们的消费也往往具有自发性，必须加以正确引导。这里，对如何促进消费结构合理化，提出几个建议：

第一，必须从可持续发展的战略高度来引导消费结构。减少和消除不可持续的生产和消费方式，促进经济与社会相互协调，都牵涉到消费结构合理化的问题。这就必须从我国人口、资源、环境以及社会、经济的实际情况出发，对消费结构进行正确引导。例如，为了充分利用优势资源，节约短缺资源，我们就不能像美国那样每人每年消耗 15 吨标准煤的燃料和动力，必须尽量节约能源。我们耕地面积紧张，就不能大量建设高级别墅，各种建筑用地必须尽量节省土地。我们粮食紧张，就不可能像美国那样用 5 斤粮食换 1 斤猪肉，而必须大力发展草食动物，发展优质植物蛋白，以改善食物消费结构；就不应该每年进口大量粮食去生产白酒，而必须提倡饮用果酒。我们有极丰富的劳动力资源，就必须多发展劳动密集和知识密集相结合的产业，发展劳务消费。又例如，在改善生态环境的同时，要大力发展生态消费，开拓生态消费品。这就要发展生态农业、生态工业和其他生态产业，形成生态化产业体系，建立全国性的绿色产品开发体系和销售网络，发展绿色市场，建立绿色文明。总之，要根据我国的具体情况，选择有利于节约资源、保护环境的消费方式和消费结构，走可持续发展的道路。

第二，必须从经济文化一体化的高度来引导消费结构。从经济文化一体化的高度来引导消费结构，就必须提高消费中的文化含量，提高消费结构中发展性、智力性消费的比重，提高高层次的享受资料、发展资料的比重；就必须反对挥霍型、物欲型，特别是腐朽性的消费方式、消费结构，防止某些资本主义国家出现的“文化矛盾”；就必须提高消费力，特别是精神消费力，从根本上提高消费层次和质量，提高人的素质，促进人的全面发展，促进社会全面进步；就必须运用各种经济手段、法律手段乃至行政手段，加强宏观调控和管理，净化消费市场，特别是精神文化市场。提高消费结构中的文化含量是促进消费合理化的重要内容，也是加强社会主义精神文明建设的重要组成部分。

第三，必须从国民经济良性循环的高度来引导消费结构。我国当前，传统经济体制下的供给导向型经济已转变为需求导向型经济。经济的发展主要取决于市场需求。而市场需求，首先是消费需要。英国著名经济学家马歇尔早就指出："一切需要的最终调节者是消费者的需求"。这就必须发挥需求导向规律的作用，促进产业结构合理化，促进整个国民经济的良性循环。近年来，随着社会主义市场经济的发展，消费需求对经济增长的拉动作用在不断增强。这就必须适当刺激消费需求，适当鼓励消费，充分发挥消费在社会经济循环中的作用。但我国近 20 年来，特别是最近几年来，在总需求结构中，消费需求所占比重是不断降低的。

因此，我们应提高消费需求在总需求中的比重，并把消费需求引导到优化消费结构、优化产业结构的方向上去。例如，我国近年来居民储蓄不断增加，这就要引导居民把更多的购买力投入国家当前急需鼓励发展的消费热点上去，如住房消费、信息消费、旅游消费等方面，使其成为国民经济新的经济增长点。通过消费结构的优化和升级，促进产业结构的优化和升级，促进经济的增长。发展住房消费，能带动一个较长的产业链条。发展信息消费，发展信息产业，不仅能丰富消费内容，使消费方式发生根本性变革，而且能带动一系列产业，优化产业结构，促进整个经济的发展。还要把居民的购买力更多地引向劳务消费，特别是高层次的精神文化消费上去，发展这些方面的消费，不仅不受土地、能源等资源条件的限制，而且能优化消费结构，对人的发展，对社会经济的发展，作用很大。这些都说明：要加速发展民用住宅业、信息产业、旅游产业，特别是加速发展文化教育事业，这正是当代产业结构升级的重要内容。这些新兴产业发展了，文化含量、科技含量高的产业发展了，就为进一步优化消费结构、产业结构创造了重要条件。

原载《经济学家》1998 年第 5 期

我国当前调整消费结构的几个问题

《中共中央关于制定国民经济和社会发展第十个五年计划的建议》强调指出："把提高人民生活水平作为根本出发点"。"不断提高城乡居民的物质和文化生活水平，是发展经济的出发点和归宿……优化消费结构，增加服务性消费"。如何"优化消费结构"，从而实现提高人民生活水平这个"根本出发点"？本文就这一问题做些初步的探讨。

一、我国近年来消费结构的情况和问题

我国近年来消费结构大为改善，8 年中，城镇居民恩格尔系数下降 10 个多百分点，农村居民恩格尔系数下降将近 5 个百分点；交通通信、娱乐教育文化服务有显著的提高，城镇居民住房消费有明显的改善。这些都说明城乡居民的消费结构正在逐步升级，消费水平、消费质量逐步提高，这是可喜的。但还存在不少问题，主要是：

第一，恩格尔系数还是偏高。恩格尔系数是衡量消费水平，甚至经济发展水平的重要指标。几十年来，一些发达国家的恩格尔系数不断降低，现在很多在 20% 以下。早在 1993 年，美国的恩格尔系数已降至 11.4%，加拿大已降至 15.7%，法国降至 18.3%，新加坡降至 17.1%。我们的差距还很大，1999 年城市居民和农村居民的恩格尔系数分别为 42.1% 和 52.25%。这必然影响享受资料、发展资料比重的提高，影响消费结构的优化，影响消费质量的提高。

第二，城镇居民住房消费比重还是偏低。住房是最基本而又很昂贵的消费资料。在西方国家，住房支出在消费结构中的比重一般占 15%~20%，甚至更高。如美国 1993 年为 24.52%，加拿大 1992 年为 24.48%，德国 1992 年为 21.12%，法国 1992 年为 20.04%。住房不仅是生存资料，也应该是享受资料、发展资料，这就要求更高了，在消费结构中的比重也必然提高。这说明必须加速住宅商品化进程，更好地满足居民对居住消费的需求。

第三，农村居民的用品消费，特别是家用电器消费水平偏低。我国 1999 年农村居民家庭设备用品及服务在消费结构中的比重还只有 5.21%，不仅比发达国家低得多，也比我国城市居民低得多。如家用电器，城市居民家庭已基本得到满足，而农村居民家庭差距还很大，1999 年底，每百户耐用消费品拥有量：彩电为 38.24 台，电冰箱为 10.64 台，洗衣机为 24.32 台，照相机为 2.69 台，实在偏低，大大影响消费水平的提高。

第四，劳务消费，特别是交通通信、文化教育在消费结构中的比重仍然偏低。我国长期以来，把劳务消费作为福利，没有商品化、市场化，这是我国劳务消费长期落后的重要原因。如城市居民 1999 年的消费结构中，文化教育加上“娱乐”，还只占 12.4%；农村居民的消费结构中，文化教育加上“娱乐用品及服务”还只有 10.67%。二三十年以前，美、日、韩及新加坡等国，文化教育消费在消费结构中的比重就达 20%以上。我国交通通信在消费结构中的比重也偏低，1999 年城市仅为 6.7%，农村还只有 4.35%。和其他一些国家比，差距很大。如日本 1997 年为 10.42%，韩国 1997 年为 12.03%，泰国 1994 年为 15.04%。总之，我国劳务消费，特别是高层次劳务消费水平还较低，影响了消费结构的优化。

二、我国近期消费结构的发展趋势

随着城乡居民收入水平、消费水平不断提高，消费结构逐步改善，正出现新的发展趋势：

第一，恩格尔系数将更快地降低。从一些发达国家的情况来看，经济发展水平越高，恩格尔系数就越低，其降低的速度就越快。如日本的恩格尔系数：1955 年为 52.5%，1969 年降至 34.5%，1979 年降至 27.4%，1993 年降至 24.33%。法国的恩格尔系数：1955 年为 35.3%，1980 年为 28.5%，1992 年为 18.6%。我国今后几年，经济发展和居民收入水平的提高将更快，恩格尔系数的降低也会加快。有人预测：2005 年城镇居民的恩格尔系数将降到 36%，农村居民降到 46%左右，全国平均恩格尔系数将下降至 42%，达到比较宽裕的小康水平。恩格尔系数迅速降低，就为提高其他各类消费、优化消费结构创造了重要条件。

第二，人们的消费，由以数量扩张为主转变为以质量提高为主。当人们的基本消费需要大体得到满足以后，消费的差别主要表现为质量上的差异。现在人们的消费：饮食讲究营养，居住讲究舒适，穿、用讲究高档、名牌；闲暇时间，很多人外出旅游、休闲；平时生活强调健美化、方便化。这些都成为消费时尚。吃、穿、用、住及劳务消费的质量均将提高，如城镇居民居住消费质量将提高较快。有人预测：到 2005 年城镇居民居住消费比重将上升到 13.4%，与农村 2005 年 13.8%的水平基本接近。实物消费质量提高了，精神文化消费质量也会较快地提高。

第三，人们的消费，由以生存资料为主，逐步转向不断提高享受资料、发展资料的比重。我们现在大多数人的消费已进入小康水平，在生存消费基本得到满足后，享受消费、发展消费就会以更快的速度提高。如文化教育消费正在成为消费热点，今后将不断升温，在消费结构中的比重将不断提高。有人预测：教育消费将成为近期消费热点之首，居各项消费比重的第二位（食物消费比重仍占第一位）。有人预测：2005 年城镇居民娱乐教育文化服务消费比重将提高到 14.2%，在各类消费比重中上升到第二位；农村居民将提高到 13.9%，在各类消费比重中超过居住比重而上升到第二位。此外，旅游消费正在成为消费热点，并不断升温。旅游不仅是一般的消费行为，而且是一种文化活动，对提高人的素质，促进人的全面发展，作用很大。我国近年来，旅游业发展很快，仅以国内居民而言，10 年前很少有人外出旅游，但 1994 年增至 5.24 亿人次，1998 年增至 6.945 亿人次，1999 年增至 7.19 亿人次。有人统计：目前城镇居民有 93%、农村居民有 40%左右的人外出旅游，今后会发展更快，旅游消费在消费结构中的比重将不断提高。上面这些，都反映享受消费、发展消费比重的提高，反映消费层次和质量的提高。

第四，消费智能化将成为客观要求。当代高科技特别是信息技术迅猛发展，并不断渗透于消费领域，使国人的消费生活发生根本性变化。生产、流通领域要求智能化，消费领域也要求智能化。智能化消费将不断发展，成为人们新的消费方式，在消费结构中的比重也将不断提高。例如，信息消费越来越成为人们消费生活的重要内容。仅以因特网而言，全世界使用者早已超过1亿，预计2001年将达3亿。美国1999年上网人数已超过1亿，约占美国总人口的40%。有人估计：美国信息消费已占总消费的30%以上，日本、韩国达29%。截至2000年6月底，我国拥有计算机国际互联网用户已达1690万户。其他各类信息消费都增长很快。总之，智能化消费在消费结构中的比重不断提高，将是发展的必然趋势。

三、我国当前调整消费结构的对策

第一，要增加居民收入，扩大消费需求。收入是消费的基础，只有收入提高了，才有可能优化消费结构。我国近年来，居民收入水平虽有所提高，但总的说，提高不快。这是由于我国最终消费率在国际上一直是偏低的。以1996年为例，美国为84%，英国为81.7%，意大利为77.7%，西班牙为78.6%，巴西为81.4%，日本为69.5%，韩国为64.5%，泰国为64.6%，印度为67.9%，我国仅为58.5%。我国最终消费率实在偏低。由于最终消费率偏低，居民消费率必然偏低（因我国十多年来，政府消费与居民消费的比重变化不大）。我国居民消费率1981年为53.1%，1987年为50.6%，1998年为47.3%，1999年为47.8%。居民消费率如此之低，在国际上是罕见的（世界平均为60%左右）。居民消费率低，必然造成消费需求不旺，消费倾向低。加之，我国还存在严重的分配不公。据财政部调查，10%的居民拥有66%左右的存款，而分流的存款又大多流入股市，这样必然造成平均消费倾向低。这就必须一方面千方百计提高居民收入；另一方面加强对收入分配的合理调节，缓解分配不公。《中共中央关于制定国民经济和社会发展第十个五年计划的建议》指出：“在经济发展的同时，不断增加城乡居民收入，特别是低收入者收入”，“保护合法收入，整顿不合理收入，调节过高收入，取缔非法收入，防止收入分配差距的过分扩大”。这是非常必要的。提高居民收入，必须提高最终消费率和居民消费率。如果最终消费率和居民消费率均提高5%，就可以使居民增加近2000亿元的收入。具体说：对城镇职工，应较快地提高工资，逐步使工资含量中包括住房支出、社会保障、子女教育等基本因素，把福利性消费逐步转化为商品化、货币化消费。提高农村居民收入，就必须加速调整农村产业结构，大力推进农业产业化经营，特别要大搞农产品加工增值。还要加强小城镇建设，合理布局，科学规划，并与农业产业化经营和社会化服务结合起来，繁荣小城镇经济，增加农民收入。此外，加快城市化进程，也大大有利于增加居民收入，扩大消费需求。有人预计：如果2001—2005年我国城市化水平提高到37%，每年将有2000万~4000万农村人口转变为城市居民。按照城市居民的人均消费水平为农村居民的3.3倍计算，2000万~4000万人口转型每年可增加消费需求800亿~2000亿元。总之，城乡居民收入提高了，消费需求扩大了，消费结构就会逐步升级和优化。

第二，要加速产业结构升级，适应消费需求升级的要求。当前，城镇居民正在进行由以吃、穿、用为特征转变为以住、行为特征的消费结构的升级，农村居民正面临着由以吃、穿为特征转变为以用为特征的消费结构的升级，全国居民开始逐步提高旅游、信息、文化教育消费的比重，实现消费结构的升级。这就要加速调整产业结构，生产适应消费升级要求的消费品和劳务，才能优化消费结构，提高消费质量。例如，知识经济的重要内容是信息经济，是社会经济的信息化。我们在前面也说过，信息消费越来越成为人们消费生活的重要内容。这就要根据我们的具体情况，大力发展信息产业。《中共中央关于制定国民经济和社会发展第十个五年计划的建议》中指出：“信息化是当今世界经济和社会发展的大趋势，也是我国产业优化升级和实现工业化、现代化的关键环节”，要“面向消费者，提供各方面的信息产品和网络服务”。并提出一些具体措施：“加强现代化信息基础设施建设，抓紧发展和完善国家高速宽带传输网络，加快用户接入网建设，扩大利用互联网，促进电信、电视、计算机三网联合，健全国家公共信息网”；“积极发展信息服务业特别是网络服务业”。这些措施，很多是面对居民消费的，大大有利于发展信息消费，优化居民消费结构。有人测算：到2000年我国电子信息产业市场总容量将达1万亿元，信息服务业的增加值将达800亿元以上，占GDP的1%左右。当前的问题是：要加快信息产业的结构调整和改制重组，大力发展软件产业，加快从传统的以模拟技术为主向数字化、网络化、智能化方向发展。除信息产业外，传统产业以及农业的产业结构都需大力调整，以适应经济发展和居民消费结构升级、优化的要求。

第三，加速发展劳务消费，提高劳务消费，特别是高层次劳务消费在消费结构中的比重。人们的享受需要和发展需要的满足，主要依靠劳务消费来实现。高层次的享受需要和发展需要的满足，能促进人的身心健康和全面发展，从根本上提高人的素质。文化教育是高层次的劳务，文化教育消费对人的发展、社会经济发展、社会文明和社会进步，具有极其重要的作用。这就要进一步认识文化教育对经济增长和社会进步的作用，加速文化教育体制的改革，彻底改变把文化教育单纯作为“事业”、作为“福利”的传统观念，加速文化教育的产业化。除了政府尽可能增加对文化教育的投入外，消费者个人也应逐步提高文化教育消费在消费结构中的比重，以适应知识经济发展的要求。

第四，要提高消费主体的素质。没有高素质的人，就不可能优化消费结构，提高消费质量。马克思早就说过：“因为要多方面享受，他就必须有享受的能力，因此他必须是具有高度文明的人”。特别是当代科学技术迅猛发展，并不断渗透于消费领域，没有高素质的人，就不可能享受现代科学技术的丰硕成果。这就要不断提高人的政治思想素质和科学文化素质，提高消费力。这就需要加强两方面的工作：一方面，加速发展科学文化教育，不断提高人的科学文化素质；另一方面，要不断提高人的政治思想素质，端正价值导向。要用科学社会主义的价值观、消费观来引导人们的消费活动，用高层次的精神文化来统帅人们的消费行为。

原载《经济学动态》2001年第1期

优化消费结构与全面建设小康社会

全面建设小康社会是牵涉到社会、政治、经济、文化各个方面的系统工程。在消费领域，小康水平主要体现为由以满足生存需要为主逐步转变为以满足享受和发展需要为主。这种变化反映了消费结构的优化、升级。我们认为，全面建设小康社会，必须大力促进消费结构的优化。

一、优化消费结构的作用

优化消费结构，有利于提高消费质量，促进人的身心健康和全面发展。江泽民同志在中国共产党第十六次全国代表大会报告中指出："要随着经济发展不断增加城乡居民收入，拓宽消费领域，优化消费结构，满足人们多样化的物质文化需求。""……不断丰富人们的精神世界，增强人们的精神力量。"不断优化消费结构，提高消费中享受资料、发展资料的比重，"满足人们多样化的物质文化需求"。"增强人们的精神力量"，就能提高消费质量，促进人的身心健康和全面发展。

优化消费结构，有利于扩大消费需求，促进经济增长。优化消费结构，就能扩大新的消费需求，特别是对享受资料、发展资料的需求，扩大对高层次的劳务消费的需求，形成新的消费热点和新的经济增长点，促进产业结构的优化、升级，促进经济增长，从而形成消费需求与经济增长之间的良性循环。

优化消费结构，有利于促进劳动力就业。我国劳动力资源极为丰富，解决劳动力就业问题是一项极其重要而又艰巨的任务。优化消费结构，发展劳务消费，扩大消费领域，特别是发展文化、教育、旅游等劳务消费领域，不仅能提高人的科学文化素质，而且能吸收大量劳动力，大大有利于解决劳动力就业问题。

优化消费结构，有利于提高社会文明，促进两个文明建设的协调发展。消费结构是两个文明的结合点。消费结构优化了，消费质量提高了，就有利于提高人的素质，优化社会机体，发扬文明风尚，有利于促进社会文明和社会全面进步。

二、我国当前消费结构存在的主要问题

近年来，我国城乡居民消费结构逐步有所改善，但现在还存在不少问题：

一是恩格尔系数偏高。恩格尔系数是衡量消费水平、消费结构、消费质量的重要指标。近年来，我国城乡居民的恩格尔系数虽逐步下降，但仍然偏高。2002 年，我国城镇居民家庭的恩格尔系数为 37. 7%，农村居民家庭的恩格尔系数为 46. 2%，和一些发达国家比，差距还很大。而早在 1996 年，美国的恩格尔系数就为 10. 6%，芬兰为 14. 1%，加拿大为 14. 6%，新西兰为 16. 2%，日本为 16. 3%，瑞士为 16. 9%。还有很多发展中国家，恩格尔系数也比我们低。恩格尔系数高，必然影响其他消费比重的提高，影响消费结构的优化。

二是享受资料、发展资料，特别是高层次的精神文化消费的比重还不高。在 2002 年我国城镇居民平均每人消费支出中，娱乐教育文化服务所占比重仅为 15%；农村居民家庭平均每人总支出中，文化教育娱乐用品及服务所占比重仅为 8%左右。较之其他国家差距也很大。早在 1996 年，仅教育、休闲与娱乐在消费支出中的比重，韩国就为 15. 2%，日本为 12. 8%；英国家庭消费支出中，仅休闲商品和休闲服务就占 17. 3%。在我国农村，不仅文化、教育、娱乐等在消费结构中的比重偏低，以家庭耐用消费品而言，水平也偏低。2002 年，我国农村居民平均每百户拥有彩电 60. 5 台，电冰箱 14. 8 台，洗衣机 31. 8 台，照相机 3. 3 架，空调 2. 3 台，

电话机 40.8 部，移动电话 13.7 部；就边远地区来说，上述耐用消费品拥有量就更低。

三是存在一些不文明、不合理甚至低级庸俗的消费。我们现在虽然还没有出现某些西方国家的“消费主义”“享乐主义”，还没有出现“文化矛盾”“精神危机”，但也出现了一些值得警惕的苗头。比如：重物质消费，忽视精神文化消费；吃喝第一，享乐至上，斗酒斗富，单纯追求感官的快乐。又如：闲暇时间大搞“方城之战”，甚至赌博；还有的人求神问卦，看相算命，热衷于封建迷信。此外，“黄色”腐朽消费已现端倪，一些青少年沉溺于电脑“黄毒”之中，思想和身心健康受到极大伤害。上述情况虽不普遍，但会严重败坏社会风气，败坏社会主义精神文明。

三、影响消费结构优化的主要原因

第一，城乡居民收入水平偏低。2002 年，我国农村居民家庭人均纯收入为 2475.6 元，还不到 300 美元；城镇居民家庭人均可支配收入为 7702.8 元，还不到 930 美元。我国居民收入偏低，根本原因是长期以来最终消费率偏低。而多年来我国最终消费率之低，是世界上少有的。1998 年，美国总消费占国内生产总值的比重已达 81.6%。1999 年，英国的这一比重为 84.1%，法国为 78.5%，意大利为 77.7%，日本为 72.3%，罗马尼亚为 84.3%，波兰为 80.0%，保加利亚为 80.4%，巴基斯坦为 89.9%，以色列为 88.6%，世界平均为 75.3%。而我国 1999 年该比重仅为 60.3%，2001 年为 59.8%，2002 年为 58.2%。最终消费率偏低，必然造成居民消费率偏低，影响居民收入水平的提高。

第二，消费环境存在诸多问题。以生态环境而言，空气污染、水污染、固体废弃物污染影响人们的生存和发展，影响消费结构的优化和消费质量的提高。以社会环境（包括市场环境）而言，存在的问题触目惊心。假冒伪劣的商品和服务充斥市场，损害消费者权益，甚至危害人的生存，使得人们不敢放心消费。2002 年，我国消费者投诉达 69 万多件，其中，人身安全和人格受损的就达 1.3 万多件。此外，价格欺诈、行业垄断、强制交易等行为不仅影响消费者权益，也破坏了社会主义市场经济秩序。

第三，改革不配套，甚至还存在一些限制消费的政策、措施。例如，我国还没有建立完善的社会保障体系，特别是在农村，社会保障覆盖率还很低。城乡居民还有后顾之忧，不敢扩大消费，消费结构难以优化。此外，目前许多领域还存在一些限制消费的政策措施和地方法规，各种税费名目繁多。农村还有很多不合理的收费，农民负担非常沉重。所有这些，都限制了人们的消费，影响了消费结构的优化。

第四，消费者科学文化素质还不高，商品知识、市场知识、消费知识欠缺。在知识经济时代，消费智能化是一个必然趋势。没有较高科学文化水平，就难以享受当代科学技术和文化艺术的丰硕成果。马克思早就说过，一个人“要多方面享受，他就必须有享受能力，因此他必须是具有高度文明的人”①。我国的现实是，有不少人的文化水平还较低，就以 2002 年来说，在我国总人口中，文盲人口为 9.2%，小学文化程度人口为 32.7%，初中文化程度人口为 35.3%，高中文化程度人口为 11.7%，大专以上文化程度人口仅占 4.4%。大量人口的科学文化素质不高，缺乏享受能力，必然影响消费结构的优化。而一些人缺乏正确的价值观、消费观，热衷于低级庸俗的消费，甚至出现反文化、反文明的消费行为（正如我们前面所说的），也大大影响了消费结构的优化。

四、优化消费结构，全面建设小康社会

既然全面建设小康社会是一个系统工程，就需要各方面密切配合，协调发展。就优化消费结构来说，要重视以下几点：

第一，要坚持可持续发展战略，促进生态平衡，发展绿色消费。“生态良好”是小康社会的重要特征之一。在我们的消费生活中，必须坚持可持续发展，坚持“生态良好的文明发展道路”。我一直认为，人们的消费需要，不仅包括物质需要和精神文化需要，还应包括生态需要在内。生态需要对人的生存和发展，对满足人们的消费需要，具有极端重要性。因此，必须坚持可持续发展战略，牢固树立生态消费观念。不仅要治理、保

① 《马克思恩格斯全集》第 46 卷上册，人民出版社 1979 年版，第 392 页。

护生态环境，还要培育优美的生态环境，并以此为基础，发展绿色消费，建立绿色产品生产、消费与营销体系，弘扬绿色文明。这应该是优化消费结构的一个重要方面。

第二，提高居民收入。收入是消费的基础，不提高居民收入，就谈不上优化消费结构。从宏观经济政策来说，必须提高最终消费率。最终消费率提高了，居民消费率随之提高，这就从根本上提高了居民收入。具体说，要进一步提高职工工资，特别是提高低收入阶层的收入水平，千方百计扩大再就业，还要千方百计提高农民收入。全面奔小康，关键在农村。因此需要进一步调整农村产业结构，积极推进农业产业化经营，发展农产品精加工、深加工，提高农产品的附加值，创造新的消费需求。还要加速小城镇建设，坚持大中城市和小城镇协调发展。与此同时，发展农村第三产业，并使农村剩余劳动力逐步转移到中小城市。最近《中共中央关于完善社会主义市场经济体制若干问题的决定》中强调指出："改善农村富余劳动力转移就业的环境"，"大力发展县域经济，积极拓宽农村就业空间"，还提出要"深化农村税费改革"，"逐步降低农业税率，切实减轻农民负担"。做好这些工作，都有利于提高农民收入，加速农民奔小康的进程。

第三，加速产业结构的优化。消费结构的优化，需要产业结构的优化提供物质基础。目前，要加速发展信息产业、旅游业、文化教育产业和事业，发展高层次、高质量的各种闲暇产业，以适应消费结构优化、升级的要求。这些高层次的产业发展了，就为消费结构的优化创造了可靠的物质基础，这也是全面建设小康社会的重要内容。

第四，进一步改善市场环境、消费环境。除了彻底清理和废除一些限制消费的政策、措施，打破行业垄断，培育平等竞争的市场环境外，还要进一步整顿市场经济秩序，营造放心的消费环境。要进一步打击伪劣假冒，狠罚严惩，端掉窝子，挖掉根子，净化消费市场，保护消费者权益，使消费者放心消费。在精神文化领域，要加强"扫黄打非"力度，进一步整治、规范网络消费，彻底扫除网络"黄毒"，扫除"电子海洛因"，净化精神文化消费领域。对生产经营者，除了要不断提高商品和服务质量外，还要强调公平竞争，诚实守信，强调商业道德。要营造良好的社会文化环境，文明生产，文明经商，文明消费。这正是优化消费结构，提高消费质量，全面建设小康社会的重要条件。

第五，进一步提高人的素质。不断提高人的政治思想和科学文化素质，促进人的全面发展，是发展社会经济、文化的前提条件。要实现中共十六大报告中提出的六个“更加”，即“经济更加发展、民主更加健全、科技更加进步、文化更加繁荣、社会更加和谐、人民生活更加殷实”，就必须进一步提高人的素质。消费结构优化了，有利于提高人的素质；人的素质提高了，提高了消费力，特别是精神消费力，反过来又有利于促进消费结构的优化，最终形成优化消费结构与提高人的素质之间的良性循环。这种良性循环，对于全面建设小康社会具有重要的作用。要提高人的素质，还需要加强消费教育，并把它作为素质教育的重要内容。除了加强价值观、消费观的教育，端正价值导向外，还要加强市场经济知识、商品知识、消费知识、生态环境知识和全民健身等方面的教育，提高消费者的综合素质，提高消费力，使人们不仅放心消费，而且善于消费。只有这样，才更有利于优化消费结构，提高消费质量，促进人的身心健康和全面发展，促进经济增长，促进社会文明和社会全面进步，并最终实现全面建设小康社会的宏伟目标。

原载《贵州财经学院学报》2004 年第 1 期

生态需要与绿色消费

论需要

——兼论实现社会主义生产目的的一些理论与方法问题

本文从三个不同角度具体论述了各种不同需要及其内容，提出了应以“现实需要”作为计划工作的依据，并指出“现实需要”的物质承担者的具体内容。文章最后一节，还论证了如何根据社会需要来建立合理的产业结构，取得最大的经济效果，并试图通过具体的公式从数量关系上说明社会主义基本经济规律的作用，分析日益增长的物质文化需要不断得到满足的程度以及如何得到满足等问题。

社会主义生产目的是满足人民日益增长的物质文化需要。要实现这个目的，首先必须弄清楚：什么是需要？如何根据社会需要来建立合理的产业结构？如何提高需要的满足程度？在这篇短文里，不可能全面地论证这些问题，只就其中某些问题提出一些初步看法。

一、直接需要与间接需要

马克思说“……物怎样来满足人的需要，是作为生活资料即消费品来直接满足，还是作为生产资料来间接满足。”① 在这里，很清楚说明了，社会需要分为两种：一种是“直接需要”，即对消费资料的需要；一种是“间接需要”，即对生产资料的需要。为了满足日益增长的物质文化需要，必须有各种消费资料。但为了生产各种消费资料，必须有各种生产资料。

① 《资本论》第1卷，第47-48页。

我们讲社会需要，决不能脱离生产需要，不能脱离对生产资料的需要。正如马克思所说的："……需要是同满足需要的手段一同发展的，并且是依靠这些手段发展的。"[1] 但是，我们讲体现社会主义生产目的的需要，讲满足日益增长的物质文化需要，却只是对消费资料的需要，而不包括对生产资料的需要。只包括直接需要，而不包括间接需要在内。恩格斯早就指出：社会生产是"满足人的生活需要的生产"[2]。恩格斯还指出："根据历史唯物主义的观点，历史中的决定因素，归根结底是直接生活的生产和再生产……一方面是生活资料即食物、衣服、住房以及为此所必需的工具的生产……"[3] 可见，"历史中的决定因素"，首先是生活资料的生产，然后才是"为此所必需的"生产资料的生产。

划分直接需要与间接需要，具有重大的意义。它说明了：第一，人们为什么而生产呢？生产的直接目的是什么呢？是为了取得消费资料，来满足提高消费的需要，而不应该为生产而生产，也不应该为别的什么目的而生产。特别是在社会主义社会，生产的目的是满足日益增长的物质文化需要，为了"使全体劳动者过最美好、最幸福的生活"[4]。这个生产目的，必须十分明确。第二，要生产各种消费资料，必须有各种各样的生产资料。这样，在国民经济中，必然形成各种生产比例和产业结构，就必须根据社会需要（包括直接需要和间接需要）的结构按比例地分配社会劳动。马克思说："要想得到和各种不同的需要量相适应的产品量，就要付出各种不同的和一定数量的社会总劳动量。这种按一定比例分配社会劳动的必要性，决不可能被社会生产的一定形式所取消，而可能改变的只是它的表现形式。"[5] 这就说明了，之所以必须按比例分配社会劳动，其原因就在于：必须生产各种产品量，来适应"各种不同的需要量"。马克思还说："……社会需要，即社会规模的使用价值，对于社会总劳动时间分别用在各个特

① 《资本论》第1卷，第559页。
② 《自然辩证法》，人民出版社1971年版，第20页。
③ 《马克思恩格斯全集》第4卷，第2页。
④ 《列宁全集》第27卷，人民出版社1958年版，第385页。
⑤ 《马克思恩格斯选集》第4卷，第368页。

殊生产领域的份额来说，是有决定意义的。"[①] 生产结构决定于社会需要的结构。根据人们的直接需要和间接需要，合理地分配社会劳动，建立合理的产业结构，是具有"决定意义的"。也只有在社会主义下，才有可能根据社会需要及其结构有计划地分配社会劳动，来建立合理的产业结构。马克思说："劳动时间的社会的有计划的分配，调节着各种劳动职能同各种需要的适当的比例。"[②]

有的同志根据马克思在《哥达纲领批判》中所说的："虽然从一个处于私人地位的生产者身上扣除的一切，又会直接或间接地用来为处于社会成员地位的这个生产者谋福利。"因而认为："不管是直接地满足人民需要的部分还是间接地满足人民需要的部分，都应当包括在社会主义生产目的之内。"[③] 这是把"直接需要"和"间接需要"混为一谈了。如果讲社会主义生产目的时，把"直接需要""间接需要"都包括在内，那就必然把生产目的和手段混为一谈，这显然是不妥的。

根据社会需要及其结构来确定生产结构，与社会主义生产目的是否矛盾呢？完全是不矛盾的，因为这正是为了实现社会主义生产目的，为了更好地满足人民的物质文化需要。"生产消费（生产资料的消费）归根到底总是同个人消费联系着，总是以个人消费为转移的"[④] ……"不变资本的生产，从来不是为了不变资本本身而进行的，而只是因为那些生产个人消费品的生产部门需要更多的不变资本。"[⑤] 这里讲的"不变资本"，它的实物形态，就是生产资料。

在社会主义社会，发展生产资料生产，决不是为发展生产资料而发展生产资料，而只是为了生产更多的消费资料来满足人民日益增长的物质文化需要，为了更好地实现社会主义生产目的。"间接需要"是为实现"直接需要"服务的。

---

① 《资本论》第 3 卷，第 716 页。

② 《马克思恩格斯全集》第 23 卷，第 96 页。

③ 张朝尊：《关于社会主义生产目的的内涵的商榷》，《经济研究》1980 年第 8 期。

④ 《列宁全集》第 4 卷，第 44 页。

⑤ 《资本论》第 3 卷，第 314 页。

二、理想需要、现实需要、有支付能力的需要

从实现社会主义生产目的来说，从日益增长的物质文化需要的满足程度来说，需要可以分为三种：

理想需要。人们对改善物质文化生活有着理想的要求，不仅要保证劳动者得到必要的消费资料，也不仅要使劳动者的正常需要得到满足，而且要逐步实现“全体成员的福利和全面发展”①。正如恩格斯所说的“通过社会生产，不仅可能保证一切社会成员有富足的和一天比一天充裕的物质生活，而且还可能保证他们的体力和智力获得充分的自由的发展和运用……”② 当然，这种需要，也不是空中楼阁，而是依据最新科学技术成果，在若干年内通过努力可以达到的。有了这种需要，有了这种奋斗的目标，就有利于促进生产的发展。“消费在观念上提出生产的对象，作为内心的意象、作为需要、作为动力和目的。”③

现实需要。所谓现实需要，是在现有生产力水平下，通过挖掘一切潜力，提高劳动生产率，合理调整生产比例和产业结构，从而取得最大的经济效果的条件下可能实现的需要。恩格斯指出：“在一个和人类本性相称的社会制度下……社会那时就应当考虑，靠它所掌握的资料能够生产些什么，并根据这种生产力和广大消费者之间的关系来确定，应该把生产提高多少或缩减多少，应该允许生产或限制生产多少奢侈品。”④ 这就是说，要根据广大消费者的需要，根据当前生产力水平，来确定生产的规模和结构。这样，才能使生产适应消费者的需要。这种需要，就是我们所说的现实需要。它不是脱离实际的，而是现实生产力可能达到的，可以实现的需要。“需要的整个体系究竟是建立在意见上还是建立在整个生产组织上？需要往往直接来自生产或以生产为基础的情况。”⑤ 只有这种从当前生产力

---

① 《列宁全集》第 24 卷，第 435 页。

② 《马克思恩格斯全集》第 20 卷，第 307 页。

③ 《马克思恩格斯选集》第 2 卷，人民出版社 1972 年版，第 94 页。

④ 《马克思恩格斯全集》第 1 卷，第 615 页。

⑤ 《马克思恩格斯全集》第 4 卷，第 87 页。

水平出发的需要，才是现实的、真正可以得到满足的。而需要的不断满足，反转来又促进生产的不断发展。“……已经得到满足的第一个需要本身、满足需要的活动和已经获得的为满足需要而用的工具又引起新的需要，而这种新的需要的产生是第一个历史活动。”①

有支付能力的需要。有支付能力的需要，也就是受购买力限制的需要。这里讲的购买力，主要指居民购买力，而不是指全部社会购买力。有支付能力的需要，在相当大程度上决定人们的实际消费水平。因此，必须使有支付能力的需要与消费品（包括劳务）相适应，才能使有支付能力的需要得到满足，才能提高人们的实际消费水平。否则，购买力不能实现，提高人们实际消费水平就成为一句空话。

长期以来，在我们经济理论中流行着一个理论框框，即套用斯大林在20世纪30年代讲的苏联的情况：“群众的消费（购买力）的增长总是超过生产的增长，推动生产向前发展”②，而且认为，购买力超过商品可供量，是社会主义优越性的表现。这种观点实际上是为商品供不应求、物资留有缺口制造理论根据，对发展生产、满足需要都是没有好处的。要真正达到平衡，使购买力得到实现，真正满足人民日益增长的物质文化需要，必须使商品可供量略大于居民购买力，才能使消费者有选择权，使企业改善经营管理，促进生产的发展，才能保证市场和物价的稳定。

以上三种需要，从数量上来说，第一种需要大于第二种，第二种需要又大于第三种。第三种需要基本上反映人民已达到的实际消费水平，第二种需要反映通过努力可以达到的消费水平，第一种需要反映将来可能达到的消费水平。我们必须保证第三种需要，力争达到第二种需要，争取创造条件逐步实现第一种需要。

在这里，有三个问题还值得研究：

第一，我们在安排计划、安排生产比例和产业结构时，以哪种需要为依据？显而易见，理想需要是我们将来的目标，是长远规划中所奋斗的方

① 《马克思恩格斯全集》第3卷，第32页。

② 《斯大林全集》第12卷，人民出版社1955年，第282页。

向，不能作为当前计划工作的依据。计划如果脱离当前生产力水平，这种计划是无法实现的，这种需要是一时无法满足的。有支付能力的需要，只反映人们的物质文化需要的一个方面，而不是它的全部。比如，有许多社会集体消费就不包括在内，而我们知道，社会集体消费对人们需要的满足也是很重要的。恩格斯说：在新的社会制度下，“通过有计划地利用和进一步发展现有的巨大生产力，在人人都必须劳动的条件下，生活资料、享受资料、发展和表现一切体力和智力所需的资料，都将同等地、愈益充分地交归社会全体成员支配。”① 如果按照有支付能力的需要来安排计划，怎么能“利用和进一步发展现有的巨大生产力”呢？又怎么能“愈益充分地”使全体成员得到生活资料、享受资料、发展和表现一切体力和智力所需的资料呢？因此，只有按第二种需要来安排计划，才是现实的，才能充分发掘现有生产力的各种潜力，充分发挥需要对生产的促进作用。马克思说：“如果说个别商品的使用价值取决于该商品是否满足一种需要，那么，社会产品总量的使用价值就取决于这个总量是否适合于社会对每种特殊产品的特定数量的需要，从而劳动是否根据这种特定数量的社会需要按比例地分配在不同的生产领域。”② 这就说明，必须根据当前生产力可能达到的水平，从现实需要出发，来统筹安排各种产品的生产，按比例地分配社会劳动，来决定生产规模和数量，来适应各种不同的需要，这样才能决定正确的生产比例和合理的产业结构。

第二，现实需要的物质承担者是什么？有人说是必要产品，有人说是剩余产品，有人说是国民收入的实物量。这些说法，都是不完全的。我认为：现实需要的物质承担者，除了包括必要产品外，还应该包括剩余产品中用于消费的那一部分。剩余产品中用于积累的部分，表现为生产的扩大，表现为生产的不断增长和不断完善，属于“间接需要”，不是“直接需要”，不直接体现社会主义的生产目的。而剩余产品中，也有一部分用于消费，用于满足物质文化需要。马克思说：“……始终是剩余劳动的那

① 《马克思恩格斯选集》第 1 卷，第 349 页。

② 《资本论》第 3 卷，人民出版社，第 716 页。

个部分的产品，总是用来满足一般的社会需要。”[①] 列宁也指出：“利润也是满足‘社会’需要的。应该说：在这种情况下，剩余产品不归私有者阶级，而归全体劳动者，而且只归他们。”[②] 可见，马克思和列宁都认为剩余产品用于满足社会需要，把剩余产品作为社会需要的物质承担者。当然，我们这里是从生产目的出发，就不包括全部剩余产品，而只是包括用于消费的一部分。即使在积累基金中，也有一部分直接用于满足人们的消费需要，如非生产性积累。比如，增加学校、医院、住宅、剧院、公共交通设施等，对满足人们物质文化需要，也起了重要的作用。因此，从价值形态来看，现实需要应包括消费基金（个人消费基金和社会消费基金）和积累基金的一部分。这些基金，需要各种实际的消费资料和消费服务做保证，才能发挥提高人民实际消费水平的作用。

第三，关于“社会消费力”的问题。现实需要与“社会消费力”和“有支付能力的需要”的关系如何？马克思说：“……社会消费力既不是取决于绝对的生产力，也不是取决于绝对的消费力，而是取决于以对抗性的分配关系为基础的消费力；这种分配关系，使社会上大多数人的消费缩小到只能在相当狭小的界限以内变动的最低限度。”[③] 马克思在这里讲的“社会消费力”，是指资本主义社会的有支付能力的需要，包括劳动者和资产阶级的个人消费在内。在社会主义下，与资本主义的情况是根本不同的。社会主义社会不是“以对抗性的分配关系为基础的”，社会上的大多数人的消费也不是“在相当狭小的界限以内变动的最低限度”，而是随着社会生产力的发展，有支付能力的需要也不断提高。至于我们这里讲的“现实需要”，如上面所说的，它的物质承担者为（$V+M_2$），它的范围比资本主义的“社会消费力”广泛得多，内容也丰富得多。

三、物质需要与文化需要

人们的消费需要是多种多样的，不仅有物质方面的需要，还有文化方

① 《资本论》第 3 卷，第 992 页。
② 《对布哈林〈过渡时期的经济〉一书的评论》，人民出版社 1976 年单行本，第 40 页。
③ 《资本论》第 3 卷，第 272–273 页。

面的需要，而且越往前去，对文化方面的需要会越来越多，要求越来越高。我们除了要加速发展消费资料生产外，还必须加速发展科学技术、文化教育事业，来满足日益增长的文化需要。经济建设和文化建设是紧密联系、相互促进的，没有科学技术、文化教育的发展，工农业生产的迅速发展也是不可能的。发展科学技术、文化教育，对提高劳动力的质量、提高劳动生产率的作用很大。在现代化生产中，没有大量的有文化的、掌握现代科学技术的劳动者，是无法提高社会生产力的。也只有加速发展科学技术、文化教育，不断满足全体人民日益增长的物质文化需要，才能使劳动者的智力、体力得到全面发展。列宁指出：只有社会主义社会，“共同劳动的产品将由劳动者自己来享用，超出他们生活需要的剩余产品，将用来满足工人自己的各种需要，用来充分发展他们的各种才能，用来平等地享受科学和艺术的一切成果。”① 我们过去对科学技术、文化教育在发展生产、发展国民经济中的作用认识不足，对“智力投资”数量太小，特别是教育事业的发展远远不能满足需要。我国教育经费在全世界 140 多个国家和地区中是倒数第 10 名。1975 年，美国平均每人教育经费是 471. 4 美元，日本为 247. 7 美元，埃及为 18 美元，印度为 3. 9 美元，而我们只有 2. 7 美元。从许多国家的情况来看，为了加速教育事业的发展，对教育事业投资的增长速度，大大快于国民经济的发展速度。比如，日本 1960—1975 年国民生产总值增长 2 倍多，而教育经费增加 10 倍；苏联 1940—1970 年国民收入增长 7. 67 倍，国家预算总支出增长 7. 88 倍，而科学、教育、文化、卫生、体育事业的总投资增加 9. 65 倍。我们在考虑产业机构时，应该考虑科学技术、文化教育事业的发展，应大大增加这方面的投资，使这些部门的发展与工农业生产的发展相适应，使它们在发展生产、满足需要中发挥更大的作用。

还需要指出，在物质文化需要中，不仅包括以商品形式存在的消费品，而且包括消费性服务在内。马克思说：“任何时候，在消费品中，除

① 《社会民主党纲领草案及其说明》，《列宁全集》第 2 卷，人民出版社，第 81 页。

了以商品形式存在的消费品以外，还包括一定量的以服务形式存在的消费品。"① 随着社会生产的发展和人民消费水平的提高，不仅物质需要会扩大，而且对消费性服务的需要也越来越多。这些服务事业的发展，不仅大大有利于生产的发展和人民消费水平的提高，而且由于服务行业需要资金少，多属于劳动密集行业，可以大量吸引劳动力就业。在一些发达国家，服务行业越来越发展，比如，英国从事商业、服务行业的人员1960年为就业人数的39.9%，1978年增至51.5%；法国从事服务行业的就业人数，1954年为76万，1975年增至459万，占全国就业人数的比率由6%增至22%。我国目前，不仅"以商品形式存在的消费品"的满足程度很差，"以服务形式存在的消费品"的满足程度也很差，人民日益增长的需要远远没有得到满足。这就和社会化大生产的发展、和人民消费水平的提高以及消费社会化要求不相适应。大力发展消费服务部门，是满足日益增长的物质文化需要、实现社会主义生产目的的一个重要方面。

四、如何提高需要的满足程度？

随着生产的发展，人们的需要也不断得到满足。列宁揭示了"需求上升的规律"，指出：即使在资本主义下，"资本主义的发展必然引起全体居民和工人无产阶级需求水平的增长"②。在社会主义下，人们的"需要会扩大；但是，满足这种需要的生产力也同时会扩大……"③ 马克思特别讲到社会主义下，"人的需要的丰富性"的巨大意义："在社会主义的前提下，人的需要的丰富性，从而某种新的生产方式和某种新的生产对象具有何等的意义：人的本质力量的新的证明和人的本质的新的充实。"④ 因此，如何不断发展生产力，合理调整生产结构，来适应需要的增长和需要结构的变化，来不断地提高需要的满足程度，就具有重要的意义。

需要的满足程度，反映了社会主义基本经济规律，反映了社会主义生

① 《剩余价值论》第1册，人民出版社1976年版，第160页。
② 《列宁全集》第1卷，第89页。
③ 《资本论》第3卷，第962页。
④ 《马克思恩格斯全集》第42卷，第132页。

产目的的实现程度。我们可以通过一些数量关系来进行科学预测和具体计算。假设理想需要为 N_1，现实需要为 N_2，有支付能力的需要为 N_3，已达到的实际消费水平为 P（实际消费水平，除包括有支付能力的需要得到满足外，还包括社会集体消费及其他途径得到的消费品和消费服务，设这部分为 N_4，则 $P=N_3+N_4$）。设理想需要的满足程度为 YN_1，现实需要的满足程度为 YN_2。则：

$$YN_1=\frac{N_2}{N_1} \quad ①$$

$$YN_2=\frac{P}{N_2}=\frac{N_3+N_4}{N_1} \quad ②$$

如果我们把需要划分为物质需要和文化需要，设现实需要中的物质需要为 B，文化需要为 A，已实现的物质需要为 B_1，已实现的文化需要为 A_1，则：

$$YN_2=\frac{P}{N_2}=\frac{B_1+A_1}{B+A} \quad ③$$

如果我们把物质文化需要划分为实际消费品和消费服务，设现实需要中所需的实际消费品为 D，所需的消费服务为 S，已实现的实际消费品为 D_1，已实现的消费服务为 S_1，则：

$$YN_2=\frac{P}{N_2}=\frac{D_1+S_1}{D+S} \quad ④$$

从以上公式，可以看出，要提高现实需要的满足程度，必须分析构成现实需要的具体内容，分析需要增长的可能性，分析满足需要的条件。具体说来，必须增加 P 的数量，必须增加 N_3、N_4、B_1、A_1、A_1、D_1、S_1的数量。要实现这些要求，我认为，在实际工作中，必须强调下面几点：

第一，必须充分发挥社会生产的各种潜力，取得最大的经济效果。如果生产潜力没有得到充分发挥，甚至出现经济决策上的失误，出现大量的浪费和损失，经济效果差，劳动生产率低，当然不可能生产充足的生产资料和消费资料，也就不可能使物质文化需要的满足达到最优的水平。我国过去，由于宏观经济决策失误所造成的损失是很大的。由于微观经济效果差，在生产过程和流通过程中所造成的浪费和损失也是很大的。马克思说："一切节约归根到底都是时间的节约。"① 又说："真正的节约（经济）= 节约劳动时间 = 发展生产力。"② 节约劳动时间，不仅包括节约活劳动消耗，也包括节约物化劳动消耗。从我国当前来说，节约物化劳动，也就是节约生产资料的消耗，意义更为重大。生产资料节约了，就能以同样的生产资料，生产更多的生产资料和消费资料，更好地满足社会需要。

从我国当前来说，正确处理新建、扩建与现有企业挖潜、革新、改造的关系，对提高社会经济的宏观效果，满足社会需要，具有重大意义。现有企业的革新、改造，比新建一个企业，不仅建设时间短得多，而且可以充分利用原有基础，挖掘现有企业的潜力，节约大量的物化劳动和活劳动。据有人估计，对现有企业进行革新改造比新建一个企业，一般可以节约投资二分之一到三分之二，节约材料 50%～60%，这就可以大大提高经济效果。我们过去，往往认为，讲扩大再生产，就必须建设新企业，铺新摊子，因而基本建设战线越拉越长，占用资金和生产资料很多，长时期不能形成生产能力，不能取回生产资料和消费资料，经济效果很差，这些教训是很深刻的。我们必须压缩基本建设战线，减少新建，加强现有企业的革新改造，充分利用现有 40 万个企业的原有基础，挖掘企业内部的各种潜力，节约物化劳动和活劳动，来加速社会主义扩大再生产，提高经济效果，这是满足社会需要最可靠最有效的途径。

第二，根据社会需要及其结构，合理调整产业结构。我国过去，生产增长速度并不算慢，之所以出现一方面物资供不应求，一方面又大量的积压，之所以人民物质文化需要不能得到满足，重要原因之一是产业结构不合理。因此，必须根据社会需要，合理地分配社会劳动，取得最优的生产比例和产业结构，使生产资料的生产与消费资料的生产之间，物质生产部门与国民经济其他部门之间，达到最合理的结合，充分发挥其相互促进的作用，才能使社会生产按比例地发展，这才是有意识地合理地调节社会生

① 《马克思恩格斯全集》第 46 卷，第 533 页。

② 马克思：《政治经济学批判大纲》（草稿）第 3 分册，第 364 页。

产。从我国当前来说，我们是一个有 10 亿人口、8 亿农民的国家，原来消费水平又很低，通过国民经济调整，在生产发展的基础上，必须较快地提高人民消费水平，必须加速发展消费资料生产，加速发展农业、轻工业。在一定时期内，要使消费资料生产的发展速度快于生产资料生产的发展速度。特别是我国积累资源不足，而劳动力资源又很丰富，就需要把较多的资金投入那些技术装备水平低于社会平均水平的部门中去，把较少的资金投入那些技术装备水平高于社会平均水平的部门中去。农业、轻工业（包括手工业）是生产消费资料的主要部门，又大多是技术装备水平较低、容纳劳动力较多的部门。加速发展农业、轻工业（包括手工业），既有利于劳动力就业，又是满足社会需要、实现社会主义生产目的的极其重要的方面。重工业内部结构也需要来个根本的调整，除了加速发展燃料动力工业，保证国民经济各部门对能源的需要外，还必须加速发展农业、轻工业所需要的机器设备和其他生产资料，促进农业、轻工业的迅速发展。总之，调整农轻重及其各自内部的比例，是搞好当前国民经济调整、实现合理的产业结构的重要内容。

如前所述，需要的满足，不仅表现在物质生活方面，也表现在文化方面；不仅表现在取得日益增多的实际的消费品，也表现在日益增多的消费服务方面。“基础结构”部门，包括运输、邮电、商业、城市住宅和公用事业、科技文卫以及其他服务事业，它们都是为生产和消费提供必要的物质条件和服务的部门。因此，加速发展“基础结构”部门，对于促进生产的发展，对于满足社会需要，实现社会主义生产目的，将表现出越来越大的作用。从一些发达国家的情况看，这些部门的发展速度大大快于工农业生产部门的发展速度。我国过去，工农业生产部门与“基础结构”部门之间，“骨头”与“肉”之间，比例严重失调，大大影响了生产的发展和人民消费水平的提高。我们必须加速发展交通运输业、城市住宅和公用事业，加速发展科学技术文教卫生事业，加速发展各种服务行业，为发展生产和满足人民物质文化需要服务。

第三，从消费资料生产出发，搞好国民经济综合平衡。在编制国民经济计划，特别是长期计划时，要依据社会主义生产目的，依据提高人民日益增长的物质文化需要的要求，根据当前生产力水平和消费水平，首先确定计划时期消费水平的提高速度，结合考虑计划时期人口的增长速度，来确定消费资料生产的增长速度。也就是说，首先确定“直接需要”，确定对消费资料的需要，然后从消费资料生产出发，确定“间接需要”，确定对生产资料的需要，从而确定国民经济其他部门的发展规模和速度，这样反复进行计算比较，综合平衡，决定整个国民经济的发展速度和比例。这就要具体分析农业、轻工业、重工业等产业部门在数量上的依存关系，具体分析各个部门的产品的交换关系，编制部门联系平衡表，使各个部门之间的产品交换，在数量上相互适应，平衡协调，使社会生产和社会需要相适应。

第四，必须限制人口的增长。在社会生产力为已定、社会产品的增长和消费基金的增长为已定的情况下，人口的增长与消费水平的提高成反比。我国消费水平低，需要满足的程度差，重要原因之一是人口增长过快。我国人口多，增长快，稍一提高消费水平，对消费资料的需要量就很大。假如按每年增加 1200 万人计算，设消费水平不提高，平均每人消费基金如按 2500 元计算，共需增加消费基金约 300 亿元。如果撇开其他因素，有支付能力的需要，每年也就增加 300 亿元。如果每年平均消费水平提高 5%，在其他条件不变下，每年消费基金为 2500 亿元（假设 1982 年人口为 10 亿），形成对消费资料的需要为 2500 亿元。因此，我们必须分析人口增长对社会需要的影响，必须采取一切有效措施限制人口的增长，使人口的增长速度大大低于消费资料生产的增长速度，才能逐步提高人民的消费水平。

第五，必须对社会需要及其结构进行系统的调查研究。要满足社会需要，要按社会需要组织社会生产，首先必须科学地了解社会需要及其结构，必须对社会需要及其结构进行系统的调查研究，分析市场动态，了解市场供求情况。比如，要了解居民实际消费水平的变化，就需要了解居民购买力及其提高速度，就要进行家计调查，对城乡各阶层人民的货币收支进行系统的分析；还要了解主要消费品的供求情况，了解主要消费品的价格及其变化，等等；要了解消费结构的变化，就必须分析居民收入增长对消费结构变化的影响，就要调查不同类型的消费品（或按吃、穿、用等划分，或按“生存资料”“享受资料”“发展资料”划分，等等）的消费情况，分析其发展趋势和规律性；诸如此类。

要科学地了解社会需要及其结构，不仅要对当前情况进行调查研究，还要加强经济预测工作。比如，依据满足人民日益增长的物质文化需要的要求，可以确定一些能反映物质文化需要的提高的指标，进行预测。如若干年内，平均每人的货币收入、平均每人的住宅面积、平均每人的教育经费、平均每人的公用设施经费、平均每人拥有的主要耐用消费品数量等。在进行系统的调查研究和经济预测的基础上，建立能反映生产结构与社会需要结构是否相适应的科学计算体系，这样才能逐步使我们的计划工作建立在科学的基础上，使国民经济真正按比例发展，使人民日益增长的物质文化需要真正得到满足。

原载《求索》1981年第3期

试论需求上升规律

列宁在《论所谓市场问题》中揭示了需求上升规律，指出："……资本主义的发展必然引起全体居民和工人无产阶级需求水平的增长"，"不能忽略一个无庸置疑的真理"。又指出："欧洲的历史十分有力地说明了这一需求上升的规律……这个规律在俄国也显出了自己的作用：商品经济和资本主义在改革后的迅速发展引起了'农民'需求水平的提高。"① 需求上升是否为一切社会化生产的普遍规律？这个规律在社会主义初级阶段的作用如何？呈现什么特点？如何利用这个规律的作用来促进商品经济的发展和人民消费水平的提高？这是这篇文章所要探讨的主要问题。

一、需求上升是否为一切社会化生产的普遍规律？

马克思说："市场上出现的对商品的需要，即需求，和实际的社会需要之间存在着数量上的差别……"②，"至于需求，它只有在掌握交换手段的条件下才有效"。③ 马克思在以"需求"为题的短文中又指出："需求是贸易的物质内容——交换对象的总和，用来进行交换和贸易的商品的总和"，"需求的增长，直接和首先以各国现有的产品相互进行交换为保证"。④ 这就

① 《列宁全集》第1卷，人民出版社1955年版，第89页。

② 《资本论》第3卷，人民出版社1975年版，第211页。

③ 《马克思恩格斯全集》第4卷，第86页。

④ 《马克思恩格斯全集》第42卷，人民出版社1979年版，第382页。

说明：需求和需要是不同的，需求是商品经济条件下通过市场进行交换的商品的等价物，是需要实现。列宁在这里讲的需求，也就是商品经济条件下有支付能力的需求，是要通过市场、通过交换来实现的。他说到需求水平增长时指出："这种增长的造成，一般是由于产品交换的频繁，而产品交换的频繁又使城市和乡村间、各个不同地区间的居民的接触更为频繁。"[①] 可见，需求上升是社会化生产的产物。

还要弄清的是：这里所讲的需求，是专指对消费品的需求，还是包括对生产资料的需求？

根据列宁在这里讲的"全体居民和工人无产阶级需求水平的增长"，"'农民'需求水平的提高"，以及"把18世纪末和19世纪末的法国无产者或者把19世纪40年代和现代的英国工人比较一下"[②]，可以看出，这是指"全体居民""工人无产阶级""农民"的消费需求，是对消费资料的需求，不包括对生产资料的需求。列宁根据对资本主义国家工人、农民消费需求不断上升的情况，才得出结论："欧洲的历史十分有力地说明了这一需求上升的规律"。马克思在谈到资本主义社会劳动力价值不断下降时，同时也指出："在工人自己所生产的日益增加的并且越来越多地转化为追加资本的剩余产品中，会有较大的份额以支付手段的形式流回到工人手中，使他们能够扩大自己的享受范围，有较多的衣服、家具等消费基金，并且积蓄一小笔货币准备金。"[③] 这里所讲的"会有较大的份额以支付手段的形式流回到工人手中"，正说明工人阶级的需求不断上升。这些都说明了：需求上升是资本主义国家的普遍规律。

从资本主义发展的长期历史趋势看，工人所得到的实际工资也是逐步增加的。以英国为例，据统计，从1800年到1850年的半个世纪中，实际工资提高了一倍，从1850年到1900年，又提高了一倍。在第二次世界大战后的30多年中，由于科技革命的迅速发展，以及生产增长较快，在工人阶级的斗争下，主要资本主义国家工人的实际工资都有了较二战前更快

---

① 《列宁全集》第1卷，人民出版社1955年版，第89页。
② 《列宁全集》第1卷，人民出版社1955年版，第89页。
③ 《资本论》第1卷，人民出版社1975年版，第677-678页。

的提高。制造业平均实际工资的增长情况是：1971 年与 1949 年相比较，美国增长 41%，日本增长 3.16 倍，西德增长 2.64 倍，法国增长 1.31 倍，英国增长 92%。实际工资的增长，当然反映需求的上升。

需要指出的是，在资本主义社会，劳动者的需求虽然也在上升，但劳动者的收入总是被限制在劳动力价值的限度之内。生产越发展，国民收入越增加，劳动者的收入在国民收入中所占比重就越小。正如马克思所说的："……直接生产者、生产者大众、工人的消费和生产彼此完全不成比例；相反，它们随着资本主义生产方式的发展而越离越远。"① 而且，劳动者的需求即使上升了，消费水平提高了，也决不改变劳动者的雇佣地位。"吃穿好一些，待遇高一些，……不会消除奴隶的从属关系和对他们的剥削，同样，也不会消除雇佣工人的从属关系和对他们的剥削。"②

需求上升是否为社会主义社会的普遍规律呢？各个社会主义国家发展的实际，早已说明了这个问题（这里限于篇幅，不必列举各社会主义国家需求上升的具体数字）。需求的上升，不仅表现在需求总量的上升，而且表现在需求结构的变化。我国经济生活发展的实际情况，充分说明了这些问题。

例如，我国 1978 年至 1986 年居民最终收入和居民消费增长如下表：

我国 1978 年至 1986 年居民最终收入和居民消费增长

年度	居民最终收入（亿元）	居民消费（亿元）
1978	1767	1714
1979	2063	1928
1980	2462	2202
1981	2717	2451
1982	2992	2660
1983	3399	2910
1984	4137	3349
1985	4925	4182
1986	5689	4634

① 马克思：《流通和再生产》，《经济学译丛》1981 年第 9 期。
② 《资本论》第 1 卷，人民出版社 1975 年版，第 878 页。

从需要的实现来看，以消费品零售总额的增长而言，1978 年为 1264. 9 亿元，1979 年为 1476 亿元，1980 年为 1094 亿元，1981 年为 2002. 5 亿元，1982 年为 2181. 1 亿元，1983 年为 2426. 1 亿元，1984 年为 2899. 2 亿元，1985 年为 3901. 4 亿元，1986 年为 4374 亿元。

从需要结构的变化来看，生存资料的比重相对下降，享受资料、发展资料的比重不断上升，特别是高档耐用消费的比重不断上升。例如，以城镇居民而言，这几年耐用消费品数量大大增加。根据国家统计局对 106 个大中城市的 1. 7 万户家庭生活状况的调查：1982 年每百户拥有电风扇 53. 17 台，1987 年为 103. 92 台；1982 年每百户拥有录音机 17. 99 台，1987 年为 57. 38 台；1982 年每百户拥有照相机 5. 57 架，1987 年为 14. 37 架；1982 年每百户拥有彩色电视机 1. 10 台，1987 年为 34. 63 台；1982 年每百户拥有电冰箱 0. 67 台，1987 年为 19. 91 台。农村居民的情况，也相类似。

可以说，需求上升是社会主义基本经济规律的作用在消费领域的具体表现。因为，需求是需要的实现，需求的上升，反映消费需要的逐步实现，反映需要的满足程度不断提高。社会主义社会需求上升规律，正反映社会生产力不断提高，社会主义商品经济不断发展，人们物质文化生活需要不断得到满足。

由此可见，需求上升规律是一切社会化生产的普遍规律，是社会分工不断发展，商品经济不断发展的客观要求和必然结果。我们的任务，就是要揭示、利用这个规律的作用，为发展社会主义商品经济、提高人民消费水平服务。

二、需求上升规律在社会主义初级阶段的特点

在社会主义初级阶段，由于生产力水平低，而且是多层次生产力，商品经济还很不发达，因而需求上升规律的作用，还反映出一些明显的特点。例如：

第一，在需求普遍上升的情况下，表现出很大的不平衡性和差异性。我国经济发展很不平衡，“一部分现代化工业，同大量落后于现代化水平几十年甚至上百年的工业，同时存在；一部分经济比较发达的地区同广大

不发达地区和贫困地区，同时存在”。我国目前，“十亿人口的绝大多数过上了温饱生活，部分地区开始向小康生活前进。还有部分地区，温饱问题尚未完全解决，但也有了改善”。这些都说明：在需求普遍上升的情况下，呈现着很大的不平衡性和差异性。需求上升的不平衡和差异性，来自收入分配的不平衡性和差异性。我们的收入分配，一方面存在平均主义，一方面存在很大差别。我们这几年，在国民收入可分配额中，国家所得比重大大降低，个人所得比重大大提高。例如，1979 年，个人所得比重为 49.9%，1985 年上升到 62.2%。在个人收入中，城市居民非工资性收入增长很快，1983 年至 1986 年每年平均增长 23.6%，特别是个体劳动者的收入，平均每年增长 3.7 倍。据个体户自报的材料，全国 1200 万个体工商户中，年收入在万元以上的占 10%左右，其中 1%左右雇工大户年收入几万元，甚至几十万元。少数人的收入过高，造成收入差别很大，拉动消费需求的上升，并加剧需求上升的不平衡性和差别性。在地区之间，由于我国经济发展不平衡，需求上升的不平衡性和差异性也很明显。以农村而言，有些比较富裕的地区，人均每年纯收入一两千元，甚至更多；有些还比较贫困的地区，人均纯收入在 200 元，甚至 150 元以下，收入差别很大。因而，需求虽然普遍上升，但上升幅度的差别却很大。在社会主义初级阶段，这种差别是客观存在的。在一定时期内，这种差别还可能扩大。当然，将来随着生产力水平的普遍提高，经济发展的不平衡性逐步减弱，这种需求上升的不平衡性和差异性也会逐步减弱。这就说明，全国需求的上升不可能同时进入一个层次，这就必须考虑不同地区、不同居民集团的具体情况，组织不同层次、不同档次的消费品的生产和供应，以适应城乡之间、地区之间、不同居民集团之间多层次的消费需求，以实现需求上升规律的作用。

第二，在消费需求逐步上升的情况下，消费需求对国民经济的导向作用，愈益明显。我们长期以来，受自然经济和供给制的影响，本来消费领域已极为狭窄，加之较长时期内，对基本消费品实行定量供应或凭票供应的办法（有些单位，甚至夹带实物补贴的方式），在农村，受自然经济的影响更深，自给性消费比重很大，这样，消费需求虽有上升，但却在狭窄的小圈子里徘徊。生产什么，供应什么；供应什么，消费什么；生产多少，供应多少；供应多少，消费多少。本来，消费需求在国民经济发展中具有很大的能动作用，能大大促进国民经济的发展和繁荣，但如果把它限制在极其狭窄的范围内，它对国民经济的巨大推动作用就难以发挥了。这种具有浓厚自然经济色彩的低水平的供给导向，大大限制了需求上升规律的作用，也大大限制了国民经济的发展。党的十一届三中全会以后，随着改革、开放的逐步扩展，逐步冲破自然经济的束缚，商品经济逐步发展，人民收入水平逐步提高，需求不断上升。马克思在《剩余价值理论》中讲到消费者范畴"广得多"之后，指出："消费者花费自己收入的方式以及收入的多少，会使经济生活过程，特别是资本的流通和再生产过程发生极大的变化。"① 马克思在这里虽然是针对资本主义社会的情况说的，但其中作为社会再生产的一般原理，对社会主义社会也是适用的。消费者收入的增加，或者说，需求的上升，会活跃社会经济，会对经济生活，对商品经济"发生极大的变化"。这样，产品供给对国民经济的导向作用逐步减弱，消费需求的导向作用愈益明显。消费需求的导向作用，首先表现在需求结构中，生存资料所占比重相对降低，享受资料、发展资料所占比重逐步提高。例如，我国居民文化服务支出增长很快，1952 年为 15.8 亿元，1965 年为 48.5 亿元，1978 年为 83.5 亿元，1981 年为 114.6 亿元，1984 年为 177.1 亿元，1985 年为 218.4 亿元。在衣着消费中，呢绒消费（零售量）1952 年为 362.6 万米，1965 年为 2444 万米，1978 年为 8097.9 万米，1981 年为 17000 万米，1984 年为 26423 万米，1985 年为 30640 万米。在用的方面，耐用消费品增长很快，例如，1984—1986 年，我国耐用消费品零售总额平均每年递增 41.9%，其中彩电增长 69.3%，冰箱增长 157.3%，洗衣机增长 77%，增长速度相当快。我们在前面引用的对 106 个大中城市 1.7 万户居民家庭状况的调查材料，反映了我国这几年耐用消费品普及率提高很快，普及率相当高。耐用消费品在消费结构中比重的上升，当然反映享受资料、发展资料在消费结构中比重的上升。消费需求的导向作用，还表

① 《马克思恩格斯全集》第 26 卷，人民出版社，第 562 页。

现在人们的需求由数量的扩张逐步转化为质量的提高，讲究消费品的质量、档次，追求高层次和较高层次的消费。这几年，无论吃、穿、用、住等各个领域，都反映了这一趋势。吃的讲求营养、讲求精细，穿的讲究时髦、讲究漂亮，用的讲究高档，住的讲究宽敞，已成为一种普遍倾向。例如，以食物消费而言，我国30多年来，主食的变化不大，但副食却增长很快。城市居民家庭每人每年用于主食的支出，在消费结构中的比重大大降低，1957年为22.76%，1964年为22.4%，1981年为12.95%，1982年为12.89%，1983年为12.17%，1984年为11.28%，1985年为8.51%；而副食在消费结构中的比重却大大提高了，1957年为26.81%，1964年为28.17%，1981年为30.71%，1982年为32.05%，1983年为32.83%，1984年为32.35%，1985年为30.99%。农村居民的情况也是如此。我国农民的食物消费结构中，以前副食所占比重很小，近几年大有变化。1984年的副食、其他食品等支出超过了主食支出，所占比重由1978年的34.7%上升为50.8%。副食在食物结构中的比重提高了，说明“吃”的质量提高了。又例如，以住房情况而言，无论城市或农村均新建了不少住房。农村居民新建房间数占使用房屋的比重，1978年为3.02%，1980年为5.67%，1984年为4.93%，1985年为5.87%。新建住房比重的提高，反映“住”的质量提高了。另外，像我们在前面讲的，耐用消费品在消费结构的比重提高，当然反映“用”的质量提高了。消费需求的导向作用还表现在：随着需求的上升，需求的链条越拉越长，越拉越广，一种消费品的需求上升，拉动若干相关消费品需求的上升和相关产业、产品的开拓和发展。例如，由于对食物需求的上升，要求大力发展食品工业，大大增加食品的新的行业和门类。食品工业的发展，又将带动有关的一系列产业的发展。又例如，由于对住房需求的上升，就会大大促进民用建筑业的发展，使民用建筑业逐步成为我国国民经济中的支柱产业，民用建筑业的发展，又会带动有关产业特别是建筑材料工业的发展，诸如此类。消费需求的导向作用，明显地反映了需求上升规律的作用，反映了需求上升规律日益为自己开拓了广阔的道路。在社会主义初级阶段，这种导向作用是随着商品经济的发展，逐步打破自然经济、半自然经济的束缚而逐步出现的。消费需求的导向作用逐步代替供应导向的作用，正反映了社会主义初级阶段需求上升规律作用的另一特点。

第三，在消费需求不断上升的推动下，消费结构的缓慢性变化夹带着局部的跳跃性变化。在社会主义初级阶段，由于长期以来受自然经济、半自然经济的影响，受供给制的影响，在收入分配方面，平均主义与收入差别很大同时存在。一方面是平均主义，收入差别小，形成消费需求的雷同性，加之商品经济不发达，消费面很狭窄，从而造成消费结构的平稳发展，变化较小。这几年，吃、穿、用、住在消费结构中的比重虽有所变化，但变化的幅度不大。例如，我国多年来，反映消费结构变化最重要的指标恩格尔系数变化不大，在1953—1978年长达26年的时间里，恩格尔系数一直稳定在0.54~0.59的高水平上。有些年度，恩格斯系数反而上升，吃、穿、用、住等在消费结构中的比重变化缓慢。但这几年，吃、穿、用的内部结构变化较快，特别是耐用消费品增长很快（像我们前面引用的材料）。这主要由于我们收入分配是平均主义与收入差别很大同时存在，由于消费领域太狭窄，一旦收入增加，需求上升，首先冲击食品和耐用消费品。这样，就使耐用消费品在消费结构中的比重必然大幅度上升，呈现跳跃式的发展。这就说明，在消费需求不断上升、消费领域不断扩大的情况下，消费结构的缓慢性变化中夹带着局部的跳跃性变化，这是社会主义初级阶段需求上升规律作用的又一个特点。需求的上升，应该有层次性，应该由低层次向高层次逐步转移，不能超越本身的承受力而超前发展，也不能超越产业结构发展的一般趋势而盲目发展。一般说，需求的上升，首先要满足基本需求，在基本消费需求得到满足后，再满足高层次的需求。在条件不成熟的情况下，要防止“高层次消费热”，防止耐用消费品的需求呈跳跃式的发展。这就说明，在社会主义初级阶段，必须不断扩大消费领域，防止不断上升的消费需求过分集中在狭小圈子里，才能使需求结构、消费结构的变化向合理的方向发展，才有利于促进人们消费水平的稳步提高和消费结构的改善。

第四，需求的上升，更明显地表现在农民消费需求的上升。列宁在论述需求上升规律在俄国的作用时，特别指出：“商品经济和资本主义在改革后的迅速发展引起了‘农民’需求水平的提高，农民比从前‘干净些’（在衣着、住房等方面）了。”特别在我国，10亿人口，8亿农民，农村是消费品的广阔市场。农民需求的上升，对国民经济的发展影响很大。我国近几年来，随着农业生产的发展和农产品商品率的逐步提高，农民收入水平不断提高，农民的消费需求不断上升。农民收入增长以后，不仅对一般消费品的需求迅速增长，对耐用消费品的需求增长也很快，到目前为止，增长的势头还没有减弱。例如，国家统计局农村抽样调查总队1987年对27个省市、511个县、33125个农户的调查表明，对耐用消费品的需求，1987年与1985年相比：收音机增长1.8倍，电风扇增长1.7倍，彩电增长2.4倍，录音机增长1.9倍，洗衣机增长1.8倍，电冰箱增长5.3倍，照相机增长9倍。农村居民人均居住面积：1979年为8.4平方米，1981年为9.4平方米，1984年为13.6平方米，1985年为14.7平方米。特别应看到，随着农村劳动力的大量转移，由原来的自给性消费较高的农民转变为商品性消费的非农民，随着他们收入水平的提高，消费需求将增长很快，特别是对食品和耐用消费品的需求将增长很快。党的十三大的报告中指出：“在向小康水平前进的过程中，农业人口向非农产业转移的速度加快，对发展基础工业和基础设施的要求愈益迫切，居民对档次较高的消费品的需求增大，选择性明显增强。”我们要充分估计农村人口大量转移对消费需求所产生的影响，加速发展农业、消费品工业，生产不同档次的消费品，以适应不同层次居民的要求。可以预见，农村消费需求的增长幅度快于城市，这是社会主义初级阶段需求上升规律作用的又一个特点，这也反映了城乡差别、工农差别逐步缩小的趋势。

第五，需求的上升，不仅表现为对实物消费的需求上升，而且表现为对精神文化消费的需求上升。需求结构、消费结构的合理化，社会主义生产目的所要求的人们需要的满足，不仅表现为物质需要的满足，而且表现为精神文化需要的满足；不仅反映社会主义物质文明，也反映社会主义精神文明。精神文化需求的上升，有利于建立健康的、文明的、科学的社会主义生活方式。在社会主义初级阶段，随着商品经济的发展，随着物质生活的逐步改善，对精神文化消费的需求将不断增加，要求普及和提高科学文化教育，促进劳动力质量的提高和人的全面发展，精神文化消费在需求结构和消费结构中的比重将逐步上升，这将成为发展的必然趋势。精神文化消费需求的上升速度快于实物消费需求的上升速度，这是社会主义初级阶段需求上升规律作用的又一个特点。

三、需求上升规律的作用，是否必然导致消费需求膨胀

有人认为，需求上升必然导致消费需求的膨胀，导致消费品的短缺。特别是社会主义初级阶段，生产力水平还较低，商品经济还不发达，消费需求膨胀和消费品短缺，是难以避免的。这种观点，是没有根据的。需求上升规律的作用，不是短期需求的上升，而是从长期来看，从发展趋势来看，表现出需求的上升。因此，需求的上升是和需求的满足程度不断提高相伴而行的。正如马克思所说的："需要是同满足需要的手段一同发展的，并且是依靠这些手段发展的。"① "因为消费创造出新的生产需要。"② 通过消费，使需求得到满足，促进需求的继续上升。如果需求不能得到满足，需求何以继续上升？需求上升规律的作用，正体现为：需求不断上升，需求不断得到满足；需求不断得到满足，又不断引起新的需求，反转来又促进需求不断上升。正是需求不断上升与需求不断得到满足之间形成良性循环，从而促进商品经济不断发展，这正是需求上升规律的本质要求。而消费需求膨胀与消费品的短缺，却是其他原因造成的，不是需求上升规律作用的结果。

我国这几年，消费需求膨胀，是由多种原因造成的。在双重体制转换过程中，在微观搞活的同时，缺乏自我约束的机制；在宏观调控方面，旧的机制失效了，新的机制又未能跟上。由于缺乏强有力的调控机制，在国民收入分配、再分配过程中，出现一些不合理的现象，使消费需求不合理增长的"漏斗"很多，结果出现消费需求膨胀。造成消费需求膨胀的原因很多，例如，像我们在前面所说的，我们这几年在国民收入的分配中，国

① 《资本论》第 1 卷，人民出版社 1975 年版，第 559 页。

② 《马克思恩格斯选集》第 2 卷，人民出版社 1972 年版，第 94 页。

家所占比重大大降低，个人所得比重不合理地提高，这是由于国民收入的分配不合理，由于一些个人收入过高，由于有些企业留利不合理，由于通过税收等杠杆纳入国家的收入过少，等等。

又例如，有些企业留利过多，而留下的利润，又不合理地用于增加工资奖金，甚至把生产基金转化为消费，扩大消费需求。我认为，这是由于企业的软预算约束和短期行为以及传统的福利观念造成的。

又例如，这几年，社会集团购买力增长过猛。1983—1986 年，平均每年增长 22.7%，1987 年仍以 20%以上的速度增长，特别是高档耐用消费品，如小汽车、沙发、空调、录像机、彩电等，增长很快。有的请客送礼，大吃大喝，造成社会集团购买力大幅度提高，造成消费需求膨胀。这是由于“高层次消费热”和盲目攀比以及传统的福利观念造成的（还应该包括某些单位的某些不正之风）。

又例如，我们这几年，居民储蓄存款大大增加，储蓄存款余额已突破 3000 亿元。但居民储蓄，大多用于购买耐用消费品。据有人测算，城市居民储蓄存款中，准备购买耐用消费品的占 54%，目前全国城市至少有 800 亿元的储蓄准备用于这方面的支出。一些高收入的个体户，也很少把收入用于扩大再生产，而用于个人消费的部分较多。农民的纯收入，用于生产投资的较少，用于生活消费的较多。如 1986 年农民纯收入增长 6.7%，而人均消费支出比上年增长 12.5%。这些现象是由于有些居民的“高层次消费热”和盲目攀比，以及短期行为造成的。

由此可见，需求上升与需求膨胀是两回事，没有必然的联系。消费需求膨胀不是需求上升规律的要求，而是对这个规律的干扰和破坏。我们的任务，就是利用需求上升规律，发挥这个规律的作用，调整各方面的物质利益关系，促进消费品生产的发展，克服消费品的短缺。这样，消费需求膨胀的问题也就容易解决了。

四、如何发挥需求上升规律的作用

要正确发挥需求上升规律的作用，促进商品经济的发展和消费需求不断得到满足，必须注意下面几点：

第一，在国民收入不断增长的前提下，适当增加消费基金，而又不引起消费需求的膨胀。随着生产的增长，国民收入也会不断增长。问题在于：如何正确处理积累和消费的关系，如何正确处理个人消费基金和社会消费基金的比例，以及个人消费基金在不同居民集团和个人之间分配的比例。在国民收入的分配中，国家所占比重不应降低，而应略有提高，以增强国家集中使用的财力，增强国家的实力，以利于实现国家的战略部署和综合平衡；要根据不同时期的具体情况，使消费基金的增长与国民收入的增长有合理的比例，既保证积累适当增长，又保证消费的稳步提高；要使社会消费基金的增长率不超过可分配的国民收入的增长率，以便保证个人消费基金的稳步增长，更好地发挥按劳分配的作用；要在国民收入分配、再分配过程中加强宏观调控，并发挥企业和个人的自我约束的机制，堵塞各种“漏斗”，防止消费需求的膨胀，特别要严格控制社会集团的购买力，要切断把生产基金转化为消费需求的渠道。总之，要在国民收入不断增加的情况下，使消费基金有合理的增长，使需求不断上升，促进国民经济的发展和市场的繁荣；使需求得到实现，使需求不断得到满足，但又不使消费需求膨胀，这样才能体现需求上升规律的作用。

第二，要加速发展消费品（包括劳务）的生产。要实现需求上升规律的作用，关键在于发展生产，特别是消费品（包括劳务，下同）的生产。没有丰富的消费品，消费需求就无法满足，消费需求也就难以继续上升，需求上升规律的作用根本无法实现。前面已经谈到，需求上升规律的作用，不仅表现为需求总量的上升，而且表现为需求结构的改善。这就要求消费品的供应结构与需求结构相适应，这就牵涉到产业结构如何与需求结构相适应的问题。目前市场上，一方面有些商品供不应求，一方面有些商品大量积压，其根本原因在于产业结构不合理，产业结构与需求结构不相适应，产品不适销对路。因此，必须根据需求结构调整产业结构。这就牵涉到如何调整产业结构的问题：如何调整农业的内部结构？如何调整消费品工业的内部结构？如何加速发展民用建筑业？如何加速发展第三产业？如何加速发展一些新兴产业，开拓新产品，以适应日益增长的消费需求？产业结构适应需求结构和消费结构的变化，才能从根本上解决生产与消费的矛盾，解决需求结构与消费品供应结构的矛盾，才能使消费品生产日益丰富多彩，从而满足日益增长的需求，才能实现需求上升规律的作用。

第三，要扩大消费面，扩大消费需求的范围。我们的消费面很狭窄，消费需求的范围很狭窄，也就使购买力的投放范围很狭窄，因而消费需求稍一增加，就会自然地拥向某几种消费品，容易造成“膨胀”现象。因此，要扩大消费面，分散购买力的投向，也就是扩大需求上升规律作用的场所和范围。例如，实现住宅商品化，把住宅作为重要消费品，纳入商品流通之中，就可大大扩大消费需求，分散大量购买力；加速劳务商品化，开拓劳务市场，提高劳务消费水平，既可扩大消费需求的范围，吸收大量购买力，又可满足消费需求。这里，还牵涉到如何完善消费市场体系的问题。我们的消费市场体系，还很不完善，住宅市场、劳务市场刚刚发育，文化消费市场也很贫乏，急需大力开拓、发展和完善，才能扩大需求上升规律的作用。

第四，要保持消费品价格的基本稳定。消费品价格波动过大，消费需求难以实现，需要难以满足，也违反了需求上升规律的作用。在社会主义初级阶段，市场很不完整，市场机制的作用还很不充分，价格杠杆的作用还不能充分发挥，这就需要在发展生产的基础上，使价格逐步合理，以利于商品经济的发展和人们消费水平的稳步提高。

第五，要对消费进行正确引导。人们的消费，不是自发的，应该加以正确引导，使其符合促进生产、满足需要的要求。当消费需求膨胀时，更应加以引导。例如，把一部分消费需求转化为生产基金，把消费需求引向合理的方向，特别是对消费结构进行正确引导，使之与我国的经济资源相适应。例如，如何对食物消费结构进行正确引导，使之和我国农业资源的特点和生产水平相适应，逐步建立适合我国国情的食物消费结构。我国人口多，土地少，人均耕地面积只有 1.5 亩，粮食就不可能增加很多。我们也不可能像美国那样，用 5 斤粮食去换 1 斤猪肉。因此，我们的食物消费结构，必须以植物性食品为主，以动物性食品为辅。在动物性食品中，要在大力发展草食动物的基础上，增加牛、羊肉的比重，增加鸡肉、兔肉的比重，等等。又例如，如何对居民用品结构进行引导，使我们消费品工业的发展，特别是耐用消费品工业的发展与我国科技和世界产业结构变化的趋势相适应，诸如此类。

我们要充分利用需求上升规律的作用对消费进行正确引导。引导消费，就有利于消费需求得到更好的满足，有利于消费需求的实现，有利于更好地发挥需求上升规律的作用。需求的上升，正反映了商品经济的不断发展和人民物质文化需要不断得到满足，也正体现了社会主义消费领域的发展趋势和内在规律。马克思说："……在社会主义的前提下，人的需要的丰富性，从而某种新的生产方式和某种新的生产对象具有何等的意义：人的本质力量的新的证明和人的本质的新的充实。"[①] 可以预计，随着有计划的商品经济的发展，人们的收入水平将不断提高，人们的需求将不断上升，需求的内容将日益丰富，需要的满足程度将不断提高，将大大促进劳动力质量的提高，促进人的全面发展，将逐步体现"人的本质力量的新的证明和人的本质的新的充实"。

原载《消费经济》1988 年第 3 期

① 《马克思恩格斯全集》第 42 卷，第 132 页。

论生态需要

人们的消费需要，不仅包括物质需要和精神文化需要，还应包括生态需要。生态需要对人们的生存和发展，对满足人们的消费需要，具有重要意义。那么，生态需要为什么重要？我们当前的生态需要有些什么问题？如何更好地满足生态需要？

一、生态需要的重要意义

随着科学技术的进步和社会经济的发展，环境污染、生态平衡遭受破坏的情况，愈益严重。人类生活在生物圈与技术圈的深刻矛盾中，生态需要遭受严重的威胁，影响人们的身心健康，影响人的生存，甚至夺去一些人的生命。

所谓生态需要，顾名思义是对优美生态环境的需求。生态需要，不仅是最基本、最重要的生存需要，也是很重要的享受需要和发展需要。优美的生态环境，不仅能陶冶人的情操，而且能发展人的思维、智力、体力，大大有利于人的身心健康和全面发展。生态需要得到较好的满足，不仅反映消费层次、消费质量的提高，也反映了社会的全面进步和社会文明程度的提高。

人的消费需要，特别是生态需要，反映了人与自然的关系。生态需要得到较好的满足，反映了人与自然的协调发展，反映了人的本质要求，反映了自然主义、人道主义的实现。马克思在很多地方都强调，人类在掌握自然规律的条件下，利用自然满足自己的消费需要，正反映人类本性，反映人的本质力量。例如，他在谈到合理调节人和自然之间的物质变换时指出，社会化的人，联合起来的生产者，将合理地调节他们和自然之间的物质变换，把它置于他们的共同控制之下，而不让它作为盲目的力量来统治自己，靠消耗小的力量，在最无愧于和最适合于他们的人类的本性的条件下来进行这种物质变换。马克思在这里不仅指出了“靠消耗最小的力量”来自觉调节人与自然的关系，而且明确提出了“最无愧于和最适合于他们的人类本性”。人的需要的丰富性，当然包括生态需要在内。高层次的生态需要的满足，正反映了人类本性，正是人的本质力量的新的证明和人的本质的新的充实。正反映每个自然人、社会人所追求的崇高的目标。

长期以来，在经济学中不研究生态问题，不研究人的生态需要，认为这是自然科学的问题。我们认为，经济学应该研究人的生存和发展，研究人的消费需要，特别是生态需要，应该研究如何利用生态规律协调人与自然的关系，在更大空间提高满足消费需要的水平与能力，促进人的全面发展，促进社会文明和社会全面进步。

随着生产的发展，环境遭受严重污染，生态平衡遭受严重破坏。由于环境污染严重，人们的身心健康受到严重威胁。除了人的心、肺、呼吸道等器官直接受到损害外，由于饮用被污染的水和食用被污染的食物而损害了健康。20 世纪 70 年代以来，全球每年有 900 多万人因饮用污水引起疾病或因缺水而死亡。环境污染还会导致人种退化。1993 年丹麦学者指出，怀孕期间生活在受有害化学物质严重污染的环境里的妇女，生下来的男孩将来产生的精子很少。1995 年美国报道男子产生正常精子数量越来越少的消息；1996 年法国报纸报道，环境污染降低了妇女生育能力，不育妇女的数量在不断增加；1996 年俄罗斯《劳动报》说，人类在退化，出生的婴儿中完全健康的不到 20%，能生育完全健康的后代的妇女也不到 20%。这些都说明，生态需要对人的生存和发展，关系极大。而当代生态需要已受到严重威胁，必须引起人们高度重视！

二、从可持续发展的高度审视生态需要

可持续发展的实质，就是既要考虑当前发展的需要，又要考虑未来发展的需要。不能以牺牲后代人的利益为代价，来换取当代人的利益。1994年，中国政府发表了《中国21世纪议程》，将我国可持续发展的战略目标确定为“建立可持续发展的经济体系、社会体系和保持与之相适应的可持续利用的资源和环境基础”。

可持续发展的中心是人，落脚点在于人的生存和发展，在于人的全面发展。1976年，联合国教科文组织大会提出社会发展应是“以人为核心的发展”；1981年，法国著名经济学家佩鲁受联合国教科文组织的委托，提出一份名为“新发展观”的报告，明确提出社会发展的目标应该是社会—人，是社会—人的需要，包括社会、文化、经济和精神的需要；1994年9月在埃及首都开罗召开的世界人口与发展大会，明确提出“可持续发展问题的中心是人”；1995年在哥本哈根举行的世界首脑会议上，提出社会发展“以人为中心”，“社会发展的最终目标是改善和提高全体人民的生活质量”，“人民是可持续发展的中心课题”。这些都说明，社会、经济发展的最终目的，在于人的发展，在于满足人的需要，包括生态需要在内。可持续发展战略，正是为了优化人类生存和发展的环境，不断提高生活质量。这也就说明了，必须站在可持续发展的高度来审视生态需要，才能掌握问题的实质。

实现可持续发展，维持生态平衡，实现人与自然的共同繁荣，反映了高层次的生态文化，反映了新的生态文明。有人说：“环境污染是文化上的熵污染”。因此，还应该把满足生态需要，提到生态文化、生态文明的高度来认识。破坏生态平衡，破坏生态需要，不仅是“反自然”的，也是“反文化”“反文明”的。因为这种破坏，正是破坏了人类的文化，正是破坏了社会文明。不仅破坏了物质文明，也破坏了社会主义精神文明。我们讲发展，不仅是讲社会经济的发展，还必须讲社会文化、社会文明的发展。从文明的高度、从文化的高度去引导经济、社会的发展，不仅有利于促进人的全面发展，而且能促进经济、社会、人、自然之间的协调发展。

人的生态需要得到较好的满足，正反映了生态平衡，反映了生态文化，反映了生态文明。这就说明，只有站在经济文化一体化的高度，站在两个文明建设协调发展的高度来审视生态需要，才能更深刻地认识可持续发展的实质。

三、如何更好地满足生态需要

第一，提高全民的环境意识和生态意识。到现在为止，我们很多人的环境意识、生态意识还是很薄弱的。1995 年中华环境保护基金会主持并委托中国人民大学社会调查中心组织实施了首次大规模的全民环境意识调查：在农村，40.4%的人表示不知道环保，城市也有 11.1%的人不知环保是怎么回事，城乡居民有 67.6%的人根本不知道“世界环境日”这回事，有 52.4%的人没听说过“酸雨”这个名词。因此，需要大力宣传生态环境知识，需要更新观念，提高全民环境意识、生态意识，需要把可持续发展的观念扎根于广大群众之中，变为千百万人民的具体行动。要提高全民环境意识、生态意识，树立生态文化观，除加强价值观的教育外，还需要加强环保教育和生态文明教育。

第二，培育良好的生态环境。要满足生态需要，就必须有良好的生态环境。很多国家，花很大的力气培育绿色环境。培育良好的生态环境，不仅要治理已污染的环境，而且要从源头上培育良好的生态环境。比如，当代水污染严重，我国也把防治水污染作为全国性重点任务。当务之急是要解决水源污染问题。大气污染、固体废弃物污染、水污染，都要从源头加以治理。江泽民同志在第四次全国环保会议上的讲话中指出：“在制定重大经济和社会发展政策，规划重要资源开发和确定重要项目时，必须从促进发展与保护环境相统一的角度审议其利弊，并提出相应对策。这样才能从源头上防止环境污染和生态破坏。”我国国家环保局和国家计委已制定了《中国环境保护行动计划（1991—2000 年）》，关键在于具体落实，把“行动计划”变为千百万人民的实际行动。

第三，发展生态消费，开拓生态消费品。这就要发展生态产业，发展生态农业、生态工业和其他生态产业，形成生态化产业体系。我国早已开始发展绿色食品，在大搞生态农业的基础上，生产安全、营养、无污染的食品。除绿色食品外，还有绿色居室、绿色家具、绿色汽车等，逐步形成生态消费体系。现在的问题，除加强生态消费的宣传教育外，还要开拓新产品，搞深加工，提高质量、档次，降低价格，建立全国性的绿色产品开发体系和销售网络，发展绿色市场，更好地满足生态需要。

第四，建立维持生态平衡的管理体系和法制体系。1994 年，我国政府发表的《中国 21 世纪议程》提出我国可持续发展的战略目标：“建立可持续发展的经济体系、社会体系和保持与之相适应的可持续利用的资源和环境基础”。要建立这些体系，打好这些基础，并非轻而易举，必须全面规划，坚持正确的方针、政策。必须把可持续发展的战略目标，分解成可操作的具体实施方案，充分依靠科技，特别是生物技术，代替工业社会的物理、化学技术，为生态平衡服务，为满足人的生态需要服务。与此同时，要增加对环保科技的投入，强调法制化，严格执行有关法规。只有从根本上提高全民生态意识，坚决落实有关政策法规，并成为全民的具体行动，生态环境才能真正得到保护，人们的生态需要才能真正得到满足。

原载《光明日报》“经济论坛”1998 年 1 月 26 日

论知识经济与生态消费

一、生态消费是人们最基本、最重要的消费

众所周知，空气、水及生态环境，是人们最基本、最重要的消费资料，生态消费是人们最基本、最重要的消费。我一直认为，“人们的消费需要，不仅包括物质需要和精神文化需要，还应包括生态需要在内”，“生态需要对人的生存和发展，对满足人的消费需要，具有极端重要性”。[①] 人是社会的主体，不仅要处理好人与人之间的关系，还必须处理好人与自然之间的关系，才能经常受到自然界的赐予，避免受到自然界对人类的惩罚。应该说，生态需要，不仅是最基本、最重要的生存需要，也是很重要的享受需要和发展需要。优美的生态环境，不仅使人享受大自然的丰厚赐予，能开拓人的胸怀，陶冶人的情操，而且能启迪人的思维，发展人的智力、体力，大大有利于人的身心健康和全面发展。

工业社会，实质上是高熵社会。丹尼尔·贝尔在《后工业社会的来临》一书中早就指出：“清洁的空气和水已越来越成为稀缺的物品。”在工业社会，人们采取不可持续的生产方式和消费方式，环境遭受严重污染，生态平衡遭受严重破坏。正如几年前《中国环境报》发表的一首小诗中所描述的：“烟囱擎天而立，大树倒地而泣，高楼冲天而起，绿地凄然而逝。

① 尹世杰：《消费需要论》，湖南出版社1993年版，第267、269页。

刀斧的痕迹日深一日，地球的表面斑驳陆离。”由于环境污染严重，人们的身心健康受到严重威胁，甚至夺去一些人的生命。半个多世纪以来出现很多的“事件”，已引起全世界很多人的注意，也说明生态消费的极端重要了。

这就说明，人类的头等大事是要处理好人与自然的关系，促进生态平衡。生态消费得到较好的满足，正反映了人与自然的协调发展，反映了人的本质要求。正如马克思所说的，反映“人的复归”，是“对人的本质的真正占有”，“它是人和自然之间、人和人之间的矛盾的真正解决。”① 恩格斯也早就提出：我们要“学会更正确地理解自然规律”，“认识到自身和自然界的一致”，反对那种“把精神和物质、人类和自然、灵魂和肉体对立起来的荒谬的、反自然的观点”。② 过去，在经济学研究中，不谈生态问题，不研究人的生态消费，很多人认为这是自然科学的问题。实际上，经济学不仅要研究物，而且要研究人；应该研究人的生存和发展；应该研究人的消费需要，特别是生态需要；应该研究如何利用生态规律，协调人与自然的关系，促进人的全面发展，促进社会经济的发展，促进社会文明和社会的全面进步。

二、知识经济为生态消费创造良好的条件

在知识经济条件下，经济要素发生了重大的变化。知识、智力资源、无形资产成为最重要的资本和首要的财富。目前，美国许多高新技术企业的无形资产已超过总资产的60%。1996年7月美国国家技术委员会提出的报告中指出，技术和知识的增加占生产率增长总要素80%左右。经济合作与发展组织（OECD）成员国中，知识、技术所创造的价值已占其国内生产总值（GDP）50%以上。这样，就使经济增长方式发生了巨大的变化。在工业经济时代，经济的增长主要依靠物质资本的投入，消费大量的资源、能源，结果不仅污染了环境，也浪费了大量的资源、能源，出现了

① 《马克思恩格斯全集》第42卷（中文版），人民出版社1979版，第120页。
② 《马克思恩格斯选集》第3卷（中文版），人民出版社1972版，第518页。

“三高”：高投入、高消耗、高污染。知识经济大大有利于转变经济增长方式。一方面，主要依靠知识的投入，依靠无形资产的投入，很少投入甚至不投入物质资源，就可增加大量财富，完全不影响生态环境。这就出现了“三低”：物质资源低投入、低消耗、低污染；另一方面，依靠高科技的作用，如采用微电子和计算机技术、生物技术、新能源、新材料等，合理、高效利用现有资源，从根本上改变了传统技术无情掠夺自然资源和大量消耗能源的状况。有人估计，到 2030 年，太阳能利用将达世界能源总量的 20%，核电将达 35%。还可利用生物的新技术，包括基因工程、细胞工程、酶工程、微生物工程等，使人类用人工来创造新的生物或新的功能。这样就会大大改变工业经济时代大量消耗物质资源和能源的状况。此外，还可大力开发有益于环境的高新技术，并使之产业化，形成巨大的环保产业（生态产业）。目前世界环保市场总额已达 2500 亿美元，“经合组织”国家占市场总额的 80%。早在 1992 年，美国环保市场额为 850 亿美元，日本为 300 亿美元，法国为 100 亿美元，英国为 80 亿美元，而且均以 5%～10%的年率增长。人类充分利用知识，使科学技术成为第一生产力。可以说，物质资源是有限的，知识资源是无限的。物质资源的使用，容易造成环境污染，知识资源的使用，不会造成环境污染。这就大大有利于促进生态平衡。

高科技的发展，使产业结构发生巨大的变化，由劳动密集型产业向技术密集型、智力密集型产业转变。信息化、智能化、生物化等种种新兴产业蜂拥而起。近年来，一些发达国家，特别是美国，加速发展智力密集型的高科技产业，特别是信息产业。1997 年全世界信息产业总投资 6100 亿美元，美国就占 41.5%。美国信息产业已占国内生产总值 10%以上，成为头号产业，预计 2007 年将达 20%以上。1990 年到 1996 年，美国信息产业的销售额增长了 57%，达到 8600 亿美元。据有人估计，20 世纪末美国信息高速公路大约有 4000 亿美元的市场。信息高速公路的建成，将使产业结构大为改观，不断优化。很多高科技产业发展很快，特别是知识产业（有人称为“智业”）不断发展。就以服务业来说，知识经济越发展，服务业就增长越快。美国近年来，服务业产值占 GDP 中的比重已达 53%。

从第二次世界大战以来，美国私营机构增加了6000万个就业机会，其中的90%来自服务业。欧盟统计局1998年6月22日公布的报告中指出，在创造财富与就业上，服务业如今已成为支配欧盟经济的主要行业。据该局统计，欧盟服务业创造的产值已占其GDP的64%，就业人数达66%。

上面这些都说明了，知识经济的发展，高科技的大量应用，经济增长方式的变化，产业结构的变化，都大大有利于保持生态平衡，满足人们的生态消费。有人说，知识经济是“绿色革命”，通过高科技的作用，使人与自然和谐共处的好梦成真。

三、如何建立、完善生态消费体系

要满足生态消费需要，发展生态消费，一个最重要的问题，就是要利用高科技，发展生态产业，建立完整的生态消费体系。前不久，我在一篇文章中提出：“发展生态消费，开拓生态消费品。这就要发展生态产业，发展生态农业、生态工业和其他生态产业，形成生态化产业体系”，“建立全国性的绿色产品开发体系和销售网络，发展绿色市场，更好地满足生态需要”。现在，世界各国都在大力开拓生态产业，发展生态产品。从食品、服装、用品、住宅以及汽车等，无一不有。美国现在市场上的绿色产品已占10%左右，德国已有绿色食品800多种，有统一的“绿色标志”。有些国家，以天然植物材料采取无污染方法进行加工，生产生态服装；有的国家以天然材料构筑生态住宅。1997年，我国已有绿色食品企业550个，开发出890个绿色食品产品，食物总量400多万吨。据有关部门规划，到20世纪末，全国将生产及改装液化天然气和液化石油气汽车50000辆。根据1996年5月发布的全国环保产业（生态产业）基本情况的调查材料，我国共有从事环保产业（生态产业）的单位8651家，其中从业人员188.20万人，固定资产450.11亿元，年生产总值311.43亿元，创利润40.91亿元。

建立生态化产业体系，首先必须选准产业。要考虑该产业的资源、能源，如何进行清洁生产，减少废弃物；要考虑废物的处理与循环利用，建立良性循环体系；要开发无废、少废、节能、节水的新技术，提高资源、能源利用率；要开展核能、太阳能、地热能、海洋能的开发利用。这就要发展高科技，用高科技培育生态产业，建立“清洁生产”的完整体系，提高产品的科技含量。例如，开发绿色食品（生态食品），不仅农作物的种植、饲养及食品加工全过程必须符合绿色食品的生产操作规程，而且产品的主要原料产地也必须符合绿色食品的生态环境标准，没有工业的直接污染和污染源，符合绿色食品的大气标准、土壤标准、水质标准。其次，要开展基地建设，培育主导产品，并促进产品的系列化。有些生态产品如食品，要从初级产品向深加工方向发展，既能增加产品的花色，又能增加产品的附加值，提高经济效益。我国现在已有生态农业试点村和农场 1000 多个，试点乡 300 多个，试点县 100 多个。还需要继续提高生态科技水平，提高基地的专业化水平。再次，要向专业化、集团化方向发展。我国现在虽有“环保企业”（生态企业）4000 余家，但大多是中小型企业和乡镇企业，技术水平不高，产品结构不合理，质量也不高。因此，必须向专业化、集团化方向发展，有些中小企业，要采取联合、兼并等方式，提高企业整体水平。也只有形成规模经济，才能更好地利用高科技，取得规模效益。

还要发展“绿色市场”。发展生态产业，不止于发展生产企业，而应该包括营销企业在内。当代生态产业越来越发展，市场规模越来越大。早在 1994 年，世界生态产业市场规模已达 4080 亿美元，1995 年达 5000 亿美元，预计 20 世纪末可达 6000 亿美元。在德国，绿色产品占商品的 30%，新加坡贴上绿色标签的食品达 540 多种，日本已评的绿色产品已达 2600 种。要开拓市场，除了建立全国性的“绿色产品”开发体系外，还要建立营销网络，使“绿色市场”不断扩大并使之规模化、法制化。我们有些生态产品发展了，但市场没有扩大，在消费者中还没有形成消费群体。不少企业，生产不少“绿色食品”，但在食品商店中很少看到，没有“绿色食品”销售网点。很多消费者还不知什么是“绿色食品”，不知道“绿色食品”是否真正可靠，对身体是否真有好处。很多人不愿买。因此，除了加强生态知识宣传，降低“绿色食品”的价格外，还必须充分利用市场机制，打破地区封锁和部门分割，建立生态产品的开发体系和营销网络，疏通流通渠道，包括开拓国际市场。

要满足生态消费，必须有良好的生态环境。很多国家，花很大的力气培育绿色环境。如新加坡从 1967 年开始从各方面培育绿色环境，实施花园城市计划，现在新加坡已成为一座处处绿意盎然的世界著名的花园城市。培育良好的生态环境，不仅要治理已污染的环境，而且要从源头上培育良好的生态环境。比如，当代水污染很严重，我国也把防治水污染作为全国性重点任务。当务之急是要解决水源污染问题。大气污染、固体废弃物污染、水污染，都要从源头加以治理。除了依靠科技进步，转变经济增长方式，节约资源与能源，减少废物排放外，还必须采取有效措施培育生态化的农村环境和城市环境。要提高森林覆盖率，从源头上保持良好的空气、水、土。我国已制定了《中国跨世纪绿色工程规划》，问题是如何具体落实，使规划成为千百万人民的具体行动。

四、提高对生态消费的认识，树立生态环境观念

江泽民同志在第四次全国环保会议的讲话中指出，环境意识和环境质量如何，是衡量一个国家和民族文明程度的一个重要标志。因此，要把生态消费提到文明，提到生态文化、生态文明的高度来认识。保护、培育生态环境，实现生态消费，实现人与自然的共同繁荣，反映了高层次的生态文化，反映了新的生态文明。有人说：“环境污染是文化上的熵污染，生态危机是文化上的熵危机。”破坏生态平衡，破坏生态消费，不仅是“反自然”的，也是“反文化”“反文明”的。我们讲发展，不能只讲经济的发展，还必须讲社会文化、社会文明的发展。发展经济学家 E. 佩鲁指出：“企图把共同的经济目标同他们的文化环境分开，最终会以失败告终”，“如果脱离了它的文化基础，任何一种经济概念都不可能得到彻底深入思考”。[①] 罗马大学教授 E. 玛西妮进一步认为，以前的发展理论首先考虑的是经济，却忽视了人类生活的最终层面即文化层面……文化层面包含了人们最坚定不移的一部分信息，由于它是价值观念赖以形成的基础，因而它成为认识发展问题及主要方面的基点。要从文明的高度、从文化的高度、从两个文明建设协调发展的高度来对待生态环境和生态消费。

---

① 佩鲁：《新发展观》（中文版），华夏出版社（北京）1987 版，第 185-186 页。

到目前为止，我们很多人的环保意识、生态意识还是很薄弱的。特别是农村，还有很多人不知环保是怎么回事。据有人调查，我国城乡居民有67.6%的人根本不知道“世界环境日”这回事，有52.4%的人没听说过“酸雨”这个名词。因此，需要大力宣传生态环境知识，需要更新观念，提高全民环境意识、生态意识。近年来，我国已有一些学者提出：“要改变观念，首先要树立人与自然必须持续协调发展的意识”，需要“全面的思想革命和观念更新”。①

要提高全民环境意识、生态意识，除了加强价值观的教育外，还需要加强环保教育和生态文明教育。1992年6月联合国环境与发展大会上通过的《21世纪议程》中有一章专讲环境教育问题，提出：“从小学学龄到成年都接受环境与发展的教育”，“鼓励大学设立对环境有影响的跨学科课程”。我们应该把生态环境教育内容逐步落实到教育体系和教育计划之中，落实到地区的社会发展计划之中。最近，我国不少省市已开始认识提高全民环境意识、生态意识的重要性，并采取具体措施。如最近上海提出，在2010年以前基本形成以人的全面发展为中心的社会发展体系和人与自然高度和谐的生态环境。实现经济效益、社会效益和环境效益的可持续发展基础上的协调统一，实现精神文明和物质文明的高度统一。

还有个值得研究的问题：人的生态需要既然是最基本、最重要的消费需要，那就应该把它作为消费者的一项基本权利，加以保护。十多年前，我曾经提出：消费者还应该有“保障有益于健康的环境的权利”②。把“保障人的生态需要”作为消费者应享的权利，不仅有利于加强消费教育，把环境教育、生态教育纳入消费教育之中，充实消费教育内容，而且有利于树立全民的可持续发展的观念，树立文明消费和生态文明的观念。因此，我们的消费教育的内容，除了消费观念、商品知识、消费知识以及消费法规等方面的知识外，还应该包括生态环境和生态消费知识。

这里还要强调的是：落实生态环境的战略目标，必须强调法制化，严

① 周光召：《将绿色科学技术纳入我国科技发展总体规范中》，载《绿色周刊》，1995（10）。

② 尹世杰：《关于维护消费者权益的几个问题》，载《河北学刊》，1985（6）。

格执行有关法规。中国古代对保护环境，历来是峻法严刑。西周颁发了《伐祟令》，规定“毋坏屋，毋填井，毋伐树木，毋动六畜。有不如令者，死，无赦”。可见要求很严格。我国这几年，已制定了一系列有关环境保护的法规，还提出了《跨世纪绿色工程规划》。我们要像中国古代那样，严厉执法，真正做到有法必依，执法必严，违法必究！在落实生态法规的基础上，建立生态经济新秩序，形成生态文明的社会规范。

人是社会的主体，是经济文化的主体。社会发展应该充分体现主体的能力，一切经济、文化活动应该以人为中心。1994 年 9 月在埃及首都开罗召开的国际人口与发展会议上，通过了《宣言》和《行动纲领》，提出社会发展“以人为中心”，“社会发展的最终目标是改善和提高全体人民的生活质量”，“人民是可持续发展的中心课题”（见《行动纲领》第 8 条，《宣言》第 8 条）。我在前几年也提出：“这种以人为中心的发展，使一切经济活动的目的为了人，落脚点在于人，这才是社会经济发展的最终目的”，“经济学的研究，决不是只局限于经济增长……必须着重研究人，研究人的全面发展，社会的全面进步，这才是当代经济学的发展方向”。[①] 这些都说明，社会、经济发展的最终目的在于人的发展，在于满足人的需要，包括生态需要在内。知识经济时代正是人的作用得到空前发挥的时代。随着人的物质文化需要和生态需要不断得到满足，消费质量不断提高，人的素质不断提高，这正体现了以人为中心的知识经济时代的客观要求。

马克思说：“任何一种解放都是把人的世界和人的关系还给人自己。”[②] 知识化、生态化紧密结合的知识经济，正适应人类满足生态消费的要求。我们要发展生态产业，促进生态平衡，发展生态消费，满足人们的生态需要，实现马克思所说的获得人的“解放”，实现生态环境、社会、经济协调发展，实现由必然王国向自然王国的飞跃，迎接知识经济的到来。

原载《经济评论》1999 年第 6 期

---

① 尹世杰：《当代经济学应加强对人的研究》，载《经济学动态》，1996（8）。
② 《马克思恩格斯全集》第 1 卷（中文版），人民出版社 1956 版，第 443 页。

论绿色消费

绿色消费是人类生态环境协调发展的重要内容，要从社会文明、社会文化的高度来看待它的作用。人们在工业社会里，饱尝生态环境遭受严重破坏，影响人的生存、发展的苦痛。有人说，21 世纪将是绿色消费的世纪。发展绿色消费，研究绿色消费，具有极其重大的意义。

绿色消费绝不是“消费绿色”，而是保护绿色，发展绿色，是尊重自然、保护生态环境的一种环境良知的体现。发展绿色消费，不仅要发展绿色产品，而且要培育优美的消费环境，协调人与自然的关系。我一直认为，人们的消费需要，不仅包括物质需要和精神文化需要，还应包括生态需要在内，生态需要对人的生存和发展，对满足人的消费需要，具有极端重要性。绿色消费，正是满足人们生态需要极其重要的内容。发展绿色消费，促进生态平衡，实现可持续发展，更好地满足了人的生态需要，就能从根本上提高消费质量，提高人的素质。中国哲人早就提出“天人合一”的理念，倡导生态美、和谐美，这样就使人生变得更有价值，世界变得更加美好，这正是我们所追求的崇高理想和目标。

特别应该看到，绿色消费是消费观念、消费方式乃至生存方式的革命，是反映人与自然协调发展的新的价值观和消费观，反映一种文化、一种文明，使人们科学消费，合理消费，形成文明健康的消费方式。生态环境不断优化，人们生活在优美的大自然之中，美满幸福，反映了社会文明和社会全面进步。应该说，绿色消费是反映生态文明、生态文化的重要内容。

一、绿色消费——当代消费发展的大趋势

绿色消费反映21世纪社会经济发展的大趋势。当代世界各国都在发展绿色消费，人们的绿色消费意识在不断增强。早在1992年，欧共体的一项调查显示：82%的德国人和62%的荷兰人，在超级市场购物时会考虑环境污染问题；66%的英国消费者愿意支付更高的价格来购买绿色商品。在瑞典，最近一次民意测验的结果表明：85%的消费者愿意为环境清洁而支付较高的价格；在加拿大，80%的消费者愿意多付10%的钱购买对环境有益的产品。有人统计：40%的欧洲人喜欢购买有环境标志的产品，而不是传统的产品。在美国，84%的消费者愿意购买用有机农业生产方式生产的蔬菜和水果；77%的消费者表示，企业的环保形象会影响他们的购买意向。到1998年，国际经济合作发展组织的统计结果显示，世界绿色消费已经达到2000亿美元；联合国统计署提供的数字表明，1999年全球绿色消费总额已达3000亿美元。

发展绿色消费，必须有绿色消费品，必须有经过国家有关部门严格审查的符合特定的环境保护要求的、质量合格的产品。到1999年底，德国的环境标志产品认证的产品类别已达到100个，日本已有68个，北欧已有58个。韩国、新加坡、澳大利亚等30多个国家相继建立了环保产品标志。现在，有环保标志的产品越来越多。在德国，环境标志产品已达4000多种，占全国商品的30%；加拿大环境标志产品已达800多种；日本已达2500多种。目前，绿色产品已风靡世界。以食品而言，在不少国家早已形成巨大的规模。近几年，很多国家更是着力发展绿色食品，发达国家对绿色食品的需求以每年20%以上的速度增长。

绿色服装也很时髦。瑞士早在1994年就推出“环保服装”，西班牙时装设计中心早就推出“生态时装”。用天然纤维制成的柔和的服装，给人们带来柔媚和温馨。彩棉织品及服装产品，被认为是纺织品中真正的绿色产品，在很多国家已很风行。

绿色用品，也早已进入居民家庭。美国早已有“绿色电脑”，法国早

已开发出一种具有环保功能的电视机。绿色家具也已出现。生态化的化妆品，也早已进入市场。绿色用品在国际市场上的种类越来越多。

绿色汽车也正在驶入高速公路。美、日、德、英等国，为了争取世界汽车市场的主动权，正在加紧研究新一代电动汽车和新一代太阳能汽车，有的还在研制燃氢汽车以及其他类型的绿色汽车。

绿色住房，早已出现。主要使用木料或新的生态建筑材料，在建筑设计上运用生态学与建筑学相结合的一种崭新的生态建筑设计，使人工环境与自然环境在现代建筑上完美结合。近年来，世界各地兴起了屋顶绿化热。在法国巴黎，一幢幢高楼大厦的平顶上，栽种着各种树木与花卉，出现“空中花园”；在伦敦，人们修筑了带屋顶林荫道的住宅区；加拿大已建成了集假山、瀑布、水池、草坪、花坛等多种景致于一体的盆景式的“空中花园”；日本、德国都构建了各具特色的屋顶花园。

近年来，很多国家为了发展合乎环保质量要求的绿色产品，由政府部门根据环保标准对有关产品进行审查，合格后颁发证书。很多国家制定了生态标志标准，批准使用的生态产品越来越多。日本很多百货公司和超级市场都开辟了专售绿色商品的“生态柜”和“生态角”。绿色浪潮，已开始蜂拥全球，这是人类消费和社会经济的巨大变革，正体现新世纪发展的大趋势。

二、当前我国绿色消费态势

我国近年来，绿色消费已初见端倪，人们的绿色消费观念也在逐步提高。中国社会调查事务所（SSIC）近日开展的一项有关绿色消费观念及消费行为的专题调查显示；71.3%的人认为发展环保产业和绿色产品对改善环境状况大有裨益；53.8%的人乐意消费绿色产品；37.9%的人表示已经购买过诸如绿色食品、绿色服装、绿色建材、绿色家电等在内的绿色产品。从实际情况来看，这几年绿色消费品的生产正在逐步增加。以食品而言，我国经过10年的努力，已建立起一套比较完善的“绿色食品工程”管理制度和严格的绿色食品标准体系。目前，已拥有绿色食品生产企业会员单位700多家，通过审批的绿色食品已达1500多种，其他如绿色服装、绿色用品也开始进入市场。“一汽”已开始生产红旗牌绿色汽车。绿色住房也在发展，并尽量使室内体现绿色氛围。1998 年我国环保产业总产值已达 818 亿元，首次超过国民生产总值 1%的指标。1999 年 11 月 22 日，国家内贸局、财政部、卫生部、铁道部、质量技术监督局、环保总局等六部门联合实施“三绿工程”，开辟绿色通道，培育绿色市场，提倡以绿色消费为主要内容，对我国绿色产品的生产、流通实行全程质量控制。强调按照绿色市场标准，搞好市场软硬件的建设，通过多种方式清除各种假冒伪劣、质次价高的消费品，确保产品质量。“三绿工程”还提出，“十五”期间拟开辟十条绿色通道，建设百家绿色批发市场，创出千种绿色食品、“有机食品”品牌，形成万家绿色零售店，使城市居民绿色食品消费比例逐步提高。还提出以条件比较好的批发市场和连锁超市为基础进行绿色市场的试点，以四个直辖市和部分大城市为基础，进行绿色消费的试点。这些举措都是很好的，对我们加快发展绿色消费很有作用。

最近很多省、市，都在发展绿色产业，倡导绿色消费。如内蒙古依托生态和资源优势，以科技为动力，以效益为中心，集中搞好绿色产品的开发。提出“十五”时期，重点抓好龙头企业和基地建设，力争把全区 80%以上的名、优、特、新农畜产品开发成为绿色产品，使绿色产品成为内蒙古 21 世纪新的经济增长点，将绿色旅游、绿色消费、绿色文化同绿色产品的开发有机融合起来，从总体上构筑内蒙古独具特色的绿色产业。这是很有战略眼光的重要举措，是可喜的。重庆市提出启动系列工程，让绿色消费成为消费主流，强调要引导消费者转变消费观念：从重视生活水平的提高向重视生活质量的提高转变，从追求物质消费向追求精神消费和服务消费转变，从满足基本生存需要向追求人的全面发展转变，注重名牌消费、绿色环保节能消费、精神文化产品的消费。将绿色消费视为一种时尚，视为对生活质量更高层次的追求。这些设想都是很正确的。其他很多省市也都在采取有效的举措。

但是，总的来说，我国绿色消费还刚刚起步。很多人对绿色消费、绿色产品还很不理解，对它的作用还不清楚。绿色产业的开发，还处在产品结构单调，技术水平不高的状况。用高科技推动绿色产业的发展，还为数不多，有些产品质量不高。一份资料表明，由于不符合环保要求，我国每年有70多亿美元的出口商品受到不利影响，甚至退出国际市场。例如，我国一年出口服装近70亿件，为世界服装贸易额的1/7。但有的产品还不符合国际质量标准。前不久，江苏一家服装厂出口欧盟的服装因拉链用材含铝量超过标准，造成近百万元的损失，最终导致企业破产。可见，我们很多产品质量还需进一步提高。另外，绿色通道在很多地区还未建立；绿色产品开发、营销和消费体系，还未建立起来；取得环保标志的产品还不多。所有这些，都影响绿色消费的发展。一项调查显示，即使最容易为消费者接受的绿色食品，目前在各大中城市的商场、超市上架率也不超过10%，其他绿色产品就更少了。

我国生态环境，前途不可乐观，有些地方污染很严重，优美的消费环境尚未建立，很多人还受到生态危机的袭击。因此，发展绿色消费是一个巨大的系统工程，需要配合各方面的力量，需要全民的努力，才能逐步发展，显示其巨大效益。

三、如何发展我国绿色消费

发展绿色消费是一项系统工程，我国早在1996年就制定了《中国跨世纪绿色工程规划》，问题是如何具体落实。在此提出五点战略性建议：

第一，要提高全民绿色消费观念。绿色消费是一种价值观念的更新，要从可持续发展的战略高度、从生态文化和社会文明的高度来看待绿色消费。江泽民同志早在第四次全国环保会议的讲话中就指出："环境意识和环境质量如何，是衡量一个国家和民族的文明程度的一个重要标志。"发展绿色消费，正是反映环境意识和环境质量的重要内容。要把促进生态平衡，发展绿色消费作为极重要的价值原则。现在，很多人的环保意识不强，环保质量还不高。需要下大力气，普遍宣传生态环境知识，提高全民环保意识、生态意识。有些学者早就提出，要改变观念，首先要树立人与自然必须持续协调发展的意识，需要全面的思想革命和观念更新。发展绿色消费，正是"树立人与自然协调发展的意识"的主要内容，体现以人为本，不断提高消费质量，不断美化生态环境的发展趋势。我们要提高全民的绿色消费观念，在可持续发展战略思想指导下，处理好人与自然的关系，尊重自然，爱护优美的生态环境（包括绿化大地），促进生态平衡，体现大自然的纯洁、优美。用绿色消费观念，美化我们的生态环境，优化我们的生活，提高消费质量。人人动员起来，倡导绿色消费，保护绿色消费，让绿色消费成为我们的生活方式、生存方式和永恒的价值观念。这是发展绿色消费的基本条件。

第二，要加速发展绿色产业和产品。现在虽已发展不少“环保产业”（主要是绿色产业），产值约 300 亿元，但大部分为乡镇企业和中小型企业，技术素质不高，产品质量不高。和国际环保产业拥有 5000 亿美元的市场容量相比，差距太大。因此，需要采取联合、兼并等方式，搞规模化、专业化，更好地利用高科技，提高企业整体素质。这里还有一个很重要的问题：科学技术要重视“绿色导向”，要大力发展绿色科技，使绿色科技渗透到人类一切生活领域，特别是消费领域。企业要运用绿色科技，设计、开发绿色产品，要在坚持“清洁生产”的基础上，大力改造、创新工艺流程及设备技术，使用新材料、新技术，开发新产品。只有使生产、经营者向消费者提供的产品，符合保障消费者人身健康的要求，获得消费者的信赖，产品才有广阔的市场。

发展绿色消费，不仅要建立绿色产品生产体系，还要建立绿色产品营销体系。几年前，我在论述建立生态化产业体系时提出：要建立全国性的绿色产品开发体系和销售网络，发展绿色市场，更好地满足生态需要。搞产业化，还应包括绿色市场在内。有些绿色产品生产了，但市场并没有扩大，很多消费者还不知道哪些是绿色产品，其性能、效用如何，不敢放心购买，在消费者中还没有形成消费群体。因此，还要搞好绿色产品的营销，加强宣传，开拓市场。

第三，要强化市场管理、监督，净化市场。当前，市场上经常出现伪劣假冒商品，以假乱真。绿色产品中必然有很多质量差的甚至伪劣假冒产品，除生产经营部门严格把关外，有关行政管理部门要加强对产品质量的检测和监督。要搞好环境标志，它是经国家工商行政管理部门注册的证明性商标，受法律保护。但必须是经环保部门严格审查检验、符合环境标志产品技术要求的，才能予以认证。因此，要严把质量关，建立健全绿色标准，搞好绿色产品的认证工作。除了国家环保部门等单位组织的认证委员会经过严格审查认定的以及国家另有规定的以外，任何企业、单位都不能自封为绿色商店、绿色商品。到现在为止，我国仅有200余家企业的500多种产品获得国家环境标志认证。至于有些非法使用绿色产品标志以及冒用绿色标志包装的假冒“绿色产品”，除没收其非法物品外，还应适当予以惩处，以保护真正的绿色产品，保护消费者权益。

第四，要美化生态环境。开展绿色消费，决不止于发展绿色产品，还要培育一个优美的生态环境，包括绿色环境在内。我国荒漠化的问题很严重，全国荒漠化土地面积达262万平方公里，占国土面积的27%，并且每年以2460平方公里的速度扩展。每年因荒漠化危害造成的损失高达540多亿元。而森林的过度砍伐，是造成荒漠化的重要原因。因此，必须大搞植树造林，大搞绿化，培育一个绿化的生态环境。最近几十年来，许多国家花很大力气培育绿色环境。如新加坡从1967年以来开始实施花园城市计划，培育绿色环境。现在新加坡已成为一座处处绿意盎然的世界著名的花园城市。除了从各方面治理、保护、培育生态环境外，特别要加速城乡绿化工作。要把绿化大地作为广大群众的切身要求和自觉行动，成为建设文明城市、文明村镇、文明地区的重要内容。“十五”计划提出，森林覆盖率提高到18.2%，城市建成绿化区覆盖率提高到35%。最近，有的城市正在搞“山水园林城市”，有些农村乡镇正在搞绿化试验基地。搞好绿色生态环境，这是发展绿色消费的基础工程。我国最近已编制《2001—2010年全国造林绿化规划纲要》，这是有划时代意义的。

为了培育并经常保持优美的生态环境，必须加强法治化，建立、完善并坚决执行保护生态环境的法规。我国近年来已公布了一些有关的法规和生态环境建设规划，问题是如何具体落实，严格执行，真正做到有法必依，执法必严，违法必究。另外，对保护培育生态环境、发展绿色消费有功的还可予以奖励，以促进绿色消费的发展。

第五，要加强环保教育，特别是绿色消费的教育。还有不少人环保观念，特别是绿色消费意识不强，知识不多。因此，要加强环保教育，逐步普及生态环境保护知识。要加强基础教育，适当开展专业教育，分级开展生态环境保护的培训，特别强调绿色消费的发展趋势和重大意义，宣传绿色消费理念，传播绿色消费知识。最近，北京市消费者协会等单位已联合举办绿色课堂，开讲了第一堂有关工薪阶层如何进行绿色家装的讲座，这是良好的开端，经验值得推广。消费者增强了绿色消费知识，就会自觉进行绿色消费，通过自己的消费行为和消费取向，来参与生态环境的保护、培育，促进生态平衡，让绿色笼罩大地，把我们的家园建设得更加美好。

原载《江海学刊》2001 年第 3 期

关于绿色消费的几个问题

绿色消费反映人与自然、社会经济与自然环境的协调发展，正如马克思所说的：反映“人的复归”，“它是人与自然之间、人与人之间的矛盾的真正解决”。发展绿色消费，不仅有利于提高消费质量，提高人的素质，而且有利于发展绿色经济，优化产业结构，促进经济增长，有利于发扬生态文明，促进社会文明和社会全面进步。倡导绿色消费，发展绿色消费，将是新世纪带有重大战略意义的大事。

一、绿色消费——当代消费发展的大趋势

在工业社会，生态环境遭受破坏，污染的情况愈益严重，这种状况对人类的生存和发展，造成了严重的威胁。这样，绿色消费应运而生，各国竞相发展绿色产业、绿色产品，以满足绿色消费需要。特别是最近二三十年，绿色消费已风靡全球，将逐步成为人们消费生活的主流。

近年来，绿色产品越来越多。例如：绿色食品在很多国家已形成巨大的规模，特别是一些发达国家，近几年对绿色食品的需求每年以20%以上的速度增长；绿色服装也早已出现，瑞士早在1994年就推出“环保服装”，西班牙时装设计中心早就推出“生态时装”，彩棉织品以及用这种天然纤维制成的服装，在很多国家已很风行；绿色用品也越来越多，美国早已有“绿色电脑”，法国早已开发出“环保电视机”。绿色消费已渗透到人们消费的各个领域，在生活消费中占据越来越重要的地位。据国际经济

合作发展组织的统计结果显示，1998 年世界绿色消费已达 2000 亿美元。联合国统计署提供的数字表明，1999 年全球绿色消费总额已达 3000 亿美元。

为保证绿色消费品的质量，很多国家制定了绿色产品质量标准，经过严格检查，合格后发证书。德国有环境标志的产品已达 4000 多种，占全国产品的 30%；加拿大有环境标志的产品已达 800 多种；日本已达 2500 多种；其他很多国家，也都在大力开拓、发展绿色产品。

我国绿色消费，起步较晚，但发展也较快。以食品而言，经过 10 年的努力，已拥有绿色食品生产企业单位 700 多家，通过审批的绿色食品已达 1500 多种。绿色服装、绿色用品、绿色住宅也陆续上市。但总的来说，我国的绿色消费只是刚刚起步。大部分企业还是乡镇企业或中小企业，科技水平不高，企业素质不高，专业化程度不高，在国际市场上还缺乏竞争能力，在国内市场上还很少有消费者认同的拳头产品、名牌产品，因而市场占有率还不高。要更好地利用高科技，发展特色产品，还需要做很大的努力。

二、发展绿色产业，开拓绿色产品

发展绿色消费，必须有丰富的绿色产品，这就要发展绿色产业，开拓绿色产品。我国的绿色产业（环保产业）技术落后，已成为最大的制约因素。这就要求企业大搞技术创新，发展绿色技术，搞好绿色设计，开发绿色产品，特别是新产品。

要建立绿色产品生产基地，建立“清洁生产”的完整体系。要使产品的主要原材料产地符合绿色产品的生态环境标准，没有工业的直接污染和污染源，符合绿色产品的大气标准、土地标准、水质标准；要考虑废弃物的处理和循环利用，建立良性循环体系；要开发新材料、新能源，切实防止环境污染。在“清洁生产”的基础上，建立绿色产品的开发体系和市场监督体系。

要逐步建立、完善绿色标志制度。在严格检测、坚持绿色标准的条件下，按照国际惯例，推行 ISO14000 质量认证。

还要增加对发展绿色产业的资金投入。利用高科技发展绿色产业一般需要较多的资金。政府要增加投入，还要充分利用民间资金，利用外资，兴办绿色产业，发展绿色企业，大力开发绿色产品。我们有些地区已在启动“绿色消费工程”，着手进行绿色产品的设计和开发，这是良好的开端。

还要运用各种经济杠杆，限制不可持续的生产和消费，鼓励可持续的生产和消费，以利于发展绿色消费。我们当前的情况是：绿色产品一般成本较高，而那些不顾及生态环境、浪费资源的产品，反而价格较低。因此，政府需要采取一些有效措施，特别是运用经济杠杆，对绿色产品的生产给予一些优惠待遇，以资鼓励。

三、建立绿色营销体系

发展绿色消费，除了发展绿色产业、绿色产品外，还要建立绿色营销体系，使绿色产品真正为消费者所拥有。现在我国有些绿色产品发展了，但市场并没有扩大，在消费者中还没有形成消费群体。以食品而言，现已有不少生产企业，但很多食品商店中很少看到“绿色食品”，很少有“绿色食品”销售网点。这就要在提高产品质量的同时，加强生态知识的宣传，建立、完善营销网络，充分利用市场机制，打破地区封锁和部门分割，疏通流通渠道，扩大绿色产品的市场覆盖面。

我国近年来，市场经济秩序相当紊乱，经常出现伪劣假冒商品，以假乱真。绿色产品更会出现假冒伪劣，现在已经出现了这些情况。有的根本不是绿色产品，却加以包装，自称为“绿色产品”。必须加强市场管理，整顿市场秩序，严厉打击伪劣假冒和各种不法行为，净化市场。对那些非法使用绿色产品标志以及冒用绿色包装的假冒“绿色产品”，除没收其非法物品外，还应依法予以惩处，以保护消费者权益，保护市场经济秩序。

四、发展绿色消费的主要对策

发展绿色消费的主要对策是：

（一）要树立绿色消费观念。这是发展绿色消费的思想基础和前提条件。要更新观念，树立绿色消费的价值观、消费观。真正认识到，发展绿色消费，既保护自身健康，又保护了生态环境；既提高了消费质量，又促进了经济增长；既造福于当代，又造福于千秋万代。绿色消费观念深化了，就能使保护生态环境、发展绿色消费成为广大群众的自觉行为，奉行绿色消费方式。

（二）要培育优美的生态环境。不仅要治理已污染的环境，而且要培育优美的生态环境。没有良好的消费环境，绿色消费也难以生根，这是绿色消费的基础。我们要采取有效措施培育生态化的农村环境和城市环境，要提高森林覆盖率，从源头上保持良好的空气、水、土。要广泛开展植树造林活动，绿化大地。特别是人口密集的城市更要加强绿化。《中华人民共和国国民经济和社会发展第十个五年计划纲要》提出：加快“绿色通道”建设，大力开展植树种草和城市绿化。这是非常必要的。要把绿化大地作为广大群众的具体行动，成为建设文明城市、文明村镇、文明地区的重要内容。在优美的生态环境中，发展绿色产业，发展绿色消费。2000 年公布的《全国生态环境保护纲要》提出生态环境保护的近期目标：到 2010 年基本遏制生态环境破坏趋势，建设一批生态功能保护区。远期目标：到 2030 年，全国 50%的县（市、区）实现秀丽山川、自然生态系统良性循环，30%以上的城市达到生态城市和园林城市标准。到 2050 年力争全国生态环境得到全面改善，实现城市环境清洁和自然系统良性循环，全国大部分地区实现秀丽山川的宏伟目标。这些目标的逐步实现，对于今后发展绿色消费将起着重要的作用。

（三）要完善绿色消费法规。我们这十多年来已公布了一些关于保护环境的法规。现在需要根据发展绿色消费的要求，制定相关的和具体的法规，依法限制污染严重的产品的生产，鼓励绿色生产、绿色营销，对保护、培育绿色环境有功的企业和个人予以奖励。与此同时，要严格执法，强化法律监督，依法打击各种违法犯罪行为。当前还要尽快完善我国环境标志制度，搞好认证工作，并尽量使绿色产品的质量符合 ISO14000 标准，以便与国际市场接轨。

（四）要加强生态环境教育。前面已经谈及，我们现在还有不少人环保意识不强，环保知识不多，需要宣传绿色消费理念，传播绿色消费知识。这就需要加强生态环境教育，提高全民生态环境的意识和知识。我们应该把生态环境教育的内容逐步落实到教育体系和教育计划之中，作为素质教育的重要内容之一。对地方政府有关人员和企业职工，也要加强生态环境的教育，提高生态环境的知识。

总之，发展绿色消费，是可持续发展的重要内容，反映当代生存方式、生活方式的发展趋势。而可持续发展的中心是人，落脚点在于人的生存和发展，在于人的身心健康和全面发展。1994 年 9 月在埃及首都开罗召开的国际人口与发展大会，明确提出可持续发展问题的中心是人；1995 年在哥本哈根举行的社会发展问题世界首脑会议上，通过了《宣言》和《行动纲领》，提出社会发展以人为中心，社会发展的最终目标是改善和提高全体人民的生活质量，人民是可持续发展的中心课题。这些都说明：社会、经济发展的最终目的，在于人的发展，在于满足人的需要，包括生态需要在内。可持续发展战略，正是为了优化人类生存和发展的环境，不断提高生活质量。因此，发展绿色消费，建立绿色生产和消费体系，必须以人为中心，提高人的生态消费质量，促进人的全面发展，促进人与大自然、社会经济文化协调发展。

原载《经济学动态》2001 年第 7 期

再论生态需要

几年前，我曾在《光明日报》发表的《论生态需要》一文中提出：生态需要，不仅是最基本、最重要的生存需要，也是很重要的享受需要和发展需要；生态需要得到较好的满足，反映人与自然的协调发展，反映人的本质要求；要从可持续发展的高度审视生态需要；从文明的高度、从文化的高度去引导经济、社会的发展。党的十六大的报告中提出“推动整个社会走上生产发展、生活富裕、生态良好的文明发展道路”，十六届三中全会又提出“坚持以人为本，树立全面、协调、可持续的发展观，促进经济社会和人的全面发展”。贯彻落实这些重要思想，对于使经济社会发展更好地满足人们的生态需要具有重要的指导意义。在此，笔者根据近年来实践的发展，对生态需要问题再作进一步的阐述，是为“再论”。

一、进一步提高对生态需要的认识

人们的消费需要，不仅包括物质需要和精神文化需要，还应包括生态需要；生态需要对人的生存和发展，对满足人的消费需要，具有极端重要性。生态平衡遭破坏，生态环境遭污染，必然影响人的生存和发展。生态环境不断改善并优化，使人得到美的享受，就大大有利于发展人的智力、体力，促进人的身心健康和全面发展。这是众所周知的。但仅此还不够，还应该看到，过去很多人说“绿就是金”，现在应该说“绿体现生命的光辉”，“体现人的本质力量”。生态需要得到较好的满足，有利于提高消费质量，有利于提高人的素质，提高生产力，促进经济增长。

据有关专家估计，我国由于环境污染和生态破坏直接造成的经济损失每年高达6000亿元以上，占GDP的6%以上。同时，还要从文化和社会文明的高度来看。环境意识和环保质量如何，是衡量一个国家和民族的文明程度的一个重要标志。环境污染是文化上的熵污染，生态危机是文化上的熵危机。破坏生态环境，危害人的生态消费，不仅是反自然、反人性的，也是反文化、反文明的。发展经济学家E. 佩鲁早就指出："企图把共同的经济目标同他们的文化环境分开，最终会以失败告终。"优美的生态环境，反映生态文化，反映生态文明，反映"真""善""美"的统一。这些都说明：我们讲发展，决不是单纯的经济发展，而是社会、经济、文化的协调发展；我们讲效益，决不能单纯是经济效益，而应该是社会效益、经济效益、生态效益的统一。但现在不少人对这些问题的认识还很不够。因此，必须进一步提高对生态平衡、生态消费作用的认识。

二、发展绿色产业、绿色产品

近年来，绿色消费已风靡全球。为了更好地满足生态消费需要，必须发展绿色产业、绿色产品。对传统产业也要"绿化"，特别是农业，必须大力发展"绿色农业"，同时还要发展其他"绿色产业"，发展绿色产品。要建立绿色产品的生产基地，建立"清洁生产"的完整体系，从源头上改善并优化生态环境，使其符合绿色产品生产的大气标准、土地标准、水质标准。还要发展高科技，开发新产业、新产品，并向专业化、系列化的方向发展。要利用科学技术，建立绿色产品生产、营销和消费的完整体系，使真正的绿色产品造福于人类。要坚持并完善绿色产品的科学认证，防止并严厉打击假冒的"绿色产品"。

近些年来，西方生态哲学有种观点认为，科学技术的进步和生产力的发展导致生态危机，要求限制工具理性的膨胀，控制社会生产力的发展。我认为，这种观点是片面的。科学技术是无罪的，问题在于人类如何利用科学技术。利用得好，科学技术就会大大造福于人类。况且，环境遭受污染，生态平衡遭受破坏，更需要利用高科技治理环境污染，并培育优美的生态环境。我国近年来已开始实施“三绿工程”：开辟绿色通道，培育绿色市场，培育以绿色消费为主要内容，对绿色产品的生产、流通实现全程质量控制。这是良好的开端。今后进一步落实科学发展观，坚持可持续发展战略，更需要利用高科技治理、改善我们的生态环境。

三、运用经济、法律乃至行政手段保护生态环境

要建立稳定的生态环境保护与建设的财政金融支持系统，增加各级政府在这方面的投入，还可吸引外资。此外，还可运用税收手段来保护生态环境。我国近年来采取收环境费的办法，还只对污染排放收费，对污染环境的资源和产品未能征税，因而收费不多，作用不大。应该对开发、利用自然资源（包括土地、森林、水资源等）的行为，对污染空气、水质以及排放废弃物的行为，一律征税；还要对污染环境的产品开征“污染产品税”。要确定税种，逐步开征。还可搞“绿色核算”“绿色 GDP”，把生态环境污染与生态破坏的损失纳入 GDP 中。这些都有利于加强保护生态环境。

从法律手段来说，我国早已有了《环境保护法》以及《大气污染防治法》等一系列环保法规，现在需要根据新情况、新问题进行适当的修改。特别是我国加入 WTO 后，国外产品和外资企业不断涌入，需要有相关的法规或对已有法规进行补充。此外，在我国《消费者权益保护法》这个基本法规中，还可考虑在消费者的几项基本权利中，增加“环境权”的内容，体现消费者享有在良好的环境中生活的权利。消费者应有的权利中，应包括保障有益于健康的环境的权利，人们不仅要有比较好的消费品和服务，而且要求有比较好的生活环境，提高生活质量。

四、加强绿化工作，培育优美的生态环境

我国人口占全世界的 22%，但森林面积、蓄积量分别只占世界的 4.6%和 2.9%，人均占有量分别仅为世界平均水平的五分之一和八分之一。绿化大地的工作还很繁重。我们要把再造秀美山川作为今后一项重要任务，广泛开展植树造林活动，绿化大地，美化环境。在农村，除了退耕

还林、还草，大搞植树种草外，还要大力发展生态农业，建设生态村镇；在人口密集的城市，更要加强绿化，要建设生态城市、生态社区，使人们享受生态文明。

五、关键是提高人的素质

马克思早就说过：一个人“要多方面享受，他就必须有享受的能力，因此他必须是具有高度文明的人”。要增加生态消费的享受，也必须有“享受的能力”，不断提高自身素质，成为“具有高度文明的人”。

我们现在很多居民，特别是农村居民，还缺乏生态环境和生态消费方面的知识，需要加强生态环境的教育。最近一二十年来，很多国家已把生态环境的教育，纳入正规教育之中，纳入各级学校的教学计划之中。我国的生态环境教育还较滞后，没有引起广泛的重视。我们应该迎头赶上，把生态环境教育作为素质教育的内容之一，逐步落实到教育体系和教育计划之中，落实到地区的社会发展计划之中。环境教育包括学龄儿童环境教育、中小学环境教育、大学环境教育以及专业环保科技教育。环境教育也要从娃娃抓起，使小孩从小就了解一些环境知识，培养热爱、保护环境的自觉意识。中学、大学也要开设有关环境教育的课程。各种社会组织特别是各级消费者协会在组织开展消费教育的活动中，要加强环保教育的内容，还可举办一些短期环保教育班和生态环境知识的讲座。

原载《光明日报》2004 年 8 月 24 日

服务消费

关于劳务消费的几个问题

我们这里所讲的劳务，不包括生产性劳务，只包括与生活消费直接相关的劳务。劳务在国民经济中有着重要的地位和作用。消费水平的提高，越来越表现为劳务消费的增长。劳务的发展，已成为消费和消费品发展战略的重要内容，成为社会经济发展战略的组成部分。加速发展劳务消费，对于我们实现小康，具有重要的意义。

劳务问题，是一个新的领域，需要研究的问题很多。在这里，只想就下面几个问题，做些初步的探索：（一）发展劳务消费的意义；（二）劳务的流通；（三）劳务消费的发展趋势；（四）发展劳务消费需要解决的几个问题。不妥之处，请指正。

一、发展劳务消费的意义

为了说明发展劳务消费的重要意义，首先须说明什么是劳务。马克思说："任何时候，在消费品中，除了以商品形式存在的消费品以外，还包括一定量的以服务形式存在的消费品。"① 在《经济学手稿（1857—1858年）》中又指出："在提供个人服务的情况下，这种使用价值是作为使用价值来消费的，没有从运动形式转变为实物形式。"② 马克思讲的"以服务

① 《剩余价值理论》第1册，人民出版社1975年版，第160页。

② 《马克思恩格斯全集》第46卷上册，人民出版社1979年版，第464页。

形式存在的消费品”和“运动形式”的使用价值，就是我们这里所讲的劳务。

什么是劳务（或服务）？马克思说：“服务这个名词，一般地说，不过是指这种劳动所提供的特殊使用价值，就像其他一切商品也提供自己的特殊使用价值一样；但是，这种劳动的特殊使用价值在这里取得了‘服务’这个特殊名称，是因为劳动不是作为物，而是作为活动提供服务的。”① 这就是说：第一，劳务必须有一种“特殊使用价值”，能满足某种特定的需要；第二，它一般是“作为活动提供服务的”，不一定具有实物形态。

劳务，可以按需要的层次进行分类。马克思对劳务的消费，按人们不同的需要程度分为“相当必要的”“不太必要的”“确实必要的”“看来是必要的”“……给我提供享受的服务”。② 马克思对劳务的这种划分，和恩格斯把消费资料划分为生存资料、享受资料和发展资料，基本观点是一致的，只是分析的出发点不同而已。

我们还可按劳务的内容将劳务大致分为三类：第一类是通过服务，它的价值物化或附加在原来的消费品中，如修理、缝纫等服务；第二类劳务，也可称为“纯粹的服务”。它的价值不物化或附加在一种消费品中，生产服务的过程，也就是消费服务的过程。这类劳务，范围比较广，如科学、文化、艺术、教育、卫生、保健等，都包括在内。第三类是通过服务创造了有形产品，如书、画等艺术作品。这几种劳务，都能满足人们某种消费需要，都是社会进步所必需的。随着社会经济的发展，劳务消费的作用越来越大。

发展劳务消费，有着重大的意义：

第一，发展劳务消费，不仅有利于提高劳动力质量，而且直接体现社会主义基本经济规律的要求。劳动力质量的提高，不仅依靠增加实物消费品，维持和发展劳动者的体力，更重要的是依靠增加劳务消费，提高劳动者的政治素质，提高科学文化和专业水平，提高劳动熟练程度。马克思

① 《剩余价值理论》第 1 册，人民出版社 1975 年版，第 435 页。
② 《剩余价值理论》第 1 册，人民出版社 1975 年版，第 436 页。

说："有一些服务是训练、保持劳动能力，使劳动能力改变形态等等的，总之，是使劳动能力具有专门性……"①，特别是文化教育的服务，对于提高劳动力质量作用极大。"教育会生产劳动能力"。② 社会劳动生产率的提高和生产的发展，越来越依靠发展劳务消费的作用。

不仅如此，发展劳务消费，直接体现社会主义基本经济规律的要求。人们消费水平的提高，不仅表现在每人拥有的实物消费品的数量和质量上面，而且表现在每人得到的劳务消费的数量和质量上面。劳务消费对于提高消费水平的作用将越来越大。发展劳务消费，有利于改变消费结构，提高消费质量，不仅满足日益增长的物质需要，而且能满足日益增长的文化需要，提高人们的共产主义思想和品德，促进人的全面发展，促进社会主义精神文明的建设。所有这些，都直接体现社会主义基本经济规律的要求。

第二，发展劳务消费，有利于国民经济按比例的发展。生产的发展和消费水平的提高，要求加速发展劳务消费。应该看到：物质生产领域与劳务生产领域之间，在客观上存在一定的比例。国民经济按比例发展，不仅表现在物质生产领域内部按比例发展，而且表现在物质生产领域与劳务生产领域之间按比例的发展。经济结构的合理，不仅表现在各物质生产部门之间结构的合理，而且表现在物质生产部门与劳务生产部门之间结构的合理。我国过去国民经济结构不合理，不仅表现为农业、轻工业长期落后，而且表现为消费服务行业很不发达，远远不能满足人民消费水平提高的需要。发展劳务消费，发展服务行业，提高服务行业在国民经济中的比重，大大有利于国民经济结构的逐步合理，这是国民经济按比例发展的一个重要方面。还应该看到，由于消费中有了劳务，不仅能满足日益增长的物质文化需要，有利于提高消费水平和改变消费结构，而且在分配和交换中，不仅有商品与劳务之间的交换，也有劳务与劳务之间的交换，相互补充、相互配合，使分配、交换、消费的内容大为丰富。这就会大大丰富社会经济生活，促进社会生产的发展，促进国民经济的综合平衡，促进国民经济

---

① 《剩余价值理论》第 1 册，人民出版社 1975 年版，第 159 页。

② 《剩余价值理论》第 1 册，人民出版社 1975 年版，第 210 页。

按比例发展。

第三，发展劳务消费，有利于合理利用劳动力资源。我国劳动力资源极其丰富，如何充分利用丰富的劳动力资源，扩大劳动力就业而不致降低劳动生产率和增加能源消耗？大力发展劳务消费，是一条重要的途征。劳务消费行业，很多是劳动密集型行业。如服务行业、工艺美术业以及科教文卫等事业，有机构成低，投资少，开办易，能容纳大量劳动力。发展这些行业，能吸收大量劳动力就业，有利于合理利用劳动力资源。有些服务行业，适宜于小型、分散经营，因而集体、个体均可经营，能充分调动各方面的积极性。

第四，发展劳务消费，有利于社会主义精神文明的建设。人们的消费，不仅反映物质文明，也反映精神文明。我们对消费活动，必须进行正确的引导，使其体现社会主义生产关系和生活方式的本质要求，有利于社会主义精神文明的发扬。加速发展消费服务事业，特别是加速发展科学文化教育事业，提高全民族的科学文化水平，培养人民的共产主义思想、情操和道德，对于发扬社会主义精神文明，影响很大。特别是在工作时间以外的自由时间里，如何用社会主义的消费观去统帅各种消费活动，开展一些有益于人们的身心健康，有益于人的全面发展，能促进社会主义精神文明的消费活动，是极为重要的问题。马克思把自由时间解释为“为个人发展充分的生产力，因而也为社会发展充分的生产力创造广阔地余地”① 的时间，解释为“使个人得到充分发展的时间”，“从事较高级活动的时间”②。恩格斯在《论住宅问题》中说得更具体：“……使每个人都有充分的闲暇时间从历史上遗留下来的文化——科学、艺术、交际方式等等——中间承受一切真正有价值的东西；并且不仅是承受，而且还要把这一切从统治阶级的独占品变成全社会的共同财富和促使它进一步发展。”③ 这就说明，要大力发展科学文化教育和其他服务事业，发展劳务消费，使劳动者在自由时间里，开展各项有益于身心健康的科学、文化、教育、体育、旅

① 《马克思恩格斯全集》第 46 卷下册，第 221 页。
② 《马克思恩格斯全集》第 46 卷下册，第 225-226 页。
③ 《马克思恩格斯全集》第 18 卷，第 246 页。

游等消费活动，“承受”并“进一步发展”人类文化的一切真正有价值的东西，从而发展人的智力、体力，发展人的才能，使“个人得到充分发展”，从而“作为最大的生产力反作用于劳动生产力”[①]。这对于发展社会主义精神文明，促进社会生产力的发展，也就是促进社会主义物质文明的建设，具有重大的作用。马克思说：“决不是禁欲，而是发展生产力，发展生产的能力，因而既是发展消费的能力，又是发展消费的资料。消费的能力是消费的条件，因而是消费的首要手段，而这种能力是一种个人才能的发展，一种生产力的发展。”[②] 发展劳务消费，既是“发展消费的资料”，又是“发展消费的能力”，也就是“一种生产力的发展”。它是生产发展的结果，反转来又会促进生产的进一步发展。我们必须在生产发展的同时，加速发展劳务消费，来满足日益增长的消费需要。应该把消费需要扩大到提高劳动力质量，扩大到科学文化教育事业的发展和整个国民经济的发展，扩大到逐步实现人的全面发展，扩大到建设社会主义精神文明的高度来考查。把当前需要和社会经济发展的战略目标结合起来，把劳务消费纳入社会经济发展战略中去。这是我们实现小康的重要内容之一。

二、劳务的流通

由于劳务的发展，使社会经济生活的内容大大丰富，不仅有利于人民消费水平的提高，也有利于促进分配、交换的扩大，有利于生产的发展。我们可以把社会生产第 II 部类具体划分为两个副类：II_a（生产实物消费品）和II_b（生产劳务消费品）。II_a与II_b可以同第 I 部类进行交换。II_a与II_b之间可以进行交换，II_b内部也可以进行交换。因此，不必像有些同志所建议的：把服务（劳务）部门称为第 III 部类。只是两大部类之间的流通更为复杂而已。在社会再生产中，由于有了劳务的参与，两大部类的关系，就不是简单地表现为 I–II 的关系，而是表现为 $I-\begin{cases}II_a \\ II_b\end{cases}$ 的关系。这样在流通

① 《马克思恩格斯全集》第 46 卷下册，第 225 页。
② 《马克思恩格斯全集》第 46 卷下册，第 225 页。

过程中，至少扩展了以下一些交换关系：

（1）I与II_b的交换，即劳务部门与生产资料生产部门的交换。劳务部门需要生产资料，生产资料生产部门的职工也需要劳务消费。由于劳务参与了流通过程，通过交换，使劳务的一部分价值在第I部类实现。而第I部类的职工，由于通过交换得到了劳务，便大大丰富了消费内容，并促进了生产的发展。

（2）II_a与II_b的交换。这就是第II部类内部的交换，也就是劳务消费品与实物消费品的交换。由于劳务参与流通过程，通过交换，使劳务的一部分价值在实物消费品生产部门实现；而实物消费品生产部门由于通过交换得到了劳务，也大大丰富了消费的内容，并促进了生产的发展。不仅如此，某一劳务部门的发展，会促进其他劳务部门的发展。例如，由于教育事业的发展，人民文化水平普遍提高了，会大大促进文化、艺术、出版等事业的发展。

（3）II_b内部的交换，也就是劳务与劳务的交换。劳务生产部门，通过内部的交换，各自实现其一部分价值，并获得了所需要的其他类型的劳务，也大大丰富了消费的内容，并促进了劳务生产的发展。不仅如此，由于劳务消费的发展，促进了实物消费的发展。例如，旅游事业的发展，就会促进食品工业、日用品工业、工艺手工业的发展，还会促进商业、客运、旅店和民用建筑业的发展。当然，实物消费品的发展，也会促进劳务消费的发展。比如，耐用消费品越多，需要投入销售、加工和修理的劳务也越多。

还应该看到，由于劳务参与了流通过程，由于劳务已成为消费品一个重要的组成部分，不仅大大丰富了消费品流通的内容，而且大大有利于解决消费品供求的矛盾。这是因为，由于劳务参与了流通过程，社会总购买力和消费品供应的平衡，就不是社会总购买力与实物消费品总量之间的平衡，而是社会总购买力与消费品总量（实物消费品总量+劳务消费品总量）之间的平衡。这样就不会使购买力过分集中于实物消费品，特别是其中比较紧俏的商品，而会将一部分购买力转向于劳务消费品，就会大大减轻消费品供求的矛盾。我们过去就是因为劳务太不发达，人们的消费比较简单，这就增加了社会购买力对于实物消费品的压力，加剧了消费品供求的不平衡。如果劳务消费大大发展了，这些问题也就容易解决了。

由此可见，由于劳务加入流通过程，会使社会再生产过程，使社会经济生活发生重大的变化，进一步说明了发展劳务消费的重要作用。

三、劳务消费的发展趋势

马克思在分析资本主义经济时，由于当时的劳务在国民经济中还不发达，因而把它存而未论，而只分析实物产品：社会生产两大部类。马克思说："这样一些劳动，同资本主义生产的数量相比是近消失的量，……所以把它们完全置之度外"①。是"微不足道的，因此可以完全置之不理"。② 但马克思在《剩余价值理论》中，特别是在《经济学手稿（1857—1858）》中，对劳务的问题论述得比较多。尽管当时劳务消费不发达，马克思仍然预见到劳务消费将有不断发展的趋势，明确指出：有了劳务，会使社会消费品的总额增大，而且预见到有些劳务消费会大大增加。"……一般会有比以前高的教育程度；并且，特别是报酬菲薄的艺术家、音乐家、律师、医生、学者、教师、发明家等等的人数将会增加。"③ 随着社会生产的发展和人民消费水平的提高，劳务消费在消费总额中所占的比重也将增大。这是消费结构发展的必然趋势。

在一些发达的资本主义国家，劳务消费占个人消费支出的比重相当大。以 1979 年为例，美国为 40%，日本为 36.2%，西德为 30.6%，法国为 30.6%，英国为 33.2%。现在决不是"微不足道的"，而是社会分工体系中一个重要的环节，是国民经济一个重要组成部分，成为反映现代社会经济发展水平的重要标志。

有人认为，"在社会主义还存在商品生产的条件下，劳务的范围正在逐渐缩小……"这种意见，是缺乏根据的。从社会主义生产发展和消费水平提高的客观要求来说，劳务消费正在加速发展，劳务的范围正在不断扩

① 《直接生产过程的结果》，人民出版社 1964 年版，第 112 页。

② 《剩余价值理论》第 1 册，第 443 页。

③ 《剩余价值理论》第 1 册，第 219 页。

大，而不是“正在逐渐缩小”。我们认为，从发展趋势来看，劳务消费的增长速度将会快于实物消费的增长速度。这是因为：

第一，随着科学技术的发展，技术密集型、智力密集型的产业越来越多，在国民经济中所占比例越来越大，对劳动力质量的要求越来越高，要求加速发展劳动者的智力和体力，要求迅速提高科学文化水平。这就要求加速发展科学文化教育卫生等事业，大大增加这些劳务。这样必然使劳务消费的比重大大提高。特别是当前正在酝酿“第四次工业革命”，工业化社会将进入信息社会，科学技术将迅猛发展，为科学技术和社会经济服务的咨询、情报、信息、通信行业将迅速发展。在一百多年前，马克思早就预料到：“用来满足共同需要的部分，如学校、保健设施等，和现代社会比起来，这一部分将会立即显著增加，并将随着新社会的发展而日益增加。”① 在当前，不仅“学校、保健设施”将“日益增加”，现代科学文化以及其他劳务消费，都将“日益增加”，才能适应社会经济迅速发展的客观要求。我国过去，劳务消费发展很慢，居民劳务消费水平很低。1982 年城镇职工家庭平均用于劳务消费的支出仅 25.8 元，占其生活费支出的 5.48%；农民家庭平均每人每年的劳务消费支出（文化、服务生活支出）只有 4.93 元，占其生活费支出的 2.24%。和其他国家相比，差距太大，和我国国民经济的发展和人民消费水平提高的要求也很不相称。因此，加速发展劳务消费，是今后经济发展的客观要求和必然结果。

第二，如果我们把消费资料分为生存资料、享受资料和发展资料，消费结构的变化趋势为：生存资料在全部消费资料中所占比重将逐步下降，享受资料和发展资料所占比重将逐步上升。而我们知道，生存资料主要是“以商品形式存在的消费品”，即实物消费品；享受资料、发展资料很多是“以服务形式存在的消费品”，即劳务产品（特别是发展资料极大部分是劳务产品）。当实物消费品基本得到满足之后，购买力将比较多地涌向劳务消费品。从发展趋势来看，既然享受资料和发展资料在全部消费资料中所

① 《马克思恩格斯选集》第 3 卷，第 10 页。

占比重不断上升（特别是发展资料增长更快），因而劳务消费在全部消费资料中所占比重将不断上升，也就使劳务消费的增长速度快于实物消费品的增长速度。我国过去，尽管劳务消费很不发达，但也开始体现这一倾向。例如，我国1953—1979年各类商品零售额平均增长速度：食品类为6.3%，衣着为7.3%，日用百货类为5.9%，文教用品类为8.1%，书报杂志类为8.1%，中西药和医疗器械类为8.3%。可见，文教用品、书报杂志和中西药医疗器械等发展资料的增长速度，快于食品、衣着、日用百货等类消费品的增长速度。

第三，消费社会化，特别是家务劳动社会化，是社会生产不断发展、消费水平不断提高的客观要求。特别是随着社会劳动生产率的提高，自由时间必将增加。要逐步实现消费社会化和家务劳动社会化，必须加速发展劳务部门，增加劳务消费。马克思说："社会生产力的发展将如此迅速，以致尽管生产将以所有的人富裕为目的，所有的人的可以自由支配的时间还是会增加。"① "自由时间的多少，在生产力发展的不同阶段有所不同。"② 自由时间增加了，更需要增加各种劳务消费，来发展人们的智力和体力，促进心身健康。

有一种意见认为，家务劳动社会化是一个很长的历史过程，不会依人们的良好愿望而任意缩短。我国每年有大量劳动力需要就业，而企业、事业单位又有大量剩余劳动力，不仅影响劳动生产率的提高，也使城镇职工家庭因就业人数多而增加每人的家务劳动时间。他们认为，可以降低就业率，让一部分职工自己从事家务劳动，因而家务劳动社会化不要急于求成。这种意见是富有启发性的，家务劳动社会化必须以社会生产的发展和社会劳动生产率的提高为前提，必须从我国实际情况出发，不能操之过急。但是我们反对"妇女回到厨房去"，也不赞成让一部分职工退职、提前退休或留职停薪（自愿者例外），因为那究竟不是充分利用劳动力资源，而是浪费一部分劳动力。我们认为，除了广开门路外，还可以根

① 《马克思恩格斯全集》第46卷下册，第222页。
② 《马克思恩格斯全集》第46卷下册，第114页。

据不同情况，逐步减少劳动时间，增加自由时间。自由时间除一部分用于家务劳动外，还可以有较多的时间，像马克思所说的“从事较高级活动”，即从事科学、文化、教育、艺术、体育等各种有益的活动。因此，不论家务劳动是否社会化，劳务消费必将随着生产的发展而增长，这是必然的。

由此可见，劳务消费的发展速度快于实物消费的增长速度，将是社会经济发展的必然趋势。也说明了，发展劳务消费，不仅是社会劳动生产率提高、社会生产发展的客观要求，也是社会劳动生产率提高、社会生产发展的必然结果。由于社会生产的发展和消费水平的提高，要求改变消费结构，要求更多地增加享受资料和发展资料，要求更快地发展劳务消费。而社会劳动生产率的提高，也就可能将较多的劳动力分配于劳务部门，发展劳务生产。劳务生产发展了，反转来又促进物质生产的发展。

当然，劳务生产的发展，也不能超过物质生产发展提供的可能。我们的任务，就是根据生产力发展水平，正确地确定劳务的发展速度，确定物质生产与劳务生产的最优比例，从而促进整个国民经济按比例的发展。

有个问题是值得研究的：居民收入分配比较平均，是否影响劳务消费的发展？有人提出，我国居民收入分配过于平均，城市居民收入的平等程度，在世界上是首屈一指的。根据“洛伦兹曲线”，向下弯曲的幅度是最小的。收入分配过于平均，给劳务的生产与消费品的生产造成困难，造成了消费者层次的浅薄和消费内容的雷同与单一化，特别是对发展劳务消费极为不利。他们提出，应当使职工收入差距由 2 倍左右提高到 3~4 倍。这种意见有些是正确的。诚然，人们的需要有着层次性。人们首先满足最基本的消费需要，即生存资料的需要，这主要是吃、穿、用、住等实物消费，然后满足发展资料和享受资料的需要，这里很多是劳务消费。因此，在收入水平比较低而收入又比较平均的情况下，对劳务的需要，特别是对高档劳务的需要就会少些，就会影响劳务消费的发展。但是，应该看到：第一，在生存资料中也包括一部分劳务在内。从发展来看，由于人们的消费的扩展和提高，有些劳务今天是发展资料、享受资料，明天也可能成为生存资料。第二，劳务也有高、中、低档之分。收入水平较低的，虽很少消费高档劳务，但也可较多地消费中档、低档劳务，仍有助于劳务消费由低向高的发展。第三，在社会主义社会，劳动者的收入，必须体现按劳分配，必须承认差别。我们反对收入的平均化，但我们也反对不适当地扩大收入差别。在社会主义下，劳务的发展是供全体劳动者享受的，而不是为少数人服务的。劳务的发展，是以社会生产力水平的提高、收入水平的普遍提高为前提的，收入悬殊，少数人增加劳务的消费，并不能使劳务消费大发展。只有在大多数人收入水平普遍提高、一般比较富裕的情况下，劳务消费的发展才有牢固的基础和广阔的发展前途。

四、发展劳务消费需要解决的几个问题

第一，劳动力的分配问题。我国过去，对劳务消费很不重视，因而在社会劳动力总资源中，分配于劳务部门的很少。1978 年就业于服务业的劳动力只占全部劳动力的 7.9%，1981 年也只占 11%（包括运输、饮食、服装、文教卫生和管理部门的职工）。其他国家的服务业占总劳动力的百分比，以 1980 年而言，美国为 66%，印度为 18%，日本为 49%，苏联为 41%，南斯拉夫为 36%。我们一方面深感服务事业太不发达，居民生活很不方便，另一方面又存在大量失业青年，一时找不到适当工作。因此，我们今后应该大力发展服务行业，将新增的社会劳动力资源，大量分配于服务行业，发展各种类型的服务业。特别是发展集体和个体服务业，其投资少，经营易，形式多样，服务灵活，既能满足居民多方面的需要，又大大有利于解决就业问题。

第二，增加投资的问题。有些服务事业投资少，开建易，也有些服务事业需要较多投资，如科学文化教育事业的发展，需要纳入社会经济发展计划，由国家统一安排。我国过去，用于消费服务事业的投资比较少，特别是用于科学文化教育方面的投资比较少。这就大大影响了劳动力质量的提高，影响了社会经济发展。近几年来，这方面的投资增加了，但还远远不能适应发展的需要。我们今后需要大大增加对消费服务事业的投资，特别要增加对文化教育事业的投资，或者说增加智力投资。马克思说：“劳动力的教育费随着劳动力性质的复杂程度而不同。因此，这种教育费……

包括在生产劳动力所耗费的价值总和中。”[①] 目前，我国教育投资占国家预算中的比重不到10%。如果在今后几年提高到15%左右，教育事业就可以更快地发展。

当前，发展劳务部门，必须从我国实际情况出发，不能脱离当前生产力水平而盲目发展，更不能追求“高”“大”“精”“洋”，而要力求节约，用较少的钱，办较多的事，吸收更多的劳动力。特别是我国农村，劳务消费水平很低，随着农民收入水平的提高，对劳务消费的要求也逐步提高。如何从农村的实际情况出发，因地制宜，因陋就简，逐步发展一些劳务行业，发展消费服务，这对发展农村文化、经济是很重要的问题。除了国家投资开办外，地方和社队也可投资，也可鼓励个人投资，群策群力，才能满足日益增长的需要。

第三，要开拓新的劳务领域、行业和服务项目。人们的需要是不断增长的，消费也应该是丰富多彩的，劳务的供应也应该是丰富多彩的。劳务中不仅有生存资料，也有发展资料和享受资料；不仅有低档劳务，也有高、中档劳务。我们要发展各种类型的劳务，扩大劳务领域，增加服务行业和服务项目，来适应消费者各种不同的需要。要在巩固、发展大众化的消费服务项目的同时，有步骤地发展高、中档劳务，推陈出新，使劳务消费丰富多彩。此外，为适应社会经济和科学文化发展的需要，要发展一些新的服务行业，如情报信息服务业，为社会经济、科技文教等部门收集、整理加工、传递、储存各种情报信息，以及咨询服务业、广告服务业、旅游服务业等，对于发展科学文化和社会经济，均有重要作用。

第四，要增加对劳务的需求。劳务的供应增加了，就必须增加对劳务的需求。增加对劳务的需求，除了劳务产品质量要高、品种要多、价格要适当以外，还要使居民的收入不断增加。正如一些同志所说的，在低收入水平下，不可能有高水平的劳务消费。个人收入的增加，主要取决于生产的增长和劳动生产率的提高。此外，如果将一部分作用不大、效果不佳的社会消费基金直接转为个人消费基金，也是很有意义的问题。例如，我们

---

① 《资本论》第1卷，第195页。

有些集体福利，采取免费，或变相免费，或采取低价以及价格补贴的办法（如很低的房租、公费医疗、免费上学以及各种补贴、各种福利待遇等），基本上是平均主义的分配。是否可考虑减少这些支出，用于增加个人消费基金，用于增加职工工资，这样会有利于贯彻按劳分配，经济效果可能好得多。个人收入增加了，自然有利于增加对实物消费品和劳务消费品的需求，促进社会经济的发展。

第五，劳务消费的价格问题。劳务有使用价值，也有交换价值。购买某种劳务，也就是马克思所说的“简单流通的关系。双方互相交换的，实际上只是使用价值：一方用来交换的是生活资料，另一方用来交换的是劳动，即他方所希望消费的服务……”[①] 双方既然是一种交换关系，就必须遵循等价交换原则。服务行业要发展，也必须进行价值补偿和实物补偿。不仅要维持简单再生产，还要进行扩大再生产，还必须有一定的积累和利润。如果服务价格过低，服务行业本身不能进行价值补偿，甚至长期亏损，这个行业就难以存在和发展。如果服务价格过高，消费者负担过重，也不利于这些事业的发展。因此，除了服务行业本身要改善经营管理，降低成本，增加盈利外，还要根据具体情况，制定合理的价格。要分不同情况，根据价格补偿和等价交换的原则，确定各项服务行业的发展，来满足对劳务消费日益增长的需要。

原载《湘潭大学学报》1981 年第 2 期

① 《马克思恩格斯全集》第 46 卷上册，第 463 页。

论消费服务

一、发展消费服务的意义

这里所讲的消费服务，既不包括生产服务，也不包括与消费无直接关系的一般服务（如金融、保险、纯商业以及运输业中的货运等），而只限于与人民消费直接相关的服务。这种服务所形成的产品，仍然可以称为消费品。马克思说："任何时候，在消费品中，除了以商品形式存在的消费品以外，还包括一定量的以服务形式存在的消费品。"这种"以服务形式存在的消费品"，具有价值和使用价值，是整个消费品中一个重要组成部分。

为了说明消费服务的内容，首先需要说明什么是服务。服务（或劳务）是一个经济范畴，是通过人们的经济活动而生产的一种特殊的使用价值。正如马克思所说的："服务这个名词，一般地说，不过是指这种劳动所提供的特殊使用价值，就象其他一切商品也提供自己的特殊使用价值一样；但是，这种劳动的特殊使用价值在这里取得了'服务'这个特殊名称，是因为劳动不是作为物，而是作为活动提供服务的。"①

消费服务是能直接满足人们某种消费需要的使用价值，是基于人们的某种消费需要而提供的"活动"，是"包括一切满足个人某种想象的或实

① 《剩余价值理论》第1册，人民出版社1975年版，第435页。

际的需要的劳动”。[①] 某一种消费服务，就是为了满足人们某一种消费需要。“我购买缝纫劳动，是为了取得它作为缝纫劳动所提供的服务，来满足我穿衣的需要，也就是为我的一种需要服务。”[②] 消费服务的使用价值，就是能够满足人们某种消费需要。

服务劳动所创造的消费品，可以大致分为三类：第一类是通过服务，它的价值物化或附加在原来的消费品中。有些是保存原来消费品的价值，如修理；有些甚至能增加新的价值，能提高原来物品的质量，如肉、菜经过烹调加工成为各种佳肴，布匹、衣料经过缝纫加工成为衣服，等等。第二类可称为“纯粹的服务”[③]，它的价值不物化或附加在一种消费品中，生产服务的过程，也就是消费服务的过程。“例如，一个歌唱家为我提供的服务，满足了我的审美的需要；但是，我所享受的，只是同歌唱家本身分不开的活动，他的劳动即歌唱一停止，我的享受也就结束”。[④] 第三类，是通过服务创造了有形产品，创造了商品。“生产的结果是商品，是使用价值，它们具有离开生产者和消费者而独立的形式，因而能在生产和消费之间的一段时间内存在，并能在这段时间内作为可以出卖的商品而流通，如书、画以及一切脱离艺术家的艺术活动而单独存在的艺术作品”[⑤]。这几种消费服务，都能满足人们某种消费需要，都是社会进步所必需的。

发展消费服务，是发展社会生产、提高消费水平的客观要求，也是消费社会化的重要内容。发展消费服务，有着重大的意义：

第一，能提高消费水平，提高劳动力质量。消费水平的提高，不仅表现为每个人拥有的实物消费品的数量和质量，而且表现为每个人拥有的消费服务的数量和质量。愈往前发展，消费服务对于提高消费水平的作用就愈大。提高劳动力质量，是提高劳动生产率、发展生产的重要条件。但劳动力质量的提高，不仅依靠增加实物消费品，更重要的是依靠增加消费服

① 《剩余价值理论》第 1 册，人民出版社 1975 年版，第 165 页。
② 《剩余价值理论》第 1 册，人民出版社 1975 年版，第 435 页。
③ 《剩余价值理论》第 1 册，人民出版社 1975 年版，第 158 页。
④ 《剩余价值理论》第 1 册，人民出版社 1975 年版，第 436 页。
⑤ 《剩余价值理论》第 1 册，人民出版社 1975 年版，第 442 页。

务，增进身心健康，提高科学文化和专业水平，提高劳动熟练程度。特别是文化教育的服务，对于提高劳动力质量，作用极大。“要改变一般人的本性，使它获得一定劳动部门的技能和技巧，成为发达的和专门的劳动力，就要有一定的教育或训练。”① “教育会生产劳动能力。”② 社会再生产的扩大，越来越依靠劳动生产率的提高，依靠劳动力质量的提高，即劳动力的内涵扩大再生产。可见，发展消费服务，对于社会生产的发展将显示越来越大的作用。

第二，能促进产业结构的合理化。产业结构的合理，不仅表现在各物质生产部门之间的结构合理，而且表现在物质生产部门与劳务生产部门之间的结构合理。发展消费服务，发展服务行业，提高服务业在国民经济中的比重，是国民经济按比例发展的一个重要方面。消费服务部门的发展，不仅要求与物质生产部门的发展相适应，而且要做到能直接促进生产、流通、分配的扩大。例如：发展旅游事业，会促进某些轻工业、手工业、商业和客运的发展；发展文教事业，会促进某些生产“发展资料”的生产部门的发展。又例如，由于消费服务的发展，不仅会引起人们许多新的需要，而且由于服务劳动的产品加入社会经济领域，扩大了分配和流通的领域。在分配领域中，不仅有商品交换的收入，而且有提供服务的收入；在流通领域中，不仅有商品流通，而且增加了劳务的流通。在生产、分配、流通过程中，消费服务与实物消费品相互补充，相互配合，相互促进，不仅有利于活跃国民经济，而且能促进国民经济结构的合理化。

第三，有利于扩大就业。消费服务行业，很多是劳动密集型行业，如饮食、修理、工艺美术等，投资少，开办易，收效快，有机构成低，容纳劳动力多。这些行业又适宜于分散、小型经营，集体、个体均可经营。因此，发展这些行业，能吸收大量劳动力就业，有利于合理利用劳动力资源。

第四，能促进人的全面发展。增加消费服务，不仅能保证劳动力的再

① 《资本论》第1卷，人民出版社1975年版，第195页。
② 《剩余价值理论》第1册，人民出版社1975年版，第210页。

生产，而且能促进人的全面发展。例如，增加文化教育服务，不仅能恢复、发展人的体力、智力，而且能培养人们的共产主义理想、情操和道德，充分发挥人的才能和智慧。又例如，加强消费服务，减少家务劳动时间，能增加自由时间，增加学习、娱乐时间，大大有利于提高劳动者的智力和体力，促进人的全面发展。

由此可见，发展消费服务，对于促进生产发展，提高消费水平，促进人的全面发展，具有重大的意义。消费服务的发展，是生产发展的结果。它反转来又会促进生产的进一步发展。我们必须在生产发展的同时，加速发展消费服务，来满足日益增长的消费需要。不能把消费需要局限于工资、奖金的增长，而应扩大到提高劳动力质量，扩大到科学文化教育事业的发展，扩大到逐步实现人的全面发展的高度来考虑，把当前需要和社会经济发展的战略目标结合起来，把消费服务的发展纳入社会经济发展战略中去。这样做，才能保证国民经济按比例地向前发展。

二、消费服务的发展趋势和规律性

随着社会生产的发展和人民消费水平的提高，消费服务在国民经济中的作用将越来越大，消费服务在消费品中所占的比重也将增大。这是发展的必然趋势，在社会主义下，这种趋势将更为明显。

马克思分析资本主义经济时，“非生产领域”还很不发达，消费服务还很不发达。因此，马克思在分析社会产品和国民收入的流通和再生产时，只分析实物形态的商品，而把消费服务的产品，存而不论，但是他仍然预见到消费服务将有不断增长的趋势。他在谈到资本主义社会非生产领域不断扩大时指出：“由于机器（一般由于劳动生产力的发展），纯收入（利润和地租）会增加……由于纯产品的增加，为非生产劳动者开辟了更多的活动领域。”① 现在，完全不同于马克思所分析的时代了。非生产领域发展很快，消费服务发展很快，在国民经济中所占比重越来越大。据苏联中央统计局对 62000 户家庭预算的调查，用于教育、医疗和其他服务的支

① 《剩余价值理论》第 2 册，第 651 页。

出占家庭预算总支出的百分比：工人家庭 1940 年为 9%，1979 年为 14.2%；庄员家庭 1940 年为 3.4%，1979 年为 10.2%。在美国，劳务在最终商品产值中的比重，1947 年为 45%，1972 年为 52%。

社会主义的生产目的，是为了满足日益增长的物质文化需要。在物质文化需要中，相当大一部分是消费服务。从发展趋势来看，消费服务的增长速度将会快于实物消费品的增长速度。这是因为：

第一，随着科学技术的发展，对劳动力质量的要求越来越高。特别是技术密集型、智力密集型的产业部门所占比重越来越大，要求较高的文化和科学技术水平，要求不断提高劳动熟练程度，要求发展劳动者的智力和体力。这就要求加强文化教育和卫生保健等方面的服务。这些服务部门的发展速度将超过整个国民经济的发展速度。马克思在《哥达纲领批判》中早就预见到："用来满足共同需要的部分，如学校、保健设施等，和现代社会比起来，这一部分将会立即显著增加，并将随着新社会的发展而日益增加"。目前在我国，这些部门的发展远远不能适应国民经济发展和人民消费水平提高的要求。因而，加速发展这些部门，就成为今后的重要任务之一。

第二，任何社会的消费（包括个人消费）都存在层次性。总是先满足最基本的消费需要，然后满足其他方面的。如果我们把消费资料分为生存资料、享受资料和发展资料，就可以看出，人们总是首先满足生存资料的需要，然后满足享受资料和发展资料的需要。从发展趋势来看，随着社会经济的发展，居民收入的增加，消费水平将不断提高，消费结构也将发生变化，生存资料在全部消费资料中所占比重将逐步下降，享受资料和发展资料所占比重将逐步上升。生存资料主要是实物消费品，享受资料和发展资料主要是劳务产品。从长期发展趋势来看，既然享受资料和发展资料在全部消费资料中所占比重不断上升（特别是发展资料增长更快），那么消费服务在全部消费资料中所占比重必然也会不断上升。这就是说，消费服务的增长速度必然快于实物消费品的增长速度。

第三，消费社会化，是社会分工、社会经济发展和消费水平提高的客观要求和必然结果。消费社会化，主要表现为家务劳动社会化。目前许多消费活动，都是由个人、家庭成员自己负担的，不表现为社会价值。但随着消费社会化、家务劳动社会化的发展，这部分消费服务将由社会来承担。这就需要加速发展消费服务行业，其结果也会使消费服务的增长速度快于实物消费品的增长速度。

第四，消费服务部门有机构成很低，大部分是手工劳动，因而劳动生产率提高比较慢；实物消费品生产部门，相对于消费服务部门来说，有机构成较高，劳动生产率提高较快，单位产品价值降低也较快。因而，从价值来看，更是消费服务的增长速度快于实物消费品的增长速度。

消费服务的增长速度快于实物消费品的增长速度，说明了生产社会化和社会分工的发展以及消费结构的变化，导致劳动力的再生产，特别是劳动力的内涵扩大再生产，越来越依靠服务的消费而实现。这就进一步说明，加速发展消费服务事业，对于提高消费水平、促进人的全面发展的重大意义。

消费服务的发展，不仅有利于提高人民的消费水平，而且能扩展分配和流通，促进生产的发展。如果我们把社会生产两大部类的划分进一步具体化，可以把消费服务的产品加入第Ⅱ部类中去。即把第Ⅱ部类具体划分为两个副类，假设为$Ⅱ_a$（生产实物消费品）和$Ⅱ_b$（生产劳务消费品），这样两大部类之间的交换就可以更加具体化，并增添新的内容。比如，$Ⅱ_b$内部的交换，$Ⅱ_b$与$Ⅱ_a$之间的交换，$Ⅱ_b$与Ⅰ之间的交换，等等。在分配领域里，由于消费服务的加入，在一定范围内，再分配国民收入，即通过消费服务与消费服务的交换、消费服务与实物消费品的交换、消费服务与生产资料的交换，使一部分国民收入进行再分配，并实现了劳务消费品的价值，使消费服务的生产得以维持并不断扩大，促进整个社会再生产不断扩大，使人民消费水平不断提高。

三、如何发展消费服务

发展消费服务，有不少问题，需要认真研究解决。

第一，要解决认识问题。长期以来，人们把消费服务的劳动，看作非生产劳动，不如生产劳动重要。在安排人力物力财力时，重视生产部门，不重视消费服务事业，甚至认为可有可无。在消费服务部门，特别是在狭义的服务行业工作，就觉得低人一等。这些都是影响消费服务部门发展的思想障碍。必须首先解决这些认识上的问题。消费服务的劳动是否属于生产劳动，或者哪些服务劳动属生产劳动，哪些属非生产劳动，当然还可具体分析和更科学地划分。问题的关键，不在于生产劳动与非生产劳动孰重要，孰不重要，而应看到这种劳动对社会生产和社会进步的作用。物质生产部门，进行物质资料的再生产；消费服务部门，保证劳动力再生产。没有劳动力再生产，就没有物质资料再生产，也谈不上社会的进步。因此，必须从国民经济的全局来观察问题，克服一些思想障碍，充分认识消费服务在国民经济中的地位和作用，充分认识发展消费服务，不仅能提高消费水平、促进国民经济发展，而且对于促进人的全面发展具有重要的作用。

第二，要解决投资问题。有些服务事业，投资少，开建易，集体可搞，个人也可搞；也有些服务事业，需要较多投资，需要国家统筹安排。如科学文化教育事业的发展，需要纳入社会经济发展战略计划，需要增加这些事业的投资。消费服务事业的投资，主要用于保证劳动力的再生产，特别是内涵扩大再生产。增加这方面的投资，是社会经济发展的客观要求。在社会主义社会，必要劳动的数量界限将不断扩大，剩余产品也越来越多地用于满足消费需要，这主要表现在用于消费服务方面的需要。列宁指出："共同劳动的产品将由劳动者自己来享用，超出他们生活需要的剩余产品，将用来满足工人自己的各种需要，用来充分发展他们的各种才能，用来平等地享受科学和艺术的一切成果。"① 我国过去用于消费服务事业的投资比较少，大大影响了劳动力质量的提高，影响了生产的发展。今后需要大大增加对消费服务事业的投资，特别要增加对文化教育事业的投资，使文化教育事业的发展与经济的发展相适应。

第三，要适应消费结构的变化，有计划地发展服务行业。要满足消费服务的需要，就必须调查人们的消费需要，调查消费结构的变化，分析居民收入提高对消费结构的影响，以便有计划地发展服务行业，使消费服务

① 《列宁全集》第2卷，第81页。

行业的发展有明确的方向和广阔的发展前途。要满足消费服务的需要，必须使服务行业的发展与社会生产的发展，特别是与实物消费品生产的发展相适应。消费服务的发展，不能脱离社会生产的发展，否则就会成为无源之水，无本之木。只有在生产力水平不断提高、生产不断发展的基础上，消费服务的发展才有牢固的物质基础。应该看到，实物消费品与服务产品之间，既相互补充，又相互依存。比如，在吃穿用等消费品中，如果穿的比重提高，就要求加速发展缝纫服务业；用的比重提高，就要求加速发展修理行业；发展资料在消费品总额中所占比重提高，就要求加速发展文化教育等事业。总之，消费服务的发展，必须与实物消费品生产的发展相适应。也就是说，第Ⅱ部类内部$Ⅱ_a$与$Ⅱ_b$之间也必须按比例的发展，必须根据消费结构的变化，有计划地安排消费服务行业的发展规模和速度。

要满足消费服务需要，必须逐步解决家务劳动社会化的问题。家务劳动繁重，占去劳动者大部分学习、娱乐和休息的时间，大大影响劳动者智力、体力的恢复和发展，影响劳动力质量的提高。家务劳动时间多，是一个普遍的问题。根据苏联的材料，目前全国全部家务劳动量一年为1700亿~1800亿人时，仅比在国民经济中工作的时间少100亿人时。我国目前，消费社会化的程度还很低，劳动者用于家务劳动的时间就更多。据对哈尔滨、齐齐哈尔两市职工的调查，每天用于家务劳动的时间，男职工为3.9小时，女职工为5.2小时。而自由时间，男职工仅为2.5小时，女职工仅为1.7小时。和苏联、捷克、法国、美国相比：我国男职工每天用于家务劳动的时间比这些国家平均多2.5~2.8小时；女职工比这些国家多0.7~1.9小时。自由时间男职工少1.6~2.3小时，女职工少1.3~2.4小时。而在家务劳动中，用于做饭、洗衣、缝制衣服的时间，几乎占50%。因此，家务劳动社会化，首先要解决职工吃饭、穿衣等问题。这些问题解决了，就大大有利于增加自由时间，发展职工的体力和智力。“那些可以省去家庭间许多浪费的时间和劳力……一般人的幸福和生活状况也可以显著提高。”[①] 与此同时，要大力提高文化教育方面的消费需要。吃、穿、用

① 倍倍尔：《妇女与社会主义》1955年版，第251页。

和文化教育这些消费服务中，大部分属于基本生活需要。这些需要的满足，不仅直接关系人们消费水平的提高，也直接关系劳动力再生产，特别是内涵扩大再生产。我们必须从提高劳动力质量，从整个国民经济的发展来看待发展消费服务的问题。根据人民的消费需要，有计划、有步骤地加以解决，逐步发展服务行业，扩大服务内容，提高服务质量。

第四，消费服务的价格要合理。消费服务，有使用价值，也有价值。购买某种服务，也就是马克思所说的“沟通流通的关系”，“一方用来交换的是生活资料，另一方用来交换的是劳动，即他方所希望消费的服务……”这也可以说是双方彼此提供服务。这里通行的仍然是等价交换原则。马克思说：“在这里，‘我给，为了你做’，同‘我做，为了你给’，或者同‘我给，为了你给’，是完全一样的。”① 服务行业本身也有价值补偿和实物补偿的问题，这就说明，服务价格必须合理。服务价格过低，服务行业不能实现价值补偿，本身就难以发展。但价格过高，消费者负担过重，也不利于这些事业的发展。因此，服务行业要精打细算，改善经营管理，降低成本，降低价格，特别要注意劳务价格与实物消费品价格的关系。根据消费需要，根据价格政策，根据服务成本，定出合理的服务价格。这也是发展消费服务事业的一个重要问题。

最后，要开展消费服务问题的研究。消费服务事业，很多是新兴的行业，在理论上和实践上都还有许多问题需要研究。我们要研究消费服务领域中的经济关系及其发展规律，研究消费服务对于提高消费、发展生产的作用，研究消费服务如何与消费结构的变化相适应，如何与实物消费品的发展相适应，等等，加速发展消费服务事业，来促进国民经济的发展。

原载《求索》1982 年第 2 期

---

① 《马克思恩格斯全集》第 46 卷，第 463、464 页。

关于劳务消费市场化的几个问题

这里所讲的劳务，不包括为生产服务的劳务，只包括与人们消费直接相关的劳务。在当代，劳务在人们生活和国民经济发展中的作用越来越大，劳务消费是人们消费中极重要的部分。消费要市场化，过去一直作为福利、不作为商品的劳务消费，更要市场化。如何逐步改革劳务和劳务消费体制，实现劳务消费市场化，是完善市场体系，促进社会主义市场经济发展的一个重要问题。

一、劳务消费为什么要市场化

消费市场化是社会化大生产发展的必然趋势。生产社会化，必然要求消费社会化、市场化。劳务消费是消费结构中的一个重要组成部分，而且是越来越重要的部分。劳务消费不市场化，就会影响整个消费市场化，影响社会生产的发展。

劳务消费市场化，有利于满足消费需要，提高消费层次和质量。劳务消费一般是较高层次的消费。当人们的实物消费得到基本满足以后，主要是满足劳务消费需要，提高消费层次。比如，人们的享受、发展的需要，主要是通过劳务消费来满足。享受、发展需要满足了，消费层次、消费质量就大大提高了。我国过去，劳务消费没有市场化，采取“统”和“包”的形式，使个人消费缺乏自主性，缺乏选择性，造成人们消费生活的诸多不便，限制了消费需要的满足，特别是不利于享受、发展需要的满足。这样就影响消费层次和消费质量的提高。有人说，市场经济的首要功能是“便民”，使人民生活多样化，丰富多彩。我们讲了几十年社会主义生产目的，是要最大限度地满足人们日益增长的物质文化需要。但在传统的“包”和“统”的体制下，社会主义生产目的是难以实现的。要使人们日益增长的物质文化需要得到较好的满足，使消费生活丰富多彩，就必须使消费，特别是劳务消费市场化。

劳务消费市场化，有利于提高劳动力素质，提高消费力和生产力。由于劳务消费主要是发展资料、享受资料的消费，主要是精神文化消费，因而发展劳务消费，大大有利于提高劳动者的科学文化水平，发展人的智力，发展人的才能，有利于促进人的身心健康和全面发展。有人说，劳务消费的发展，特别是精神文化的发展，实际上是人类对自身能力的一种解放。这话并不过分。人的素质提高了，消费力也就提高了，就有利于提高生产力。我国过去，由于劳务消费没有市场化，主要采取“包”和“统”的形式，限制了人们的劳务消费，限制了消费的自主性和主动性，影响了文化教育事业的发展，影响了劳动力素质的提高，影响了消费力的提高，也影响了生产力的提高。

劳务消费市场化，有利于增加人们的闲暇时间，促进消费合理化。闲暇时间，马克思称之为“自由时间”“可供自己发展的时间”“从事较高级活动的时间”。在闲暇时间里，人们可以根据自己的爱好、个性，根据自己的需要，进行各种消费活动，发展自己的体力、智力，发展自己的才能，发展自己的个性。所有这些，都大大有利于提高人的素质，促进人的全面发展。但要增加人们的闲暇时间，发展闲暇消费，就必须使家务劳动社会化、市场化。现在，人们还有沉重的家务劳动的负担。据一些典型调查，我国城镇居民平均每人每天从事家务劳动的时间，男同志为2.7小时，女同志为4.3小时。家务劳动时间多了，闲暇时间就少了，就会大大影响人们体力和智力的恢复和发展，影响劳动力素质的提高。美国经济学家约·肯·加尔布雷斯形象地指出：“食品越来越精细、或者是越来越富有异国风味，但是，要有人代为备办，消费才会是一种真正的享受。否则，除了别有偏好者外，单是由此花费的时间，就会使食用时乐趣消灭无余。”① 在市场经济下，劳务消费市场化，家务劳动社会化、市场化，人们的闲暇时间增加了，就大大有利于提高劳动力素质，提高生产力。不仅如此，闲暇时间增加了，发展了人们的智慧、才能，提高了科学文化水平和艺术修养。发展精神文明消费，不仅能提高消费层次和质量，而且能提高整个社会的文明程度，发扬社会主义精神文明，促进社会主义市场经济的发展。

劳务消费市场化，不仅能开拓市场，而且能吸收大量劳动力。劳务消费市场是消费市场极重要的组成部分。劳务消费与实物消费紧密联系，相互促进。劳务消费市场化不仅能大大促进劳务消费市场的发展，而且能促进买方市场的发展，促进整个市场的发展和繁荣。例如，旅游消费既是一种劳务消费，也是一种实物消费。旅游市场的发展，可以带动实物消费的发展，带动商品市场的发展。不仅如此，劳务消费市场化，扩大劳务消费市场，发展劳务消费行业，还可以吸收大量的劳动力，有利于发展第三产业，合理利用劳动力资源。我国过去，劳务消费没有市场化，劳务消费市场很狭窄，这是我们过去第三产业不发达、影响劳动力就业的重要原因之一。

由此可见，劳务消费市场化，是生产社会化、是发展市场经济的客观要求和必然趋势。

二、我国过去劳务消费非市场化的主要原因

我国过去的劳务消费，基本上是作为一种福利，主要由国家进行“包”和“统”。这是传统的、高度集中的经济体制的重要支柱之一，是产品经济模式的重要表现之一。根源在于，长期以来人们认为劳务没有价值和使用价值，不是商品，因而不能投入市场，当然更谈不上市场化了。

劳务和物质产品比较，有一些特点。比如，劳务一般不具有实物形态，劳务产品不像实物产品那样，是人和自然之间的物质变换的产物，而主要是活劳动的产物。除少数劳务产品具有实物形态外，很多是“作为活

① 蔡百受译：《经济学和公共目标》，商务印书馆 1980 年版，第 35 页。

动”提供服务。生产劳务的过程，也就是消费劳务的过程。因而往往给人造成一种错觉，认为劳务没有价值实体，没有价值和使用价值。有的人认为劳务部门是“非生产领域”，不具有商品的属性；有的人认为“仅仅具有商品的形式”。如有说：“非生产领域工作者的劳动产品，不是商品，但由于商品货币关系的存在而获得商品的形式。”“它没有价值，但藉助于价格而取得商品的形式。”①

劳务没有价值，不具有商品的属性吗？决不能这样说。价值是无差别的人类劳动的凝结，是商品生产者之间相互交换劳动的关系。只要是人类劳动的凝结，只要是不同劳动者之间相互交换劳动的关系，就形成价值，就具有商品的属性，并不一定凝结在一种实际的物品中。其实，这些问题，马克思早就讲得很清楚了：“对于提供这些服务的生产者来说，服务就是商品。服务有一定的使用价值（想象的或现实的）和一定的交换价值。”马克思反对亚·斯密说的服务的劳动不物化在一个特定的对象中，因而不形成价值的观点时指出：“对劳动的物化等等，不应当象亚·斯密那样按苏格兰方式去理解。如果我们从商品的交换价值来看……这种存在形式和商品的物体实在性毫无关系；商品代表一定量的社会劳动或货币。使商品生产出来的那种具体劳动，在商品上可能不留任何痕迹。”②

劳务不仅具有商品的属性，不仅具有价值和使用价值，有些劳务的价值还较高，甚至很高。有些劳务是高级的复杂的劳动成果，这种劳动就会创造较大的价值。那些著名的科学家、文学家创造的劳务产品，其价值甚至难以估量。马克思早就重视了“简单劳动这一肉体要素以外的发明和思想这一精神要素”，高度评价了科学家的科学成果：“詹姆斯·瓦特的蒸汽机这样一个科学成果，在它存在的头五十年中给世界带来的东西就比世界从一开始为发展科学所付出的代价还要多。”③ 马克思对于著名作家密尔顿出于同春蚕吐丝一样的必要而创作《失乐园》，作为“他的天性的能动表

① ［苏］M. B. 沙洛特科夫主编：《非生产领域经济学》，蒋家俊等译，上海译文出版社出版，第64、67页。

② 《剩余价值理论》第1卷，人民出版社1975年版，第149、163-164页。

③ 《马克思恩格斯全集》第1卷，人民出版社1956年版，第607页。

现”而写下的这部名著，只卖了5磅，表示极大的愤慨。[①]

认为劳务没有价值和使用价值，不是商品，这是我国传统经济体制下商品经济不发达、市场很狭小以及劳动力市场未能建立的重要原因之一；是我国第三产业不发达，劳务消费水平低的重要原因之一。劳务既然和实物产品一样，具有商品属性，具有价值和使用价值，这就应该投入市场，进行交换，应该逐步市场化、商品化。劳务消费市场化，是商品经济发展的客观要求和必然结果。

三、如何实现劳务消费市场化

逐步实现劳务消费市场化，我们认为，要强调下面几点：

第一，要改变传统观念。要改变轻视劳务和劳务消费的传统观念，认识消费结构的发展趋势，认识劳务和劳务消费在商品经济运行中的作用，认识劳务和劳务消费在经济发展和社会进步中的作用，特别是对提高消费层次、消费质量，促进人口全面发展的作用。要改变那种否认劳务和劳务产品的商品属性，否认劳务消费应该市场化的传统观念。要改变那种“包”和“统”，把劳务和劳务消费作为“福利”、不作为商品的传统观念，要改变那种把劳务和劳务消费推向市场就是“不勤俭”，甚至“奢侈”的传统观念。例如，家务劳动社会化、市场化，是解放妇女的重要条件。家务劳动社会化、市场化，可以把很多人，特别是妇女从沉重的家务劳动中解放出来，参加社会生产，使人们增加闲暇时间发展自己的智力、体力。所有这些，都有利于促进生产力的发展。但要实现家务劳动社会化、市场化，还需要打破现在遗留的一些传统习惯、观念，诸如不搞家务劳动就是“好逸恶劳”“摆架子”“崇尚奢侈”等等。必须通过宣传教育，特别是舆论导向，改变这些传统观念。总之，要继续解放思想，更新观念，逐步树立与社会主义市场经济发展相适应的新观念，不断地开拓、发展文明、健康、丰富多彩的劳务消费，促进劳务消费的商品化、市场化。

第二，要不断开拓、发展劳务消费市场。要促进劳务消费市场化，就

① 《剩余价值理论》第1册，人民出版社1975年版，第432页。

必须有劳务消费市场，就必须开拓、发展劳务消费领域和劳务消费市场。劳务中不仅有生存资料，也有各种类型的享受资料和发展资料，不仅有低档劳务，也有高、中档劳务。我们要发展各种类型、各种层次、各种档次的劳务，来适应各种不同的需要。特别要开拓各种新兴劳务，发展新兴劳务行业、产业，包括发达国家已经很发达的闲暇产业，扩大劳务消费市场。劳务消费品中，有不少“软商品”，消费之后可以产生比其本身高得多的价值；有些劳务消费品，可以复制，可以反复使用，其价值可以重复实现。这种“软商品”的发展，不仅可以活跃人们的消费生活，而且可以推动社会分工，开拓消费市场，促进商品经济的发展。这些“软商品”市场，人们称之为“软市场”，是现代市场一个重要的组成部分。这些新兴产业和市场应该大力发展。另外，从我国当前来说，还要发展为居民生活服务的劳务消费市场以及所谓“劳务市场”，以促进消费社会化，特别是家庭劳动社会化。

开拓劳务消费市场，牵涉到通常所谓“劳务市场”的问题。什么是“劳务市场”？是指提供劳动服务的市场？还是指劳务消费市场？还是指劳动力的交换市场？这个概念是很不明确的，因而也是很不科学的。根据我国近几年的实际情况，“劳务市场”实际上就是“劳动力市场”。为什么称“劳务市场”而不称劳动力市场？主要原因还是“恐资病”“恐商病”在作怪。我们应该在建立、发展劳动力市场的基础上，建立、发展多层次、多种类型、多功能的劳务消费市场，包括饮食市场（饮食业不仅提供实物消费品，而且提供大量的劳务，如烹调加工以及饮食服务等）、纯服务性市场、旅游市场、精神文化市场等，以适应各种不同的劳务消费需要。

应该看到，劳务和劳务消费有着自身的特点。比如，精神文化消费除了满足人们的生理需要、心理需要外，还担负着提高全民族科学文化水平、提高人口素质、发展社会主义精神文明的崇高任务，因而不仅要强调经济效益，而且要强调社会效益，强调消费质量。又例如，精神文化产品的价值与使用价值往往很不一致，价值与价格出现很大的背离。一些高层次、高质量的精神文化产品（如“阳春白雪”），价值很高，但市场需求很小，反而价格很低；而那些一般的（如“下里巴人”），甚至低层次的精神文化产品，价值低，但市场需求量大，价格反而相当高。价格与价值如此背离，如何实现其价值，是很值得研究的。根据上面这些情况，劳务消费品，特别是精神文化产品，如何区分各种不同的情况，采取不同的方式，来实现市场化？比如，价值高、价格低的精神文化产品，除了创造条件扩大消费需求外，还可以采取某些补贴的办法，使其价值得到实现，使其能继续进行再生产。特别是高科技、高雅艺术，应该由国家重点扶持，不能完全按市场规律办事。价值低、价格高的精神文化产品，可以通过经济杠杆，特别是税收的方式，将其过高的收入收归国家。又如，劳务消费可以分为基本劳务消费和非基本劳务消费，有些文化教育消费（如义务教育、图书馆、文化馆），国家应该进行一些必要的补贴，不能通过这些基本劳务消费来牟利。总之，有些劳务消费，特别是精神文化消费，虽然要市场化，但不能简单地强调商品化，更不能作为牟利的工具。但不管什么劳务消费，都必须开拓消费市场，开拓消费领域，提高产品质量。大部分劳务和劳务消费品，包括一些娱乐性的精神文化消费，完全可以作为一种产业，面向社会，面向市场，按市场规律办事，自主经营，自负盈亏，自我发展，不仅可以增加本身的积累，还可以为国家提供较多的财政收入。这样，劳务消费市场化，必将大大促进劳务消费的发展，促进劳务消费水平的提高。

第三，要大力发展第三产业。劳务产品大多来自第三产业，因此，要发展劳务消费，要促进劳务消费市场化，必须大力发展第三产业。现代西方社会的市场需求，已由过去以实物消费为主逐步转变为以劳务消费为主。因此，发展第三产业应着重发展满足劳务消费需要的第三产业，特别是能提供格调较高、质量较高的劳务消费品的第三产业，以满足较高质量的劳务消费需求。我国今后，随着市场经济的发展和居民收入水平的提高，消费需求的层次将逐步提高，人们对劳务消费的需求将大大增加。随着闲暇时间的增加，对于有益于智力、体力的发展，有益于人的身心健康和全面发展的消费劳务的需求，将不断增加。如何发展一些当前急需的、新兴的第三产业，以适应这种要求，这就需要根据各地的具体情况，加以通盘考虑，而不能一哄而起。如果不适应市场的需要，当然说不上市场化了。

第四，要不断提高消费力。消费力是消费者消费消费资料的能力。要扩大消费领域，提高消费层次和质量，必须提高消费力。特别是当代，科学技术迅猛发展，不仅渗透于生产领域，也渗透于消费领域。生产领域要求智能化，消费领域也要求智能化。不仅要提高消费客体的质量，也要不断提高消费主体的质量，才能享受现代科学和文化艺术的丰硕成果。但我们现在，消费力水平还相当低。这种低水平的消费力与消费的高层次、高质量的要求形成尖锐的矛盾。我们现在消费力水平还相当低，不仅表现为居民购买力水平一般较低，不仅表现为市场狭窄、消费领域狭窄，不能充分吸收购买力，而且表现为消费者的科学文化水平和艺术修养还难以适应现代高层次、高质量的消费的要求，难以适应消费智能化的要求。特别是劳务消费是较高层次的消费，对消费者的素质、对消费力水平要求更高。要发展劳务消费，实现劳务消费市场化，更要提高消费者的素质，提高消费力，提高消费的文明程度。马克思在谈到人的享受需要时指出：一个人“要多方面享受，他就必须有享受的能力，因此他必须是具有高度文明的人”。这就必须发展科学文化教育事业，从根本上提高全民族的科学文化水平，提高文化艺术修养；必须加强消费教育，树立科学社会主义的价值观、消费观，丰富现代化的消费知识。这是提高消费力，提高劳务消费水平的基本条件，也是实现劳务消费市场化的重要条件。

第五，对劳务消费要进行正确引导。我们现在，消费者的素质一般还不高，在消费过程中需要进行正确的引导。特别是在劳务消费方面，消费者消费力水平低和消费层次、消费质量要求高之间的矛盾更为突出，更需要加以引导。我国当前，在消费领域，特别是劳务消费领域，还存在不少问题。除了劳务消费比重在消费结构中的比重还偏低外，劳务消费本身也还存在不少问题，需要加以引导。

例如，有的人不是搞合理的正当的劳务消费，而是搞不合理，甚至不正当的劳务消费。有的一有闲暇时间，就大打麻将、扑克，甚至通宵达旦；有的甚至聚众赌博，诲淫诲盗；有的爱看黄色书刊、录像，夜以继日；有的大搞封建迷信，求神问卦，请巫婆，拜法师，一挥千金；有的不惜几十万元修一座坟，甚至人还活着，坟已修好。又例如，有的人精神文化消费内部结构严重失衡，重视娱乐型、消遣型消费，忽视发展型消费；有的进舞厅、去夜总会，一次可以花费千元甚至更多，而不愿花十元买书报；有的一年的书报费只相当于一包中档香烟的支出；有的城镇居民消费的结构中，发展型、智力型的支出，不到1%。又例如，有的还出现畸形消费，“无聊消费”，甚至腐朽性消费；有的为了刺激，比赛烧人民币，每人烧掉2000余元而面不改色；有的用2000元人民币“包装”4个爆竹在街头鸣放，庆祝春节；有的甩出2万元点一支卡拉OK；有的花20万元买一只哈巴狗……这些畸形消费、“无聊消费”，必须加以引导、抑制，甚至需要加以禁止。要引导人们不断追求高层次的精神文化消费，促进人的身心健康和全面发展。强调文明、健康、科学的消费生活，强调社会道德、社会规范，反对落后的、腐朽的消费生活，发扬社会主义精神文明。应该说，消费，特别是劳务消费，不仅反映社会主义物质文明，更反映社会主义精神文明。只有文明、健康、科学、合理的劳务消费，才有广阔的市场，才能使这种市场化健康发展，才有利于提高消费层次和质量，达到经济效益与社会效益的统一，使劳务消费更好地为人的发展和社会经济的发展服务。

原载《南方经济》1994年第6期

略论旅游消费

一、旅游消费的作用

旅游消费，不仅是一种经济活动，也是一种文化活动。旅游消费，对社会、经济、文化的发展，对人的发展，均有很大的作用。

旅游消费，有利于人的身心健康和全面发展。高质量的旅游消费，不仅能提高消费质量和层次，而且能提高人的素质，促进人的全面发展。通过旅游，欣赏大自然风光，还有利于增强民族自尊心和自豪感。

旅游消费，大大有利于社会经济的发展，有利于产业结构的优化。近年来各国旅游业发展的情况表明，旅游业将成为世界最大的产业，能为国家增加大量的收入。总部设在布鲁塞尔的世界旅游协会的一份研究报告说，1994 年世界旅游业收入已占世界国民生产总值的 1/10，全世界每 9 个就业机会中就有一个来自旅游业，旅游业已成为世界最大产业。该报告说，全球旅游业总产值 1991 年为 2.9 万亿美元，1994 年已增加到 3.4 万亿美元，预计到 2005 年可达到 7.9 万亿美元。我国近年来，旅游业也发展很快，为国家增加了大量的外汇收入。旅游收汇总额，1978 年仅为 2.6 亿美元，1985 年为 12.5 亿美元，1990 年为 22.2 亿美元，1995 年增至 87.3 亿美元，1996 年增至 102 亿美元。近年来，旅游业已成为一大支柱产业，并将成为新的经济增长点。

不仅如此，旅游业还是劳动密集型行业。旅游业的发展，还能带动商业、饮食业、娱乐业、交通运输业等一系列产业的发展，能促进第三产业的大发展。不仅能优化产业结构，而且能大大促进劳动力就业。据有人估计，旅游业每增加一个直接就业人数，就可增加关联的间接就业人数 5 个以上。1990 年，世界旅游业为世界提供了 570 万个就业岗位，占全球当年新增就业人员的 6.5%。1990—1993 年，旅游业就业人数的增长速度高于 50%，刺激了关联产业的发展。1995 年世界旅游业雇佣人数已达 2.12 亿人。我国是一个劳动力极其丰富的国家，发展旅游业，大大有利于解决就业问题。所有这些，都有利于促进社会经济的发展。

发展旅游消费，还有利于促进地区经济、文化的平衡发展。通过旅游，不仅能扩大社会交往，传播异国、异地文化，增加民族团结和国际友谊，而且能大大促进落后地区、贫困地区经济文化的发展。一些边远地区、山区，经济、文化落后，但往往具有优越的旅游资源。发展旅游事业，会带来经济、文化的迅速发展，改变贫困、落后面貌，这已为国内外很多事实所证明。

旅游消费，还有巨大的社会文化功能。经济文化一体化，是当代社会发展的大趋势。旅游是经济文化一体化的重要载体，不仅能促进经济的发展，而且能促进社会文化发展。旅游文化，是社会文化的一个重要组成部分。发展旅游消费，不仅能促进人的文化素质的提高，而且能发掘、弘扬优秀的民族文化，能传播各地、各国优秀文化，有利于培育社会文化机体，提高全民科学文化素质，提高社会文化水平，促进社会全面进步。

二、我国当前旅游消费的主要问题

我国近年来旅游事业发展很快，不仅国外游客大量增加，国内游客也迅猛增长。国内旅游 1990 年为 2.8 亿人次，1991 年为 3 亿人次，1992 年为 3.3 亿人次，1993 年为 4.1 亿人次，1994 年为 5.24 亿人次，1995 年达 5.6 亿人次，1996 年已达 6.4 亿人次。随着居民收入水平的提高和闲暇时间的增加，今后的增长速度将会更快。1997 年是中国旅游年，旅游人数将会更快增长。旅游消费，将会成为今后几年的消费热点。

但是，由于基础较差，发展较快，因而也出现不少问题。主要是：

1. 基础设施较差。旅游景点，一般在风景秀丽的边远地区或山区，交通、通信等基础设施一直较差。我们这几年发展旅游业，主要是建设宾馆之类，服务设施不配套，不少旅游胜地，交通条件差，通信工具落后，信息不灵。这些都大大影响旅游消费的发展。

2. 环境污染，旅游资源甚至遭受破坏。在旅游景点，特别是旅游旺季，人满为患，车船等交通工具排出大量的废气，严重污染了旅游区的空气；每天排出的废水以及各种固体废弃物，严重污染了当地环境及水源。有的缺乏环保措施，造成资源枯竭，环境恶化。我国四川九寨沟曾被联合国授以“世界自然遗产”的称号，但近年来由于盲目兴建商场、旅馆等，环境污染极其严重，以至于联合国官员在重新视察后对中国发出了警告。“奇秀甲东南”的武夷山，前几年有些人对山上的森林，进行掠夺式砍伐，使其精华九曲溪的水位急剧下降，严重影响了武夷山的景观价值。云南大理石享誉中外，但近年来个体私营业主从事大理石的开采加工，大量开采和盗采，严重影响了苍山山体景观及植被，造成岩石裸露，水土大量流失，加快了洱海的淤积。

3. 有些旅游点的软环境较差。有的旅游区，不仅文物遭到破坏，而且卫生条件也较差，脏、乱现象严重。普陀山是佛教圣地，但也商店林立，噪声震耳，有人说已经淹没了灵静幽雅的佛堂。有的以“改造”为名，建造一条又一条大小街道的“现代建筑”，大搞西方早已过时的“方盒子”建筑，历史传统被割断，民族文化不见了。有的在旅游景点搞封建迷信，大搞“鬼都”“鬼城”，甚至在名山之上建造“天下鬼都”，大修坟墓，搞“鬼文化”。这不仅丑化了旅游景点，也败坏了社会风气。

4. 有的旅游区旅游内容贫乏，形式单一。近年来世界旅游发展的趋势：一般的观光旅游和单一的度假旅游，已不再受人青睐，而具有特色的、个性化的专题旅游，特别是文化旅游，方兴未艾。但我们现在团体旅游多，个性化项目少；游山玩水的多，搞人文旅游、专项旅游的少；一般层次的多，高层次的少。旅游消费品一般化的多，真正反映民族文化、地方特色的少；品种单调，缺乏高质量的新产品。

三、如何提高旅游消费质量

提高旅游消费质量，必须全面规划，加强管理。关键在于提高旅游消费中的文化含量，从而促进社会经济的发展，促进社会文明和社会全面进步，促进人的身心健康和全面发展。实现这些要求，需创造各方面的条件。

1. 改善旅游消费条件。旅游消费，包括吃、住、行、游、娱、购等各种活动，各方面都要有吸引力，无论软件、硬件，都要提高质量。例如，交通要畅通无阻，要有较好的路基和适应旅客需要的交通工具。吃、住不仅要美观、卫生，还要适应不同层次旅客的要求。特别要提高服务质量，提高旅游事业的管理水平，严格禁止出现宰客现象。旅游商品，要增加花色品种，特别是新品种，提高旅游商品的质量，要尽量体现地方特色、民族特色。旅游商品销售收入在旅游业总收入中的比重，我国香港、新加坡在60%以上，一般国家和地区占40%~50%。丰富旅游商品，不仅能满足旅游者的需要，也可大量增加当地和国家财政收入。

2. 合理开发旅游资源，美化旅游景点。要充分利用当地条件，开发旅游资源，发掘文化内涵，开拓人文景观。除美丽的自然风光外，文物古迹也是人类极重要的文化载体，不仅能满足人们探古、探奇、求知、求乐的需要，而且能弘扬优秀民族文化。伦敦、巴黎、罗马和我国北京、西安等历史文化名城，都是以古代建筑、文物古迹、文化遗址吸引人，饶有特色。新加坡一无奇特的自然风光，二无著名的历史文物古迹，但旅游业很发达，主要在于开拓了丰富的人文景观，包括圣淘沙公园、原始森林公园、飞禽公园、国立博物馆、艺术馆、科学馆等，努力塑造东方文明的形象，很有吸引力。我们也可搞些富有民族特色和地方特色的人文景观，如少数民族地区的“民俗村”，名人的“故居”以及现代的“世界之窗”等，也都能引人入胜。这些都需要合理开发，体现高层次的民族文化特色。

这里有一个很重要的问题，必须处理好开发、利用和保护三者之间的关系。在注重开发的同时，加强资源和环境的保护，决不能像过去有些旅游区搞那种掠夺式的所谓开发，造成难以弥补的损失。因此，必须坚持可持续发展战略。真正做到“严格保护、合理利用、科学管理，使经济建设与资源、环境相协调，实现良性循环和可持续发展”。要根据当地的具体情况，制定环境资源保护和开发利用的最佳方案，并把它落实到政策法令之中。还要把高新技术成果运用到旅游业发展上，保护旅游资源永续利用。

3. 丰富旅游消费的内容。要根据当地的特点开展多样化、多层次的旅游活动，丰富旅游的内容，并满足消费个性化的要求。除一般的游山玩水外，还要开展一些专项旅游，开展一些高层次的文化旅游，如民俗风情的旅游项目，富有特色的民族文化的鉴赏与调研活动以及登山、观鸟、参观艺术馆、参观有特色的公园等。维也纳旅游业很发达，旅游外汇收入占全世界旅游业总收入的6%。它之所以能每年吸引上千万的游客，就在于它富有特色。这个世界“音乐之都”，到处体现音乐气氛、音乐文化，令人向往。近年来，很多国家热衷于“绿色旅游”，包括森林旅游、生态旅游、农业旅游等。1995年全世界到森林去旅游的达到3.9亿人次，预计到2000年可达5亿人次。我国森林旅游每年接待游客量已由20世纪80年代初的100多万人次，20世纪80年代末的1000多万人次上升到目前的3000多万人次。在“回归自然”这种旅游心态下，森林旅游的发展前景极为可观。生态旅游也方兴未艾，美国在1993年前已有800万人次参加生态旅游活动。我国有很多名山大川和历史文化遗迹，发展生态旅游，也大有可为。最近，农业旅游也引起很多人的兴趣。从过去单纯的田园观光，发展到农家度假、田园操作、租地自种的新阶段。欧洲以及美国、日本、加拿大、新加坡等国，农业旅游已成为时尚。中国是个古老的农业大国，孕育了丰富的农耕文化。中国有56个民族，各民族的农耕文化又大异其趣。有人认为，如果我们开发和组织好我国丰富而又独特的农业旅游资源，它就有可能成为国际旅游创汇新的增长点。我国把1998年中国旅游主题定名为“华夏城乡游”，也是基于看好这个市场。

4. 要不断提高服务质量和旅游消费者的素质。旅游业是“窗口行业”，必须提高服务人员和管理人员的素质，增加现代旅游知识和经营能力，提高服务质量和管理水平，发扬社会主义精神文明。与此同时，还要提高旅游者本身的素质。我们今后，不仅要发展国际旅游，还要着重发展国内旅游。在世界旅游业中，国内旅游业收入占总收入的90%左右。从我国居民的收入水平，目前还不可能有大量的人出国旅游。发展国内旅游，就牵涉到如何提高我们自己的素质的问题。旅游消费是一种较高层次的发展和享受的消费活动，消费者不提高自己的消费能力，就难以享受现代科学技术和文化艺术的丰硕成果。在旅游中，也难以进行一些高层次的旅游活动，难以获得高层次的旅游消费的消费效益。因此，必须提高消费者的整体素质，包括政治思想素质、科学文化素质以及艺术修养。这除了要加强全民素质教育外，还要加强消费教育，包括消费观、消费文化、消费知识的教育，消费道德和社会公德的教育。不断提高消费力，特别是精神消费力，从根本上提高人的素质，这是提高消费质量、促进人的全面发展的基础工程，也是发展旅游消费的一项基础工程。

原载《经济学动态》1997 年第 9 期

旅游消费

——我国即将来临的消费热点

一、旅游消费为什么会成为消费热点?

现代的旅游已不是传统意义的游山玩水，而是一种重要的文化活动，越来越成为人们消费生活的一个重要内容。未来学家约翰·托夫勒在《第四次浪潮》一书中提出：人类社会的第三次浪潮是服务业的革命，第四次浪潮是信息革命，第五次浪潮是娱乐和旅游业的发展。当前，旅游业已成为世界第一大产业。早在1994年，国际旅游人数已达5.46亿人次，全球旅游业总产值1994年已增加到3.4万亿美元，预计到2005年可达到7.9万亿美元。我国近年来，旅游业也发展很快，旅游收汇总额1996年增至102亿美元。1996年国内旅游6.4亿人次，收入1800亿元。1997年是“中国旅游年”，国际旅游人数达5758.8万人次，是1985年的3.2倍，旅游收汇总额达120.7亿美元，是1985年的10倍多。1998年以“华夏城乡游”为主题，1999年以“生态环境游”为主题，2000年以“神州世纪游”为主题，开展旅游活动。可以预计，旅游消费将成为我国消费热点。

旅游消费为什么会成为人们的消费热点?

第一，旅游能开拓视野、陶冶情操、增长知识，得到美的享受，提高人的素质。人们的生存需要得到满足以后，就要更好地满足享受和发展的需要。旅游消费，正是满足人们享受和发展的需要。高质量的旅游消费，不仅能提高消费质量和层次，而且能促进人的全面发展。江泽民同志在十五大的报告中指出："拓宽消费领域，引导合理消费……提高生活质量"，"提倡健康文明的生活方式，不断提高群众精神文化生活的质量"。发展旅游消费，正是为了"拓宽消费领域""提高生活质量"，大大有利于建立"健康文明的生活方式"。旅游消费对人的发展，对社会经济、文化的发展，对社会文明和社会全面进步，正在起着越来越大的作用。

第二，发展旅游消费不仅能增加大量收入，而且能促进产业结构的升级和优化。如前所述，近年来我国旅游业已为国家和当地增加了大量收入。目前，北京、海南旅游收入已达当地国民生产总值的13%，三亚市已达33%，云南、陕西、浙江的旅游收入已达国民生产总值的5%。有人估计，我国到2000年国际国内旅游总收入将达国民生产总值的5%，2010年将达8%。不仅如此，旅游业的产业关联度大，旅游包括"行、游、住、食、娱、购"六个方面。发展旅游消费，能带动商业、饮食业、娱乐业、交通运输业等一系列产业的发展。旅游业是第三产业，是不冒烟的工厂。发展旅游业，能优化产业结构，促进产业结构的升级，促进经济增长。

第三，发展旅游消费能吸收大量劳动力。旅游业是劳动密集型产业，不仅产业本身是劳动密集的，而且能带动的相关产业也是劳动密集的。旅游业能带动的就业人口比例，一般是1∶5。我国"八五"期间旅游业已直接或间接吸收1300万人，估计最近3年还可增加到2500万人。广东省目前在旅游业直接就业的人数占总就业人数的3.2%，间接就业人数占总就业人数的18.7%。海南三亚市在旅游业直接和间接就业的人数已达总就业人数的41%。发展旅游消费，对促进城乡劳动力就业，缓解就业压力，促进社会稳定，作用很大。

第四，发展旅游消费大大有利于促进地区间经济、文化的协调发展。我国经济文化发展不平衡，东中西部地区在经济、文化发展水平上差距很大。中西部地区，特别是一些贫困地区，经济文化长期落后，但往往具有优越的旅游资源。在这些地区发展旅游业，把资源优势转化为产业优势、经济优势，会大大促进这些地区经济、文化的发展，改变贫困落后的面貌。

上面情况，说明发展旅游消费会大大促进社会经济、文化的发展。而且旅游这个消费热点一经形成之后，将持续下去，甚至成为经久不息的消费热点，对经济、文化的发展起着越来越大的作用。很多国家近几十年来的情况足以说明这一问题。新加坡每年国际游客600多万人，超过本国人口2倍以上，旅游收入占国内生产总值10%以上；西班牙每年国际游客4000多万人，旅游收入占国内生产总值的25%；法国每年接待游客6000多万人，旅游收入占国内生产总值18%。目前，我国旅游消费市场也越来越大，不仅国外游客多，国内游客也不断增加。随着居民收入水平不断提高以及闲暇时间的增加，人们要求提高消费层次，提高生活质量，国内旅游将越来越旺盛，加之我国得天独厚，旅游资源极其丰富，对国内外游客都很有吸引力，旅游消费的需求量很大，旅游消费市场前景非常广阔。在我国经济正进入一个新的成长阶段，产业结构急需进行调整、升级、优化的情况下，如何寻找新的消费热点促进经济增长，是一个极为重要的问题。旅游业是投资少、见效快、产出大、吸收劳动力多的最有发展前途的新兴产业，发展旅游消费对促进产业结构升级和优化，促进经济增长，具有明显的优势和巨大的作用。因此，旅游消费成为我国当前的消费热点，是发展的必然趋势。

二、我国旅游消费和旅游业正面临严重的挑战

近年来，人们越来越重视旅游消费，每年外出旅游的人越来越多，旅游消费将越来越兴旺。世界很多国家已把旅游业作为重要的产业来经营，创造各种条件发展旅游消费。这对我们来说，既是机遇，又是挑战。我国旅游业起步较晚，起点较低，在发展较快的同时也存在不少问题：

不少旅游景区基础设施还很薄弱。有的交通不便，“进不去，出不来”，“行路难”；有的电力不足，路灯不亮；有的通信工具落后，信息不灵；等等。有的旅游区因为基础设施差，甚至出现不安全的情况。近年，一些旅游组织对旅游消费的问题进行调查，关于目前旅游最大的障碍，有将近40%的旅游者认为是交通不便。这些问题大大影响了旅游消费的发展。

有些旅游环境欠佳。有些旅游景点的自然环境遭到严重污染，空气污

染，水污染，废气、废水、各种固体废弃物到处为灾，环境恶化。有些旅游景点环境卫生差，又脏又乱；有的旅游景点，到处摆摊设点，甚至兜售商品，出现宰客现象；有的大搞封建迷信，求神问卦，看相算命；有的甚至在旅游景点搞赌博、色情活动，败坏社会主义精神文明；有些旅游景点服务质量偏低；有些旅游商店、饭馆、公园、娱乐场所，以牟利为目的，服务价格高，而服务质量不高，甚至服务态度恶劣，引起游客不满。旅游问题的投诉，近年来也不断增加。

我们现在很多人的旅游还是以一般的观光为主，层次不高。世界旅游发展的趋势已从一般的观光旅游趋向于有特色的个性化的专项旅游，特别是文化旅游，方兴未艾。有的还开展“绿色旅游”“生态旅游”等。但我们现在，团体旅游多，个性化项目少；一般游山玩水的多，搞文化旅游、专项旅游的少。有关部门 1996 年对 8743 位国内游客的抽样调查显示：48. 9%的旅游消费是观光旅游，度假疗养的仅占 1. 1%。国内游客主要旅游目的地分别是北京、上海、重庆、天津、西安、广州、青岛、昆明、厦门和福州等 10 大城市，到这些城市旅游的占全国旅游人数的 50. 2%。从消费者个人和旅游行为来说，我国的国内旅游还处于传统的城市观光旅游阶段，不少人旅游消费层次还不高。

特别值得提出的是，我们有些旅游资源开发很不合理，甚至使旅游资源遭受严重破坏。有的在旅游区大搞“开发”，大办宾馆，甚至办工厂，城市绿地被侵占，水面被填平，污染了环境，“无烟产业”变成了“冒烟产业”。例如，四川九寨沟曾被联合国授以“世界自然遗产”的称号，但近年来由于盲目兴建商场、旅馆等，环境污染极其严重。有的以“开发”为名，破坏了自然风光和人文景观，造成不可弥补的损失。泰山修索道，把著名景观月观峰的峰面炸掉 1/3，破坏地形及植被面积 1. 9 万平方米，大大影响了世界闻名的泰山景观。云南大理石享誉中外，但近年来大量开采，严重影响了苍山山体景观及植被，水土大量流失，加快了洱海的淤积。有的甚至对文物古迹乱加“改造”，破坏了民族文化风格。有的在旅游景点搞“鬼都”“鬼城”。有的随心所欲地“创造”人文景观，什么“西游记宫”“封神演义宫”等。据有关部门初步统计，全国人造景点已超过1000座，其中占地超过100亩的有7个，最多的达800亩，已知的145个景点投资总额达703亿元以上，其中超过10亿元的有20个，最多的达100亿元。南方某大城市按保守估计，亿元以上的投资，在建和准备建的大型人造景观项目就有28个，中小型项目加起来近100个，总投资超过200亿元。这就浪费了人力、财力和珍贵的耕地，经济效益、社会效益都很差。

这些问题不解决，我们旅游业的发展就会受到很大的阻碍，旅游消费质量就难以提高，旅游消费就难以成为真正的消费热点。因此，我们的旅游业和旅游消费正面临着严重的挑战。

三、如何从可持续发展的战略高度来发展旅游消费？

发展旅游业和旅游消费必须贯彻落实可持续发展战略，才能使旅游消费成为持续的消费热点和经济增长点。这就要：

第一，必须站在可持续发展战略的高度制定发展旅游业的总体规划。切忌地区之间、部门之间各自为政，争财夺利。必须统一部署，各方协调，切实克服旅游资源开发和建设中“散”“乱”和趋同倾向。要在深入调查研究、通过专家论证的基础上，制定统一协调的旅游资源开发和旅游区、旅游景点建设的规划，并切实执行。

第二，必须用可持续发展的战略眼光去开发旅游资源。必须处理好开发、利用和保护三者之间的关系。在注重开发的同时，加强资源和环境的保护，决不能像过去有些旅游区搞那种掠夺式的所谓开发，浪费资源，破坏历史文物，破坏自然景观。要真正做到严格保护、合理利用、科学管理，使经济建设与资源、环境相协调，实现良性循环和可持续发展。要制定环境资源保护和开发利用的最佳方案，严禁在风景区兴建工厂、乱搞开发、侵占绿地；严格控制在风景区兴建各种楼堂馆所，破坏自然风光。要保护各种野生动植物，特别是稀有动植物，促进生态平衡。

第三，在开发、利用、保护旅游资源的过程中，还要有计划地、极其慎重地培育优美的人文景观。要充分利用当地的文物特色，发掘文化的内涵，包括文物古迹的开发，弘扬优秀民族文化，提高旅游消费的人文品位。新加坡一无奇特的自然风光，二无著名的历史文物古迹，但旅游业很发达，主要在于开拓了丰富的人文景观，包括圣淘沙公园、国立博物馆、艺术馆、科学馆、飞禽公园等，努力塑造东方文明的形象，很有吸引力。我国是世界文明古国，幅员广阔，历史悠久，文物丰富，又有各具特色的56个民族，民族文化光辉灿烂，有无可比拟的旅游资源，需要合理开发和利用。开发旅游资源，有利于弘扬我国优秀民族文化，培育优良的社会机体，提高全民文化素质。因此，我们也可塑造一些富有民族特色和地方特色的人文景观，如兴建反映民族文化、具有高雅文化和艺术的有代表性的艺术馆、民族文化宫、科学馆、博物馆以及有特色的公园等。但切忌乱加“开发”、乱加“改造”，搞些不伦不类、甚至低级庸俗的东西，反而把旅游景观丑化了。

第四，要制定风景名胜资源保护、开发及管理的法规。要坚持旅游资源的合理开发，必须制定风景名胜资源保护、开发的法规。1997 年 1 月，国家工商行政管理局已公布的《旅游景区个体工商户监督管理办法》规定不得强行向消费者兜售商品、提供服务，不得从事法律、法规和政策禁止的其他经营。除了要制定保护旅游区资源、环境的配套法规外，还要制定加强旅游事业管理的有关法规，并严格执行，使旅游业有序化、法制化。

四、如何发展旅游消费，使其尽快成为消费热点？

旅游业是“朝阳产业”，发展前景极为广阔，旅游市场将兴旺发达。1996 年 1 月，世界旅游理事会秘书长李普曼来到中国，他对中国旅游业发展前景极为乐观：“未来 10 年间，中国每年由旅游带动的投资将达 800 亿美元，2006 年中国旅游创造的国内生产总值将达 2000 亿美元。”今后我国不仅国际旅游将继续兴旺，国内旅游也将不断增长，旅游消费将不断升温。旅游消费将成为我国新的经济增长点。据 1997 年 2 月 27 日《中国经济时报》载，我国已有北京、海南、云南、陕西、湖北、安徽、江苏等省市把旅游业定为支柱产业，上海、福建、辽宁、新疆、山西等省市把旅游业作为重点产业和先导产业，广东、四川、江西等省市把旅游业作为第三产业的先导产业或龙头产业，均在采取有效措施，大力发展旅游业。这些都是良好的开端。

发展旅游消费，除了坚持可持续发展这个总体战略外，有些具体问题必须及时解决，才能适应旅游消费发展的要求，促进旅游消费热点的升温。

第一，要改善基础设施和旅游环境。水、电、交通、通信等基础设施，都要大力加强，特别是交通方面，要有较好的路基和适应旅游需要的交通工具，保证旅游安全。加强旅游区的基础设施，要有长远规划，分轻重缓急，有步骤地加以解决，不能把有限的资金“撒胡椒面”。要增加对旅游基础设施的投入。除了政府部门尽力增加投入外，还可充分利用市场机制多渠道引资、筹资和融资，如发行股票、债券以及尽量利用外资等。在改善旅游基础设施的同时，要采取有效措施，改善旅游消费环境，如切实保护旅游景点的自然环境，加强对废气、废水、固体废弃物的综合治理，加强对旅游景点的管理，彻底解决脏、乱的问题，培育一个文明、高雅、美丽的旅游环境。同时，为了改善旅游区的基础设施和旅游环境，还需要建立一套发展旅游消费的政策，包括财政、金融、信贷、税收、价格等有关政策，如适当增加对旅游业的投资，采取专项贷款以及采取低税政策，促进旅游业的发展。为了鼓励旅游，对旅游区的住宿、餐饮、交通等价格，也要适当控制，不能仅以牟利为目的。对中西部地区，特别是那些比较贫困而旅游资源又特别丰富的地区，可以采取“特殊政策”，在投资、税收、信贷等方面给予特殊优惠，以促进这些地区旅游事业的发展。

第二，要提高旅游消费的层次和质量。这里关键是提高旅游消费的文化含量。除了开拓一些富有地方特色、民族特色的人文景观以及开发一些高层次的文娱活动外，还要逐步改变一般以观光、游览为主的方式，多开展一些有特色的专项旅游，特别是文化旅游。据世界旅游组织估计，目前文化旅游活动在所有旅游活动中所占比例为37%，并且每年以15%的增长速度发展。近年来，很多国家热衷于“绿色旅游”，包括森林旅游、生态旅游、农业旅游等。1995年全世界到森林去旅游的达到3.9亿人次，预计到2000年可达5亿人次。生态旅游也方兴未艾。美国在1993年前已有800万人次参加生态旅游活动。我国有很多名山大川和历史文化遗址，发展生态旅游，也大有可为。最近，农业旅游也引起很多人的兴趣。美国、日本、加拿大、新加坡等国，农业旅游已成为时尚。中国是个古老的农业大国，孕育了丰富的农耕文化，农业旅游也很有发展前途。我们要开展多样化、多层次的旅游消费活动，才能满足不同消费者的要求，提高旅游消费的层次和质量。

第三，要发展有特色的旅游商品。我们很多旅游商品，品种陈旧、花色单调、质量不高。要发展旅游消费，使其成为消费热点并转化为新的经济增长点，还必须大力开发有特色的旅游商品。旅游商品要增加花色品种，特别是新品种，要提高旅游商品的文化含量和科技含量。要尽量体现地方特色、民族特色。不少人出外旅游的主要动机之一是购物，特别是当地有特色的商品。丰富旅游商品，不仅能满足旅游者的需要，也可增加当地和国家财政收入。在新加坡和我国香港，旅游商品销售收入占旅游业总收入60%以上。香港是一个小岛，自然景观并不丰富，但旅游业很发达，1996年外地游客已达1170万人次，创汇845亿港元。香港能吸引游客的重要原因之一是"购物天堂"，价廉物美，很有吸引力。这里还要强调的是，要整顿、净化旅游市场，坚持打击旅游商品假冒伪劣，禁止兜售商品的行为，保护旅游者的正当权益，使旅游市场规范化、有序化，有强大的吸引力。

第四，要提高旅游服务质量。旅游业是"窗口行业"，服务人员必须有良好的服务态度，不断提高服务质量。这不仅关系旅游业本身的发展，而且关系到社会主义精神文明。旅游消费是两个文明的重要结合点，旅游消费的全过程应该是两个文明建设协调发展的过程。因此，必须采取有效手段，建立良好的旅游管理体制，加强旅游业的管理。还可进行一些专业培训，提高旅游服务人员的政治思想素质、科学文化素质，增加现代旅游知识和管理能力，提高服务质量，使旅游业成为体现两个文明的重要窗口。

第五，要提高旅游者的素质。旅游是较高层次的消费活动，旅游者应有较高的科学文化水平和艺术修养。当代科学文化迅猛发展，消费者不提高自己的消费能力，就难以享受现代科学技术和文化艺术的丰硕成果。旅游是一种文化活动，是为了满足人们享受和发展的需要，为了促进人的身心健康和全面发展。如果旅游者本身素质不高，就难以进行一些高层次的旅游活动，特别是文化旅游，难以获得高层次的旅游消费效益。因此，必须提高消费者的整体素质，包括政治思想素质、科学文化素质以及艺术修养。这除了要加强全民素质教育外，还要加强消费教育，包括消费观、消费文化、消费知识的教育，消费道德和社会公德的教育，不断提高消费力特别是精神消费力。我在近年来，强调文化教育是第一消费力。大力发展文化教育事业，从根本上提高人的素质，这是提高消费质量，提高社会文明程度，促进社会全面进步，促进社会主义市场经济健康发展的基础工程。

原载《财贸经济》1998 年第 9 期

中国旅游消费的发展趋势

未来学家约翰·托夫勒在《第四次浪潮》中提出，人类社会的第三次浪潮是服务业的革命，第四次浪潮是信息革命，第五次浪潮是娱乐和旅游业的发展。旅游业是最有发展前途的朝阳产业，旅游消费将越来越兴旺发达。高质量的旅游消费，不仅能提高消费质量和层次，而且能发展人的智力、体力，促进人的身心健康和全面发展。同时，发展旅游业能增加大量的收入，带动一个较长的产业链条，促进商业、饮食业、娱乐业、交通运输业、加工制造业等一系列产业的发展，促进产业结构优化和升级，吸收大量劳动力。发展旅游业，投资较少，收效较快，而我国又有世界上最丰富的旅游资源，对国内外旅游者有很大的收引力。可以说，我国发展旅游消费得天独厚，近年来已显示出巨大的优势与潜力。不可忽视的是，旅游消费还具有巨大的社会文化功能。发展旅游消费，既能促进人的文化素质的提高，又能发掘、弘扬优秀的民族文化，有利于培育社会文化机体，提高全民科学文化素质。由此可见，高质量的旅游消费，对人的发展，对社会经济、文化的发展，对社会文明和社会全面进步，正在起着越来越大的作用。

江泽民同志在十五大报告中指出："拓宽消费领域，引导合理消费……提高生活质量"，"提倡健康文明的生活方式，不断提高群众精神文化生活的质量"。发展旅游消费，正是为了"拓宽消费领域""提高生活质量"，有利于建立"健康文明的生活方式"。我国当前出现了消费需求不足、市场疲软的情况，发展旅游消费，正是扩大内需、发展消费需求、培育消费热点、促进经济增长的一个重要方面。旅游消费将成为最理想、最持久的消费热点和新的经济增长点，这是发展的必然趋势。

一、中国旅游消费前景看好

世界旅游消费，发展很快。1996 年全球国际旅游接待人数共达 5. 9212 亿人次，国际旅游收入达 4231. 16 亿美元。据世界旅游组织提供的材料，旅游业已成为世界最大产业。全球旅游业总产值早在 1994 年已增加到 3. 4 万亿美元，预计到 2005 年可达到 7. 9 万亿美元。新加坡每年接待国外游客 6500 万人次，超过本国人口 2 倍以上，旅游收入占国内生产总值 10%以上。西班牙每年接待国外游客 4000 多万人次，旅游收入占国内生产总值的 25%。法国每年接待游客 6000 多万人次，旅游收入占国内生产总值 18%。我国近年来，旅游业也发展很快。来华旅游入境人数，1994 年为 4368. 4 万人次，1998 年增至 6347. 8 万人次；国际旅游收入，1994 年为 72. 2 亿美元，1998 年增至 126 亿美元；国内旅游人数，1994 年为 5. 24 亿人次，1998 年为 6. 945 亿人次；国内旅游收入，1994 年为 1023. 5 亿元，1998 年增至 2391. 2 亿元。1998 年，城市居民出游率已达 94. 5%，农村居民出游率已达 40%以上。1998 年，北京、海南旅游收入已达当地国民生产总值的 13%，海南省三亚市已达 33%。云南、陕西、浙江的旅游收入已达当地国民生产总值的 5%。有人估计，我国到 2000 年，国际、国内旅游总收入将达国民生产总值的 5%。1996 年 1 月，世界旅游理事会秘书长李普曼来到中国，他对中国旅游业发展前景极为乐观："未来 10 年间中国每年由旅游带动的投资将达 800 亿美元，2006 年中国旅游创造的国内生产总值将达 2000 亿美元。"世界旅游组织预测，到 21 世纪初，中国将成为世界最大的旅游市场。我国今后不仅国际旅游将继续兴旺，国内旅游也将不断增长，不断升温。1997 年，我国已有北京、海南、陕西、江苏等 10 个省市把旅游业定为支柱产业，上海、福建、山西等 7 个省市把旅游业作为重点产业和先导产业，广东、四川等 5 个省市把旅游业作为先导产业或龙头产业，均在采取有效措施，大力发展旅游业。

根据世界旅游的发展趋势，旅游已不止于一般的游山玩水，很多人热衷于高层次的文化旅游和有特色的“生态旅游”“森林旅游”等。据世界旅游组织估计，文化旅游在所有旅游活动中所占比例为37%，近几年将以15%的年增长速度向前发展。美国斯坦福大学研究院的报告估计，20世纪90年代以生态为目的的旅游每年将增长25%~30%。据统计，1995年全世界到森林去旅游的达到3.9亿人次，预计2000年可达5亿人次。我国森林旅游每年接待游客量已由20世纪80年代初的100多万人次，20世纪80年代末的1000多万人次上升到目前的3000多万人次。在“回归大自然”这种旅游心态下，森林旅游的发展前景极为可观。生态旅游也方兴未艾。我国有5000年的丰富历史文化，有56个各具特色的民族，有很多名山大川和历史文化遗迹，发展文化旅游、生态旅游，均大有可为。最近，农业旅游也引起很多人的兴趣。欧洲及美国、日本、加拿大、新加坡等国，农业旅游已成为时尚。中国是个古老的农业大国，孕育了丰富的农耕文化，发展农业旅游也有广阔前景。1998年中国旅游主题定名为“华夏城乡游”，也就是看好了这个市场。

由此可见，中国是一个旅游大国，名胜古迹、历史文物、各种景观极为丰富。因此，中国旅游消费蕴藏着巨大的发展潜力。旅游这个消费热点，将不断升温，成为新的经济增长点，对扩大内需、活跃消费市场、促进经济增长，将发挥越来越重要的作用。

二、如何合理开发旅游资源?

第一，要改善基础设施和旅游环境。在旅游区，水、电、交通、通信等基础设施，都要大力加强，特别是交通方面，要有较好的路基和适应旅游需要的交通工具，保证旅游安全。加强旅游区的基础设施，要有长远规划，要增加对旅游基础设施的投入。除了政府部门尽力增加投入外，还可充分利用市场机制，多渠道引资、筹资和融资，如发行股票、债券以及尽量利用外资等。在改善旅游基础设施的同时，要采取有效措施，改善旅游消费环境。切实保护旅游景点的自然环境，加强对废气、废水、固体废弃物的综合治理，培育一个文明、高雅、美丽的旅游环境。这是发展旅游消费的前提条件。

第二，要培育优美的人文景观。要使旅游业成为支柱产业、先导产业或龙头产业，成为新的经济增长点，就必须站在可持续发展的战略高度来发展旅游业和旅游消费，就要合理开发和保护旅游资源，创造、培育优美的旅游消费环境，提高文化品位和文化氛围。这就需要开拓一些富有地方特色和民族特色的人文景观，开展一些有特色的高层次的文化娱乐活动。维也纳每年吸引上千万的游客，就在于这个世界“音乐之都”到处体现着音乐气氛、音乐文化，富有特色，令人向往。我国除了有极其丰富的自然景观外，还有极丰富的人文景观。我国是世界文明古国，历史悠久，有很多历史名胜、文物古迹以及内容丰富的博物馆、艺术馆等，又有各具特色的光辉灿烂的民族文化。合理开拓有地方文化和民族文化特色的高层次的人文景观，丰富旅游内容，这方面还有广阔的天地，可以大有作为。

第三，要因地制宜开发当地有特色的旅游资源。我国目前还有很多有价值的自然景观和人文景观没有开发，甚至鲜为人知。要根据当地的资源优势，开发有地方特色的旅游资源。例如，我国不少地区，有秀丽的森林，奇特的山水，珍稀的动植物，发展森林旅游有极丰富的资源。我国现在已建立多种规模的森林公园350多处，总面积达200多万公顷；自然保护区420个，总面积达4400万公顷。此外，还有很多没有开发的可供旅游的林园。在秀丽的森林里进行“森林浴”，散步、游乐、考察、寻奇，不仅使人回归大自然，心旷神怡，而且融旅游、娱乐与保健、治病（治多种慢性病）于一体，对人的身心健康作用很大。可见，发展森林旅游有极广阔的前景。又例如，我国是一个岩溶十分发育的国家，有些地区有极其美丽的、奇特的岩洞，洞穴中各种溶蚀形态和钟乳石堆积物塑造出各种景观，千姿百态，引人入胜，极有开发价值。

第四，要搞“大旅游”，各旅游景点之间要协调发展。开发旅游资源，要有通盘安排，长远规划。在一个旅游区之内，各个景点之间要密切配合，协调发展，不能各自为政。这样才能形成合力，既丰富了旅游内容，又方便了游客。例如，湖南湘西武陵源风景区，包括张家界国家森林公园以及索溪峪和天子山两个自然保护区，有极其丰富的旅游资源，被称为“大自然的迷宫”“绿色的海洋”“珍稀动物的天堂”，成为一颗全世界瞩目的风景明珠，有的人还称张家界为“天下第一奇山”。联合国教科文组织世界遗产委员会以“武陵源具有不可否认的自然美”将其列入了《世界遗产名录》。这三个景点之间，相距虽不远，但山路崎岖，交通不便。面对如此丰富的旅游资源，如何进行综合开发，点面结合，协调发展，从交通、通信等各项基础设施、旅游配套设施和服务工作到各种旅游活动，有计划地统一安排，形成武陵源“大旅游”的发展模式和具体方略，促进湖南湘西旅游消费的大发展，这方面还大有文章可做。其他有些省市，也有类似这种情况。因此，要强调“大旅游”，强调旅游开发的统一规划和协调发展。这对于培育旅游消费热点作用很大。

三、中国旅游消费的发展趋势

中国旅游消费，将进一步兴旺发达，成为消费热点，而且这个热点将经久不息，在相当长时期内成为新的经济增长点。这不仅表现为国际旅游更加升温，吸引更多的海外游客，而且国内旅游也将不断升温，为越来越多的城乡居民所喜爱。具体说，会出现以下一些趋势：

第一，国际、国内旅游均将大幅度增长。改革开放以来，我国旅游业发展很快。1978 年旅游人数仅为 180.92 万人次，而且绝大部分为入境旅游者，国内旅游人数极少；1990 年旅游人数增至 2746.18 万人次，增长 10 余倍。旅游收汇总额 1978 年为 2.63 亿美元，1990 年为 22.2 亿美元，增长近 10 倍。最近几年，无论入境旅游人数还是国内旅游人数，每年均以 10%以上的速度增长，无论入境旅游收入还是国内旅游收入，每年均以 20%以上的速度增长。今后这种增长趋势会更明显。有人预计，到 2010 年入境旅游人数将达 6400 万~7100 万人次，其中外国人将达 1600 万~2000 万人次，国内旅游人数将达 20 亿人次；国际旅游收入将达 380 亿~430 亿美元，国内旅游收入将达 1.3 万亿~1.4 万亿人民币，国际国内旅游总收入将达到国民生产总值的 8%。这些估计，虽较乐观，但并非不可能。中国旅游消费将成为很有发展前途的、持久的消费热点。

第二，旅游消费层次将不断提高。一般的观光旅游将逐步减少，高层次的文化旅游、生态旅游、森林旅游以及其他一些有特色的旅游将越来越多，旅游的文化内涵将越来越丰富。由于人们对旅游消费的认识不断提高，不少人除了通过旅游享受大自然的美丽风光外，还想通过一些参与性的旅游活动，获得科学文化知识，提高自己的素质。除了像四川九寨沟、云南的西双版纳有原始森林和秀丽如画的景观可发展生态旅游、森林旅游外，还有很多地区可发展一些有特色的旅游活动，如湖南郴州利用美丽的东江湖大搞水上漂流、水上体育娱乐活动。宁夏开展的滑沙娱乐活动，甘肃敦煌推出的沙漠探险游等，都别开生面，饶有特色。我国不少地区，不仅自然景观很有吸引力，人文景观也很有特色。例如，我国有 56 个民族，民族风情乃至民族服饰、民族歌舞，均反映出优异的民族文化。因此，开展文化旅游，大有潜力可挖。一些有特色的、具有文化内涵的专项旅游，将越来越为国内外游客所喜爱。这些都说明，我国旅游消费的内容将越来越丰富多彩，文化层次将不断提高，这也是发展的必然趋势。

第三，有特色的旅游商品将逐步增加。我们过去有些旅游商品，花色单调，质量不高。要发展旅游消费，使其成为消费热点并转化为新的经济增长点，还必须大力开发有特色的旅游商品。我国有一些特种工艺美术品，如象牙雕刻、刺绣、水晶、石器以及一些民间工艺美术品，已受到国内外游客的欢迎。今后还要增加花色品种，特别是新品种，要提高旅游商品的文化含量和科技含量。要尽量体现地方特色、民族特色，发展一些适销对路的旅游商品的精品，供应海内外旅游者和国际市场。丰富旅游商品，不仅能满足旅游者的需要，也可增加财政收入。在新加坡和我国香港，旅游商品销售收入占旅游业总收入的 60%以上。

第四，旅游消费将更体现消费的个性化。除了现有的体现个性化的旅游项目（如登山、探险、体育、人文调查等）之外，还有新的内容，如欣赏一些有地方特色和民族特色的歌舞、各种文艺表演，品尝各地具有地方特色和民族特色的饮食风味，欣赏民族服饰，等等，今后将越来越多，消费个性化将日益显现。

总之，旅游业是充满生机和活力的朝阳产业，旅游消费即将成为我国的消费热点和新的经济增长点。发展文化品位高的旅游消费，有利于提高消费质量，促进人的身心健康和全面发展，促进社会主义市场经济的健康发展。

1999年3月在韩国参加“亚洲消费者与家庭经济”国际学术会议上的发言

原载《求索》1999年第6期

也谈教育消费

教育是人们最基本、最重要的消费行为，教育消费将成为最大的、长期的消费热点。

从我国情况来看，教育的发展一直落后，人口素质一直偏低。1997 年全国 15 岁以上的人口中，文盲、半文盲占 16.1%，其中男性占 9.58%，女性占 23.24%。我国现有 1.2 亿职工，其中 35 岁以下的青年职工约 8000 万，他们之中初级工占 80%，中级工不足 20%，高级工仅 1%。可见，劳动力素质偏低。比之发达国家，差距很大。1994 年，美国 25 岁以上的人口中，大学文化程度占 46.5%，初中文化程度占 44.6%，小学文化程度占 8.2%，文盲及文化程度不明者占 0.6%。早在 1990 年，日本 25 岁和 25 岁以上的人口中，大学文化程度占 20.7%，初中文化程度占 43.7%，小学文化程度占 33.7%，文盲及文化程度不明者占 0.3%。其他很多国家，居民文化程度都较高。这就进一步说明了，必须把教育放在优先发展地位，加速发展教育消费，使经济建设真正转到依靠科技进步和提高劳动者素质的轨道上来，迎接知识经济的来临。

发展教育消费，首先要转变观念。要转变过去那种把教育完全作为福利、完全依靠国家来包办的传统观念；要转变那种把教育投资作为消费性投资，不作为基础设施建设，不作为基础性和生产性投资的传统观念；要转变那种认为文化程度高低关系不大，甚至“文盲也同样工作”的落后观念。使人们充分认识知识经济来临对提高人的素质的极端重要性和紧迫性，认识发展教育消费、增长智力资源的极端重要性，从而自觉提高教育消费，增长自己的知识和才能。事实上，不少人对这些问题的认识已大大提高了。

其次，要切实增加政府对教育的投入。过去，我国教育事业的投入一直偏低。公共教育经费占国民生产总值的比重：美国 1992 年为 5.5%，日本 1990 年为 4.7%，法国 1993 年为 5.8%，意大利 1993 年为 5.2%，匈牙利 1994 年为 6.7%，马来西亚 1994 年为 5.3%，新加坡 1994 年为 3.3%，墨西哥 1994 年为 5.8%。全世界平均：1993 年为 5.1%，1994 年为 5.2%。而我国 1993 年仅为 2.5%，1994 年仅为 2.2%。目前仍只占 2%左右，实在太低。

第三，要改革教育体制。要改变长期以来由政府一家包办教育的体制，采取国家、企业、个人多元办教育的模式，调动各方面的积极性。近年来，不少人对智力投资的认识不断提高，认识到人们消费中智力性、发展性消费比重的提高，是提高消费层次、消费质量和消费效益的重要条件，是文明、进步的重要体现。在人们的消费中，发展性、智力性消费的比重提高了，一些低层次的甚至愚昧消费、腐朽性消费就减少了，消费结构就优化了，这正体现了社会文明和社会全面进步。加之，近年来有些家庭收入迅速提高，储蓄增加较快，也有可能增加个人的教育消费。因此，各级学校，特别是高等院校，可以逐步增加自费教育的比重，搞“一校两制”。最近有人提出，我国高校可以大量招收自费生，3 年内招生数量可以扩大 1 倍，从每年 200 万人增加到 400 万人，自费生每人每年平均交学费 1 万元左右，这样每年可多收学费 200 亿元。这部分学生在校增加消费 40 亿元，可带动学校附近服务业及有关行业的发展，可以拉动 1000 亿元左右的投资与最终消费，可给下岗职工腾出 500 万~600 万个工作机会。这些意见，是可取的。我国各级学校的师资力量大部分是较强的，一般有力量增加招生数量。现在有些高校招收研究生，名额偏少，以致导师的数量甚至多于研究生的数量，这是很大的人力浪费。必须转变就业观念，招自费生，不包分配，就业市场化。这既不增加学校分配就业的压力，又有利于提高学生的自主择业能力，反而是一种激励机制。在很多国家，自费上学是一种趋势，甚至读中小学也是自费。应该看到，教育是一种产业，而且是最重要、最有发展前途的、最大的产业，国家、企业、个人乃至全社会都可以来发展这个大产业，为社会谋福利。前不久，国务院批准的《面向21世纪教育振兴行动计划》中提出："今后3~5年，基本形成以政府办学为主体、社会各界共同参与、公办学校和民办学校共同发展的办学体制。"这是切合实际的。

第四，要建立一套比较完整的、相互配合的教育体系。除了发展普通教育、高等教育外，还要发展成人教育、终身教育。随着高科技的迅猛发展，产品更新换代加快，知识的老化也加快，更需要加强学习，使知识不断更新，赶上时代的步伐。这样，终身教育将成为教育的主要目标。除了正规教育外，更要在工作中加强学习，加强继续教育。每个人都要不断增长自己的知识，以适应知识经济的要求。1997年，美国制定了教育计划，当年就拨款510亿美元，规定：8岁以上的儿童，人人必须能读会写；12岁以上的青少年，人人必须会上互联网；18岁以上的青年，人人必须能读大学；成年人要活到老，学到老。法国政府、企业部门全面开展继续工程教育，政府在这方面支付的经费约为全国普通教育经费的25%，企业支付的经费则为职工工资的10%左右。在美国，每年接受继续工程教育的工程师人数约占全美工程师总人数的15%，工程师人均教育的费用每年超过3000美元。在日本，有些大企业用10%~15%的工资作为继续工程教育的费用。而且日本有关法律还规定，凡雇佣10人以上的雇主必须用雇员工资的10%左右作为其继续工程教育的费用。在我国，还要加强职业教育。为了提高广大职工的技能，必须加强技术培训，发展各种形式的职业教育，扩大职业教育的覆盖面。特别是近年来，下岗职工不断增加，需要再就业，更需要加强技术培训，提高再就业的技术能力，这些都是当务之急。总之，要建立一个比较完整的教育体系，相互配合，适应人们不断学习、提高知识和技能的要求。

原载《经济学消息报》1999年6月4日

论我国教育消费的趋势

● 教育是振兴民族工业与科技的基础。

● 教育不是单纯的消费行为，而是一种生产行为，是扩大了的生产；教育将成为全国最大的产业。

● 加速发展教育消费，是社会经济文化发展的必然趋势和客观要求。

一、教育将成为我国最重要的消费热点

教育是人们最基本、最重要的消费行为。人人都要受教育，不仅要受义务教育、各类学校的教育，而且要接受终身教育，因而教育是每个人一生的消费行为。

特别应该看到，教育不是一种单纯的消费行为，而是一种生产行为。正如马克思所说，是“扩大了的生产”，是劳动力的生产和再生产。劳动力素质的提高，主要靠教育。邓小平同志早就指出：“科学技术是第一生产力”，“科学技术人才的培养，基础在教育。”不能把教育投资单纯作为消费性投资，而应该作为基础设施建设，作为生产性投资。特别是知识经济时代，知识、智力在社会经济发展中起着决定性的作用，人们要获得更多的知识，更需要加强教育。正如江泽民同志在全国教育工作会议讲话中所指出的，教育是知识创新、传播和应用的主要基地，也是培育创新精神和创新人才的重要摇篮。

教育消费具有扩大消费需求、拉动内需、促进经济增长的功能。朱镕

基总理在全国教育工作会议上指出："加快发展教育，既可减缓升学压力，为素质教育创造良好环境，满足广大学生和家长对教育的需求，提高国民素质和社会文明程度，又可以扩大教育消费，拉动内需，促进经济持续增长，还可以减缓目前的就业压力。"这就说明，教育消费的消费性和生产性功能，不仅能提高人的素质，而且能提高生产力，极大促进社会生产的发展。因此，加速发展教育消费，是社会、经济、文化发展的必然趋势和客观要求，教育消费将成为最重要、最持久的消费热点，也是发展的必然趋势。

二、教育将成为我国最大的产业

教育消费，像人们的衣食住行用的消费一样，将成为每个人必要的消费，而且比衣食住行用的消费增长会更快。在上海，最近 5 年在人们的消费中，教育支出比重每年递增 45%。由于我国过去教育落后，很多人文化教育层次偏低，今后需要加快发展，因而教育消费的需求量很大。根据《面向 21 世纪教育振兴行动计划》的要求，到 2000 年，全国基本普及九年义务教育，基本扫除青壮年文盲。到 2010 年，在全国实现"两基"目标的基础上，城市和经济发达地区有步骤地普及高中阶段教育。全国人口受教育年限达到发展中国家先进水平；高等教育规模有较大扩展，入学率接近 15%；基本建立起终身学习体系。由于教育消费巨大的需求量，教育必然成为最大的培养人才的产业。我国普通高等学校在校学生：1985 年为 170.3 万人，1998 年为 340.9 万人；中等学校在校学生人数：1985 年为 5092.6 万人，1998 年为 7340.9 万人，增长很快。成人教育也增长很快。1999 年各级学校又扩招不少，今后会发展更快。因此，教育将成为最大的产业，是发展的必然趋势。

应该说，教育是一种特殊的产业，不同于一般的以商品交换、追求利润为目的的产业，而是生产知识、物化知识的特殊生产部门，是生产力的生产和再生产的特殊产业。之所以说是产业，是要区别于过去把教育看成是纯福利，完全由国家包揽，把教育部门看成是非生产领域那种情况而言的。说教育是产业，甚至说教育产业化，只是说应该按产业发展的规律来办事，决不是说教育可以完全市场化、商品化，不能把学校看成是企业，以牟利为目的，不能唯利是图。最近，有的人在文章中宣扬说："教育是一种赚钱的产业"，"教育消费市场蕴藏着巨大的商机"。教育是培养人才的产业，必须把社会效益放在第一位，决不能片面追求经济效益，决不能以"赚钱"、以"巨大的商机"为目的，决不能高收费、乱收费。必须不断提高教学质量，培养合格的人才。

三、如何发展教育消费

第一，要转变观念。要转变过去那种把教育完全作为福利、完全依靠国家来包办的传统观念，要转变那种把教育投资单纯作为消费性投资、不作为基础性和生产性投资的传统观念，要使人们充分认识知识经济来临对提高人的素质的极端重要性和紧迫性，认识发展教育消费、增长智力资源的极端重要性，从而自觉提高教育消费，增长自己的知识和才能。

第二，要切实增加政府对教育的投入。我国过去，教育事业的投入一直偏低。公共教育经费占国民生产总值的比重：美、日、法、意等国，均在5%甚至6%以上，而我国目前还只占2%左右。要真正认识到未来经济的竞争，综合国力的竞争，实质上是人才的竞争，而要提高人的素质，基础在教育。增加对教育的投入，是落实科教兴国战略的重要内容。《面向21世纪教育振兴行动计划》提出，保证教育经费的"三个增长"。江泽民同志在全国教育工作会议上又强调，坚持在安排各级财政预算时实现教育经费的三个增长，提高教育支出在财政支出中的比例，为教育优先发展提供物质保证。现在的问题是如何真正落实这些要求，使教育消费不断升温。

第三，要改革教育体制。要改变长期以来由政府一家包办教育的体制，采取国家、企业、个人多元办教育的模式，调动各方面的积极性。各级学校，特别是高等院校，可以适当扩大招生名额，增收自费生。适当增加一些民办学校，基本形成以政府办学为主体、社会各界共同参与、公办学校和民办学校共同发展的办学体制。

第四，要建立一套比较完善的、相互配合的教育体系。除了发展普通教育、高等教育外，还要发展成人教育、终身教育。还要加强职业教育，加强技术培训，扩大职业教育的覆盖面，适应人们不断学习、提高知识和技能的要求。

四、我国教育消费的发展趋势

随着人们对教育消费的认识不断提高，随着各级政府对教育资金的投入不断增加，随着社会各界对办教育的积极参与，我国教育消费将不断发展，前景极为广阔。

第一，各类学校入学人数将不断增长。可以预计，我国今后几年（包括“十五”期间），中学招生人数，平均每年以5%左右的速度增长，普通高校招生人数，平均每年以7%左右的速度增长，成人教育每年以10%左右的速度增长，并非不可能。1998年小学学龄儿童入学率为98.9%，“十五”期间，将全部入学；1998年小学毕业生升学率为94.3%，“十五”期间将基本普及；1998年初中毕业生升学率为50.7%，“十五”期末将提高到70%以上；每万人中大学生人数，1998年为27.3%，“十五”期末将提高到32%以上。至于成人教育，将发展更快。这样，各类学校学生入学人数、在校人数均将大大增加，教育这个培养人才的产业，将逐步成为最大的产业。

第二，社会办学的力量和资金将不断增加，民办学校、私立学校将逐步增加，逐步形成比较完整的教育体系，终身教育将成为人们的共识和实际行动。

第三，随着知识经济的发展，人们对科教兴国这个根本战略的认识不断提高，人们将更加注意素质教育，更加着力提高教育质量，培养高质量的人才。

第四，“产、研、学”三结合，将会有新的发展。科技创新，培养高素质的人，高等院校有很大的责任。高等院校必须以市场为导向，以创新为灵魂，与企业协作，建立产、学、研三结合的创新体系，为培育新的经济增长点作贡献。江泽民同志早就强调，要“促进科技、教育同经济的结合”，“有条件的科研机构和大专院校要以不同形式进入企业或同企业合作，走产学研结合的道路”。发达国家在这方面早已卓有成效，值得我们借鉴。我们不少高校在这方面已作出显著的成绩，今后还会不断发展、提高，作出更大贡献。

原载《科技日报》2000 年 2 月 25 日

关于闲暇消费的几个问题

人类对休闲的认识有着悠久的历史。在西方，最早可以追溯到古希腊的亚里士多德，他把休闲誉为“是一切事物环绕的中心”，“是科学和哲学诞生的基本条件之一”。这一思想已成为西方文化的传统。

但是，真正把休闲放置在学术的层面加以考察和研究并形成学术体系，则是近一百多年的事。这是因为，近现代工业的高度发展，一方面促进了人们闲暇时间的增多，人在拥有物质财富的同时，开始向往精神生活的满足；另一方面，现代社会容易出现人的异化，人的全面丰富性受到空前的影响。有些人甚至追求片面的物质享受，精神生活却很穷困。这虽然是少数人的情况，但值得注意！

休闲学，是以人的休闲行为、休闲方式、休闲需求、休闲观念、休闲心理、休闲动机等为研究对象，探索休闲与人的生命的意义和价值，以及休闲与社会进步、人类文明的相互关系。休闲学的核心观点是，休闲是人的生命的一种状态，是一种“成为人”的过程，是一个人完成个人与社会发展任务的主要存在空间。休闲不仅是寻找快乐，也是在寻找生命的意义。

美国学者认为，休闲学在美国的诞生是以 1899 年凡勃伦发表的《有闲阶级论》为标志。他在该书中提出，休闲已成为一种社会建制，人的一种生活方式和行为方式。

中国是一个具有五千余年悠久历史的文化大国，休闲文化的内容也十分丰富，衣食住行、诗词歌赋、琴棋书画，都是休闲文化的创造物。

在当代，提出休闲学研究的学者是于光远先生。早在 1983 年他就指出："我国对体育竞赛是很重视的，但体育之外的竞赛和游戏研究得很不够。在中国的高等院校中没有一门研究游戏的课程，没有一门游戏专业，没有一个研究游戏的学者。这不是什么优点而是弱点。" 1994 年他又进一步指出："玩是人类基本需要之一，要玩得有文化，要有玩的文化，要研究玩的学术，要掌握玩的技术，要发展玩的艺术。"

毋庸置疑，休闲已成为这个时代重要的特征之一和社会文化活动的重要组成部分。虽然，我国距休闲时代还有一大段遥远的路，但我们不能不看到，自改革开放以来，在不到 20 年的时间内——1995 年起实行五天工作制，1999 年又实施春节、"五一" 和 "十一"，三个长假日，我们已经有三分之一的时间是在休闲中度过的。发展速度之快，不能不引起我们的极大关注。

一、应该看到闲暇消费的作用

闲暇消费，是人们在闲暇时间进行的各种消费活动。未来学家约翰·托夫勒在《第四次浪潮》中提出，农业社会是第一次浪潮，工业社会是第二次浪潮，后工业社会是第三次浪潮，信息革命是第四次浪潮，娱乐和旅游业是第五次浪潮。娱乐、旅游都是闲暇消费的重要内容。我国也有人提出要"进一步发展和完善闲暇生活方式"。闲暇消费，对人的发展，对社会经济、文化的发展，具有重要的作用。

但是，闲暇消费也容易出现一些误区。市场具有自发性，人们的消费也容易出现非理性行为。当人们的收入水平、消费水平提高后，在闲暇消费中容易走入误区。有的人以追求个人生理和心理上的享受、追求感官的快乐作为人生的价值。例如，有的在闲暇时间里，无所事事，甚至感到孤寂、无聊；有的一到双休日，特别是节日，大搞"方城之战"，"酣战"通夜；有的求神问卦，看相算命，用封建迷信求得心灵上的"超脱"；有的人玩电脑时，沉溺于"黄毒"不能自拔，不仅浪费了大量的闲暇时间，也腐蚀了自己的思想；有的人甚至大搞"黄色消费""黑色消费"，腐化堕落，败坏社会风气，败坏社会主义精神文明。因此，对闲暇消费，必须进行正确引导，提高闲暇消费活动中的文化品位和文化含量，提高闲暇消费的层次和质量。

二、怎样提高闲暇消费质量?

首先，要端正价值导向，要以高文化引导闲暇消费。

其次，要扩大闲暇消费领域，特别是高层次的文化消费领域。要开拓一些高层次的文化娱乐场所和文化娱乐活动，如高雅音乐、高雅艺术的表演，高雅文化作品的欣赏。发展一些内容丰富、文化含量高的公共文化设施，包括图书馆、博物馆、科学馆、文化馆，有特色的公园等。还可开展一些有益于身心健康的闲暇消费活动，如琴棋书画、种花种草以及参观、访问、调研等。还可开展文化旅游、生态旅游等，丰富闲暇消费的内容。特别要提高高层次的精神文化消费的比重，从根本上提高闲暇消费质量。

再次，消费者要有高素质。这是提高闲暇消费质量的基础和前提。要进行高层次的闲暇消费活动，必须有高层次的政治思想素质、科学文化素质和艺术修养。马克思说，一个人“要多方面享受，他就必须有享受的能力，因此他必须是具有高度文明的人”。这里也牵涉消费教育的问题，包括消费观念的教育、消费知识的教育、文化艺术和审美知识的教育以及消费道德和社会公德的教育，还应该包括生态环境的教育。

本文系《江苏经济报》2003 年组织的“闲暇——中国人的新课题”笔谈的摘要

原载《江苏经济报》2003 年 6 月 10 日

着力提高闲暇消费质量

闲暇消费，是人们在闲暇时间里根据自己的爱好进行的消费活动。闲暇时间，也就是马克思所说的“自由时间”：“使个人得到充分发展的时间”，“为个人发展充分的生产力，因而也为社会发展充分的生产力创造广阔余地”的时间。[①] 我们正在全面建设小康社会，努力构建社会主义和谐社会，这更需要发展闲暇消费。

一、闲暇消费的作用

发展闲暇消费，对人的发展，对社会经济文化的发展，具有极其重要的作用。

一是有利于人的身心健康和全面发展。闲暇消费，在西方国家一直被称为“休闲”，我国现在也有很多人沿用这种说法。不过，我国自古以来，一直把“休”解释为“倚木而息”，容易被人误解为单纯的休息，忽视闲暇消费的巨大作用。因此，我们还是用闲暇消费的说法为好。发展高质量的闲暇消费，能充分发展人的个性，发挥每个人的爱好和专长，正如马克思所说的“保证他们的体力和智力获得充分的自由的发展和运用”。[②] 著名行为科学家亚伯拉罕·马斯洛提出的人的需要的五个层次，最高层次是

---

① 《马克思恩格斯全集》第 46 卷下册，人民出版社 1980 年版，第 225、221 页。

② 《马克思恩格斯选集》第 3 卷，人民出版社 1972 年版，第 440 页。

“自我实现的需要”。闲暇消费正是为了满足人的“自我实现的需要”。发展闲暇消费，有利于提高人的素质，促进人的身心健康和全面发展。

二是有利于社会、经济的发展。发展闲暇消费，能提高人的素质，提高消费能力，有利于扩大消费领域和消费需求，提高消费质量，促进消费结构的优化、升级，从而促进产业结构的优化、升级，形成新的消费热点和经济增长点，形成消费需求和经济增长之间的良性循环。由于闲暇产业的发展能吸纳大量劳动力就业，因而它不仅直接促进经济增长，而且能促进社会稳定。

三是有利于提高社会文明程度。发展闲暇消费，提高消费中的文化含量，能更好地满足人们享受和发展的需要。提高消费层次和质量，不仅能提高人的素质，而且能移风易俗，优化社会机体，大大有利于促进社会文明和社会全面进步。

上面这些都说明了，闲暇消费具有极其重要的作用。我们必须发展高层次、高质量的闲暇消费，以促进人的全面发展和社会经济、文化的协调发展，为构建社会主义和谐社会服务。

二、创造条件提高闲暇消费质量

提高闲暇消费质量，需要从各方面创造条件。

第一，要端正价值导向，提高精神消费水平。马克思早就把生产力分为物质生产力和精神生产力。10多年前，我在分析消费力时，把消费力分为物质消费力和精神消费力，并特别强调精神消费力的作用。社会越发展，高科技越发展，越渗透于消费领域，越要强调精神消费力的作用，越要用先进的文化来引导人们的消费活动，端正价值导向，使人们真正认识到：人生的目的何在？人生的意义和价值何在？什么样的消费行为是不合理的、没有意义的、不值得追求的？什么样的消费行为是科学的、文明的？什么样的消费行为是不科学、不文明的，甚至是反科学、反文明的？在闲暇消费中，必须端正价值导向，不断提高精神消费力，提高消费中的精神文明含量，反对一切低级庸俗的东西，体现先进文化的前进方向。这才是我们进行闲暇消费的出发点和落脚点。

第二，要开拓闲暇消费领域，优化闲暇消费结构。我们现在的闲暇消费领域还不广阔，还有很多领域可以进一步开发，包括一些艺术性、娱乐健身性以及文化鉴赏型消费。特别是公共文化设施，要大力开发，如高层次的文化馆、科技馆、艺术馆、博物馆、图书馆以及有特色的公园。还可发展社区文化，包括社区文化设施和高质量的文化娱乐活动。闲暇消费领域扩大了，就能开展多样化的闲暇活动，丰富闲暇消费的内容。与此同时，要优化闲暇消费结构。闲暇消费主要不在于物质享受，而在于提高文化内涵。因此，要扩大发展性、智力性、艺术性消费活动，提高精神文化消费在消费结构中的比重，这样才能优化闲暇消费结构。例如：在旅游活动中，要发展文化旅游、生态旅游、红色旅游；在文化娱乐活动中，要发展有地方特色、民族特色的高质量的民族歌舞、音乐和艺术性表演；等等。

第三，要净化消费市场，特别是精神文化市场。要运用经济手段、行政手段乃至法律手段，加强市场管理，整顿市场经济秩序，特别要净化精神文化市场。文化市场是社会主义精神文明建设的重要基地，决不允许成为腐朽思想文化滋生蔓延的场所。要加强“扫黄打非”的力度，对沉渣泛起的“文化垃圾”“电子海洛因”，坚决予以扫除；对混乱无序、唯利是图的文化娱乐场所，特别是“黑网吧”，坚决予以扫除。真正做到有法必依，执法必严，违法必究。这样才能净化社会文化环境，优化社会机体，以利于建立文明、健康、科学的生活方式，特别是高层次、高质量的闲暇消费方式。

第四，要加快发展闲暇产业。要满足日益增长的闲暇消费需要，提高闲暇消费质量，就必须发展高质量的闲暇消费产业。我国近年来有些闲暇产业发展很快，已成为新的经济增长点，旅游业就是如此。2004 年我国入境旅游人数已达 10903.8 万人次，国内旅游人数达 11.02 亿人次；国际旅游外汇收入达 257.4 亿美元，国内旅游总收入达 4910.7 亿元。据国家旅游局预测，到 2010 年，接待入境过夜旅游人数和旅游创汇额，有望居世界第三，成为世界旅游大国。现在的问题主要是如何提高旅游质量，特别是旅游服务质量。其他闲暇产业，如文化艺术产业，特别是公共文化产业，需要大力发展。还有些新兴产业，如花卉业，也大有发展前途，如广东顺德，农户大种花卉而致富，这种例子还不少。加速发展闲暇产业，既满足了闲暇消费需要，又能增加居民收入，并促进经济增长。

第五，要加强闲暇消费教育，提高人的素质。提高闲暇消费质量，关键在于人。这就需要从根本上提高人的素质。马克思早就说过，一个人“要多方面享受，他就必须有享受的能力，因此他必须是具有高度文明的人”。特别是当代，科学技术和文化艺术都发展很快，消费领域，特别是闲暇消费领域出现智能化趋势，消费者不提高自己的素质，就难以享受当代科学技术和文化艺术的丰硕成果。文化教育是第一消费力，文化教育能直接提高消费者消费的能力。发展文化教育，有利于发展享受资料、发展资料的消费，有利于提高消费的层次，扩展消费力。从闲暇消费来说，就要发展闲暇消费教育，包括消费观、消费知识、文化艺术和审美知识的教育以及消费道德和社会公德的教育，并把它逐步纳入教育体系之中，作为素质教育的重要内容，这就为提高闲暇消费质量创造了重要的条件。这里还需要强调的是，消费教育，不仅要对消费者进行教育，对生产经营者也要进行教育。教育内容，除了消费知识、市场知识以外，还要进行诚实守信、合法经营，特别是社会公德、职业道德的教育，这也是素质教育的重要内容。

三、发展和谐的闲暇消费文化

党的十六届四中全会审议通过的《中共中央关于加强党的执政能力建设的决定》中明确提出：“把文化发展的着力点放在满足人民群众精神文化需求和促进人的全面发展上……促进文化事业全面繁荣和文化产业快速发展，增强我国文化的总体实力”；“广泛开展群众性精神文明创建活动，积极发展健康向上、各具特色的群众文化”，正是“满足人民群众精神文化需求和促进人的全面发展”。因此，我们要根据当代居民消费智能化、多样化、大众化、文明化的四大趋势，开拓创新，发展高层次、高质量的闲暇消费，提高文化内涵，弘扬闲暇消费文化，促进生态文化、物质文化、精神文化的统一，促进人与大自然、人与人、人与社会各方面的和谐协调。通过高层次、高质量的闲暇消费，促进全体人民各尽其能、各得其所而又和谐相处，从而为构建社会主义和谐社会打下牢固的基础，这是我们今后一项极其重要的任务。

原载《光明日报》2006 年 1 月 10 日

关于加强消费服务的几个问题

2010年“中消协”确定的主题是“消费与服务”，这个问题很重要，很有理论意义和实践意义。我在这里，就如何加强消费服务，提出几个问题和大家一起探讨，并向同志们请教。

一、加强消费服务的作用

加强消费服务作用很大。马克思早就指出，服务这种劳动，具有“特殊使用价值”，是确实必要的。[①]“中消协”表示，确定“消费与服务”这个主题，就是强调消费维权工作，要紧紧围绕拉动消费，扩大内需，做好服务工作。其中的“服务”主要包含三方面的内容：一是服务广大消费者；二是服务经济发展；三是服务社会和谐。可见这问题的重要性了。

我个人体会，加强消费服务的作用，具体体现在以下几个方面：

第一，有利于扩大消费需求，提高消费质量。市场经济是需求导向型经济，而市场需求，不仅要有丰富的商品，而且需要有良好的服务。特别是当代，大多数人的消费由以满足生存需要为主转变为以享受和发展需要为主，服务消费在消费结构中的比重不断提高，更需要高质量的服务。消费服务加强了，人们敢于消费，乐于消费，就有利于扩大消费需求，满足人们日益增长的物质文化消费，提高消费质量，直接体现社会生产目的。

---

① 马克思：《剩余价值理论》第1册，人民出版社1975年版，第435、436页。

第二，有利于提高消费力。我一直认为，消费力不止于亚当·斯密所说的购买力，还应包括消费者的知识、才能。十多年前，我在一篇短文中就提出，消费者的消费能力，在很大程度上取决于消费者的素质的高低，特别是科学文化水平。在当代，人们的物质文化需要不断扩大，消费服务加强了，消费质量提高了，就大大有利于提高人的科学文化素质，提高消费力。

第三，有利于提高生产力。消费力和生产力是相对应的。发展高层次、高质量的消费服务，提高消费质量，提高消费力，必然有利于提高生产力。因为消费力的提高，能促进消费结构优化、升级，从而促进产业结构优化升级，并形成二者优化、升级的良性循环，就会促进经济又好又快发展。还应该看到，发展消费服务，还要求发展相关的服务业。而服务产业，又是劳动密集型产业，能吸纳大量劳动力，这就有利于解决劳动力就业问题，有利于经济增长，有利于提高生产力。

第四，促进社会文明，促进社会和谐。文化是发展的摇篮，是一个民族的灵魂。恩格斯早就指出："……文化上的每一个进步，都是迈向自由的一步。"[①] 加强消费服务，特别是加强文化、教育、科技等高层次的服务，提高消费中的文化含量，有利于提高人的科学文化素质，优化社会机体，促进社会文明，促进消费和谐、社会和谐，有利于促进社会主义和谐社会的建设。正如胡锦涛同志在十七大报告中所指出的："和谐社会要靠全社会共同建设。我们要紧紧依靠人民，调动一切积极因素，努力形成社会和谐人人有责、和谐社会人人共享的生动局面。"

从上面的情况可以看出，加强消费服务，关系到扩内需、促发展、促民生，关系到落实科学发展、构建社会主义和谐社会。

二、我国当前消费服务的情况和问题

我国近年来，消费服务虽逐步改善，但问题还是不少。据"中消协"公布的数字，2009 年上半年全国各地的"消协"共受理消费者投诉 28.3929 万件，其中销售服务投诉量达 11332 件，同比上升 68.7%，居投

① 《马克思恩格斯全集》第 3 卷，人民出版社 1995 年版，第 456 页。

诉增幅首位。金融服务、公用事业等投诉也较多。反映这些方面服务还很不到位。在其他方面，如不少公共文化服务质量不高，医疗保健服务问题多。特别是农村，消费服务在很多方面还没有开展，没有建立社会化服务体系，很多消费品销售后，缺乏售后服务，等等。

这里有必要着重谈一下信息服务问题，有些信息服务，质量不高，问题较多，甚至出现虚假信息，出现信息欺诈。在信息网络消费过程中，还经常出现“黄毒”“黑客”等非法现象，毒害很多人，特别是对青少年，危害很大。有些信息服务人员，对这些“精神毒瘤”，对这些“电子海洛因”，不仅没有加以惩治，加强管理，反而将其作为牟利的工具。这些情况是很值得警惕的！马克思谈到资本主义社会的异化劳动时早就指出：“……是作为某种异己的活动，神灵或魔鬼的活动……这种活动是他自身的丧失。”[①] 我们一些消费服务人员对“魔鬼的活动”纵容不管，反而以此牟利，这还有人性吗？这不是“他自身的丧失”吗？

以上是从消费服务人员来说的。应该说，生产经营者也应该有服务意识，为消费者服务，为社会服务，生产经营才能兴旺发达。但是，我们现在有些生产经营者完全缺乏服务意识，唯利是图，追求利润最大化，甚至不择手段地损人利己。正如马克思所说的：“它使人和人之间除了赤裸裸的利害关系，除了冷酷无情的‘现金交易’，就再也没有任何别的联系了。”[②] 这样就出现了马克思所痛斥的“万恶的求金欲”。这种情况，应该坚决反对，并力加整治。

特别是文化娱乐领域（包括公共文化领域），更要加强消费服务，充分发挥文化消费的作用。但我们现在，有人认为，文化产品与文化服务都应该是“商品”，“蕴藏着巨大的商机”；还有人说，“文化与商业结合，文化服务已成为促销的重要手段”。搞文化服务，本来说应该是“前途无量”，但有人却把它作为“钱途无量”。这完全把文化丑化了，是破坏文化，是反文化的，必须坚决予以扫除，净化文化市场。

---

① 《马克思恩格斯全集》第42卷，人民出版社1979年版，第94页。

② 《马克思恩格斯全集》第1卷，人民出版社1972年版，第18页。

还有些情况值得注意，如广告应该是重要的服务产业。但我们现在，有的大搞虚假广告，欺骗消费者，并以此牟利。例如，在医疗卫生方面，据有关统计，我国近年来由于虚假医疗广告等方面的误导，每年大约有250万人吃错药。这些情况，必须加以抑制，加以整治。最近，国家工商总局、中宣部等12部门联合发布《2010年虚假违法广告专项整治工作实施意见》，重点整治关系人民群众健康安全的医疗药品、保健食品广告，危害未成年人身心健康的非法涉性、低俗不良广告，以及扰乱公共秩序、影响社会稳定的严重虚假广告；继续深入清理和整治网上非法“性药品”广告、性病治疗广告和低俗不良广告；深入推进整治互联网低俗之风专项行动，加强监管，依法查处，有的还要严加惩处。这些做法，是很必要的，是正确的。

出版领域也存在一些问题，值得注意。近年来出现一些怪异的“商品化”现象：发表的论文，不仅不给稿费，反而向作者收“版面费”，少则几百元，多则几千元；出版一本书，不给稿费，还要收“出版费”，少则几千元，多则几万元。这种反常的情况，我过去称之为“负商品化现象”。报刊发行和图书出版行业，都是为文化教育消费服务，应该是高层次的文化教育行业，应该像马克思所说的“放射出人类崇高的精神之光”，积极为发展文化教育，为消费者进行优质的文化教育消费服务，决不能搞一切“商品化”，追求利润最大化。那些“负商品化现象”，是我们必须坚决抵制的！

出现上面一些问题的原因很多，主要是：有些服务人员素质较低，价值观不端正，缺乏真正为消费者服务的思想，而是追求个人私利；有些生产经营者经营观念不端正，不是诚实守信，真诚为消费者服务，而是唯利是图，甚至追求利润最大化；有些管理部门，监管不到位，缺乏有效的监管体制；有的执法不严，甚至有法不执，让不良现象泛滥成灾。这些问题，都应该逐步解决，净化消费市场，加强消费服务，维护消费者权益。

三、如何加强消费服务

我们在前面已经谈到，社会经济越发展，居民消费需求越扩大，越要求加强消费服务。“中消协”提出“消费与服务”这个主题，要求建设高素质队伍，运用高科技手段，实现高效能监督，达到高质量服务。“四高目标”是完全必要的，及时的。

其实，关于加强消费服务，党中央早就提出一些相关的大政方针。党的十六届五中全会通过的《中共中央关于制定国民经济和社会发展第十一个五年规划的建议》中早就指出：“促进服务业加快发展……提高服务业的比重和水平……大城市要把发展服务业放在优先位置，有条件的要逐步形成服务经济为主的产业结构。”十六届六中全会通过的《中共中央关于构建社会主义和谐社会若干重大问题的决定》中又强调：“全面开展城市社区建设，积极推进农村社区建设，健全新型社区管理和服务体制，把社区建设成为管理有序、服务完善、文明祥和的社会生活共同体。”胡锦涛同志在十七大的报告中又强调：“完善公共服务体系……强化社会管理和公共服务”，“扩大公共服务……努力使全体人民学有所教、劳有所得、病有所医、老有所养、住有所居，推动建设和谐社会”。现在的问题是，如何根据各地、各时的具体情况，具体落实这些大政方针。

我认为，要落实党中央有关的大政方针，就要从“四个高度”来加强消费服务：一是要从可持续发展的战略高度来发展消费服务；二是要从经济、社会协调发展的高度来调节消费服务；三是要从三个文明（物质文明、精神文明、生态文明）相互辉映的高度来提升消费服务；四是要从人的身心健康和全面发展的高度来落实消费服务。

我还认为，在发展消费服务的过程中，既要强调发挥“两只手”（“看不见的手”和“看得见的手”）的作用，使二者有机结合；更要强调发挥“两只眼”的作用：既要看到经济效益，更要看到社会效益。邓小平同志早就指出：“思想文化教育卫生部门，都要以社会效益为一切活动的唯一准则，它们所属的企业也要以社会效益为最高准则。思想文化界要多出好的精神产品，要坚决制止坏产品的生产、进口和流传。”① 特别要反对某些企业完全抛弃服务功能，追求利润最大化。也正如邓小平同志所指

① 《邓小平文选》第3卷，人民出版社1993年版，第145页。

出的："……决不是提倡各人抛开国家、集体和别人，专门为自己的物质利益而奋斗，决不是提倡各人都向'钱'看，要是那样，社会主义和资本主义还有什么区别?"①

我们就是要根据上面这些大政方针，作为发展消费服务的指导思想。具体来说，我们要做好以下一些工作：

第一，要端正价值导向，端正服务意识。要用社会主义核心价值观体系引领消费服务，全心全意为消费者服务，尽职尽责，提高服务质量。应该看到，这是落实科学发展观的一个重要方面，正是落实胡锦涛同志在十七大报告中所强调的"以增强诚信意识为重点，加强社会公德、职业道德、家庭美德、个人品德建设……深入开展精神文明创建活动"。服务意识增加了，服务质量提高了，这正是"四德建设"的具体表现，正是"精神文明创建活动"的一个重要方面。

第二，要把高质量的服务纳入各类消费之中。要根据消费需求的扩大和消费领域的扩展，把高质量的服务纳入消费领域，促进消费服务的扩大和发展。例如，食品消费是人们最基本的最重要的消费，必须从各方面加强消费服务，从农田到餐桌，保证食品安全。这是落实党中央强调的保增长、保民生、保稳定的政策措施的一个重要方面。因此，必须加强服务工作，全面落实《食品安全法》，按照食品安全标准，加强各项服务工作，保证食品安全，承担社会责任。

又例如，要加强公共服务，要把扩大公共服务作为改善民生的战略重点。公共服务包括医疗保健、文化教育、信息、环保、公共交通等领域。前不久，中央经济工作会议特别强调，要把改善民生，发展社会事业作为扩大内需、调整经济结构的重点。特别是在农村，更要加速发展社会事业和公共服务。国家工商总局局长周伯华同志去年年底发表署名文章，并接受《人民日报》记者专访时强调，工商部门要进一步强化服务意识，尽职尽责服务科学发展，在服务中加强监管，在监管中体现服务。他特别强调，要把公共服务职能深入推进到农村，惠及更多农民。引导现代服务业

① 《邓小平文选》第2卷，人民出版社1993年版，第337页。

不断向农村延伸，严厉打击家电、汽车、摩托车下乡中的欺诈行为、售假行为。这些举措，是非常必要的。

这里特别要强调加强公共文化服务，加快构建覆盖城乡的公共文化服务体系，让广大群众共享文化发展成果。正如胡锦涛同志在十七大报告中所强调的“坚持把发展公益性文化事业作为保障人民基本文化权益的主要途径，加大投入力度，加强社区和乡村文化设施建设……繁荣文化市场”。这就更要加强文化服务，提高服务质量，这样才能“增强文化发展活力”。

发展公共服务，还要开拓一些新的领域，发展一些社会事业和劳务产业，开发一些新产品，更好地为消费者服务。提高服务质量，坚持“好字当先，质量第一”，以利于改善民生，提高消费质量。例如，我们还可以多发展一些高质量的休闲保健服务，满足人们日益增长的休闲保健需求。目前我国休闲保健服务行业企业已达 60 多万家，相关链条产业 300 多万家，从业人员 3000 多万人，年产值达 2000 亿元。这里的关键是提高服务质量的问题。

在休闲保健服务中，要发展多样化的、高层次的旅游业，加强旅游服务，发挥旅游业在现代服务业中的重要作用。近年来，我国有些地区在这方面已初见成效。如海南就在建设世界一流的海岛休闲度假旅游目的地，建设成为东方的夏威夷。积极发展服务型经济、生态型经济，构建以旅游业为龙头、现代服务业为主导的特色经济结构。强调诚信服务，首先解决环境卫生、交通秩序等问题。2009 年全省还开展了声势浩大的“向脏乱差开战”行动，成立了旅游汽车客运服务有限公司，对全省 1800 辆旅游车实行统一调度，统一结算，防止发生旅游车欺客、甩客及宰客现象。通过采取一些具体措施，使海南逐步建设成为生态环境优美的社会文明之岛、绿色之岛、和谐之岛，建设成为国际旅游胜地。这些做法是可取的。

还有个值得重视的问题：我国人口老龄化问题。我国当前 60 岁以上的老年人已占人口总数的 13%，这一比例还在不断增加。如何更好地为老年人服务，提高老年人的消费水平和质量，实现“老有所养、老有所医、老有所为、老有所学、老有所乐”的要求，也是需要妥善解决的问题。这就要加强家政服务，加强家庭护理，为老年人及儿童的身心健康服务。据有人调查，需要服务消费的家庭占全国家庭的40%，可见这个问题的重要了。

第三，加强对服务行业的监管，提高维权力度。加强消费服务领域的维权工作，严格规范服务行业和服务人员的经营行为和服务行为，从各个方面提高服务质量，把服务领域的消费维权与促进现代服务产业的发展紧密结合起来。通过优质服务，营造安全、健康、诚信、和谐的市场消费环境。特别要加强质检工作，严格规范服务行业和服务人员的经营行为，牢固树立服务意识，加大服务力度，保质量，促安全。对违规行为，要严加惩处，真正做到有法必依，执法必严，违法必究，把维护消费者权益的工作真正落到实处。例如，2007年7月，长沙市出现一起特大贩毒案件，市中级人民法院将有关贩毒、运毒人员6人判处死刑。这是真正落实峻法严刑，是必要的。

这里还有个问题需要强调：广告业是现代服务业中的重要产业，必须承担社会责任，真诚服务，引领文明风尚，传播先进文化，决不能像现在有些广告，只宣扬“促销”“营利”，甚至大搞虚假广告，欺骗消费者。最近国家工商总局、公安部、中宣部等部门联合发布《2010年虚假违法广告专项整治工作实施意见》，强调加强广告日常监测检查，加大处罚力度。还规定药品、医疗服务、保健品等6类广告，必须经主管部门审查批准，对虚假广告严加惩处。这些举措是很必要的。

总之，生产经营者及服务人员，必须诚实守信，服务为本，强调“讲诚信，反欺诈”，更好地为消费者服务。诚实守信，是市场经济发展的客观要求，也是维护消费者权益的基本内涵。党的十六届三中全会通过的《中共中央关于完善社会主义市场经济体制若干问题的决定》中早就强调指出：“建立健全社会信用体系……把诚实守信作为基本行为准则”，并认为这是“建设现代市场体系的必要条件，也是规范市场经济秩序的治本之策”。可见这问题的重要了。2004年7月，我在全省商品房会议的发言中曾提出：诚信经营不仅是生产经营者的义务和责任，也是企业兴旺发达的必要条件。对生产经营者要强调“诚信、维权”，树立诚信光荣，失信可耻的良好风尚。我还提出“诚信至上，维权第一”这个八字方针，应该作为我们生产经营者的座右铭。确实，诚实守信是中华民族优秀的传统美德，优秀的传统文化。古代学者对这些问题论述很多。如孔老夫子就说“人而无信，不知其可也”（《论语·为政》）。“民无信不立”（《论语·颜渊》）。“唯天下之至诚，为能尽其性。能尽其性，则能尽人之性；能尽人之性，则能尽物之性；能尽物之性，则可以赞天地之化育；可以赞天地之化育，则可以与天地赞矣”（《中庸·尽性章》）。还有很多名人，在这方面的论述很多，这里不一一赘述了。

总之，诚信是中华民族优秀的传统文化，传统美德，我们必须大加发扬，在消费服务领域，必须大力体现。这些问题，还可进一步讨论。

第四，要加强消费教育。加强消费教育，是加强消费服务的重要条件。2004 年初，我在全国消费教育研讨会上曾提出，要建立消费教育基地，开办消费教育培训班、研讨班，有条件的还可搞业余教育学校。要把消费教育纳入教育体系之中，作为素质教育的内容。在国外，如马来西亚就把消费教育纳入中小学教学计划之中，大学也开设了有关的课程。我们也可以加强这些方面的工作，使消费教育进社区，进基层。消费教育的内容，除了价值观、消费观的教育外，还应包括市场知识、商品知识、消费知识、消费环境等方面的知识。

这里特别要强调的是对生产经营者和服务人员的消费教育。除了灌输一些市场知识、市场法规、消费者权益知识外，特别要加强社会公德、职业道德的教育以及诚信经营、诚信服务的教育，提高他们的政治思想和科学文化素质，更好地为消费者服务。应该说，市场经济是消费者主权经济。要维护消费者主权，除了消费者不断提高自我保护意识和能力外，还必须提高生产经营者和服务人员的服务意识和能力。加强消费服务，这是我们一项经常的、极其重要的任务。

四、进一步加强消费服务，促进消费和谐、社会和谐

马克思在谈到社会主义下“人的需要的丰富性”时，早就指出“……某种新的生产方式和某种新的生产对象具有何等的意义：人的本质力量的新的证明和人的本质的新的充实”。人的需要当然包括消费服务。高质量

的消费服务，有利于“人的本质的新的充实”，有利于提高消费质量，促进消费和谐、社会和谐。胡锦涛同志在十七大的报告中谈到构建和谐社会时，明确提出：“和谐社会要靠全社会共同建设”，“保障人民各项权益……做到发展为了人民，发展依靠人民、发展成果由人民共享”。发展高质量的消费服务，“保障人民各项权益”，对服务行业和服务人员来说，确实是“人人有责”，和谐社会，也需要他们参与，“共同建设”。经常提供高质量的消费服务，促进人的身心健康和全面发展，促进消费力和生产力的发展，这样才能“共享”发展成果。

这里使我想起了我国宋代名人张载在《西铭》中的几句名言：“为天地立心，为万民立命，为往圣继绝学，为万世开太平。”这应该是我们的座右铭。对消费服务的生产经营者和服务人员来说，也应该有这种伟大的胸怀。“为万民立命”，“为万世开太平”，“为万民”提供高质量的消费服务。在各有关部门的共同努力下，相互配合，促进消费和谐，社会和谐，以利于构建社会主义和谐社会。这正是我们研究“消费与服务”的最终目的。

以上是我关于加强消费服务问题的几点粗浅意见，不妥之处，请同志们批评指正。

本文为2010年3月在“中消协”年主题“消费与服务”理论研讨会上的主题发言

原载《消费经济》2010年第2期

消费力经济学

解放消费力 发展消费力

一、什么是消费力

所谓消费力或消费能力，是指消费者为了满足自己的物质文化生活需要，对消费资料（包括消费劳务，下同）进行消费的能力。消费力可分为自然消费力、绝对消费力、社会消费力等。

马克思在谈到资本主义社会消费力时指出：“社会消费力既不是取决于绝对的生产力，也不是取决于绝对的消费力，而是取决于以对抗性的分配关系为基础的消费力……这个消费力还受到追求积累的欲望，扩大资本和扩大剩余价值生产规模的欲望的限制。”[①] 这段话说明社会消费力是一定社会分配关系所决定的，是在一定生产关系下受分配关系决定的消费者消费生活资料的能力。在资本主义社会，社会消费力受到“对抗性的分配关系”的限制，受到“追求积累”、扩大剩余价值的欲望限制。正如列宁所说：“把个人消费的扩大限制在极其狭窄的范围内。很明显，我们在这里可以看出资本主义生产中的矛盾。”[②] 在社会主义社会，不存在对抗性的分配关系，生产的目的是为了满足日益增长的物质文化需要，因而有可能自觉地组织和发展社会消费力。

---

① 《资本论》第3卷，人民出版社1975年版，第273页。

② 《列宁全集》第4卷，人民出版社1984年版，第44页。

所谓绝对消费力，是和“绝对的生产力”相对应的，是就社会“生产一般”和“消费一般”而言，抽象掉一定的分配关系的影响，也就是在一定生产力水平下，消费者消费生活资料的能力。在任何社会，在一定的生产力水平下，消费者对消费资料和劳务的消费都是客观存在的，都是一定的，因而是绝对的。生产力水平愈高，绝对消费力也愈高；生产力水平愈低，绝对消费力也愈低。

此外，还有自然消费力，是消费者为了满足自身的生理需要，维持劳动力再生产而消费消费资料和劳务的能力。它是撇开生产力水平和生产关系的性质，仅就人们生理的自然需要而言，因而称为自然消费力。它反映消费的自然过程方面（是生理学、营养学等学科研究的内容，不是经济科学研究的对象）。

由此可见，我们通常所说的消费力，是指社会消费力。它对国民经济的发展和国民经济的运行，有着重要的作用。马克思在谈到“生产生产出消费”时指出：“生产把消费的动力、消费能力本身当作需要创造出来。”[①] 这里把消费力（消费能力）和消费动力并列在一起，并明确指出“当作需要创造出来”，说明消费力是形成消费需要的源泉，说明了消费力对形成消费需要从而对国民经济运行的作用。马克思在谈到资本主义社会“直接剥削的条件和实现这种剥削的条件，不是一回事”时指出：“前者只受社会生产力的限制，后者受不同生产部门的比例和社会消费力的限制。”[②] 这里不仅把社会消费力和“不同生产部门的比例”并列在一起，而且明确指出，在资本主义社会，社会消费力限制了“实现这种剥削的条件”，说明社会消费力对限制资本主义剥削的作用。马克思还说：“资本作为生产出来的产品会遇到现有消费量或消费能力的限制。”[③] 列宁也说过：“‘社会消费力’和‘不同生产部门的比例’，——这决不是什么个别的、独立的、彼此没有联系的条件。相反，一定的消费状况是比例的要素之

① 《马克思恩格斯选集》第 2 卷，第 96 页。
② 《资本论》第 3 卷，第 272 页。
③ 《马克思恩格斯全集》第 46 卷上册，人民出版社 1979 年版，第 387 页。

一。”[①] 列宁也把社会消费力和“不同生产部门的比例”联系在一起，强调指出这决不是“彼此没有联系的条件”，而且明确指出，一定的消费状况（消费力的具体表现），是“比例的要素之一”，说明消费力在国民经济合理比例的形成和发展中，在国民经济运行中，有着重要的作用。马克思还说：“决不是禁欲，而是发展生产力，发展生产的能力，因而既是发展消费的能力，又是发展消费的资料。消费的能力是消费的条件，因而是消费的首要手段，而这种能力是一种个人才能的发展，一种生产力的发展。”[②] 马克思在这里把“发展消费的能力”与“发展消费的资料”并列，并强调指出是“消费的首要手段”，说明发展消费的能力的极端重要性。而要发展消费的能力，就必须发展“个人才能”，必须使劳动者“能够全面地发挥他们各方面的才能”。[③] 而且，这种个人才能的发展，这种消费力即消费能力的发展，就是“一种生产力的发展”。马克思在这里把发展消费力提高到发展生产力的高度，就充分说明发展消费力、提高消费需要的满足程度在国民经济运行中的作用。

二、解除束缚消费力的桎梏

发展消费力，必须首先摆脱束缚消费力的各种桎梏，解放消费力。在我国现阶段，束缚消费力、限制消费力发展的因素还很多，对此，我们应有清醒的认识。

例如，我国是一个有几千年历史的、自然经济占统治地位的国家，自然经济思想在人们的思想和消费行为中，影响很深。马克思曾经深刻地描写了小农经济下人们的消费生活：“他们的生产方式不是使他们互相交往，而是使他们互相隔离……没有任何多种多样的发展，没有任何不同的才能，没有任何丰富的社会关系。每一个农户差不多都是自给自足的，都是直接生产自己的大部分消费品，因而他们取得生产资料多半是靠与自然交

① 《列宁全集》第4卷，人民出版社1984年版，第44页。
② 《马克思恩格斯全集》第46卷下册，人民出版社1980年版，第225页。
③ 《马克思恩格斯选集》第1卷，第223页。

换，而不是靠与社会交往。”① 我国改革开放十多年以来，人们的消费观念和消费行为，发生了重大的变化。但由于自然经济思想的根深蒂固，深深影响人们的消费观念和消费生活。在一些落后地区，自给、半自给的生产和消费的格局，还没有根本改变，商品经济观念还很淡薄，“与自然交换”还较多，与社会交往还较少。“鸡犬之声相闻，老死不相往来”的现象还没有完全消除；保守、落后的消费观念，在有些人的头脑里还存在着。因此，本来已很微弱的消费力，不仅难以得到发展，甚至自己把它束缚起来，封闭起来了。就是在比较发达的地区，自然经济的观念也不能说已经完全消除了，有些传统观念还比较顽强。恩格斯在谈到人类历史进程的因素时指出：除了“经济的前提和条件归根到底是决定性的”之外，还有“上层建筑的各种因素”，“甚至那些存在于人们头脑中的传统，也起着一定的作用”。② 从全国来说，普遍地树立商品经济观念，还需要一个较长的过程。因此，要解放消费力，发展消费力，首先要解放思想，彻底破除自然经济思想影响，牢固树立商品经济观念。

又例如，我国在传统经济体制下，消费领域还存在着供给制、半供给制的格局，统包统配，凭票供应，定量分配，消费缺乏选择性，消费者缺乏选择权，缺乏自主权。生产什么，供应什么；供应什么，消费什么。这些都大大限制了消费力的发展。党的十一届三中全会以后，在改革、开放的洪流中，消费领域出现了巨大变化，但束缚消费力的一些桎梏，还难以在短期内完全消除。目前，农村中自给性消费比重还较大，城市中非商品化、非市场化消费的比重也较大。特别是各种福利性消费的比重还很大，包括住房、文化教育、医疗卫生、物价补贴、各种津贴以及一些单位发放的名目繁多的实物。据有人估算，各种福利、补贴占工资总额的90%左右。这些福利、补贴式的消费，有的直接采取实物分配的形式，有的采取免费或低价供应的形式。有“明补”的，也有“暗补”的；有公开的，也有半公开甚至隐蔽的；有短期的，也有长期的。这些大都属于非市场分

① 《马克思恩格斯选集》第1卷，第693页。

② 《马克思恩格斯选集》第4卷，第477、478页。

配的消费，大多属于非商品化、非货币化的消费。马克思说："货币是需要和对象之间、人的生活和生活资料之间的牵线人。"[①] 采取非商品化、非市场化、非货币化的形式对消费资料进行直接分配，排斥市场机制，抛弃了"牵线人"，就会人为地割断"需要和对象之间"的联系，个人不能自由选择，限制了消费的选择性和多样性，限制了消费者的自主权。所有这些，都束缚消费力，束缚消费需要的发展，限制消费需要的满足，不利于国民经济的合理运行。近几年，通过经济体制，包括消费体制的改革，已出现可喜的变化。如限制需要和消费的各种票证已在逐步减少，各种福利性消费补贴，已开始进行一些改革，消费的选择性已在逐步增强。但还需要深化改革，包括消费管理体制的改革，扩大需求导向、市场导向的作用，扩大消费领域的市场调节，提高消费的商品化、市场化、货币化程度，提高消费的选择性，提高消费者的自主性，从而解放束缚消费力的一切桎梏，促进消费力的发展，促进消费需要满足程度地提高。

又例如，我们的收入分配还很不合理。而人们的收入，是影响消费力，影响消费需求的极重要的因素。美国著名经济学家加德纳·阿克利说："任何消费支出的分析，从而任何总需求的分析（因为消费要占到这个总数的三分之二），要是不把收入作为一个主要的决定因素，它是一点也不值得我们注意的"。[②] 我们现在，在收入分配方面，一方面是平均主义，另一方面是收入悬殊，分配不公。平均主义导致收入均等化，拉不开收入梯度、需求梯度、消费梯度，削弱了按劳分配的作用。反映收入差别的"基尼系数"，在我国城市中，1977 年为 0.185，这已经很小了，但 1981 年反而降到 0.1487，1986 年也只有 0.1553。而一些发达国家，"基尼系数"一般为 0.315～0.317；发展中国家一般为 0.418～0.518。我国却过于均等化了。收入均等化，导致消费需求雷同和同步发展，影响消费需求的层次性变化，束缚了消费力的发展。至于分配不公、收入悬殊的情况，我国目前还很严重。这种不合理的分配格局，不仅破坏按劳分配，破坏生

① 《马克思恩格斯全集》第 42 卷，人民出版社 1979 年版，第 150 页。

② 加德纳·阿克利：《宏观经济理论》，上海译文出版社译本，第 336 页。

产力的发展，也会使一些高收入者，大肆挥霍浪费，出现畸形消费；使一些低收入者，收入过低，不能满足需要，限制消费力的发展。收入影响消费，收入分配的不合理，必然影响消费的不合理，影响消费需要的满足。无论是平均主义，还是分配不公、收入悬殊，其结果都会束缚消费力，甚至破坏消费力。因此，必须进一步改革分配体制，逐步消除分配中的一些不合理因素，特别是非劳因素，适当拉开收入差距，进一步贯彻按劳分配，促进生产力的发展，促进消费力的发展。

又例如，在商品经济运行中，在商品流通和消费领域，还存在一些不正常的竞争，出现一些消极的、甚至破坏性的现象，如损害消费者权益的现象等。这不仅是束缚消费力，而且是破坏消费力，大大影响了人们消费需要的满足。据中国消费者协会统计，从 1985 年到 1991 年 9 月，中国消费者协会和各地协会累计受理消费者投诉 91. 9632 万件，为消费者挽回损失 2. 9 亿余元。其中，1991 年 1 月至 9 月，就达 20. 6299 万件，为消费者挽回损失达 4934 万余元。可见问题是比较严重的。因此，必须采取有力措施，打击非法生产、经营活动，加强工商行政管理和社会监督，加强保护消费者权益的立法，保护消费者的合法权益，从各方面解放消费力，以利于满足消费需要和发展商品经济。

又例如，消费者的消费能力，在很大程度上取决于消费者的素质的高低，特别是科学文化水平。马克思说："同样要发展、创造和满足由社会本身产生的新的需要，培养社会的人的一切属性，并且把他作为具有尽可能丰富的属性和联系的人，因而具有尽可能广泛需要的人生产出来——把它作为尽可能完整的和全面的社会产品生产出来（因为要多方面享受，他就必须有享受的能力，因此他必须是具有高度文明的人）。"① 马克思在谈到资本主义社会消费需要不断扩大时还指出："一方面创造出一个普遍的劳动体系……，另一方面也创造出一个普遍利用自然属性和人的属性的体系，创造出一个普遍有用性的体系……表现为自在的更高的东西，表现为自为的合理的东西。因此，只有资本才创造出资产阶段社会，并创造出社

① 《马克思恩格斯全集》第 46 卷上册，人民出版社 1979 年版，第 392 页。

会成员对自然界和社会联系本身的普遍占有。由此产生了资本的伟大的文明作用。"① "社会成员对自然界和社会联系本身的普遍占有"，意味着人能充分发挥自己的智慧和能力，更好地利用自然资源，更好地扩展社会联系，以满足消费需要。也就是更好地发展消费力，提高消费需要的满足程度。资本主义尚能"产生了资本的伟大的文明作用"，社会主义更应发挥"伟大的文明作用"。特别是当代，科学技术发展很快，科学技术也越来越多地运用于消费领域。消费者必须不断提高自己的素质，提高科学文化水平，增长消费知识，才能充分享受现代科学文化给消费生活带来的一些成果，才能提高自己的消费能力。我国现在，有不少消费者科学文化生活水平不高，消费知识特别是现代化消费知识不多，消费的文明程度也不高，甚至出现一些愚昧消费、畸形消费，有不少消费者自主意识不强，有的消费者消费观不端正，因此，必须提高消费者的素质，提高消费的文明程度，文明消费，合理消费。这也是解放消费力、发展消费力的一个重要方面。

诸如此类。

总之，必须逐步消除束缚消费力的一切桎梏，从消费观念至消费管理体制，从生产领域到流通领域，从分配领域到消费领域，进行一系列的改革，解放消费力。

三、改革就是解放消费力，改革就是发展消费力

恩格斯说，社会主义社会，"不是一种一成不变的东西，而应当和任何其他社会制度一样，把它看成是经常变化和改革的社会。"② 改革就是解放生产力，发展生产力。改革也就是解放消费力，发展消费力。解放消费力，发展消费力，也就在很大程度上解放生产力，发展生产力。因此，我们必须深化经济体制改革，包括消费体制改革，解放消费力，发展消费力。

① 《马克思恩格斯全集》第46卷上册，第392-393页。
② 《马克思恩格斯全集》第37卷，人民出版社1979年版，第443页。

如何发展消费力？我们认为，应强调下面几点：

第一，根据消费需要进行生产。恩格斯说："竞争的实质就是消费力对生产力的关系。在一个和人类本性相称的社会制度下，除此之外，就不会有另外的竞争。社会那时就应当考虑，靠它所掌握的资料能够生产些什么，并根据这种生产力和广大消费者之间的关系来确定……"① 这里所说的"和广大消费者之间的关系"，就是指消费者的需要。恩格斯在这里不仅揭示了消费力和生产力的本质联系，而且指出了生产力如何与消费力的发展相适应，指出了生产如何适应消费者需要，要根据消费者的需要来确定"生产些什么"。只有使生产适应消费者需要，才能充分发挥消费力的作用，才有利于发展生产力。在社会主义条件下，生产的目的是满足日益增长的物质文化需要，即消费需要。这就为协调生产力与消费力之间的关系，协调生产与消费之间的关系，为充分发挥消费力创造了基本前提。我认为，在社会主义经济运行中，在国民经济循环中，有一个消费需要导向规律在起作用。这个规律揭示出：（一）消费需要是各项经济活动的出发点；（二）消费需要的总量影响生产总量；（三）消费需要结构影响生产结构；（四）消费需要及其满足程度不断提高，是国民经济不断运行的落脚点和最终归宿。我们必须利用消费需要导向规律的作用，并通过市场，通过市场导向，调节产业结构和产品结构，使生产结构适应需求结构、消费结构的变化。这样才能充分发展消费力，更好地满足消费需要。

第二，改革分配体制。前面已经谈到，收入分配影响消费。分配不合理，必然影响消费力，导致消费不合理。因此，必须逐步改革分配体制，逐步消除分配不公，进一步贯彻按劳分配。问题在于：如何建立一个适应有计划商品经济发展的、能促进消费力发展、能促进生产力发展的分配体制和分配模式？我们认为，要着重解决以下几个问题：（一）整顿个人收入渠道，采取有效措施，包括各种经济手段、行政手段和法律手段，堵塞一切不合理的，特别是违法收入，严格财经纪律，建立并健全经济法规和规章制度，使收入分配规范化、制度化、公开化。对违法违纪行为，要坚

① 《马克思恩格斯全集》第1卷，人民出版社1956年版，第615页。

决予以制裁和打击。（二）调整工资收入结构，限制和减少实物分配。对各种福利性收入（包括各种补贴），哪些应该保留，哪些可以部分保留，哪些应该及早取消，哪些应该逐步取消，采取区别对待的办法，并结合价格、住房和医疗保险制度的改革，把一部分福利性收入逐步纳入工资中，使收入分配公开化、货币化，使居民消费市场化、商品化。（三）逐步拉开工资差距，逐步消除各种反映平均主义的分配办法。通过工资制度的改革，在五年之内，使工资差距由现在的 2∶1 拉大到 3∶1，十年之内拉到 4∶1，使工资差别能大体反映劳动差别。（四）逐步建立合理的工资制度。在企业，逐步实行以岗位技能工资制为主要形式的内部分配制度，机关、事业单位，也逐步建立起各具特点的综合反映三种劳动形态的工资制度。总之，要通过分配体制的改革，使收入分配逐步合理，以利于促进消费力和生产力的发展。

第三，扩大消费领域，开拓消费市场。扩大消费领域，开拓消费市场，也就是开辟消费力活动的领域和场所。现在，消费领域还很狭窄，消费市场还不完善，这就使购买力投放过分集中，不利于消费力的发展，不利于消费品的供求平衡。因此，除了继续开拓、完善消费品市场外，还必须大力发展新的消费领域，开拓新的消费市场。住宅是极其重要的消费资料，住宅消费是一个极重要的消费领域，住宅市场是一个极广阔的消费市场。在西方国家，住宅消费在消费支出中的比重一般在 20%左右，甚至更高。我国的前几年还不到 1%。目前正在风起云涌的住房制度改革，是扩大消费领域，开拓消费市场，发展消费力一个极重要的方面。因此，要逐步发展住宅买卖市场、租赁市场、抵押市场、典当市场等，把住宅这个极重要的消费资料，纳入有计划商品经济运行的轨道之中。同时，加强国家对住宅市场的宏观调控和管理，加强住宅经营的专业化、企业化、社会化，加强对住宅买卖、租赁、抵押、典当的市场管理，保证住宅市场的正常发育。劳务消费，是消费中越来越重要的部分。在发达国家，劳务消费在消费结构中的比重，大多在 40%以上。而我们现在，在城市还不到 8%，在农村还不到 5%。我们的劳务市场，一直没有很好建立。最近几年，劳务市场刚刚出现，但有的有场无市，有的有市无场。应该有组织、有计划地逐步发展，加强管理，加强引导，并提高劳务质量。特别是精神文化市场的产品，必须特别强调质量，坚持社会主义方向。开拓劳务市场，除了要大力发展那些为人们生活所急需而且目前还较短缺的劳务外，还应开拓一些新的行业，比如为消费者节省时间的服务，扩大社会交往的服务，为消费者合理利用闲暇时间的服务，以及美化生活、美化家庭、美化环境的服务等。总之，只有消费领域扩大了，消费市场扩大了，才能为发展消费力开辟广阔的道路，才能更好地满足日益增长的物质文化需要。

第四，改革消费管理体制，对消费加强宏观调控和管理。加强消费管理体制的改革，除了要逐步减少以至消除限制消费的一些票证、实物分配，加强消费的选择性外，还要结合价格、工资、福利制度的改革，逐步实现消费品的商品化、市场化。此外，还要加强对消费的宏观调控和管理，建立宏观调控体系。我们现在，还没有一个专门的机构对消费进行统一计划和管理，各自为政的现象还很严重。我曾经提出过，要建立一个统一的、有权威的消费决策机构，在调查研究的基础上，对消费方面的大政方针进行决策；还要建立分级管理的调控机构，划分中央和地方在管理消费方面的权力和责任，运用多层次、多渠道、多种形式的调控手段来调节收入的分配，加强对消费的管理；还要建立严密的监督机构，运用各种力量对消费需求进行有效的监督和管理。这样，才能有利于合理组织消费力，发展消费力。至于流通领域、消费领域一些损害消费者权益的问题，除了加强社会监督，并运用经济手段、行政手段、法律手段进行监督、管理甚至制裁外，还要采取有效措施，提高消费者自我保护的意识，使消费者自觉地、主动地保护自己的权益。

第五，提高消费者本身的素质。消费是消费主体、消费客体和消费环境的结合。只有消费主体的素质提高了，才能更好地利用消费客体和消费环境，才能发展消费力。比如，要获得音乐的享受，必须有音乐、艺术修养。马克思说："对于没有音乐感的耳朵来说，最美的音乐也毫无意义。"①

① 《马克思恩格斯全集》第42卷，人民出版社1979年版，第126页。

“如果愿意欣赏艺术，你必须是一个有艺术修养的人。”① 因此，除了要提高消费者的政治思想素质，树立科学社会主义的消费观外，还要不断提高消费者的科学文化水平，提高消费的文明程度。这就要发展教育事业，提高全民族素质，这是建设社会主义的根本大计。在提高全民族素质的基础上，针对消费者的具体要求，还要加强消费教育，包括消费观的教育、消费理论的教育、消费知识的教育、消费法规的教育、消费权利意识的教育等。通过各种教育，不断提高消费者的素质，提高消费者本身的消费能力。马克思说：“教育会生产劳动能力”②，教育也会生产消费能力。科学技术是第一生产力。我认为，文化教育是第一消费力。这些都是很值得研究的问题。

原载《消费经济》1992 年第 2 期

① 《马克思恩格斯论艺术》，人民出版社 1960 年版，第 885 页。
② 《剩余价值论》第 1 卷，人民出版社 1975 年版，第 210 页。

文化教育是第一消费力

（一）

现代科学技术迅猛发展，社会经济领域和社会生活领域都普遍反映出科学技术及其成果的应用。从劳动者来说，要求不断提高劳动力素质，掌握现代科学技术，才能发展生产力。科学技术是第一生产力，但科学技术还必须有高质量的劳动者去掌握，才能转化为实际的生产力。列宁早就指出："不识字的人不能实现电气化，而且仅仅识字还不够。只懂得什么是电气化还不够，还应该懂得怎样在技术上把电应用到工农业上去，应用到工农业的各个部门中去。每个人必须学会，并且必须教导一切劳动青年都学会"。"劳动人民不但要识字，还要有文化，有觉悟，有教养"；"必须使每一个工厂、每一个电站都变成教育的中心"。①

从消费者来说，由于现代科学技术不仅进入生产领域，也不断渗透于消费领域，如各种电气设备、电脑以及生物工程技术进入生活的各个方面，使人们的消费生活发生巨大的变化。生产领域要求智能化，消费领域也要求智能化，需要提高消费者的科学文化素质，需要掌握现代科学技术。消费主体智能化，才能充分享受现代科学技术的丰富成果，发展消费力，更好地满足消费需要。马克思在谈到需要不断扩大、不断产生新的需

---

① 《列宁选集》第 4 卷，人民出版社 1972 年版，第 350、400、401 页。

要时指出："培养社会的人的一切属性，并且把他作为具有尽可能丰富的属性和联系的人，因而具有尽可能广泛需要的人生产出来"，这样才能发展"各种生产的一个不断扩大和日益广泛的体系"，"与之相适应的是需要的一个不断扩大和日益丰富的体系"①。特别是在市场经济的条件下，不仅商品多样化、多功能，在国内市场上自由流通，而且消费国际化的倾向越来越明显。美国每年进口价值超过30亿美元的意大利服装、珠宝和鞋子，每天从法国运来各类乳酪品多达200种。1988年美国有19364家东方风味的餐馆。日本有7366个美国食品分销点。新颖的、高级的服装用品等，都在全世界流通。这样更要求消费的智能化，要求消费主体的智能化。

消费主体的智能化，不仅表现在现代科学技术方面，而且应该表现在文化艺术方面。马克思在谈到消费需要及其满足时指出："多半取决于一个国家的文化水平"，"这种需要的范围和数量由一般的文化状况决定"②，"在很大程度上取决于社会的文明状况"③。特别是较高层次的消费，例如享受和发展方面的消费，更需要较高的文化水平和艺术修养，必须是文明的消费者。马克思说：一个人"要多方面享受，他就必须有享受的能力，因此他必须是具有高度文明的人"④。"如果愿意欣赏艺术，你必须是一个有艺术修养的人"⑤。要提高消费层次，提高消费质量，也必须提高消费主体的质量。

现代消费最主要的倾向是文明消费，科学消费。这就必须提高消费者本身的科学水平和文明程度，促进消费者的智能化。要达到这一要求，就必须发展文化教育事业，提高消费者的素质，提高消费力。日本的"消费革命"发展快，特别是耐用消费品（视听装置、电子设备）的普及速度比欧洲快得多，主要原因之一是日本的文化教育水平高，尤其是技术教育很发达。

---

① 《马克思恩格斯全集》第46卷上册，人民出版社版，第392页。
② 《资本论》第1卷，人民出版社1975年版，第194、260页。
③ 《马克思恩格斯全集》第47卷，人民出版社1979年版，第43页。
④ 《马克思恩格斯全集》第46卷上册，人民出版社1979年，第392页。
⑤ 《马克思恩格斯论艺术》，人民出版社1960年版，第885页。

根据上面这些情况，我们提出了“文化教育是第一消费力”这样一个新命题，正反映了商品经济不断发展，新的科学技术不断进入消费领域，消费生活愈益现代化，对消费者提出越来越高的要求，强调了人的精神因素、智力因素在社会经济生活和经济发展中的作用，提出了发展消费力的根本途径，揭示了当代社会消费力发展的趋势和内在规律。但这只是初步提出命题，不少问题还值得进一步探索。

（二）

如何发展消费力？哪些因素影响消费力的发展？有人认为，根据“消费力=系数×消费资料（含服务）/消费人口”这一公式，欲提高居民的消费力，最有效的途径就是消费资料大幅度增长的同时，使消费人口得到控制：稳定增长，停止增长甚至进一步减少。诚然，人口的数量是影响消费力，影响消费的一个重要因素。在消费资料（含劳务或服务）增长为已定的情况下，人口增长越快，消费力、消费水平就越低。因此，控制人口的增长，是很正确的。但是，影响消费力、影响人们消费生活的还有一个极重要的因素，就是人口质量，更确切地说，是消费者的素质。因为，我们所讲的消费力，不仅指消费力的客体（消费资料，含劳务，下同）的数量、质量和结构，而且包括消费力的主体，即消费者的数量和质量。如前所述，生产力发展趋向智能化，是现代生产力发展的客观规律；消费力发展趋向智能化，是现代消费力发展的客观规律。发展文化教育，是提高劳动者素质的基础，也是提高消费者素质的基础。因此，我们认为，文化教育是第一消费力。具体说，可以从以下几个方面来看：

第一，文化教育是提高劳动力素质、提高生产力的极重要条件。劳动力是生产力中最活跃、最重要的因素，劳动力素质的高低，在很大程度上决定生产力水平。正因为这样，马克思才说：“……个人的充分发展又作为最大的生产力反作用于劳动生产力。”① 但是，要提高劳动力素质，提高劳动者的劳动能力，必须通过教育和训练，提高他们的科学文化水平。马

① 《马克思恩格斯全集》第46卷，下册，人民出版社1980年版，第225页。

克思说："要改变一般人的本性，使它获得一定劳动部门的技能和技巧，成为发达的和专门的劳动力，就要有一定的教育或训练。"① "教育会生产劳动能力。"② 美国著名的经济学家舒尔茨认为，经济增长不仅取决于有形的物质资本，而更重要的是"人力资本"，要发展教育和医疗保健等事业，提高人口的素质。他认为决定人类前途的不是空间、土地和自然资源，而是人口的素质，取决于文化教育水平、知识水平。实际情况也是如此。发展文化教育事业，对于发展生产力，促进经济增长，起着越来越大的作用。党的十三大报告强调指出："从根本说，科技的发展，经济的振兴，乃至整个社会的进步，都取决于劳动者素质的提高和大量合格人才的培养。百年大计，教育为本。必须坚持把发展教育事业放在突出的战略位置，加强智力开发。"江泽民同志在十四大的报告中又明确指出："科技进步、经济繁荣和社会发展，从根本上说取决于提高劳动者的素质，培养大批人才。我们必须把教育摆在优先发展的战略地位。努力提高全民族的思想道德和科学文化水平，这是实现我国现代化的根本大计。"

生产力与消费力是相对应的。生产力发展了，为提高消费力创造了条件；消费力发展了，反转来又促进生产力的发展。而文化教育，是发展生产力和消费力的结合点。生产力的发展，可以转化为消费力。为什么这样说呢？这是因为，生产力发展的结果，一方面发展了消费资料的生产，为发展消费力打下了牢固的物质基础；另一方面，增加了国民收入，增加了消费基金，提高了居民收入水平，增加了居民购买力，也就是增加了有支付能力的消费力。从消费者个人来说，提高了劳动力素质，增加了收入。例如，由于受教育的情况不同，科学文化水平不同，劳动熟练程度不同，工资收入也大不一样。一般说，学历、资历高的，科学文化水平高的，工作能力强的，工资收入当然会高些。（我国过去"脑体倒挂"的情况又当别论）。美国学者菲尼斯·群尔奇的研究表明：劳动者受教育的年限，对他们的收入影响很大。以白人而言，受教育 5~7 年的，收入为 2090 美元；

① 《资本论》第 1 卷，第 195 页。

② 《剩余价值理论》第 1 册，人民出版社 1975 年版，第 210 页。

受教育 8 年的，收入为 2340 美元；受教育 12 年的，收入为 3790 美元。以非白人而言，受教育 5~7 年的，收入为 1300 美元；受教育 7 年的，收入为 1480 美元；受教育 12 年的，收入为 1940 美元。

美国经济学家丹尼森认为，劳动者受教育水平的提高，不但能促进经济的增长，而且能通过教育途径来改变未来经济的增长。他把在校学习提高了的知识水平，看成是“知识进展”这一增长因素对经济增长的影响的一部分。他利用 1950 年美国人口普查资料，以受过初级学校 8 年教育的男性的收入为 100，求出其他受教育年限的男性在平均收入方面的相对差别：未受过教育的为 50%；受过初级学校 1~4 年教育的为 65%，受过初级学校 5~7 年教育的为 80%；受过高级中学 1~3 年教育的为 115%，4 年教育的为 140%；受过学院 1~3 年教育的为 165%，4 年或 4 年以上的为 235%。美国著名经济学家舒尔茨计算美国 1929 年至 1959 年由于“人力资本”的增长造成的经济增长，使劳动力教育收益增加，劳动工资增量中有 36%到 70%是工人增加教育的收益。舒尔茨还有一个很重要的很有启发性的观点，他认为“人力资本”投资，特别是教育投资，会给个人未来带来很大收益，而且这种收益是持久性的，“耐用性的”。他说：“教育投资的消费部分之实质是耐用性的，甚至比物质的耐用消费品更加经久耐用。归于教育投资的持久性耐用消费成分是未来满足的源泉，然而这些满足却无法包括进对个人收入的衡量和国民收入的衡量范围中。”① “很多教育是对未来消费的投资，一般说来，教育的消费成分具有持久性质，即长期生命力，人们投资它就像投资住宅一样，即都是为了他们从中获得未来的满足。”② 这些都说明，由于发展文化教育，由于劳动者文化教育水平的提高，会大大增加收入，提高消费力。

又例如，发展文化教育，提高劳动者的素质，提高劳动技能，就能增加就业机会，就能提高选择职业的适应性，从而增加个人收入。正如舒尔茨所说的：“通过向自身投资，人民能够扩大他们得以进行选择的范围。

① 《论人力资本投资》，北京经济学院出版社 1992 年译本，第 26 页。
② 《经济增长与农业》，北京经济学院出版社 1991 年出版，第 112 页。

这是自由人可以用来增进自身福利的一条道路”。[①] 不仅如此，发展文化教育，提高劳动者素质，还可以选择高收入的职业，增加个人收入。美国经济学家西蒙·库茨涅茨认为，工人收益增长是“从低收入产业转到每个职位都有利可图的高收入产业”的结果。他估算出，这些产业间的劳动力转换所造成的收入增长占人均总收入增长的 4/10。舒尔茨认为，这种增长“可能主要是投资于技术及有关能力的收益，在职培训与上学受教育无疑是一种重要的源泉”[②]。所有这些，都有利于提高消费力。

又例如，发展文化教育，提高劳动力素质，大大有利于增加劳务输出。我国劳动力资源极其丰富，但劳务输出却很少，主要原因是劳动力素质不高。不少西方学者也认为，中国劳动力素质低，无法利用劳动力费用低这一优势来吸引外资或进行劳务输出，因此应增强职业教育和技术教育，也要加强普通教育。今后，劳动力素质提高了，劳务输出增加了，个人收入增加了，也就等于提高了消费力。

上面的情况都说明了，生产力可以转化为消费力。这就是：发展文化教育事业—提高劳动力素质—提高生产力—增加国民收入—增加消费基金—增加居民收入—提高消费力—提高生产力……这样，通过发展文化教育事业，提高劳动力素质，使生产力转化为消费力，并使生产力与消费力之间相互促进，形成一种良性循环，从而促进整个国民经济的发展。从这里，正具体说明了文化教育对发展消费力的极其重要的作用。

第二，文化教育能直接提高消费者消费消费资料的能力。劳动者都是消费者，提高了劳动者的素质，也就提高了消费者的素质。不过，人人都是消费者，对消费者的教育与对劳动者的教育，在具体要求和内容上有所不同。通过文化教育，提高消费者的科学文化水平，增长知识、增长才能，也就提高了消费者消费消费资料的能力。如果消费者科学文化水平低，缺乏现代化的消费知识，缺乏文化艺术修养，就无法享受现代科学文化的丰富成果，甚至无法进行消费。正如马克思所说：“对于没有音乐感

① 《论人力资本投资》，北京经济学院出版社 1992 年译本，第 2-3 页。
② 《论人力资本投资》，北京经济学院出版社 1992 年译本，第 20-21 页。

的耳朵来说，最美的音乐也毫无意义”。[①] 不仅如此，消费者的科学文化素质提高了，会大大有利于扩大消费领域，扩大消费需求。人们所受教育越多，知识越丰富，就越能开拓新的消费领域，满足新的消费需要。马克思在谈到罗马大艺术家拉斐尔的情况时指出，拉斐尔的艺术成就受到社会文化、社会分工等条件的制约。“像拉斐尔这样的个人是否能顺利发展他的天才，这就完全取决于需要，而这种需要又取决于分工以及由分工产生的人们所受教育的条件。”[②] 这就说明，消费需要的发展，消费领域的扩大，消费力的提高，取决于“人们所受教育的条件”，说明消费者是消费力的主体。要发展消费力，必须提高消费主体的素质，必须改善“人们所受教育的条件”。应该说，通过文化教育提高消费者消费消费资料的能力，是一种个人才能的发展，是一种最强大的消费力。马克思说：“消费的能力是消费的条件，因而是消费的首要手段，而这种能力是一种个人才能的发展，一种生产力的发展。”[③] 又说“教育将使年轻人能够很快熟悉整个生产系统”，使他们“能够全面地发挥他们各方面的才能”[④]。在这里，又一次说明了文化教育是发展生产力和消费力的结合点，说明文化教育对“个人才能的发展”的巨大作用，对发展消费力的巨大作用。

第三，发展文化教育，有利于发展享受资料、发展资料的消费，有利于提高消费的层次，扩展消费力。美国著名心理学家马斯洛把人的消费需要分为五个层次：生理需要、安全需要、爱与归宿的需要、尊重的需要、自我实现的需要。前面两个层次属基本需要，是低层次的需要；后面三个层次，主要属享受和发展的需要，是较高层次、高层次的需要。人们的需要和消费总是由低层次到高层次不断变化的。这种层次性变化，反映社会的经济发展和人的发展，特别是人的才能的发展，反映生产力的发展和消费力的发展。在人们的需要和消费中，精神文化消费一般是高层次的消费。马克思说：“如果音乐很好，听者也懂音乐，那么消费音乐就比消费

---

① 《马克思恩格斯全集》第 42 卷，人民出版社 1979 年版，第 126 页。
② 《马克思恩格斯全集》第 3 卷，人民出版社 1960 年版，第 459 页。
③ 《马克思恩格斯全集》第 46 卷，下册，人民出版社 1980 年版，第 225 页。
④ 《马克思恩格斯全集》第 1 卷，下册，人民出版社 1980 年版，第 223 页。

香槟酒高尚。”[①] 健康向上的精神文化消费，会给我们“放射出人类崇高的精神之光”[②]，会大大焕发人们的高层次的消费能力。但是，要提高消费层次，特别是发展精神文化消费，提高欣赏能力，必须发展文化教育事业，提高消费者的科学文化水平和艺术修养。马克思说：“全面发展的个人……不是自然的产物，而是历史的产物。要使这种个性成为可能，能力的发展就要达到一定的程度和全面性”。[③] 恩格斯说：“文化上的每一个进步，都是迈向自由的一步。”[④] 消费者的科学文化水平不同，艺术修养不同，消费需要不同，消费层次不同，消费力不同，消费支出及其结果也就不同。例如，劳务消费是较高层次的消费，我国各地劳务消费水平差别很大。以1990年各地农民家庭购买“非商品”为例：上海为93.44元，广东为92.02元，北京为78.01元，而西藏仅为5.47元，云南为22.83元，贵州为23.13元，甘肃为23.3元，青海为23.44元。差别如此之大，有地方风俗习惯、文化传统等各种原因，但文化教育水平的差异，是其中重要原因之一。这也说明，发展文化教育，提高消费者科学文化水平，有利于提高劳务消费水平，特别是精神文化消费水平，有利于提高消费层次，提高消费力。

第四，发展文化教育，大大有利于促进消费合理化，提高消费效益。我们现在还有很多不合理的消费，甚至愚昧消费。有的铺张浪费，挥金如土；有的聚众赌博；有的大搞封建迷信。这些主要是科学文化水平低，甚至愚昧无知造成的。据江苏省南汇县盐仓乡党委所做的调查：参与赌博的人，57%为文盲、半文盲，30%为小学文化程度，13%为其他人等；搞封建迷信的人，82%为文盲、半文盲，11%为小学文化程度，7%为其他人等；铺张浪费的，45%为文盲、半文盲，32%为小学文化，23%为其他人等。可见，参与赌博和封建迷信的人，大多是文化程度低的人。他们缺少文化，很少接受新思想、新观念，封建落后意识很难消除。不少青年在这

① 《剩余价值理论》第1卷，人民出版社1975年版，第312页。
② 《马克思恩格斯全集》第42卷，第140页。
③ 《马克思恩格斯全集》第46卷上册，第108-109页。
④ 《马克思恩格斯选集》第3卷，人民出版社1972年版，第154页。

种落后的环境中，也难以抵制封建陋习的影响。像这种愚昧消费，对消费力的发展起了破坏作用。可见，要促进消费合理化，提高消费效益，必须提高消费者的科学文化水平。还应该看到，劳动者因受教育，可得到一些“无形收入”。如受过一定教育的，有必要的保健知识和安全知识，可节省某些医疗支出；有了必要的市场知识和商品知识，可以节省商品选择方面的支出，可以在商品使用和维修方面节省一些支出；受过一定教育的人，可以使子女在文化学习方面受益；等等。这些也都说明文化教育水平较高，有利于提高消费效益，提高消费力。

第五，文化教育有利于提高消费者的权益意识和抗逆能力，保护消费力。我们现在，市场机制还很不完善，市场经济新秩序还没有很好建立，在商品流通和消费领域还经常出现一些损害消费者权益的现象。伪劣商品充斥市场，欺诈行为时有所闻，这实际上也是破坏消费力。另一方面，由于我国长期以来受自然经济、产品经济的影响，不少人还缺乏商品经济、市场经济观念，加之有些消费者科学文化水平不高，因而消费者的权益意识和自我保护意识还很薄弱，抗逆能力还不强，往往使消费者蒙受损失。因此，必须加强对消费者的教育，提高科学文化水平，增长消费知识，提高消费者的权益意识和自我保护意识，提高消费者抗逆能力，保护消费力，发展消费力。

综上可知，文化教育不仅是提高劳动力素质、发展生产力的主要因素，也是提高消费者素质、发展消费力的极重要的条件。没有文化教育的发展，就不可能提高劳动力素质，就不可能提高劳动者的收入，就不可能提高消费者消费消费资料的能力，就不可能提高消费层次，提高消费效益。一句话，就不可能提高消费力，发展消费力。因此，我们说，文化教育是第一消费力，是发展消费力的基础和前提条件。马克思把“人类能力的发展”作为由必然王国到自由王国的开始。要从根本上促进“人类能力的发展”，还必须从发展文化教育开始，必须发挥第一消费力的作用。

（三）

如何充分发挥文化教育作为第一消费力的作用？我们认为，要强调下面几点：

第一，要真正认识文化教育对经济增长和社会进步的作用。科学技术越发展，社会越进步，文化教育的作用就越大。不仅我国很多有识之士，就连西方一些经济学家，也强调这个问题的重要性。美国经济学家舒尔茨早就提出：增加“人力资本”，提高劳动者的知识和技能，“是技术先进国家在生产力方面占优势的主要原因”。“人类的未来不是预先由空间、能源和耕地所决定，而是由人类的知识发展来决定”。离开了“人力资本”的增长，“便只有艰苦的体力劳动和穷”。[①] 我们现在，有些人对发展教育，提高科学文化水平的作用，还认识不足。有的人重视物质生活，忽视精神文化生活；有的甚至单纯强调物质享受，不读书，不看报，吃喝至上，享乐第一；有的在精神文化消费中，只重视娱乐性消费，忽视发展性消费。我国城镇居民家庭平均每人每年文化消费在生活费支出中的比重，1985 年为 8.97%，1988 年为 7.09%，1990 年下降至 6.55%。农民家庭平均每人每年文化消费在生活费支出中的比重，1985 年为 2.56%，1988 年为 1.85%，1990 年降至 1.71%。文化消费所占比重都很低，而且越来越低。在这很低的比重中，又主要是文化娱乐用品的支出，书报杂志所占比重极小。今后必须改变这种消费倾向，提高文化教育消费在消费支出中的比重，发展精神文化消费，提高消费力。

第二，发展文化教育事业，增加智力投资。我们现在，居民的文化程度还是偏低。根据 1990 年 7 月 1 日第四次人口普查抽样汇总资料：我国文盲、半文盲占 15 岁以上人口的比率还有 22.27%。6 岁以上的人口中，大学本科占 0.78%，大学专科占 1.21%，中专占 2.15%，高中占 9.17%，初中占 33.31%，小学占 53.29%。可见，居民文化程度一般偏低，比之发达国家，差距很大。比如，25 岁和 25 岁以上的人口中，大学文化程度的，美国为 23.2%，日本为 14.3%，加拿大为 37.4%，澳大利亚为 21.5%，菲律宾为 15.2%，我国仅为 1.1%。因此，我们必须加速发展文化教育事业，在可能范围内增加文化教育的投资。第二次世界大战后，主要西方国家的

① 舒尔茨：《论人力资本投资》，第 4、42、16 页。

教育经费在国民收入中的比重有所提高，1970 年，美国为 7.2%，日本、联邦德国、法国均为 4.7%，但我国 1988 年还只占 3.86%。全部社会文教费在国民收入中的比重，1988 年也只占 4.95%，都还偏低。特别是我们现在一些文化、娱乐设施，还很落后，远远不能满足人们的消费需要。例如，联合国教科文组织规定，图书馆与人口的比例为 1∶3000，而我国平均 44.35 万人才有一个图书馆。其他文化娱乐设施状况也很落后，如 37.04 万人才拥有一个文化馆，2.07 万人才拥有一个文化站，116.07 万人才拥有一个博物馆，33 万人才拥有一个体育场，500 万人才拥有一个体育馆。至于农村，就更为落后了。因此，要尽可能增加文化教育方面的投资，争取在十年之内，使社会文教费占国民收入的比重，由现在的 5%左右提高到 7%~8%。此外，除了各级政府尽可能增拨文教事业经费外，还要提倡全社会办文教事业，群策群力，自愿集资，不要以为社会办文教事业“不正规”，要打破传统观念，国家、集体、个人都可贡献力量。当然，社会办文教事业，也要严格要求，不能降低质量，要规范化，不能滥竽充数。

第三，要提高精神文化产品的质量。文化教育部门主要生产精神文化产品。生产任何消费品，都要强调质量。生产精神文化产品更要强调质量，因为它对人们的成长，对人的思想、道德和科学文化水平的提高，对劳动力素质的提高，有着极重要的作用。我们现在，有些精神文化产品质量不高，甚至出现一些低级、庸俗的产品，不仅不利于人的成长发展，不利于消费力、生产力的提高，而且有损于劳动力以及消费力、生产力的提高。因此，必须采取有效措施，发展健康向上的精神文化消费，提高精神文化产品质量，发展精神消费力。

第四，加强消费教育。作为有文化、有知识的现代消费者，除了接受一般的基础教育、有关的职业教育外，还应该有消费方面的教育。首先，要加强消费观的教育，必须坚持科学社会主义的价值观、消费观，通过合理消费，文明消费，促进人们的身心健康和全面发展，建立文明的、健康的、科学的生活方式，摒弃那些落后的、愚昧的、腐朽的东西。其次，要加强消费者权益意识和自我保护意识的教育，明确自己的权利，明确如何保护自己的权益，如何与危害消费者权益的现象作斗争，等等。再次，要加强消费知识的教育，了解如何合理消费，科学消费，还要了解现代消费品的性能、使用方法以及有关的消费知识，才不致上当受骗。最后，要进行遵法守纪的教育，了解消费领域的各种法规、规则，自觉遵守社会生活准则。

原载《消费经济》1992 年第 5-6 期

发展精神消费力

一

消费力或消费能力，是指消费者为了满足自己的物质文化需要对消费资料（包括劳务）进行消费的能力。亚当·斯密最早提出了“消费力”的概念，并把消费力看成是购买力。他说：“……构成他的收入的，是这种购买力或消费力，而不是含有这种力量的金块。”而购买力就是“可以支配他每年所能取得的消费品的价值”[①]。没有购买力，不可能取得消费品，当然不能进行消费，这是不言而喻的。但消费力不只是购买力，还应该包括消费者本身在消费方面的能力、才能。即令有了购买力，如果消费者本身不懂得或不善于进行消费，也会影响消费力。马克思有一段名言：“决不是禁欲，而是发展生产力，发展生产的能力，因而既是发展消费的能力，又是发展消费的资料。消费的能力是消费的条件，因而是消费的首要手段，而这种能力是一种个人才能的发展，一种生产力的发展。”[②] 在这里，马克思不仅把消费力看成是“消费的条件”“消费的首要手段”，而且把它看成是“一种个人才能的发展”，这就赋予消费力以更科学的内涵。不仅如此，马克思这段话还说明了消费力对生产力的作用。消费力的发

① 《国民财富的性质和原因的研究》上卷，商务印书馆译本，第267页。

② 《马克思恩格斯全集》第46卷下册，人民出版社1980年版，第225页。

展，就是“一种生产力的发展”。

消费力有自然消费力、绝对消费力、社会消费力等几种，通常所说的消费力是指社会消费力。消费力是和生产力相对应的，正如生产和消费相对应一样。生产力决定消费力，消费力反过来又对生产力的发展起很大的作用。马克思在谈到资本主义社会“直接剥削的条件和实现这种剥削的条件，不是一回事”时指出：“前者只受生产力的限制，后者受不同生产部门的比例和社会消费力的限制。”① “资本作为生产出来的产品受到现有消费量或消费能力的限制。”② 这就说明，在资本主义社会，消费力对剥削的实现和资本的发展，有很大的限制作用。列宁指出：“社会消费力”和“不同生产部门的比例”，“决不是什么个别的、独立的、彼此没有联系的条件。相反，一定的消费状况是比例的要素之一”。③ 这里不仅把消费力和不同生产部门的比例联系在一起，而且把消费作为“比例的要素之一”，说明消费力在国民经济合理比例的形成和发展中，在国民经济运行中，在生产力的运动和发展中，具有重要的作用。

上面只是简略地说明消费力与生产力的关系以及消费力的作用。下面再具体分析一下精神消费力的作用。

马克思早就把生产力划分为物质生产力和精神生产力。“货币不但决不会使社会形式瓦解，反而是社会形式发展的条件和发展一切生产力即物质生产力和精神生产力的主动轮。”④ 马克思在谈到农奴制的解体和资本的原始形成时指出：“所有这些关系的解决，只有物质的（因而还有精神的）生产力发展到一定水平时才有可能。”⑤ 既然生产与消费是相对应的，生产力与消费力是相对应的，生产力可分为物质生产力与精神生产力，消费力是否可以分为物质消费力和精神消费力？我们认为，应该是可以的。所谓物质消费力，即消费者为了满足自己的物质需要而消费物质消费品的能

① 《资本论》第3卷，第272页。

② 《马克思恩格斯全集》第46卷上册，人民出版社1979年版，第387页。

③ 《列宁全集》第4卷，人民出版社1984年版，第44页。

④ 《马克思恩格斯全集》第46卷上册，人民出版社1979年版，第173页。

⑤ 《马克思恩格斯全集》第46卷上册，人民出版社1979年版，第505页。

力；所谓精神消费力，即消费者为了满足自己的精神文化需要而消费精神文化消费品的能力。

发展精神消费力，大大有利于提高人的素质，不仅有利于提高生产力，也有利于提高人的消费能力。特别是当代，科学技术迅猛发展，新的科学技术不仅进入生产领域，也进入消费领域。生产领域要求智能化，消费领域也要求智能化，要求消费主体的智能化，要求培养社会的人的一切属性，并且把他作为具有尽可能丰富的属性和联系的人，因而尽可能广泛需要的人生产出来。这就必须发展精神文化消费，提高人的科学文化水平和艺术修养，提高人们消费物质消费品和精神消费品的能力。马克思说：一个人“要多方面享受，他必须有享受能力，因此，他必须是具有高度文明的人”。只有精神消费力发展了，人的素质提高了，才能发展物质消费力，发展社会消费力。

发展精神消费力，大大有利于扩大消费领域，提高消费层次。人们消费需要的满足，不仅表现在物质消费需要的满足，而且表现在精神文化消费需要的满足。人们消费水平的提高，不仅表现在物质消费水平的提高，更重要的表现在精神文化消费水平的提高。精神文化消费，是一个亟待开发的极其广阔的领域。精神文化消费品属劳务消费品，一般说：“不是作为物而有用，而是作为活动而有用”①，主要依靠劳动力本身的作用，依靠劳动者本身的手艺、技能，依靠劳动者个人的创造性活动。这些部门，一般“有机构成”较低，不需要很多的设备和资金（除科研等部门需要较昂贵的仪器设备作为实验手段外，一般占用的生产资料较少），但需要较高质量的劳动力。因而精神文化消费领域，大有发展的余地。另外，精神文化消费，大多属于发展资料、享受资料的消费，属于较高层次的消费。精神文化消费比重提高了，就提高了人们的消费层次，提高了人们的消费质量。

发展精神消费力，大大有利于促进人的全面发展。人们进行消费的最高目的，在于促进人的全面发展，实现马克思所说的“以每个人全面而自

① 《马克思恩格斯全集》第49卷，人民出版社1982年版，第108-109页。

由的发展为基本原则的社会形式"①。要促进人的全面发展，必须发展精神文化消费，发展科学文化教育事业，发展发展资料的生产和消费，提高全民的科学文化水平，提高人的精神素质，提高消费的文明程度。只有精神消费力发展了，才能使人们进行高层次的消费活动，满足高层次的消费需要，发展人的才能，发展人的个性，实现"以全部才能的自由发展中产生的创造性生活表现"②，从而促进人的全面发展。

发展精神消费力，能提高劳动者的科学文化水平和思想水平，能提高劳动力的素质，能发展个人的才能，是"一种生产力的发展"。这就说明，发展精神消费力，会大大有利于促进生产力的发展。

由此可见，发展精神消费力，对于发展消费能力，满足消费需要，促进国民经济发展，具有重要的作用。商品经济越发展，越要发展消费力，越要发展精神消费力。商品经济的发展，并不一定会造成"精神滑坡"。我们应该通过发展精神消费力，发展精神文化消费，提高人们的思想境界和科学文化水平，发扬社会主义精神文明，造成"精神上坡"，促进商品经济的健康发展。这是我们一项极重要的任务。

二

我国当前，精神消费力还很不发达，甚至受到束缚。

例如，有的人收入还相当低，甚至连基本的物质生活需要还难以满足，也就是温饱问题还没有完全解决，没有能力进行精神消费。精神消费力受到很大的限制。例如：城镇居民每人每月收入在60元及60元以下的，1990年还占7.38%；农村人均纯收入在200元以下的，1990年还占3.59%，人均纯收入在300元以下的，1990年也还占13.08%。在这种情况下，就很少有可能进行精神文化消费了。以城镇居民而言，我国1990年城镇居民按平均每户每年收入水平分组，2000元及以下的户，文化娱乐用品、书报杂志、文娱费三项支出为11.01元，占生活费支出的2.67%；

① 《资本论》第3卷，第349页。

② 《马克思恩格斯全集》第3卷，人民出版社1960年版，第248页。

4000~4500元的户，以上三项支出为95.96元，占生活费支出的6.49%；7000~7500元的户，以上三项支出为121.07元，占生活费支出的7.5%；9500~10000元的户，以上三项支出为201.75元，占生活费支出的10.76%。可见，收入越高的家庭，精神文化消费的支出就越多，在消费结构中的比重也越高。收入低的家庭，精神文化消费就受到很大的限制（农村收入低的家庭，更不用说了）。另外，根据1990年第四次人口普查资料，文盲、半文盲还占15岁及以上人口的22.27%。应该说，文盲、半文盲的精神消费能力是很低的。据江苏省南汇县盐仓乡党委所作的调查：参与赌博活动的人，文盲、半文盲占57%，搞封建迷信的人，文盲、半文盲占82%，搞铺张浪费的人，文盲、半文盲占45%。这些文盲、半文盲以及文化程度低的人，精神消费力受到很大的限制。他们微薄的收入，往往用于愚昧消费，很少用于较高层次的精神文化消费。

又例如，有的人片面强调物质消费，忽视精神文化消费。吃喝至上，纸醉金迷，崇拜"商品拜物教"，过着庸俗的生活。有的挥霍浪费，大搞畸形消费，甚至出现涮肉锅里煮手表，钻石戒指划玻璃，花2.4万元买条大金鱼等怪现象。这些虽然是个别人非理性的消费行为，但值得我们注意。恩格斯曾说过一段话："庸人把唯物主义理解为贪吃、酗酒、娱乐、肉欲、虚荣、爱财、吝啬、贪婪、牟利、投机，简言之，即他本人暗中迷恋着的一切龌龊行为。"① 我们必须反对这种庸人，反对这种庸人生活，反对这种"龌龊行为"。马克思认为人和动物的根本区别，在于人不仅追求肉体生活满足，而且追求精神生活满足，追求有意识的生命活动："有意识的生命活动把人同动物的生命活动区别开来。"②

我国近几年来，虽居民收入增加较快，对精神文化消费的支出也有所增加，但增加不多，因而精神文化消费在消费结构中的比重不仅没有提高，反而有所降低。例如，农民家庭平均每人的文化消费支出（包括文化娱乐用品、书报杂志、文化服务）：1985年为12.36元，1988年为25.69

---

① 《马克思恩格斯选集》第4卷，第228页。

② 《马克思恩格斯全集》第42卷，人民出版社1979年版，第95、96页。

元，1989 年为 30. 61 元，1990 年为 31. 38 元。绝对数虽增加了，但在生活消费支出中的比重却由 1985 年的 2. 56%降至 1988 年的 1. 85%、1989 年的 1. 75%，1990 年降至 1. 71%。城镇居民家庭平均每人全年文化消费（包括文化用品、书报杂志、文化娱乐费）在生活支出中的比重：1985 年为 8. 97%，1988 年为 7. 0%，1989 年为 6. 95%，1990 年为 6. 55%。这也是很值得注意的倾向。

又例如，有些人的精神消费内部结构不合理，甚至格调不健康。有的只重视娱乐性、消遣性消费，而忽视知识性、发展性消费。有的人一年的书报费支出不及一张舞票的支出；有的人愿意花 100 多元买爆竹玩，而不愿花几元钱去买本好书；有的人“有钱进舞厅，从不买书刊”；有的人一有时间，就热衷于麻将、扑克，甚至通宵达旦；有的农民“晴天下地里，雨天窜东西，晚上四合一（打麻将）”；有的人甚至寻求“精神刺激”，过着低级、庸俗甚至腐朽的生活，误入歧途。这些情况，虽不普遍，但值得注意，必须加强引导。

商品经济的发展，带来了人民消费水平的提高，带来了消费内容的丰富多彩，带来了许多现代化的、有益健康的东西。在商品经济运行的洪流中，不免泥沙俱下，带来一些污泥浊水。在这种情况下，我们更要发展精神消费力，发展精神文化消费，发扬社会主义精神文明，发挥精神文化消费在经济发展、经济生活中的作用。

三

如何发展精神消费力，提高精神文化消费水平？我们认为，要强调下面几点：

第一，要真正从思想上认识发展精神消费力的作用。认识到发展精神文化消费，关系到提高全民族的素质，关系到社会主义精神文明建设，关系到社会的进步和民族的前途。要认识到，人们的消费生活必须有一个正确的价值取向。消费需要的发展及其满足，不仅要有利于提高人们的物质消费水平，而且要有利于提高精神文化消费水平；不仅要有利于发展人的智力和体力，而且要有利于发扬社会主义精神文明，有利于建立文明的、健康的、科学的社会主义生活方式。这里有一个极重要的问题：随着商品经济的不断发展，需要研究人们在不断富裕的情况下精神文明的价值取向。需要研究小康水平的实现，不仅体现物质生活的逐步改善，而且体现精神生活的不断充实。需要研究：如何通过消费需要的满足，使之成为一种更深层次的激励因素，更能提高消费的层次，提高人的思想境界，更能体现生活的目的和价值，从而促进个人才能的发展，促进生产力的发展。

应该看到，富裕并不等于幸福，人们除了物质上的享受外，还应该有精神上的享受。除了身体健康之外，还有一个思想情操的健康问题。在一些发达国家，虽然物质生活已经很好，但不少人感到生活空虚，“人生疲倦”，缺乏远大理想，精神上没有寄托。连资产阶级经济学家也感到“后工业社会”出现的单纯追求物质享受、及时行乐、缺乏精神寄托，是人性异化的反映。美国著名经济学家约·肯·加尔布雷斯早就提出所谓“公共目标”，提出应该树立对“人生”的看法，强调对人的关心，应该选择“生活的道路”，确定追求的“目标”。尽管说，他用超阶级的方法来分析“人生”，分析“公共需要”“公共利益”，得出了超阶级的、不符合资本主义社会实际的“公共目标”，但能提出这个问题，仍然是有一定的意义的。随着社会主义商品经济的发展和人们生活的逐步富裕，我们应该高瞻远瞩，重视发展精神消费力，发展精神文化消费，以促进人的全面发展。

第二，要在提高居民收入水平的基础上，逐步提高精神文化消费在消费结构中的比重。随着商品经济的发展，居民收入水平将不断提高。这就为发展精神消费力创造了重要条件。当人们的基本物质需要得到满足后，就有可能提高精神文化消费的比重。很多发达国家的情况也是如此。比如，日本人用于精神生活的消费占全部消费支出的比重，1960 年为 32.6%，1965 年为 35%，1974 年为 42%。另外，由于我们还有很多人科学文化水平较低，在精神文化消费中，还应该多发展那些智力型、发展型的消费，提高发展资料在消费结构中的比重，不能只偏重娱乐型的消费。目前，我国居民的精神文化消费在消费结构中的比重，农村还不到 5%，城市还不到 8%。到 20 世纪末，应该力争在城市提高到 15%左右，在农村提高到10%左右，以适应小康水平的要求，使人们精神生活逐步充实。

第三，扩大精神文化消费领域。我国现在的消费领域还很狭窄，精神文化消费领域尤其狭窄，这也是精神文化消费水平低、精神消费力不发达的重要原因之一。其实，精神文化消费是一个极其广阔的领域，我们现在还远远没有进行开发。我们在前面也说过，精神文化产品的生产，主要依靠劳动者本身的技巧、才能和创造性活动，不需很多的资金和设备。依靠高水平的精神文化产品生产者的创造性劳动，就可以生产高质量的产品，不受物质、技术条件的限制。人们不仅可以直接欣赏大自然的风光，开展精神文化活动，还可以对大自然进行加工，发展精神文化消费。马克思说："植物、动物、石头、空气、光等等，一方面作为自然科学的对象，一方面作为艺术的对象，都是人的意识的一部分，是人的精神的无机界，是人必须事先进行加工以便享用和消化的精神食粮。"人们对大自然进行加工，不仅可以生产很多物质产品，也可以生产很多精神文化产品，大大扩展精神文化消费领域。我们应该开拓、发展精神文化消费领域，开拓各种有益身心健康的精神文化消费活动，包括有益于身心健康的娱乐性消费、艺术享受性消费、知识性消费以及旅游、美容健身等消费活动。如果从更高的消费层次来说，在我们的消费生活中，特别是精神文化生活中，还需要增加艺术的内容，美的内容，增加艺术和美的欣赏和享受。马克思说："动物只是按照它所属的那个种的尺度和需要来建造，而人却懂得按照任何一个种的尺度来进行生产，并且懂得怎样处处都把内在的尺度运用到对象上去；因此，人也按照美的规律来建造。"① "按照美的规律来建造"消费对象，来建造消费主体，来建造人的消费生活。这不仅会扩大消费的领域，而且会提高消费的层次，大大有利于精神消费力的发展。

要扩大精神文化消费领域，还必须提高消费主体的欣赏能力。精神文化消费是较高层次的消费，要求消费者具有较高的科学文化水平和艺术欣赏能力。马克思在谈到"生产创造消费者"时指出："艺术对象创造出懂得艺术和具有审美能力的大众，——任何其他产品也都是这样。因此，生

① 《马克思恩格斯全集》第42卷，人民出版社1975年版，第97页。

产不仅为主体生产对象，而且也为对象生产主体。”① “如果愿意欣赏艺术，你必须是一个有艺术修养的人。”② 如果消费者的欣赏能力差，再好的精神文化产品也难以发挥应有的效果。这样，消费领域也难以扩大。这就说明，发展科学文化教育事业，提高消费者的科学文化水平和艺术欣赏能力，对于开拓消费领域，提高消费力，特别是精神消费力，具有极重要的作用。

谈到艺术欣赏能力，我想起了我国古代一个故事。我国古代有一个名叫俞伯牙的，善鼓琴；有个叫钟子期的，善听琴。有一次，当俞伯牙弹琴弹到描述高山的曲调时，钟子期知道俞伯牙“志在高山”，禁不住赞叹：“善哉，峨峨兮若泰山”；当俞伯牙弹到描述流水的曲调时，钟子期知道俞伯牙“志在流水”，禁不住赞道：“善哉，洋洋兮若江河”。俞伯牙非常高兴遇到这样一个“知音”，两人从此结为至交。后来，钟子期死了，俞伯牙深恨失去这样一个“知音”，从此不再弹琴。孟轲说：“伯牙绝弦于钟子期。”这个故事，不仅反映两位艺人高超的艺术才能和艺术的欣赏能力，反映艺术欣赏能力的重要，“叹知音之难遇也”；也反映文化艺术感人之深，反映精神文化消费的高层次及其在社会生活中的作用。

第四，要提高精神文化产品的质量。任何消费品都要强调质量。精神文化产品直接影响人的思想、情操，影响精神世界，更要强调质量。我们现在，有不少精神文化产品质量不高，甚至有些低级庸俗的东西。劣质的东西，不仅不利于人的身心健康，而且有损于人的身心健康，这是很值得注意的问题。我们必须抵制、反对那些灰色、黄色的东西，反对那些低级庸俗的东西，努力提高精神文化产品的思想性、科学性、艺术性，提高产品质量。我们现在还存在影响精神文化产品质量的人为因素，还存在一些桎梏精神消费力的东西。要通过改革，排除各种桎梏。例如：一些通俗性、趣味性的精神文化产品，可以得到较高的收入，一些黄色的、庸俗的产品，可以大发横财，而一些高质量的产品，却得不到应有评价，得不到

---

① 《马克思恩格斯全集》第46卷上册，第29页。

② 《剩余价值理论》第1卷，人民出版社1975年版，第210页。

应有的收入；创作一个好歌、好曲、好戏，只能得到十元、二十元或几十元的收入，而唱一支歌、演一出戏，可以得到几百元、几千元的收入；一些经过多年辛勤劳动，甚至付出毕生精力而成功的科研成果的一次性课税，与登台唱一支歌、演一出戏采取同样的方法进行课税；一些劣质的书刊，可以充斥市场，而一些高质量的科学著作，却难以出版，消费者急需的也难以买到；一些号称“非生产领域”的文化、出版等部门，不仅不能得到财政资助，而且要像工商企业一样上缴利润。鉴于此，这些部门也就不得不考虑“经济效益”，难以生产“价值高、收入低”的精神文化产品。诸如此类的桎梏精神生产力发展的各种传统观念和规章制度，需要加以更新，需要通过深化经济体制和精神文化生产部门管理体制的改革，逐步予以解决，以发展精神生产力和精神消费力，提高精神文化消费水平。

原载《求索》1992 年第 6 期，《新华文摘》1994 年第 3 期摘录

论精神消费力

消费力，特别是精神消费力，对社会进步和经济发展，对于加强两个文明建设，具有重要的作用。我国当前精神消费力的水平如何？如何提高精神消费力来促进人的发展，促进人的发展与社会经济的发展之间的良性循环，促进两个文明建设？这些都是很值得研究的问题。

一、精神消费力与人的发展

马克思把生产力分为物质生产力与精神生产力。我认为，消费力也可以分为物质消费力和精神消费力。物质消费力就是消费者为了满足自己的物质需要而消费物质消费品的能力。精神消费力就是消费者为了满足自己的精神文化需要而消费精神文化消费品的能力。健康的精神文化消费，一般是高层次的消费。像马克思所说的，精神消费力会放射出“人类崇高的精神之光”，对人的发展，对劳动力素质的提高，关系极大。著名行为科学家马斯洛早就批评了经济学不重视研究精神文化消费的情况：“经济学这门科学只在熟练、精确、技术地运用一种关于人类的需要和价值的整个地错了的理论，这种理论只认识到了人类的低级、物质的需要。”[①] 恩格斯也早就批评了忽视精神文化消费的庸人行为：“庸人把唯物主义理解为贪吃、酗酒、娱乐、肉欲、虚荣、爱财、吝啬、贪婪、牟利、投机，简言

① 弗兰克·戈布尔：《第三思潮》，上海译文出版社 1987 年版，第 117 页。

之，即他本人暗中迷恋着的一切龌龊的行为。”①

提高精神消费力，就能从根本上提高精神文化消费的水平和质量，其作用是很大的：

第一，提高精神消费力，直接体现社会主义生产目的。精神文化需要主要是享受资料、发展资料的需要，一般是高层次的需要。当人们的收入水平提高后，不仅要求满足物质生活需要，更重要的是要求满足精神文化需要。精神文化需要得到较好的满足，就能促进消费合理化，就能使享受资料、发展资料在消费结构中的比重不断提高，从而提高消费层次和消费质量，从根本上体现社会主义生产目的。

第二，提高精神消费力，能提高劳动力素质，促进生产力的发展。精神文化消费有一个很重要的特点：它直接影响人的思想、道德、品质和整个精神面貌，而且影响深远，对人的发展，对人的素质的提高，关系极大。这就会从两个方面促进生产力的发展：一方面，健康的精神文化消费，能培养人们高尚的品德、高雅的情操，使人们树立正确的人生观，形成文明健康的生活方式，高层次消费需要的满足，有利于调动人的积极性；另一方面，健康的精神文化消费，能提高人的智力，促进人的身心健康和全面发展，提高人的整体素质，从而直接促进生产力水平的提高。精神消费力是提高人的素质、提高劳动力素质，从而提高生产力的强大的杠杆。

第三，提高精神消费力，有利于促进两个文明建设。精神消费力和物质消费力是相互促进的。提高精神消费力可以扩大消费领域，提高整个消费力水平，促进物质消费力的发展。不仅如此，精神文化是人类文化的核心。提高精神消费力能够使更多的人提高消费层次和质量，提高消费的文明程度，有利于净化社会环境，树立良好的社会风尚，促进社会进步和社会文明，从而会大大促进社会主义精神文明建设。消费，特别是精神文化消费，不仅是一种经济关系，也是一种文化现象，不仅促进物质文明，也促进社会主义精神文明。消费应该是两个文明的结合点。提高精神消费

① 《马克思恩格斯选集》第4卷，人民出版社1972年版，第228页。

力，正是两个文明相互促进、协调发展的关键所在。

从上面情况可以看出，提高精神消费力对于人的发展，对于社会进步具有极重要的作用。社会进步不只是经济进步，而且应该包括人的进步，包括社会文明，特别是精神文明的进步。

近年来，很多学者对全球问题的研究，都是从自然因素和社会因素的研究到人文因素与自然因素、社会因素结合的研究。寻求如何通过人文因素协调自然因素与社会因素的关系，如何强调人文因素的作用，如何提高人的素质，来应对未来的挑战，来实现现代化。提高精神消费力，就是从根本上发挥人文因素的作用，来促进社会进步和社会文明。

二、精神消费力与社会经济的发展

精神消费力对社会经济的发展具有极重要的作用，具体表现在：

第一，精神消费力能促进物质消费力的发展。物质消费是人们最基本的消费。不提高物质消费力，就不能促进人的发展。但物质消费力的发展和提高，必须由精神消费力提供精神动力和智力支持，端正其方向，提高其层次。忽视精神消费力，就会使消费力的发展误入歧途，引起不良后果。可以说，不提高精神消费力，就不可能提高物质消费力。其结果影响整个消费力的提高，影响生产力的提高。

第二，精神消费力能提高消费层次和质量，能促进劳动力素质的提高。精神文明消费是高层次的消费。提高精神消费力，发展高雅的精神文化消费，就能提高消费层次和质量，从整体上提高人的素质，从而促进生产力的发展。这个问题我们在前面已说过了。劳动力是生产力的决定性因素。无数事实证明：一个国家或地区经济和社会的发展，最终的决定因素不是物质，不是资本，而是人力资源，特别是劳动力素质的高低。因此，发展文化教育，提高精神消费力，提高全民族的素质，是发展经济的首要问题。

第三，精神消费力能开拓消费领域，开拓消费市场，从而能促进生产的发展。精神文化消费主要是享受资料、发展资料的消费，反映消费的发展趋势。“享受力”和“发展力”提高了，最能吸收购买力，扩大消费领域，提高消费层次，有利于开拓消费市场，促进新兴产业的发展。例如，在人们的消费生活中，美化、艺术化的倾向将越来越强烈。从艺术发展中可以得到的享受，简直是没有可以看到的限度的，几乎可以肯定会大于从技术发展中得到的享受。经过一个较长时间，艺术和反映艺术成就的产品，在经济发展中将越来越占到重要的地位。艺术和艺术产业的发展，会大大变更经济体制的性质和结构，会大大促进新兴产业的发展。在发达国家，艺术已成为一大产业，需要大量投资的产业。在英国，艺术业早已是一个规模达 170 亿美元的大产业，相当于英国的汽车工业。美国人在艺术上的花费每年 50 亿美元以上。随着精神消费力的提高，享受资料、发展资料在消费结构中的比重不断提高，对新的享受资料、发展资料需求的不断增长，将成为拉动国民经济增长的重要力量。又例如，在市场经济下，国际市场的竞争越来越激烈。单纯的劳动密集型产品是缺乏竞争能力的，必须是知识密集型产品，才有竞争能力，才能开拓国际市场。只有提高精神消费力，提高劳动者的素质，才能生产高质量的、知识密集型产品，才能在国际市场上立于不败之地，才能促进生产的发展。特别是发展精神文化产品，受资源的约束较少，最适宜于发展智力密集型产业，最有利于促进新兴产业的发展，最有利于促进社会经济的发展。

三、我国当前精神文化消费的主要问题

近年来，我国精神文化消费领域有不少健康向上的东西，反映时代的风貌，给人以鼓舞和力量，但也出现一些不健康、不文明的东西，败坏社会风气，有损于社会主义精神文明。

第一，精神文化消费在消费结构中的比重过低。不少人还没有认识精神文化消费在社会生活、社会发展中的作用。有的人重视物质消费，忽视精神文化消费。近年来，精神文化消费在消费结构中的比重一直很低。以城镇居民而言，1985 年平均每人消费性支出为 673. 2 元，精神文化消费支出仅 58. 08 元，占 8. 6%；1990 年平均每人消费性支出为 1278. 89 元，精神文化消费支出为 79. 4 元，占 6. 2%；1992 年平均每人消费性支出为 1671. 73 元，精神文化消费支出为 90. 18 元，占 5. 4%。精神文化消费不仅

比重很低，而且越来越低。以农村居民而言，人均精神文化消费占全部消费支出的比重就更低了，1985 年占 3.7%，1990 年占 5.4%，1992 年占 6.6%（国家统计局，1993 年）。比之发达国家，差距还很大。比如，日本人精神文化消费占全部消费支出的比重，早在 1960 年就达 32.6%，1965 年为 35%，1974 年为 42%。精神文化消费比重低，是消费水平低、消费质量低、经济不发达的主要表现。

第二，精神文化消费内部结构失衡。有的重视娱乐性、消遣性消费，忽视智力性、发展性消费，到处是“扑克热”“麻将热”，但很少看到读书热；去卡拉 OK 厅、去夜总会花几百元甚至上千元在所不惜，而且大有人在，但不愿花一包香烟钱买一本书，免费去图书馆的人也不多。另外，在城镇居民的消费支出中，文艺用品的支出比书报杂志的支出高 5 倍至 8 倍；在农村居民的消费支出中，文化娱乐用品的支出比书报杂志的支出也高 4 倍至 6 倍。以精神文化设施而言，发展也很不平衡。近年来，大、中城市，甚至小城镇，舞厅、卡拉 OK 厅、夜总会到处都是，发展之快，超过西方国家几十年的时间。一个 130 万人口的城市，夜总会就有 300 多家，但有些智力型、发展型的精神文化设施，却很不发达。联合国教科文组织提出图书馆与人口的比例为 1∶3000，而我国平均 44.35 万人才有一个图书馆。其他精神文化设施也很落后，37.04 万人才拥有一个文化馆，116.07 万人才拥有一个博物馆，306.2 万人才拥有一个群众艺术馆。比之娱乐性、消遣性的精神文化设施之多，真是相形见绌。

第三，有些精神文化消费格调不高，质量不高。有的人愿意欣赏低层次的精神文化产品，而不愿欣赏高雅艺术。有的人愿花钱玩电子游戏，甚至看相、算命，而不愿欣赏高雅的文艺作品。当演奏“下里巴人”的曲调时，也像古代一样，“国中聚而和者数千人”；当演奏“阳春白雪”的曲调时，也像古代一样，“国中聚而和者不过数十人”。“其曲弥高，其和弥寡。”这也是经济文化不发达、消费者素质较低的表现。

第四，现在还出现了一些不健康、不文明，甚至腐朽性的精神文化消费。有的大搞“白色消费”“灰色消费”。如某市一年新造坟墓 1 万座，花费 1 亿余元。有的不仅为祖宗修坟，还为自己修坟；有人为其父送葬，动用摩托车和汽车120辆，棺材前由16匹骏马壮威，耗费10余万元；有人用高级呢料衣服、金戒指、金项链、手表等为死者作殉葬品；有人大搞“黄色消费”，大搞色情活动；有人为了摆阔气，花30万元买一条哈巴狗，花80万元买一条鱼；有人为了斗富，花38万元办一桌酒席，显示“英雄气概”；有的比烧钞票，一下子烧掉4000元，而面不改色；有人为了比阔气，将新买的1万元一只的手表炸掉，反而哈哈大笑。所有这些情况，虽然只是少数暴发户的不健康，甚至腐朽性消费行为，但它败坏了社会风气，破坏了社会主义精神文明。

出现上面一些不健康、不文明，甚至腐朽性消费的情况，有人说是市场经济造成的，是市场经济带来的“负效应”或“负面影响”。我们的看法恰恰相反，是市场经济不发达造成的。由于市场体系不完善，市场机制不健全，市场规则未建立，政策不配套，出现很多经济隙缝，给一些以权谋私的人、唯利是图的人以可乘之机，大发横财，有了钱大肆挥霍，出现的一些丑恶现象。发展市场经济，并不一定造成“精神滑坡”。发展社会主义市场经济与发扬社会主义精神文明是相互促进的，决不是矛盾的。从消费领域来说，出现上述问题的重要原因是消费力水平，特别是精神消费力水平低，思想道德和科学文化素质不高，因而出现一些不健康、不文明的消费行为。出路在于：加速发展社会主义市场，加速经济体制改革，不断提高消费力，特别是精神消费力，促进人和社会经济的健康发展。

四、如何提高精神消费力，促进社会经济和人的发展

提高精神消费力，发展、提高精神文化消费，要强调下面几个问题：

第一，要端正价值取向。必须用科学社会主义的价值观、人生观、消费观来指导人们的各种消费活动，使人们认识到：人生的目的何在？人生的意义和价值何在？什么是幸福？什么是享受？什么样的消费行为是合理的、有意义的、值得追求的？什么样的消费行为是不合理的、没有意义的、不值得追求的？什么样的消费行为能增进身心健康、造福社会？什么样的消费行为是害人、害己、害社会的？《中共中央关于建立社会主义市场经济体制若干问题的决定》第49条指出：“积极提倡在社会主义市场经

济条件下坚持正确的人生观和文明健康的生活方式，加强社会公德和职业道德的建设，反对拜金主义、极端个人主义和腐朽的生活方式。”我们要坚持正确的人生观和文明健康的生活方式，通过文明健康的、高雅的精神文化消费，培养人们远大的理想、高尚的品德、优良的情操，遵守社会规范、社会公德和职业道德，反对一切庸俗、腐朽的东西。

要充分认识提高精神消费力、发展高层次精神文化消费对社会进步和经济发展的作用。高层次的精神文化消费能启发人们的心智，净化人们的心灵，提高人的精神境界，提高人的整体素质。这里值得研究的问题是：社会经济发展的目的是什么？文明社会发展的趋势如何？什么是现代化？这些都牵涉到一些带根本性的问题，联系我们当前精神文化消费领域出现的情况和问题，很值得人们深思。

在一些发达国家，很多人的物质生活虽然已经很好，但不少人仍然感到精神空虚，“人生疲倦”。西方不少经济学家已感到“后工业社会”出现的单纯追求物质享受、及时行乐、挥霍浪费，是人性异化的反映。不少人已深深感到：富裕并不等于幸福。人们除了物质生活外，还应该有高层次的精神文化生活。在“什么是现代化”的问题上，法国现代化规划的制定者浪·英内指出：“现代化要先化人，后化物。”美国著名未来学家赫尔曼·卡恩指出：“……全世界最伟大的哲学家和宗教领袖基本上都同意：富足、物质财产和技术进步，都不是组成人类幸福的关键成分。”他认为：应该以人与环境的关系为中心来达到现代化，科技进步与经济发展只有同文化因素相结合，才能作到环境的变化与人的幸福相一致。[①] 还有人指出：在未来社会里，人类发展将是“精神优先”，即人的发展将由物质发展为主转向精神发展为主，由追求生存到追求发展，追求精神上的享受。人类文明发展的趋势，经济和社会发展的热点，将从物质领域逐步转向精神文化领域，精神文化消费将成为人们未来生活的重要内容。我国当前，也有人提出：市场经济的深入发展，需要物质文明建设为精神文明建设提供物质条件和技术支持，但也需要精神文明建设为物质文明建设提供精神动力

① 夏禹龙：《世纪之交的社会科学》，湖南人民出版社出版，第55页。

和智力支持。有人提出：要找到经济建设与精神文明建设的结合点。有的提出“文化引路，教育奠基，科技开车，经济腾飞”的思路。这些都是很可取的。学者郭颖颐说得对：“当赛先生和德先生互通对话，发现他们彼此可以互相信赖、互相依靠时，我们说的希望就有实现之日了。说得更远一点，穆姑娘（道德）也应积极地投入到对话中来，并起同等重要的作用。”我认为，除了穆姑娘外，还有个“C 小姐”（文化）也应参加对话，并起着“引路”的作用。这就是说，要提高精神消费力，发展精神文化消费，提高消费层次和质量，促进社会进步和经济繁荣。

第二，要拓展精神文化消费领域，提高精神文化消费在消费结构中的比重。我们现在的消费领域还很狭窄，精神文化消费领域尤其狭窄。应该说，精神文化消费还有很广阔的领域可以开拓、发展，包括一些艺术享受性消费、知识性消费、高层次的娱乐健身型消费以及旅游、观赏型消费等，以利于发展人的智力、体力，陶冶情操，提高精神境界，提高人的素质。我们发展精神文化消费，决不止于发展一般的夜总会、舞厅、卡拉 OK 厅，也不止于发展剧院、电影院，还应该大力发展一些高层次的精神文化场所和精神文化消费活动，包括高雅音乐、高雅艺术等，还可以结合我们的实际开拓精神文化产品市场和消费活动。例如，我们有不少文化名人，有不少名作家、画家、书法家、艺术家、工艺美术家，可以开拓与这些有关的精神文化产品市场和消费活动。前不久，香港、上海、北京等地开展名人字画展销，有的一幅画可卖几百元、几千元，可见文化艺术市场已开始发展。又例如，我们的旅游资源颇丰富，不乏名山大川，不乏名胜古迹，也不乏人文景观，但我们还停留在一般游山玩水的初级享受级，还很少利用丰富的旅游资源，把风土人情等“人文景观”引进来，丰富旅游的内容。类似上面的情况还很多，可以开拓很多消费市场，增加大量收入，用来发展我们的经济，但我们往往忽视这些问题。有人说，多搞些夜总会之类，多搞点“三陪”，可以吸引外商，可以吸引投资，这是极其庸俗的观点。我们现在的任务，是要净化消费环境，净化投资环境，而不是污染消费环境，污染投资环境。我们要加强基础设施建设，改善硬环境，也要改善软环境。这就包括用高层次、高质量的精神文化消费，来吸引群众，吸引外商，吸引外资。

在拓展精神文化消费领域的基础上，提高精神文化消费在消费结构中的比重。精神文化消费领域扩大了，精神文化设施增多了，精神文化消费活动就可以逐步扩展，精神文化消费在消费结构中的比重就可以逐步提高。在精神文化消费中，要不断提高发展性、智力性消费的比重，特别要提高高层次的精神文化消费的比重，促进人的身心健康和全面发展。

第三，要提高精神文化消费品的质量。物质消费品要强调质量，精神文化消费品更要强调质量。只有高质量的精神文化产品，才能提高精神文化消费的层次和质量，才能促进人的发展，才能从根本上提高消费力，才能促进社会进步和经济发展。如何采取有效措施提高精神文化产品的质量，提高精神文化消费的质量和层次？如何从根本上提高精神消费力？这些都是很值得研究的问题。

为了提高精神文化消费的质量，提高精神消费力，还必须加强对精神文化消费领域的管理。由于精神文化消费的特点和影响的深远，除了加强引导外，政府有关部门还必须加强宏观调控和管理，决不能放任不管。对精神文化产品和精神文化消费市场，要分别对不同情况采取不同的管理办法。那些高层次的精神文化产品，包括高雅文化、严肃文化，要采取倾斜政策加以保护；有些精神文化产品可以投入市场，实行商品化，但也要加强管理。要制订有关法规，依法处理。要早日制定、公布“文化市场管理法”以及其他有关法规，真正做到有法可依，执法必严，违法必究，以净化市场，改善市场环境。

第四，要提高消费主体的素质。在当代，生产领域要求智能化，消费领域也要求智能化，这就要求消费主体智能化。消费者必须有现代的科学文化知识和艺术修养，才能享受现代科学文化和艺术的丰硕成果。发展文化教育事业，提高全民族的素质，是促进社会进步、经济发展的首要问题。

从消费领域来说，这几年我曾提出，文化教育是第一消费力，提高发展精神消费力等问题，通过发展文化教育事业，提高全民族的素质，提高消费力，特别是精神消费力，促进人的全面发展，促进社会主义精神文明，促进社会主义物质文明，促进生产力的发展，从而实现三个良性循环：人的发展与社会经济的发展之间的良性循环，消费力的发展与生产力的发展之间的良性循环，社会主义物质文明建设与社会主义精神文明建设之间的良性循环，把整个社会主义市场经济纳入良性循环的轨道。

原载《经济研究》1994 年第 10 期

关于发展生态消费力的几个问题

一、发展生态消费力，作用很大

30多年来，我在研究消费经济的过程中，感到生态消费问题越来越重要。10多年前，我在一本拙著中就提出："人们的消费需要，不仅包括物质需要和精神文化需要，还应包括生态需要在内。""……生态需要是人们最基本的、最重要的生存需要……它不仅关系到人的享受和发展，而且关系到人的生存；不仅关系到自己的身体健康，而且关系到子孙后代的幸福。因此，应该把免于环境污染、保护生态平衡作为消费者的一项基本权利，把促进生态需要作为人的最基本的需要来要求。"[①] 确实，生态消费不仅关系个人及子孙后代的生存、享受和发展，而且关系全社会的繁荣昌盛。

我国古代，很多文人、学者就强调生态消费，强调"天人合一"。古诗《卿云歌》中就写着："日月光华，旦复旦兮。"歌颂人与大自然和谐之乐。《周易》中讲到"大人"时就提出："夫大人者，与天地合其德，与日月合其明，与四时合其序……先天而天弗违，后天而奉天时。"（《周易·乾·文言》）《诗经》中歌颂优美的生态环境的诗句很多，如"坎坎伐檀兮，置之河之干兮，河水清且涟猗。"（《诗经·魏风》）"秩秩斯干，幽幽南山。如竹苞矣，如松茂矣。"（《诗经·小雅·斯干》）孔子提出：

① 尹世杰：《消费需要论》，湖南人民出版社1992年版，第267-270页。

“致中和，天地位焉，万物育焉。”（《中庸·天命》）庄子提出：“天地与我并生，而万物与我为一。”（《庄子·齐物论》）荀子提出：“天地合而万物生，阴阳接而变化起。”（《荀子·礼论》）张载提出：“天地之塞吾其体，天地之帅吾其性，民吾同胞，物吾与也。”（《张载·西铭》）像这些诗句还很多，这里就不一一赘述了。

要满足生态需要，必须发展生态消费力。众所周知，消费力是消费者为了满足自己的消费需要对消费资料（包括劳务）进行消费的能力。生态消费力就是满足生态需要而消费生态消费品（包括劳务）的能力。发展生态消费力，不仅包括提高消费力主体（人）的素质，还应该提高消费力的客体（消费品）和生态环境的质量。生态消费力发展了，生态消费力主体、客体和生态环境的质量提高了，作用很大。具体体现在以下几个方面：

第一，有利于提高消费质量，使人们享受生态文明之乐。我国古代，很多名人、学者在优美的生态环境中，享受生态文明之美，享受生态文明之乐。例如，庄子就提出：“山林与，泉壤与，使我欣欣然而乐与。”（《庄子·知北游》）孔子提出：“智者乐水，仁者乐山。”（《论语·雍也》）太史公司马迁，写成名著《史记》，鲁迅称之为“千古绝唱”。唐代文豪柳宗元遍游永州，写下《永州八记》，后人称之为“中国山水绿色文化的瑰宝”。宋代著名文人苏轼游赤壁，看到“白露横江，水光接天”的情况，使他心旷神怡：“浩浩乎如冯虚御风，而不知其所止，飘飘乎如遗世独立，羽化而登仙。”（《前赤壁赋》）近代毛泽东同志就写过不少诗词，歌颂生态文明之乐。如他游湘江，就在诗中写着：“看万山红遍，层林尽染，漫江碧透，百舸争流，鹰击长空，鱼翔浅底，万类霜天竞自由。”（《沁园春·长沙》）像这类诗词也很多，这里也不一一赘述了。

总之，提高生态消费力，有利于提高消费主体、客体和消费环境的质量，使人们在优美的生态环境中生产、生活，提高消费质量，促进消费结构优化、升级，促进人的身心健康和全面发展。正如马克思所说：“……通过人并且为了人而对人的本质的真正占有；因此，它是向自身、向社会的（即人的）复归。”“人以一种全面的方式，也就是说，作为一个完整的人，占有自己全面的本质。”[①] 人成为人，成为《周易》中所说的“与天地合其德”的“大人”，成为孔子所说的“智者”“仁者”，就会体现我国宋代名人张载提出的：“为天地立心，为生民立命，为往圣继绝学，为万世开太平。”[②] 这就达到了人类追求的最高境界，真正体现以人为本。

第二，有利于经济、社会的协调发展。我国过去一直采取高增长、高消耗、高污染的粗放型增长方式。近年来，在党中央的正确引导下，情况已大有改善，但长期积压下来的问题，难以一下彻底改变。因此，必须加速转变经济发展方式。正如马克思早就指出的：“社会化的人，联合起来的生产者，将合理地调节他们和自然之间的物质变换……靠消耗最小的力量，在最无愧于和最适合于他们的人类本性的条件下来进行这种物质变换。”[③] 发展生态消费力，有利于人们“合理地调节他们和自然之间的物质变换”，促进生态平衡，是转变经济发展方式的重要内涵。其实，党中央早就提出科学发展观，基本要求是“全面协调可持续发展”。胡锦涛同志在十七大的报告中更具体提出：“坚持生产发展、生活富裕、生态良好的文明发展道路，建设资源节约型、环境友好型社会，实现速度和结构质量效益相统一、经济发展与人口资源环境相协调，使人民在良好生态环境中生产生活，实现经济社会永续发展。”这正说明，发展生态消费力，协调人与大自然之间的关系，优化生态环境，弘扬生态文化，大大有利于转变经济发展方式，有利于构建资源节约型和环境友好型社会，实现经济效益、社会效益、生态效益的统一，“实现经济社会永续发展”。还应该看到，发展生态消费力，不仅有利于居民消费结构的优化、升级，还有利于促进产业结构的优化、升级。发展一些新兴产业，不仅有利于促进劳动力就业，增加居民收入，还会进一步促进消费结构的优化、升级，促进两个优化、升级之间的良性循环，促进经济增长，进一步促进经济、社会的协调发展。

第三，有利于促进生态文明、社会文明，促进社会全面进步。文化是

① 《马克思恩格斯全集》第 42 卷，人民出版社 1979 年版，第 120-123 页。

② 《张载集》，中华书局，1978 年版，第 320 页。

③ 马克思：《资本论》第 3 卷，人民出版社 1975 年版，第 926-927 页。

发展的摇篮，是一个民族的灵魂。生态消费力发展了，生态文化发展了，就大大有利于优化社会机体，促进社会文明。特别是生态文化，具有巨大的渗透作用，既能渗透到物质生活领域，又能渗透到精神文化领域。正如马克思所说的："这是一种普照的光，……这是一种特殊的以太，它决定着里面显露出来的一切存在的比重。"① 这样，就会实现马克思所说的"向我们放射出崇高的精神之光"②，普照大地，弘扬生态文明。着实，生态文明是"真"（生态规律）、"善"（生态伦理）、"美"（生态美）的统一，反映了高层次的文化。正如余正荣同志所说的："生态美是天地之大美，自然之大美，也是人与自然环境和睦相处之大美。"③ 生态文明发扬了，就必然会促进社会文明，促进社会繁荣昌盛。其实，党中央早就很重视这些问题。江泽民同志在十六大的报告中谈到全面建设小康社会时就强调："……生态环境得到改善，资源利用效率显著提高，促进人与自然和谐，推动整个社会走上生产发展、生活富裕、生态良好的文明发展道路。"胡锦涛同志在十七大的报告中更明确提出："建设生态文明，基本形成节约能源、资源和保护生态环境的产业结构、增长方式、消费模式……生态环境明显改善，生态文明观念在全社会牢固树立。"并以此作为实现全面建设小康社会奋斗目标的新要求之一，可见这个问题的重要性。我们现在的主要问题是，如何根据各地的具体情况，认真落实这些大政方针。

第四，有利于缓解当代全球气候变暖带来的生态环境问题。20 世纪以来，人们就已察觉到全球气候变暖给生态环境、生态消费带来的不良影响，近年来更感到问题严重。它不仅影响人类的生活质量，而且对人的生存和经济发展带来很大的危害。有人说，全球气候变暖已成为 21 世纪人类面临的最重大的环境发展问题。2008 年 4 月，在海南举行的"博鳌亚洲年会"上，很多人提出要共同应对全球变化，寻求绿色发展，提出"要建立一个绿色的星球"。应该看到，造成气候变暖的原因是温室气体在大气中浓度的增加，这主要是由于化石燃料的燃烧以及一些破坏生态环境的行

① 《马克思恩格斯选》第 2 卷，人民出版社 1995 年版，第 24 页。
② 《马克思恩格斯全》第 42 卷，人民出版社 1979 年版，第 140 页。
③ 余正荣：《生态和慧论》，中国社会科学出版社 1996 年版，第 266 页。

为引起的。因此，发展生态消费力，发展生态产业（绿色产业），治理、保护并优化生态环境，发展生态消费（绿色消费），大大有利于减少温室气体，应对全球气候变化，缓解、排除可能带来的危害。可以说，发展生态消费力是应对当代气候变化的一种重要的力量。

总之，提高生态消费力，对人的身心健康和全面发展，对社会经济、文化的发展，作用很大。近年来，党中央把“经济增长”改为“经济发展”，把“又快又好的发展”改为“又好又快的发展”。我体会，其意义就包括促进生态平衡、发展生态消费力的问题，这就更说明发展生态消费力的作用了。

二、我国当前生态消费力的主要问题

我国近年来生态消费力逐步提高，但有些长期存在的问题一时还难以完全改变。当前，除了受到全球气候变暖引起的一些灾害影响生态消费力外，消费领域本身也还存在不少的问题。

首先，从消费力的主体来说，有些人的价值观不端正，还没有真正树立生态消费价值观。有的人还缺乏生态环境知识，不知如何保护生态环境，甚至忽视保护生态环境，破坏生态环境；有的人富裕以后，就大搞奢侈消费，并以此炫耀自己。有人认为“消费更多的物质财富就是幸福”“享受更丰富的物质就是美”。像这类情况，前几年还经常出现，这就严重污染了生态环境。特别是有些生产经营者为了谋取利润，追求利润最大化，不惜污染、破坏生态环境。如有些人搞旅游开发，大搞楼堂馆所，不惜砍树伐木，破坏森林；有的厂矿，不治理污水，而任其流入江河湖海。例如，2009 年全国共查处破坏森林和野生动物资源案件 17 万多起，全国共查处林业行业行政案件 29.38 万起，收缴木材 58.17 万立方米，苗木 487.11 万株，种子 38985 公斤，责令补种树 759.16 万株；全国共依法查处开垦草原、非法征用草原、非法采集草原野生植物等草原违法案件 2700 余起。这些情况说明，有些人，特别是有些生产经营者价值观不端正，因而出现破坏生态环境、破坏生态消费力的案件。这些情况值得重视。正如马克思早就指出的：“异化劳动使人自己的身体，以及在他之外的自然界，他的精神本质，他的人本质同人相异化。”[①] 我们必须端正价值导向，防止人的“异化”。

其次，从消费力的客体来说，我国目前生态产业的发展还较滞后。有些企业生产经营规模较小，科技水平较低，生态产品（绿色产品）还不多，市场上还有不少伪劣假冒的“绿色产品”。还应该看到，生态产业、生态产品的发展在很大程度上取决于能源。我国当前在能源方面主要还是采用煤炭。据统计，2008 年我国煤炭的生产量占全球的 10%，煤炭消费量占全球的 6.8%。2008 年我国一次能源的消费量上升到全球的 17.7%。能源主要使用煤炭，这就反映了再生能源资源的开发利用很少。“我国具有丰富的可再生能源资源，但目前的开发利用水平极低。其中，水能可发展资源量为 3.78 亿千瓦，目前仅开发利用了 9.5%；风能资源总量为 16 亿千瓦，目前总装机容量只有 2.8 万千瓦；地热能、太阳能、生物质能的开展利用率也很低。”[②] 能源的消费主要还是煤炭，这就必然导致生态环境的污染，破坏生态平衡，破坏生态消费力。

第三，从生态环境来说，20 世纪以来，工业社会生态遭受严重破坏，出现生态危机。有人说，资本主义的危机本质就是生态危机。我国也受到很大的影响，近年来，生态环境逐步改善，但还存在不少的问题。2007 年，国家环保总局、发展改革委制定的《国家环境保护“十一五”规划》中指出：“流经城市 90%的河段受到不同程度污染，75%的湖泊出现富营养化；30%的重点城市水质不到 III 类标准……46%的社区城市空气质量达不到二级标准……全国水力侵蚀面积 161 万平方公里，沙化土地 174 万平方公里，90%以上天然草原退化……生物多样性减少……农村环境问题突出，土壤污染严重……我国已进入污染多发期和矛盾凸现期。”最近两三年，有些情况有所改善。但长期以来积累的问题，难以一时解决。当前，空气污染、水污染、固体废弃物污染等情况还到处出现，酸雨（被称为“空中的死神”）面积达到国土面积的 30%。有人估计，我国每年因生态

---

① 《马克思恩格斯全》第 42 卷，人民出版社 1979 年版，第 97 页。

② 王伟光：《科学发展观概论》，人民出版社 2009 年版，第 49 页。

环境问题造成的经济损失，至少占当年 GDP 的 10%。这些众所周知的情况，这里就不多说了。

上面情况都说明我国当前生态环境还存在不少问题，影响人的生存、享受、发展，影响经济社会的发展。因此，必须加速保护、治理生态环境，促进生态平衡，提高生态消费力。这应该是对人民群众的一项基本要求，也可以说是人的一项基本权利。20 多年前，我在一篇短文中曾提出：在消费者应享的权利中，应该包括“要求保护有益于健康的环境的权利”，“我们应该尽量减少环境污染，保护生态平衡……作为维护消费者权益的一项内容”。这些问题还可进一步探讨。

三、如何发展生态消费力

发展生态消费力，需要在消费力主体、客体、消费环境等方面做大量工作，促进生态平衡，建设生态文明。近年来，党中央对这些工作极为重视。十六届五中全会通过的《中共中央关于制定国民经济和社会发展第十一个五年规划的建议》中谈到“全面贯彻落实科学发展观”时，就强调：“发展循环经济，保护生态环境，加快建设资源节约型、环境友好型社会，促进经济发展与人口、资源、环境相协调。”胡锦涛同志在十七大的报告中又明确提出：“加强能源节约和生态环境保护，增强可持续发展能力。……必须把建设资源节约型、环境友好型社会放在工业化、现代化发展战略的突出位置，落实到每个单位、每个家庭。”我们现在主要面临如何具体落实党中央这些大政方针的问题。我认为要着重从以下几个方面着力：

第一，消费力主体必须端正价值导向，培育高层次的生态消费观念。从消费者来说，要真正树立节约资源、保护生态环境的消费观念和消费方式。在消费过程中，勤俭节约，科学消费，合理消费，反对铺张浪费。要真正以勤俭节约为荣，以骄奢淫逸为耻，特别要反对某些人的奢侈消费。马克思早就指出：“仅仅供享乐的、不活动的和挥霍的财富的规定在于：享受这种财富的人，一方面，仅仅作为短暂的、恣意放纵的个人而行动……他把人的本质力量的实现，仅仅看作自己放纵的欲望、古怪的癖好和离奇的念头的实现。但是，另一方面，财富又被仅仅看作手段，看作应当加以消灭的东西……是一种凌驾于自己之上的完全异己的力量。”① 我们必须反对那些“仅供享乐的”“恣意放纵的”畸形消费，排除那些“完全异己的力量”，保护生态环境。从生产经营者来说，也要端正价值导向，树立节约资源、保护生态环境的经营观念，反对追求利润最大化、破坏生态环境的营销行为。真正体现马克思所说的：“社会是人同自然界的完成了的本质的统一，是自然的真正复活，是人的实现了的自然主义和自然界的实现了的人道主义。”② 生产经营者在营销过程中，必须从消费者、从社会的整体利益出发，尽力保护生态平衡，排除一切污染生态环境的行为，促进“自然的真正复活”，体现“自然界的实现了的人道主义”，牢固树立绿色营销观念，大搞绿色营销。认真落实周生贤部长所提出的：“从传统经济型发展动力——利润最大化，向生态经济全新要求——福利最大化转变。”“坚持环保为民，解决关系民生的突出问题，让人民喝上干净的水，呼吸清洁的空气，吃上放心的食物。”这也应该是生产经营者义不容辞的重要任务。

第二，完善消费力的客体，大力发展生态产业（绿色产业）、生态产品（绿色产品）。近年来，绿色产业、绿色产品已风靡全球，一些发达国家已有各种各样的绿色产业，改善居民消费。我国近年来虽然也在大力发展绿色产业，开拓绿色产品，但问题还不少（前面已简略地谈到）。10 多年前，我在一篇短文中就提出：“发展生态消费，开拓生态消费品，这就要发展生态农业、生态工业和其他生态产业，形成生态化产业体系。”“建立全国性的绿色产品开发体系和营销网络，发展绿色市场，更好地满足生态需要。”这就要从可持续发展的战略高度来发展生态产业、生态产品，除了大力节约资源、保护生态环境外，还要大搞科技创新，提高产业科技水平，并向专业化、系列化方向发展，开发新产品，增加花色品种，提高产品质量。要大力发展节能技术，发展清洁能源、可再生能源，合理解决能源问题。还要认真落实中央有关部门早就提出的“三绿工程”：开辟绿

① 《马克思恩格斯全》第 42 卷，人民出版社 1979 年版，第 141-1472 页。

② 《马克思恩格斯全》第 42 卷，人民出版社 1979 年版，第 122 页。

色通道，培育绿色市场，提倡绿色消费。绿色产品的生产、流通实现全程质量控制。这样才能真正体现珍惜资源、保护资源、节约资源、合理开发和利用资源，以利于建设资源节约型和环境友好型社会。近年来，国内外都在强调低碳经济、低碳消费。2008 年 6 月 5 日“世界环境日”的主题就定为“转变传统观念，推行低碳经济”，很多国家正在大力发展低碳经济，我国也采取了低碳经济的一系列措施。低碳经济是以低能耗、低排放、低污染为基础的经济模式，大搞节能、减排，开发新能源，包括核能、风能、太阳能、生物能等，依靠科技进步，开发利用资源，大力推进清洁生产，发展绿色经济。可以说，发展低碳经济是落实科学发展观、实现可持续发展的一个重要方面。发展低碳经济，有利于构建低碳消费方式。这种方式，是以低碳为导向的一种文明、科学、健康的生态化消费方式，也可以说，是有利于构建资源节约和环境友好的消费方式。我国具有丰富的可再生能源资源，但目前开发利用的水平还相当低，今后在这些方面还大有可为。2010 年 3 月 5 日，温家宝同志在政府工作报告中就具体提出：“要大力发展新能源、新材料、节能环保、生物医药、信息网络和高端制造产业。积极推进新能源汽车……”“大力推进节能，提高能源效率……要积极发展循环经济和节能环保产业。支持循环经济技术研发、示范推广和能力建设。抓好节能、节水、节材工作。……大力开展低碳技术，推广高效节能技术，积极发展新能源和可再生能源。加强智能电网建设，加快国土绿化进程，增加森林碳汇，新增造林面积不低于 592 万公顷。要努力建设以低碳排放为特征的产业体系和消费模式。”这是很重要的举措，是良好的开端。

第三，优化消费环境。如前所述，构建资源节约、环境友好的消费方式，发展低碳经济、低碳消费，都有利于构建良好的消费环境。与此同时，还要培育优美的生态环境。20 世纪以来，就有一些国家大力营造绿色环境。如新加坡从 1967 年开始实施花园城市计划，到 20 世纪 80 年代，新加坡已成为一座处处绿意盎然的世界著名的花园城市。我国近年来，有些地区也在大搞“山水园林城市”，这就要大搞植树造林，大搞绿化，逐步形成“树木参天”“绿树成荫”的生态景观。森林还能制造氧气，吸收二氧化碳，调节气候，大大有利于改善生态环境。我国近年来也在大力开展这方面的工作。据统计，2009年有4.1亿人次首次直接参加义务植树，栽植树木18.1亿株，另有1.8亿人次通过间接方式履行植树义务，折合栽植树木6.7亿株。截至2009年底，累计有121.1亿人次参加义务植树，植树563.3亿株。这是很值得发扬的可喜的现象。我们还可以根据各地城乡不同的情况，采取群众性的活动，从各个方面保护生态环境，并培育优美的生态环境，以利于促进生态平衡。这有利于实现恩格斯早就提出的："……替我们这个世纪面临的大变革，即人类同自然的和解以及人类本身的和解开辟道路……"① 这个"道路"开辟了，就大大有利于发展生态消费力。

第四，加强保护生态环境的法制建设。改革开放以来，我国陆续制订了一些有关保护生态环境的法律、法规。1989年12月颁布了《中华人民共和国环境保护法》，1987年9月颁布了《中华人民共和国大气污染防治法》，1995年10月颁布了《中华人民共和国固体废弃物污染环境防治法》，1997年3月颁布了《中华人民共和国环境噪声污染防治法》，2003年6月颁布了《中华人民共和国放射性污染防治法》等等。其中有些法规，后来还进行了一些修订。我国保护生态环境的法律、法规比较齐全，但有些法律的具体条文规定方面，对破坏生态环境的处罚还不严格。峻法严刑，更有利于保护生态环境。我国古代，对破坏生态环境的行为历来是峻法严刑，如西周颁布了《代崇令》，规定"毋坏屋，毋填井，毋伐树木，毋动六畜。如有不如令者，死，无赦。"可见要求很严格了。20世纪，有些国家在制定的法律中，对污染生态环境的处罚也很严峻。我国有些法律法规对严重危害生态环境的事件，虽然在有关的条文中提出"可以根据所造成的危害后果处以罚款"，但对"罚款"没有具体规定。执法部门或执法人员采取轻微处罚的情况还不少。在其他方面也有类似的情况，没有实施峻法严刑，就不利于更好地保护、优化生态环境。要根据当前出现的一些新情况、新问题，对有些法律、法规的某些具体条文进行适当修改，特

① 《马克思恩格斯全》第1卷，人民出版社1966年版，第603页。

别要全面强化对环境保护的具体要求。改善生态环境、提高生态消费力，还可考虑开征生态环境税，通过税收手段促进生态平衡。西方有些国家早就开征生态环境税，如美国早在1972年就开征二氧化硫税，瑞典在1991年就开征二氧化硫和二氧化碳税，德国、荷兰等国家先后开征水污染税，1993年比利时开征固体废弃物税，等等。我国多年来，还未开征环境税，而是采取收环境费的办法，只对污染排放收费，而且只对超标排放污染物者征收排污费，不超标的就无法收费，这就难以有效保护生态环境。前几年，我在一篇短文中提出：要早日开征生态环境税，从源头防止环境污染，对污染空气、污染水以及固体废弃物等开征污染税，还要对污染环境的产品开征“污染产品税”，按各种不同情况，合理确定税率，还可搞累进税率。这些问题也可进一步探讨。

第五，加强生态知识方面的教育。早在1992年6月，联合国环境与发展大会上通过的《21世纪议程》就有一章专讲环境教育问题，提出：“教育对于促进持续发展和公众有效参与决策是至关重要的”，“从小学学龄至成年都要接受环境与发展的教育”，“把环境与发展的观念，包括人口统计学，结合到所有教育计划中去”，“鼓励大学设立对环境有影响的跨学科课程”。这些意见是很可取的。近二三十年来，很多国家在消费教育（包括生态环境的教育）方面发展很快。我国开展了这方面的工作，但还远远赶不上形势发展的要求。我们应该把生态环境教育的内容逐步落实到教育体系计划之中，作为素质教育的重要内容之一。还要强调的是，生态环境的教育还应包括生产经营者在内。在生产经营过程中，必须保护生态环境。破坏生态环境就是损害消费者的权利，就是一种反人性的行为，甚至是一种犯罪行为。生产经营者应该以保护生态环境为己任。总之，加强生态环境的教育，提高保护生态环境的知识和能力，也是发展生态消费、发展生态消费力的一项极重要的工作。

四、发展生态消费力，促进消费和谐、社会和谐

发展生态消费力，提高消费力主体、客体和消费环境的质量，促进人与大自然、人与人、人与社会之间的和谐，有利于弘扬生态文化、生态文

明。10年前，我在一篇短文中曾提出：“生态文化是生态消费的闪光点……生态需要得到较好的满足，正反映了生态平衡，反映了生态美……反映了高层次的社会文化、社会文明。”有人说：“21世纪是生态文明的世纪。”1997年，我在日本参加“东亚社会经济与后工业社会”国际学术会议的发言中就着重提出：“赫尔曼·卡恩把人均GNP超过4000美元的国家称之为进入‘后工业社会’，我们认为，还应该加上一条：人民免于环境污染，生态需要得到较好的满足，出现高层次的生态文化，才谈得上进入‘后工业社会’……我们研究‘后工业社会’，也应该研究‘后工业社会’的生态问题，研究生态需要得到满足的问题，以促进人的全面发展，促进社会经济文化协调发展，促进生态文明的发展，促进生态文明新世纪的来临。”这些都说明发展生态文化、弘扬生态文明的重大意义。这正有利于落实胡锦涛同志在十七大报告中所强调的：“建设生态文明，基本形成节约能源资源和保护生态环境的产业结构、增长方式、消费模式……生态环境质量明显改善，生态文明观念在全社会牢固树立。”

还应该看到，生态文化是中华民族优秀的传统文化的一个重要方面。江泽民同志在十六大报告中提出“推动整个社会走上生产发展、生活富裕、生态良好的文明发展道路”之后，还强调：“中华文明博大精深、源远流长，为人类文明进步作出了巨大贡献。”我们当前发展生态消费力，弘扬生态文化、生态文明，正有利于发扬“博大精深、源远流长”的中华民族优秀的生态文化的精华，这就更说明发展生态消费力的重大意义了。

马克思在谈到共产主义“作为完成了的自然主义”“人道主义”时，早就指出：“它是人和自然界之间、人和人之间的矛盾的真正解决，是存在和本质、对象化和自我确证、自由和必然、个体和类之间的斗争的真正解决。它是历史之谜的解答。”① 发展生态消费力，促进三大消费力（物质消费力、精神消费力、生态消费力）协调发展，促进三大文明（物质文明、精神文明、生态文明）相互辉映，实现“人和自然界之间、人和人之间的矛盾的真正解决”，解答“历史之谜”。这就大大有利于促进消费和

① 《马克思恩格斯全》第42卷，人民出版社1979年版，第120页。

谐、社会和谐，真正落实胡锦涛同志在十七大报告中所强调的："努力形成全体人民各尽其能、各得其所而又和谐相处的局面，为发展提供良好的社会环境。"这就大大有利于加速构建社会主义和谐社会，这正是我们研究生态消费力的最终目的。

原载《经济学家》2010年第9期

生态消费力在经济转型中的作用

消费力是消费者为满足自己的消费需要而消费消费资料（包括劳务）的能力，生态消费力就是消费者为了满足自己的生态需要而消耗生态消费品（包括劳务）的能力。生态消费力的发展，体现了人们生态消费观念的提高、生态环境的改善和生态消费品（包括劳务）的增加。这就大大有利于人的身心健康和全面发展，有利于经济社会的协调发展。马克思在谈到人类由必然王国向自由王国飞跃时，早就指出："社会化的人，联合起来的生产者，将合理地调节他们和自然之间的物质变换，……靠消耗最小的力量，在最无愧于和最适合于他们的人类本性的条件下来进行这种物质变换。"① 这正体现提高生态消费力对转变经济发展方式的作用，与党中央提出的转变经济发展方式的要求是一致的。

我国过去，长期以来搞的是粗放型增长方式，出现"三高"（高消耗、高投放、高污染）"一低"（低效益）。近年来，党中央提出转变经济发展方式，我体会就是转变为科学发展观指导的发展方式，大搞"三低"（低消耗、低投放、低污染）"一高"（高效益）。发展生态消费、生态经济，提高生态消费力，是其中的重要内容。把"增长方式"变为"发展方式"，两字之差，我体会，主要在于改变过去的粗放型增长方式，在经济发展中倡导资源节约，注意环境友好，搞发展方式的生态化。

---

① 《资本论》第3卷，人民出版社1975年版，第926-927页。

事实上，近年来党中央对这些问题已提出一系列大政方针。现在的问题，是如何具体落实党中央这些大政方针，根据各地的具体条件，切实发展生态消费、生态经济，发展生态消费力，节约资源、保护生态环境，以利于转变经济发展方式。我认为，主要是以下几项：

第一，改善消费方式。要大力构建资源节约、环境友好的消费方式，人人自觉地调节人与大自然之间的关系，促进生态平衡，弘扬生态文明。从消费者来说，就要科学消费、文明消费、适度消费，反对铺张浪费。在消费过程中，尽力节约资源，保护生态环境。从生产经营者来说，就要大力发展循环经济，大力推进节能、节水、节地、节材，加强资源综合利用，形成低投入、低消耗、低排放和高效率的节约型增长方式，促进生态平衡。

第二，发展生态产业。要满足人们日益增长的生态需要，提供高质量的生态产品（包括服务），必须发展生态产业，发展生态工业、生态农业，建立生态化产业体系，大搞生态消费、绿色消费。

第三，改善生态环境，大搞绿化，着力建设生态城市、生态村镇、生态社区。

第四，发展生态消费，弘扬生态文明。发展生态消费力的落脚点，应该体现为生态文明的发扬，要从生态文化的高度来衡量生态消费力。在生态文明的辉映下，更有利于提高生态消费力的质量，促进经济发展。

原载《光明日报》2011 年 3 月 18 日

提高精神消费力的意义和途径

精神消费力，是指消费者消费精神文化产品和服务的能力。在物质消费力、精神消费力、生态消费力三大消费力中，精神消费力居于核心和枢纽地位，并对其他两种消费力具有很强的渗透性。提高精神消费力，对于促进科学消费、社会和谐和调整经济结构、加快转变经济发展方式具有重要意义。

一、提高精神消费力具有重要作用

提高精神消费力，有利于提高消费质量，促进消费结构、产业结构优化升级，并使消费结构与产业结构形成良性循环；有利于实现低投入、低消耗、低污染的经济增长，加快经济发展方式转变；有利于物质文明建设、精神文明建设、生态文明建设协调发展，促进社会文明进步和人的全面发展。

提高消费质量，促进人的全面发展。人的精神消费力得到提高，就能够消费高层次的精神文化产品和服务，就会像马克思所说的放射出崇高的精神之光，提高思想政治素质和科学文化素质；就会实现恩格斯的预言："不仅可能保证一切社会成员有富足的和一天比一天充裕的物质生活，而且还可能保证他们的体力和智力获得充分的自由的发展和运用。"在物质消费力得到一定满足之后，着力提高精神消费力，有利于提高消费质量，促进人的身心健康和全面发展。

优化产业结构，促进人与自然和谐发展。发展精神文化消费，需要生产和提供相应的产品和服务，需要在优化消费结构的同时优化产业结构，特别是需要加快发展文化、教育、科技、信息等高层次精神文化事业和产业。而这些事业和产业大多是知识密集型、劳动密集型的，消耗的物质资源少，对生态环境的污染小，附加价值高，因而其发展有利于加快转变经济发展方式，建设资源节约型、环境友好型社会，促进人与自然和谐发展。

提高社会文明水平，促进社会全面进步。提高精神消费力，发展精神文化消费及其产业，有利于优化社会有机体，提高社会文明水平，促进社会和谐。精神文化是人类文化的本质和核心，是一个民族的灵魂。积极健康的精神文化渗透于物质文化、生态文化之中，能够促进物质文明、生态文明的发展和提升，进而促进社会全面进步。

二、我国精神文化消费存在的问题

近年来，我国积极推进物质文明、精神文明、生态文明同步发展，居民精神消费力不断提高，有力地促进了物质文明、生态文明建设。但在精神文化消费方面还存在一些问题，亟需加以改进和提高。

精神文化消费在消费结构中的比重不高。虽然近年来我国精神文化消费发展较快，但直到 2009 年，居民家庭平均每人用于娱乐教育文化服务的支出在消费结构中的比重，城镇居民仅为 12%左右，农村居民还不到 9%，与发达国家相比差距很大。这表明我国居民整体精神文化消费还处在比较贫乏的阶段。

精神文化产品的质量总体上不高。从事精神文化产品生产的企业大多是中小企业，科技文化水平不高，创新能力不强，生产的产品大多一般化，高层次、高质量的文化艺术产品还不多，缺乏有较强经济实力和竞争力的文化产业、企业和产品。

有些精神文化消费格调不高。艺术享受型、高层次的文化娱乐活动还不多，能够较好满足人们精神文化需求、社会效益和经济效益相统一的文化活动还不丰富。在娱乐方面，不少人热衷于低层次的娱乐活动，精神文化层次不高。在旅游方面，大多是一般性的景区景点游览，生态含量、文化含量、科技含量都不高。

存在一些背离精神文明的言行。有人大搞奢侈消费，炫富摆阔；有些生产经营者缺乏职业道德，大搞反人性的“三化”，即一切物化、商品化、追求利润最大化，甚至不惜危害消费者身心健康和生命安全；有人片面宣扬精神文化产品商品化，宣扬精神文化享乐主义，甚至把一些乌七八糟的东西美化为文化并加以大肆宣扬。这些不良现象虽然不是主流，但污染精神文化环境，破坏精神消费力，危害很大，必须大力排除。只有维护和发展崇高的精神文化，净化精神文化消费环境，才能切实提高精神消费力。

三、如何进一步提高精神消费力

中央一贯重视精神文化建设，“十二五”规划纲要专门就推动文化大发展大繁荣作出部署，强调“满足人民群众不断增长的精神文化需求，充分发挥文化引导社会、教育人民、推动发展的功能，增强民族凝聚力和创造力”。贯彻落实中央精神和部署，进一步提高精神消费力，应在以下几方面着力：

端正价值导向。这是发展精神文化消费、提高精神消费力的首要问题。积极探索用社会主义核心价值体系引领社会思潮的有效途径，抵制各种错误和腐朽思想的影响。构建传承中华传统美德、符合社会主义精神文明要求、适应社会主义市场经济的道德和行为规范，努力提高全民族的思想道德素质和科学文化素质，使人们的精神世界更加充实、文化生活更加丰富多彩。对消费者来说，应坚持科学消费、文明消费，提高消费中的精神文化含量，优化消费结构，弘扬精神文明。对生产经营者来说，应坚持依法经营、文明经营，自觉承担社会责任，坚决反对迎合低级趣味、片面追求利润最大化。

拓展和优化精神文化消费领域。精神文化消费主要是发展资料、享受资料的消费，提高精神消费力，需要拓展和优化精神文化消费领域。在精神文化消费中，应不断提高发展性、智力性消费的比重，特别是提高高层次精神文化消费的比重。这就需要加快发展高质量的文化、教育事业和产业，发展高层次的现代服务业、信息产业，发展高质量的、有特色的休闲产业和公共文化设施、场所等。应把提高精神文化消费在社会消费中的比重、提高精神文化生产在社会生产中的比重作为我国经济结构战略性调整的一项重要内容，以此促进消费结构优化升级和产业结构优化升级，并使这两个“优化升级”形成良性循环。

提高精神文化产品和服务的质量。坚持社会主义先进文化前进方向，防止和遏制腐朽思想和丑恶现象的滋长蔓延，反对制售假冒伪劣产品和欺诈行为，坚决扫除黄赌毒等社会丑恶现象，净化精神文化环境。与此同时，还要提供高质量的精神文化产品和设施，发展高层次的精神文化场所和活动，支持高质量的精神文化产品的生产和传播。

提高人的精神文化素质。提高人的精神文化素质，是改善人的消费行为、提高精神消费力的基础。在这个意义上可以说，文化教育是第一消费力。文化教育水平提高了，人的精神文化素质提高了，不仅自己能科学消费、文明消费，弘扬精神文明，而且有利于移风易俗，提高整个社会的消费层次和消费力。应采取有效措施，发展健康向上的精神文化消费，提高精神文化产品质量，不断提高人的精神文化素质。特别是在当代，信息技术等高科技迅速发展普及，并渗透于包括精神文化领域在内的生产、生活各个方面，这就对提高人的精神文化素质提出了更紧迫的要求。高科技只有用高文化来引导，特别是用崇高的精神文化来引导，才能放射出崇高的精神之光，避免被不当利用。

原载《人民日报》2011 年 07 月 28 日

消费文化学

略论消费文化

一、什么是消费文化?

文化是人类社会历史实践过程中所创造的物质财富和精神财富的总和。消费不仅是一种经济关系，也是一种重要的文化现象。这至少表现在以下三个方面：一是消费环境。优美的自然环境，使人心旷神怡，当然反映一种文化；优美的人工环境，使人得到美的享受、艺术的享受，也是一种文化的反映。二是消费品（包括劳务产品）。质量好的、优美的消费品，无论是造型美、色彩美、装饰美、素质美等，都反映一种文化。特别是高雅的精神文化产品，能以艺术的魅力，使人潜移默化，更反映一种文化。在商品经济条件下，商品和劳务产品越丰富，质量越高，反映的文化色彩也越浓。三是人们的消费活动，也反映一种文化。人们消费那些含有文化意味的物质消费品和精神文化产品，这本身就是一种文化现象。人们更好地进行消费，改善消费方式，提高消费效果，特别是多消费那些高层次、高质量的享受资料、发展资料，提高消费中的“科技含量”“艺术含量”，这就更体现一种高层次的文化了。

消费文化有两个重要的特点：一是它的接触面极广。人人都是消费者，都与消费文化有关，并通过消费来满足自己的需要，发展自己，影响社会。二是它的影响极大。消费文化，特别是高层次的精神文化产品及其消费，能影响人的思想、品德、价值观以及整个精神面貌，而且影响深远。对人的成长、发展，对社会风气、社会进步，关系很大。

二、消费文化的功能

消费文化应该具有一般文化的功能，这里不多说了。

消费文化有很大的经济功能。文化的经济功能在于把文化渗透于经济领域和经济生活之中，成为经济发展的内在因素，在消费品和消费生活（经济生活的主要内容）中增加“文化含量”，从而促进经济的发展。一方面，改善社会文化环境，有利于改善经济条件，吸引投资，吸引人才，从而有利于发展经济。另一方面，在物质消费品和劳务产品中，增加“文化味儿”，有利于开拓市场，促进经济的发展。随着商品经济的发展和人民消费水平的提高，人们购买消费品，不只注重实用，而是越来越注重商品的文化品位，越来越注重购物环境和服务质量，越来越注重消费环境，要求增加“文化含量”。消费文化的更重要的经济功能在于：通过消费，通过提高消费中的文化含量，可以提高劳动力的质量，提高生产力水平，从而大大促进社会经济的发展。众所周知，近年来亚太地区经济的崛起，特别是东亚经济的腾飞，在很大程度上得力于文化的高度发展。由于文化的发展（包括发扬中国优秀的传统文化），促进了经济的发展。这些都是发人深省的。

消费文化还有巨大的社会功能。消费文化特别是高层次的精神文化，能培养人们高尚的品德、高雅的情操，能开拓人的智力，提高人的整体素质。越是高层次的消费文化，越能促进人的全面发展。马斯洛的消费需要的五个层次，最高层次的需要是“自我实现的需要”，也就是“发展需要”（存在的价值），包括真、善、美、正义等文化因素在内。他认为，健康文化的主要作用，在于促进人的“自我实现”。文化，包括消费文化在内，对人的发展、提高，具有决定性的作用。消费文化的社会功能，还表现在：通过消费，通过消费中文化含量的增加，不仅能教育人，使人潜移默化，而且能移风易俗，树立良好的社会风气，促进社会文明。

三、消费文化的发展趋势

随着社会经济的发展和人民消费水平的提高，消费文化也是由较低层次向较高层次、由较低质量向较高质量不断发展的。特别是在市场经济下，蓬勃发展的物质文明和精神文明，使消费文化更加绚丽多彩。它的发展将呈现以下的趋势：

一是智能化。现代科学技术迅猛发展，并不断渗透于消费领域。因此，不仅生产领域要求智能化，消费领域也要求智能化，否则就难以享受现代科学技术的丰硕成果。例如，电器设备、电脑、生物工程、新型材料等不断渗透于消费领域，使人们的消费生活发生巨大的变化。

二是艺术化。随着人们消费水平的提高，不仅满足于生存需要，而且要求艺术的、美的享受。人们越来越注重消费生活中的艺术功能和审美价值，对消费品和消费生活，要求科学与艺术高度融合，具有浓厚的时代气息，不仅带来物质享受，而且带来高雅的精神享受。

三是健美化。人们在消费生活中，越来越重视健康的需要。这里所讲的健康，已不是生存需要，而是高层次的身心健康。更确切地说，是健美的需要。在食品方面，要求色、香、味齐全，要求营养平衡，有的还希望“返朴归真”的营养膳食；住房及装饰对光线、色彩、陈设等的要求有益于人的身心健康；用品要求美观、舒适，有益于人的健康，甚至化妆品也向保健方面发展。总之，健美化是人们消费生活发展的客观要求和必然趋势。

四是世界化。在当代，消费世界化是一种极重要、极普遍的趋势。在各国之间、各个地区之间，不仅科学技术不断交流，商品也不断交流，文化艺术也在不断交流。人们不仅能享受本国的物质技术成果，而且能享受外国的物质技术成果；不仅能享受本国的优秀的精神文化成果，而且能享受异国的丰硕的精神文化成果，从而使人们的消费内容丰富多彩。中外科学技术、文化艺术的相互交流，相互渗透，不仅会促进全世界科学技术的发展，而且会大大促进文化艺术的新的发展、新的繁荣。这种新趋势将越来越明显。

上面所说的“智能化”“艺术化”“健美化”“世界化”，都牵涉到一个重要问题，即在经济发展过程中，必须以“人的发展需要为中心”，促进人们的物质文化生活不断得到满足，促进人的全面发展和社会的全面进步。

四、我国当前消费文化的主要问题和对策

近年来，在人们的消费生活中出现了一些不健康、不文明的现象，反映了低文化、无文化甚至反文化的现象。例如，与人们朝夕相处的挂历，本来应该是高雅的艺术品，但现在有许多却庸俗不堪、令人生厌；那些又热又狂、若醉若痴的“追星族”，在大庭广众前向歌星献吻、索吻、强行接吻，丑态百出；还有些人，吃喝至上，纸醉金迷；有的人只重视娱乐性、消遣性消费，忽视知识性、发展性消费，去卡拉 OK 厅、夜总会花几百元、几千元在所不惜，去书店花 5 元钱买本书，却望而却步；有的大搞“白色消费”“灰色消费”“黄色消费”，甚至狂嫖阔赌，腐化堕落，败坏社会风气。

出现上述问题的原因，有人说是市场经济造成的，是市场经济的“负效应”，出现了“文化滑坡”“精神滑坡”。我们的看法恰恰相反，出现上述现象，是市场经济不发达造成的，是市场体系不完备、市场机制不健全、市场法规和规则未建立，加上某些人唯利是图的思想和不正之风造成的。市场经济强调等价交换、平等竞争，强调社会公正、社会文明；市场经济是资源配置不断优化的经济，资源配置优化了，能充分利用人力、物力、财力，这本身就反映了文化的发展；市场经济是法制经济，强调市场秩序、社会纪律，强调文明生产、文明经商、文明消费。市场经济不仅是一种经济关系，也是一种文化现象。没有高度的文化，就不可能有发达的市场经济。市场经济的发展，就是文化的发展；市场经济的繁荣，就是文化的繁荣。因此，市场经济的发展不可能造成“文化滑坡”“精神滑坡”。

出路何在？加速经济体制改革，提高社会文化水平，提高人的素质，以适应市场经济的发展。从消费文化来说，我们认为，要强调下面几点：第一，要端正价值导向。建立与社会主义市场经济相适应的消费观念、文

化观念，破旧立新。要充分认识文化，特别是精神文化在消费生活中的作用，不断提高消费的文化含量，从根本上解决价值导向问题。要真正用科学社会主义的世界观、价值观、消费观来指导我们的一切消费活动。第二，要改善消费结构。在开拓高层次精神文化消费领域的基础上，提高精神文化消费的比重，包括一些艺术享受型消费、智力型消费、高层次的娱乐型消费以及旅游、健身型消费等。第三，要提高产品质量。现在假冒伪劣商品充斥市场，是很不道德、很不文明的现象，也是反文化的行为。因此，要采取有效措施，鼓励那些高雅的精神文化消费品的生产和消费，限制那些劣质的消费品，特别是低级庸俗的精神文化产品的生产和消费。要开拓那些具有文化色彩的新领域和新产品。对娱乐文化，也要使其由单纯享受型逐步进入发展型，提高层次和质量。第四，要加强市场管理。对精神文化领域的"灰色""黄色""黑色"的东西，对沉渣泛起的"文化垃圾"，要坚决予以扫除，净化市场；对娱乐市场的低级、无序的现象，要切实加以整顿。文化产业必须发展，但不能放任自流，要加强引导，择优扶持。第五，要提高人的素质。我们这里讲的提高人的素质，主要指提高科学文化素质。只有劳动者的科学文化素质提高了，才能生产高文化、高质量的产品。也只有消费者的素质提高了，才能消费高文化、高质量的产品。从消费领域来说，现代消费最重要的倾向是文明消费，提高消费的文明程度。因此，必须提高生产者和消费者的文明程度，提高他们的科学文化素质，促进生产者和消费者的智能化。

五、应该建立一门新学科——消费文化学

消费是社会再生产的一个重要环节，在市场经济下，这个环节将越来越重要。文化，特别是精神文化，是人们生产、流通和消费过程的灵魂。为了发挥消费在社会再生产中的作用，为了发挥文化在人的发展、社会经济发展和社会进步中的作用，必须重视消费文化，深入研究消费文化。为此，建立一门新学科——消费文化学是十分必要的。

消费文化学是介于消费经济学和文化学之间的一门交叉学科。它应该研究消费文化的特点、内部结构、功能及其形式、变化、发展趋势和规

律。它的主要内容，除了应该研究物质消费品与文化的关系，不断增加物质消费品的文化含量外，还要着重研究精神文化产品如何提高文化含量，提高精神文化消费的质量。还应该研究：随着物质文化消费水平的提高，人们对精神文化产品的需求的增长；随着社会生产力水平的提高，精神文化产品供应的增加，精神文化消费领域的扩大；文化艺术资源配置的合理化；消费文化，特别是精神文化发展变化的规律。同时，还要研究消费文化的交换，即文化市场的发展趋势和内在规律，以促进文化市场的健康发展。此外，还要研究如何发扬我们几千年优秀文化的传统，并合理吸收西方优秀文化，来丰富我们的经济生活，提高我们的消费质量。

消费文化学的主要任务，应该是充分发挥消费生活中文化因素的作用，提高消费的文化含量，从而促进人的全面发展和社会的全面进步，促进全社会文明程度的提高，促进社会主义市场经济的健康发展。

原载《财贸经济》1995 年第 3 期

再论消费文化

前不久，我曾写过一两篇关于消费文化的短文，但均语焉不详，而这个问题又很有现实意义，很值得进一步研究。因此，再就某些问题作些探索。

一、要为消费文化定性、正名

什么是消费文化？现在还有些不同的看法，甚至有些模糊认识。

为了说明什么是消费文化，首先要说明：什么是文化。文化是人类创造的一切物质财富和精神财富的总和，是人类社会一切创造性活动及其成果的结晶，是社会文明的内在本质。美国著名社会学家伯格和费德瑞柯在所著《人类行为》一书中指出："所有人类行为在一个文化关系中形成。文化包括价值观、知识以及对人们来说是适当的并乐于接受的物质技术。""文化是价值、知识和物质客体的贮存器，是世世代代积累和保持下来的一个群体。"① 但是，并不是人类劳动的一切创造物都可以称得上文化。对人类社会发展起着进步作用，并能够一代代地传下去的劳动创造物，才可以称之为文化。那些对社会发展起着副作用，甚至起反作用的东西，决不能称之为文化，甚至是"反文化"的东西。正如于光远同志所说的："社会意识形态与文化不是一回事，而且有些意识形态如迷信，不是文化发展

① 《人类行为》，中国社会科学出版社 1993 年版，第 30、47 页。

的产物，而是文化的对立物愚昧野蛮的产物。”

有人认为：“一切经济行为都必然反映一定的文化内涵及其意义，都是文化行为的体现。”这是不确切的。伯格和费德瑞柯在所著《人类行为》一书中指出：人类行为的四个主要来源是生物学、心理学、社会结构以及文化。人类行为，包括经济行为的潜能，很多是从生物意义上被创造出来的，有些生理活动和心理活动，并不是合理的、正确的，并不都反映为文化，并不都是“文化行为的体现”。就以现在很时髦的“文化节”而言，并不见得真正体现文化色彩。正如有的人所说的：“鸭梨小枣白菜萝卜山药蛋，都可以办个节，大多是千篇一律敲锣打鼓吹喇叭玩狮子，加上送往迎来大吃大喝，俗而无文，劣而无化。”大搞“文化节”，不能一概否定，但“俗而无文，劣而无化”的情况，确实存在，确实不敢恭维。还有那些自以为很“时髦”、很“文明”，而实际是很庸俗、很不文明的行为，包括那种“又热又狂、若醉若痴”在大庭广众之中“抢吻歌星”的行为等，能说是“文化行为的体现”吗？

消费生活是“经济行为”一个极重要的组成部分。消费生活中应该体现各种各样的文化，消费文化是整个文化一个极重要的组成部分，但不能说人们一切消费行为都反映着文化。那些吃喝至上、酒醉金迷的生活，那些狂嫖滥赌、荒淫无度的行为，那些牺牲色相、牺牲人格的行为，那些挥霍浪费、大搞封建迷信的行为，能说明一种文化吗？能说是“文化行为的体现”吗？那只能说是一种无文化、反文化的行为。

因此，必须划清文化与“非文化”“反文化”的界限，为文化定性、为文化正名。

还有人把消费文化与“消费主义”混为一谈。如有人说：“所谓消费文化，或者如一些人所称的消费主义文化，是一种以推销商品为动力，无形中使现代社会的普通大众都被裹挟进去的消费至上的生活方式与价值观念。”“消费主义”是西方发达国家曾经流行的一种消费思潮，追求炫耀性、奢侈性消费，追求时尚，追求无节制的物质享受和消遣，并以此作为生活的目的。这和我们所讲的消费文化，完全是两码事。我们现在，消费生活中也有一种“时尚”，追求“豪华”“阔气”，追求“皇家气派”“贵族享受”，滋长一种奢侈之气。市场上除了“皇后美发所”“贵妃服装店”“贵族俱乐部”“大亨美食城”之类外，还有几千元一瓶的“洋酒”，几万元一套的西服，几百元一瓶的“洋香水”，也受到一些人的青睐，并以此显示“派头”“阔气”。这些能说是文化吗？能反映消费文化吗？我们反对这种享乐至上，反对“消费主义”，主张文明健康的生活方式，弘扬消费文化！

二、从经济文化一体化来看消费文化

经济文化一体化是当代社会发展的大趋势，而消费是经济文化一体化的重要载体。因此，要从经济文化一体化的高度来看消费文化的作用。

当代科学技术迅猛发展，物质财富也不断涌流，但物质财富的增长并不是人类幸福的归结，并不是人生的最终目的。经济发展只有同文化因素相结合，才能实现社会经济的发展与人的幸福相一致。因此，只有站在经济文化一体化的高度，用文化的视角去审视各种经济现象，包括人们的消费生活，才能揭示事物的本质，把握社会经济发展的客观规律。在市场经济下，生产力、消费力的不断发展，正为经济文化一体化创造重要的条件。一方面，随着市场经济的发展，物质财富、精神财富日益丰富，而物质财富、精神财富中，蕴藏着丰富的文化；另一方面，在市场经济下，人不仅是“社会人”，也是“经济人”，每个商品生产者、经营者，都受各自利益的驱使，有追求个人利益更大化的个人目的。这就必须站在社会文化的高度，用社会道德、社会公平、社会文明加以规范，加以约束。正如有些人所说的，一定历史阶段的经济形式的产生和发展，需要与之相适应的“文化力”的驱动和约束。这正是市场经济健康发展的重要条件。

为什么说消费是经济文化一体化的重要载体呢？这是因为，在消费中，不仅有物质消费，更重要的是精神文化消费。在物质消费中，精美的物质消费品和文明健康的消费行为，都体现一种文化；在精神文化消费中，高雅的精神文化产品和高层次的消费行为，像马克思所说的“向人类放射出崇高的精神之光”，更是体现一种文化了。消费是物质文明和精神文明的结合点，而结合的标志，在于文化，在于文化含量的高低。市场经济是人们的物质文化需要不断得到满足的经济，是通过消费促进国民经济实现良性循环的经济。要使人们物质文化需要不断得到满足，要不断促进国民经济的良性循环，必须促进消费合理化，必须不断提高消费的文化含量，充分发挥消费文化的作用。

消费文化的作用，首先在于能促进人的发展，能提高人的整体素质，能移风易俗，提高整个社会的文明程度。江泽民同志指出：用科学的理论武装人，用正确的舆论引导人，用高尚的精神塑造人，用优秀的作品鼓舞人。这正体现了高层次的消费文化的巨大作用。其作用的落脚点在人，促进人的政治思想素质和科学文化素质的提高，促进人的全面发展。

消费文化的作用还在于：通过消费中文化含量的提高，提高人的素质，提高生产力水平和消费力水平，从而大大促进社会经济的发展。近年来，亚太地区经济的崛起，特别是东亚经济的腾飞，在很大程度上得力于文化的高度发展。

充分发挥消费文化的作用，促进人的发展和社会经济的发展，促进两个文明建设，正体现经济文化一体化的大趋势。

长期以来，人们对各种文化，包括茶文化、酒文化、服饰文化、居室文化等进行了一些研究。我国近十多年来，对消费经济也有些研究，并创立了消费经济这门新学科，但对文化与消费相结合的消费文化问题，还很少有人进行深入的研究，没有从经济文化一体化的高度进行综合的研究，揭示消费文化的发展趋势和内在规律。这是我们今后一项重要的任务。

三、如何用文化标准来审视人们的消费生活

商品经济的发展，使人们的收入水平不断提高，消费生活逐渐丰富多彩，出现很多健康向上、充满文化色彩的内容，但也出现一些不健康、不文明的东西，甚至出现一些“文化垃圾”。有的人甚至把“垃圾”作为珍宝，抱住不放；有些人颓丧消沉，大搞“灰色消费”；有的人挥霍浪费，大搞“白色消费”；有的人荒淫无耻，大搞“黄色消费”；有的甚至腐化堕落，误入歧途；有的讲排场，比阔气，大吹奢侈之风，败坏社会风气。所有这些，都反映出科学文化素质和政治思想素质低，从而出现“非文

化”“反文化”的现象。因此，我们必须用文化的标准来审视人们的消费生活，才能判定消费质量的高低。有人提出，一个国家社会发展、社会文明的水平，除了用“人均国民生产总值”这个指标外，还应该用“人均科学文化水平”这个指标。这个意见是可取的。我认为，要从根本上解决这问题，必须在价值观的深层次上下功夫，不要头痛医头，脚痛医脚。西方享乐主义，不仅把人变成“残缺不全”的人，变成了“单面人”，而且败坏了社会风气，甚至造成社会危机。美国著名经济学家加尔布雷斯谈到美国的情况时曾经指出：“目前的危机不是经济危机，而是人的道德和精神上的危机。”我们虽然还没有出现这种严重情况，但很值得我们警惕！

在两种经济体制转换的过程中，新旧价值观念也会出现矛盾和摩擦，我们要以有利于人的发展，有利于社会经济的发展，有利于社会文明为目标，以文化作标准，坚持科学社会主义的价值观、消费观，使人们真正认识到：什么样的消费行为是有意义的、有价值的，是文明健康的，是值得追求的；什么样的消费行为是没意义的、没有价值的，是不文明不健康的，是不值得追求的。真正从思想上、行动上划清一些界限。我们主张个人物质利益，但不能搞经济利己主义和极端个人主义；我们主张享受，包括物质享受和精神享受，但不能搞享受至上，不能纵欲，更不能掠夺他人财富或挥霍公款进行享乐；我们主张谋取利润，计较金钱，但不能搞金钱至上，不能唯利是图，不能以钱开路，把人与人的关系变成赤裸裸的金钱关系。要在价值观的深层次上端正方向，不断提高消费生活中的文化含量，充分发挥消费文化的作用。

四、消费文化学的主要任务与主要内容

为了发挥文化在人的发展、社会经济发展和社会进步中的作用，我曾多次提出要重视消费文化，要深入研究消费文化，应该建立一门新学科：消费文化学。

消费文化学应该包括哪些主要内容？在哪些方面着重进行研究？例如：

（一）关于消费文化学的研究对象。消费文化学研究消费领域的文化

现象，揭示消费文化的发展趋势和内在规律。如前所述，在消费领域，除了精美的物质消费品，特别是高雅的精神文化产品中蕴藏着各种文化外，优美的消费环境和人们文明健康的消费生活也体现着文化。我们就要从总体上研究这些文化现象的发展变化及其内在规律。为了弄清这些问题，必须研究消费文化的内涵，给它以科学的界定，反对滥用消费文化，到处贴上“文化”标签的现象。

（二）关于消费文化的指导思想。江泽民同志在庆祝中国共产党成立七十周年大会上的讲话中早就指出有中国特色的社会主义文化的基本要求：“有中国特色社会主义的文化，必须以马克思列宁主义、毛泽东思想为指导，不能搞指导思想的多元化；必须坚持为人民服务、为社会主义服务的方向和‘百花齐放、百家争鸣’的方针，繁荣和发展社会主义文化，不允许毒害人民、污染社会和反社会主义的东西泛滥；必须继承发扬民族优秀传统文化而又充分体现社会主义时代精神，立足本国而又充分吸收世界文化优秀成果，不允许搞民族虚无主义和全盘西化。我们应该牢牢把握有中国特色社会主义文化的这些基本要求，极大地提高全民族的思想道德和科学文化素质，促进社会主义物质文明和精神文明的发展。”这也是研究消费文化的总的指导思想，是贯穿消费文化学学科体系的一条主线。

（三）关于消费文化的功能。不仅要研究消费文化对人的发展的作用，而且要研究消费文化与经济社会发展的关系，揭示经济社会发展变化的深层动因。文化是人们消费活动乃至整个经济活动的灵魂，我们要站在经济文化一体化的高度，以文化为武器，来审视、指导各项消费活动，从而促进人的发展与社会经济发展之间的良性循环，实现社会主义物质文明与社会主义精神文明之间的相互促进。

（四）关于消费文化的内部结构。人们的消费结构，可分为物质消费和精神消费。消费文化也可以分为反映物质消费的文化和反映精神消费的文化。精神文化一般属于较高层次，是人类文化的核心，反映人类文化的本质。健康的精神文化，能培养人们高尚的品德、高雅的情操，能提高人的思想境界，提高人的整体素质，对人的发展、对社会进步关系极大。在人们的消费结构中，一般趋势是生存资料的比重逐步降低，享受资料、发展资料的比重逐步提高，而享受资料、发展资料的消费主要属于精神文化消费。因此，随着人们消费结构的变化，消费文化的结构也在发生变化，反映精神消费的文化，比重将不断上升，这正反映消费层次、消费质量的提高，也正反映消费文化的层次和质量的提高。

（五）关于消费文化的发展趋势。在市场经济下，随着社会经济的发展和人们消费水平的提高，人们的消费生活将呈现一些新的趋势：一是智能化。现代科学技术迅猛发展，并不断渗透于消费领域，如各种电气设备、电脑以及生物工程、新型材料等，使人们消费生活发生巨大的变化。因此，生产领域要求智能化，消费领域也要求智能化，否则就难以享受现代科学技术的丰硕成果。消费呈现智能化，反映消费生活的消费文化，也该反映现代消费智能化的趋势。二是艺术化。随着人们的发展消费和享受消费比重的提高，人们越来越重视艺术的享受、美的享受、精神上的享受。在一些发达国家，艺术已成为一种重要的新兴产业，艺术中渗透着丰富的文化。消费呈现艺术化，反映消费生活的消费文化，也必然反映现代消费艺术化的趋势。三是健美化。无论在吃、穿、用、住、行等各个方面，人们要求美观、新颖、舒适，要求有益于人的身心健康和全面发展。健美化是人们消费生活发展的客观要求和必然趋势。因此，反映消费生活的消费文化，也必然要反映现代消费健美化的趋势。四是世界化。在各个国家之间、各个地区之间，物质产品不断交流，精神文化产品也不断交流，人们不仅能享受世界各地物质技术的丰硕成果，而且能享受世界各地精神文化的丰硕成果。消费呈现世界化，反映消费生活的消费文化，也必然反映现代消费世界化的趋势。我们要研究这些新趋势，研究如何及时调整产业结构，以适应消费新潮、文化新潮的到来。

（六）关于提高消费中的文化含量。消费质量的高低，消费对人的发展、对社会经济发展作用的大小，取决于文化含量的高低。提高消费中的文化含量，是研究消费文化的关键问题。提高消费中的文化含量，除了从根本上端正价值观念外，重要的问题在于提高消费品，特别是精神文化产品的质量。现在，伪劣假冒商品充斥市场，精神文化产品也不例外。伪劣假冒的精神文化产品，毒害人的思想、灵魂，败坏社会风气，危害极大。

这就要采取三种手段：一是经济手段。在投资、价格、收入分配等各个方面，采取必要的政策倾斜，鼓励那些高层次、高质量的消费品，特别是精神文化产品的生产和消费，限制那些劣质的消费品，特别是低级庸俗的精神文化产品的生产和消费。二是行政手段。对消费市场，包括对文化市场，要加强市场管理，对沉渣泛起的“文化垃圾”，要坚决予以扫除；对那些混乱无序、唯利是图的文化市场，要切实加以整顿；对营利性的文化产业、文化场所，要加以引导，择优扶持。对娱乐文化，也要使其由单纯娱乐型逐步进入发展型，提高层次和质量。总之，要加强行政管理，净化消费市场。三是法制手段。除了应完善消费市场的各种法规外，要真正做到有法必依、执法必严、违法必究。通过法制这个重要手段，促进消费市场的有序化、规范化。

提高消费中的文化含量，关键在于提高人的素质，提高人的科学文化素质、政治思想素质。只有人的素质提高了，才能生产出高文化、高质量的产品；也只有人的素质提高了，才能消费高文化、高质量的产品。因此，必须加速发展文化教育事业，提高人的整体素质。

（七）关于消费领域的文化资源的开发利用。消费领域有不少文化资源，有些还没有开发利用。例如，旅游资源是很重要的文化资源。我们的旅游资源很丰富，不仅有很多名山大川、名胜古迹，也有很多人文景观，但我们还停留在一般游山玩水的初级享受上，还很少利用丰富的旅游资源，把民情乡俗、风土人情等“人文景观”引进来，增加文化含量，丰富旅游内容。除了物质文化资源外，我们还有很多精神文化资源，还没有好好开发。因此，要全面规划，增加投资，开发那些具有文化色彩的新领域、新产品，使文化资源的配置合理化。

（八）如何建立具有中国特色的高层次的消费文化体系？研究消费文化的最终目的，在于建立具有中国特色的高层次的消费文化体系。这就要研究：在消费文化方面，什么是“中国特色”？什么是消费文化的目标模式？什么是中国消费文化的优良传统？如何发扬中国消费文化的优良传统？西方消费文化中，哪些是精华，对我有用的；哪些是糟粕，不可取的，应该抵制的？如何合理吸收西方消费文化的精华，为我所用？所有这些问题，都是值得深入研究的。

消费文化学的主要任务，是站在经济文化一体化的高度，在揭示消费文化的发展趋势和内在规律的基础上，研究如何充分发挥消费生活中文化因素的作用，提高消费的文化含量，从而促进人的全面发展和社会的全面进步，促进两个文明建设，促进社会主义市场经济的健康发展。

原载《南方经济》1995 年第 8 期

提倡健康向上的消费文化

文化是社会历史发展过程中人们所创造的物质财富和精神财富的总和，是社会文明、社会进步的内在本质。文化产生于人们的需要，特别是消费需要。不论是物质需要还是精神需要，主要是消费需要，它的产生、发展以及消费需要的满足，都体现一种文化，都体现了文化的发展。

一、要充分发挥消费文化的作用

消费文化除了具有一般的文化功能之外，还具有巨大的经济功能和社会功能。

消费文化的经济功能不仅在于通过“文化搭桥、经济唱戏”来增加经济收入；不仅在于通过改善文化环境、吸引投资，来提高经济效益；也不仅在于文化渗透于经济领域和经济生活之中，增加消费品和消费生活的“文化味儿”，提高商品的文化品位。消费文化的经济功能更主要的在于：通过消费，通过提高消费中的“文化含量”，提高消费层次和质量，调动人的积极性，开拓、发展人的智慧和能力，促进人的整体素质的提高，从而提高社会生产力水平。

消费文化的社会功能在于：通过消费，通过提高消费中的文化含量，培养人们高尚的品德、高雅的情操、高层次的精神境界。人的素质提高了，就能移风易俗，树立良好的社会风俗，提高整个社会的文明程度，发扬社会主义精神文明。

二、消费中要提高文化含量

人们的消费目的，不仅为了生存，而且为了享受和发展，为了人的真正幸福。什么是享受？什么是发展？什么是人的真正幸福？如何才能实现真正的享受、发展和幸福？这就必须用文化的标准来衡量，无论是在消费品中、在精神文化产品中，还是在人们的消费生活中，文化含量越高，消费层次、消费质量也就越高，这样才算是高层次的真正的发展、享受和幸福。

日本学者松田义幸把消费者的欲望结构分为三个层次：生存欲望、对物质拥有的欲望、自我实现的欲望。这里说的最高层次的需要或欲望“自我实现”，都体现为一种高品位、高格调的文化，反映较高的“文化性”和“文化含量”。高层次的消费，必须有高层次的文化，必须不断提高消费中的文化含量。精神文化是人类文化的本质和核心，在消费生活中，必须重视精神文化消费，提高精神文化消费在消费结构中的比重。

要提高消费中的文化含量，还必须提高消费品，特别是精神文化产品的质量。现在，假冒伪劣商品充斥市场，精神文化产品也有伪劣假冒，也有低级庸俗的东西，甚至有“文化垃圾”，必须加以扫除。要采取有效措施，运用各种经济手段，鼓励那些高雅的、文化含量高的消费品，特别是精神文化产品的生产和消费，限制那些劣质的消费品，特别是庸俗腐朽的精神文化产品的生产和消费。要加强对消费市场，特别是精神文化产品市场的管理，净化市场，净化消费环境。

要提高消费中文化的含量，关键在于提高人的政治思想素质、科学文化水平和艺术修养，提高人的整体素质。要提高消费中的文化含量，最重要的问题在于端正价值导向，真正用科学社会主义的价值观、消费观来指导各项消费活动，真正认识提高“文化含量”在消费生活中的意义和作用，自觉地树立文明健康的生活方式。

三、对消费文化要谨防假冒

文化本来是一种社会现象，具有广泛的社会性。特别是消费文化，有两个重要特点：一是它接触面极广。人人都是消费者，人人每天每时都要进行消费，都与消费文化有关。二是它的影响极大。消费文化能直接影响人的思想、品德以及整个精神世界。如前所述，消费文化的品位、层次和质量，对人的成长、发展，对社会文明、社会进步，关系极大。正因为消费文化有这两个特点，就决定了消费文化必须特别强调质量，谨防假冒，以防止负作用甚至腐蚀作用。

现在，在消费领域已出现了到处贴“文化”标签的现象。为了牟利，美其名曰某种文化，实际上是贩卖各种“垃圾”。有的把一些低级庸俗的“黄色消费”称之为“性文化”；有的把铺张浪费，甚至崇尚封建迷信的“白色消费”称之为“婚丧文化”；有的把纸醉金迷的“灰色消费”称之为“处世文化”；有的把上万元一件的时装、上千元一瓶的进口香水、几百元一盒的进口巧克力等“洋消费”，称之为“时尚文化”或“现代文化”。因此，必须划清“文化”与“非文化”甚至“反文化”的界限，划清真正的文化与“文化垃圾”的界限，像我们前面所说的：必须为消费文化正名。

有人在论述消费文化时提出：“所谓消费文化，或者如一些人所称之为消费主义文化，是一种以推销商品为动力，无形中使现代化社会的普遍大众都被普遍裹挟进去的消费至上的生活方式与价值观念……”消费文化就是“消费至上的生活方式与价值观念”吗？就是消费主义吗？西方国家曾经有段时期流行着普遍追求炫耀性、奢侈性和新奇性的消费，追求无节制的物质享受和消遣，以求得到个人的自我满足，并以此作为生活的目的和人生价值的风气和行为，人们称之为“消费主义”。这和我们所讲的“消费文化”完全是两码事，甚至可以说是相反的东西。那种重视物质消费、轻视精神文化消费，重视个人的目前享乐、忽视人的精神价值和人的发展，那种“消费至上”（应该说是“享乐至上”）的生活方式与价值观念，能说是消费文化吗？对此我们要旗帜鲜明地反对。

原载《经济日报》1995年7月10日

关于消费文化的几点思考

一、消费文化与“消费主义”

1995年4月3日《人民日报》刊发了黄平同志《面对消费文化，要多一份清醒》一文，对消费文化下了个定义：“所谓消费文化，或者如一些人所称的消费主义文化，是一种以推销商品为动力、无形中使现代社会的普通大众都被相继裹挟进去的消费至上的生活方式与价值观念。”人们不禁要问：消费文化就是“消费主义”吗？消费文化就是“消费至上的生活方式与价值观念”吗？到底什么是消费文化？这是必须弄清楚的问题。

为了说明什么是消费文化，首先要说明什么是文化。英国人类学之父泰勒（E. B. Tylon）在其《原始文化》一书中说：“文化是一个复杂的整体，包括知识、信仰、艺术、道德、法律、风俗以及人类在社会里所得一切的能力和习惯。”我国一些辞典和一些报刊文章中，一般认为：广义的文化即社会文化，是指人类社会历史实践过程中所创造的物质财富和精神财富的总和，是人类一切创造性活动及其成果的结晶，是社会文明的内在本质。著名经济学家于光远在为安应民同志主编的《文化经济学》一书所作的“序”中指出：“文化是人类劳动的创造物，但并不是一切创造物都可称得上是文化。能够一代一代地传下去，是人类劳动创造物能够成为文化的规定性。”“有些社会意识形态，如迷信，不是文化发展的产物，而是文化的对立物愚昧野蛮的产物。”（见该书第2页，中国经济出版社1994

年版）

消费文化是一种极重要的文化。在人们的消费生活中，有丰富的文化。优美的自然环境、人文环境、人们精心创造的实物消费品和精神文化产品，以及人们富有创造性的有利于人的身心健康的消费行为，都反映一种消费文化。特别是高层次的精神文化产品及其消费，能培养人们高尚的品德、高雅的情操、高层次的精神境界，像马克思所说的，放射出“崇高的精神之光”，促进人的身心健康和全面发展。人的素质提高了，文明生产，文明经商，文明消费，就能够移风易俗，树立良好的社会风尚，促进社会文明和社会进步；人的素质提高了，不仅提高了消费力，也能更好地调动人的积极性，开拓、发展人的智慧和能力，从而提高生产力水平，促进社会经济的发展。可见，消费文化除了具有一般文化功能外，还有巨大的社会功能和经济功能。

这里还必须弄清什么是“消费主义”的问题。在西方发达国家里，曾经有段时期，流行着普遍追求炫耀性、奢侈性和新奇性的消费，追求无节制的物质享受和消遣，以此求得个人的自我满足，并以此作为生活目的和人生价值。这种消费观念、风气和行为，人们称之为“消费主义”。这种“主义”，重视物质消费，轻视精神文化消费，重视个人的目前享乐，忽视人的精神价值和人的发展。这也就是黄平同志文中所说的“消费至上的生活方式与价值观念”，“西方文化中最浅层的享乐哲学”。现在，在我们的现实生活中，在某些人的身上也出现了“消费至上”“享乐第一”的情况。有的追求“豪华”“阔气”“派头”，追求“皇家气派”“贵族享受”；有的买了几百元一瓶的“洋香水”，喝几千元一瓶的“洋酒”，穿上万元一套的“洋服”，而大肆吹嘘；有的花三十万元办一桌酒席、花二十万元买一条哈巴狗，而自鸣得意。所有这些，是一种文化行为吗？反映消费文化吗？这些决不能说是“文化”，决不能说反映一种“消费文化”。这些行为，不利于社会文明、社会进步，不利于促进两个文明建设。“消费主义”决不是我们这里讲的消费文化，决不能混为一谈。我们要弘扬消费文化，反对消费主义。

二、消费文化与“文化垃圾”

在我们的消费领域，有不少高层次、高文化的东西，但也有无文化，甚至反文化的东西，也有“文化垃圾”。这些“文化垃圾”，以前在一些西方国家中出现过，现在的一些西方国家中也还存在着。但这些“文化垃圾”，决不是我们这里所说的消费文化，不能把垃圾捡起来作为“文化”，称之为“消费文化”。

在美国，在20世纪五六十年代，出现过“嬉皮士”（Hippies）现象。“嬉皮士”的精神核心是“干你自己的事，逃离社会去幻游”。他们希望过着无拘无束、放荡自由的生活，以达到“文化超越”的理想。他们甚至脱离各自的家庭组织了“群居村”，搞“大家庭”，实行财产、子女乃至性爱的公有制。蜕化的结果，“嬉皮士”成为暴力和色情的代名词。他们确实“超越”了文化，而成为一股反文化的逆流。美国还出现过“麦当娜现象”。那位以作风大胆、新潮性感闻名于世的美国女歌星麦当娜，“性”趣盎然，大写《性》书，时代华纳公司居然预付500万美元出版她的《性》书，但久而久之，终于为大多数人所唾弃。美国一些大城市，还存在着“田德隆区”（Fenderlion），还有“腐败的欢乐街”，在那里大搞裸体舞、脱衣舞，甚至进行性行为表演，人欲横流，诲淫诲盗，够得上“腐朽生活”。这种“嬉皮士现象”“麦当娜现象”以及“田德隆生活”，总不能说是一种“文化”，总不能说反映“消费文化”吧？这些“文化垃圾”，总不能作为我们“借鉴”“吸收”的东西吧！

我国当前消费领域有不少健康向上的东西，给人以鼓舞和力量，但也有些不文明、不健康的东西，出现“文化垃圾”。有的人用公款请客送礼，大肆挥霍；有的大搞封建迷信，愿意花几万元、几十万元修一座坟，甚至人还活着，坟已修好；有的大搞“厚葬”，金银财富、高级衣料、服装，一应俱全，全部殉葬；有的大搞色情活动，前两年有些“三陪小姐”，发展到无所不陪，有的甚至厚颜无耻地说“只要有钱就行”，现在虽有所收敛，但还有些人暗中搞“无所不陪”；有的讲排场，比阔气，为了斗富，比烧钞票，一下烧掉4000元而哈哈大笑。诸如此类的现象，总不能说是一种“文化”行为吧？总不能说反映“消费文化”吧？我们的消费领域也存在“文化垃圾”！

现在还有种奇怪的现象：在消费领域已出现到处贴“文化”标签的现象。为了牟利，美其名为某种文化，实际上是贩卖各种文化垃圾。有的把崇尚封建迷信的丧葬消费，称之为“丧葬文化”；把低级庸俗甚至大搞色情活动的东西称之为“性文化”；把纸醉金迷、大肆请客送礼的行为称之为“交际文化”；把盲目崇拜“洋”货，大肆挥霍浪费，大搞“洋消费”的行为称之为“时尚文化”。这些“文化垃圾”，不仅“俗而无文，劣而无化”，而且不断发出臭气，影响人的身心健康，败坏社会风气，阻碍社会进步、社会文明，必须加以扫除。

总之，“消费主义”和各种非文化、反文化的现象以及各种“文化垃圾”，都是我们所反对的，我们要为消费文化正名，要为消费文化定性！

三、消费文化与经济文化一体化

在当代，经济文化一体化是社会发展的大趋势。科学技术迅猛发展，物质财富不断涌流，但物质财富的增长，还不是人类幸福的最终的归结。经济只有同文化因素相结合，才能实现社会经济的发展与人的幸福相一致。因此，必须站在经济文化一体化的高度，从文化的角度去审视各种经济现象，才能掌握社会经济的发展规律；必须用“文化力”来引导、推动经济的发展，才能把市场经济纳入健康发展的轨道。

消费是社会再生产的重要环节，是经济领域极重要的组成部分。如前所述，消费领域有丰富的文化。消费是经济和文化的重要结合点，是物质文明和精神文明的重要的结合点，因此可以说，消费是经济文化一体化的重要载体。提高消费中的文化含量，提高消费的文明程度，提高消费层次和质量，正反映了经济文化一体化这个大趋势的客观要求。正因为这样，研究消费文化，研究消费文化的发展趋势和内在规律，研究如何提高消费文化的层次和质量，具有重大的理论意义和实践意义。

关键是提高消费文化的层次和质量。要做到这点，首先必须真正认识消费文化的本质和作用，真正认识消费文化对人的发展、社会经济的发展和社会文明、社会进步的巨大作用。要从经济文化一体化的高度，用科学社会主义的价值观、文化观、消费观来指导各种消费行为，划清文化和非文化、反文化的界限，划清文明消费和非文明消费、反文明消费的界限。《中共中央关于建立社会主义市场经济体制若干问题的决定》第 49 条指出："积极倡导在社会主义市场经济条件下坚持正确的人生观和文明健康的生活方式，加强社会公德和职业道德的建设，反对拜金主义、极端个人主义和腐朽的生活方式。"这是我们进行文明消费的指导思想，也是提高消费文化的层次和质量的重要前提。

提高消费文化的层次和质量，还必须改善消费结构，提高精神文化消费在消费结构中的比重。精神文化消费一般是较高层次的消费。精神文化消费比重提高了，就有利于提高消费中的文化含量，提高消费文化的层次和质量。我国近几年，精神文化消费在消费结构中的比重有所提高。1994 年，全国共有电影放映单位 11 万多个，艺术表演团体 2700 多个，电视中心台 700 多个。1994 年底，全国电视机拥有量已达 2.8 亿台，平均每百人拥有 24 台，电视人口覆盖率已达 80%以上，广播人口覆盖率达 76%。1994 年，每百人每天拥有报纸 4.8 份，每人每年拥有图书 5.5 册，杂志 2.2 份。但是，精神文化消费在消费结构中的比重还相当低，1994 年城市居民人均"娱乐教育文化服务"支出为 250 元，占消费支出的 8.8%；农村人均"文化教育娱乐用品及服务"支出为 76 元，占消费支出的 7.5%。而一些发达国家，精神文化消费在消费结构中的比重早在 20 世纪 80 年代就已达到 34%~37%。

现在，不仅精神文化消费在消费结构中的比重低，而且在地区之间发展很不平衡。以 1993 年为例，各地区农村居民家庭平均每人在文教、娱乐用品及服务方面的支出，全国为 58.38 元，其中：北京为 145.77 元，上海为 219.68 元，广东为 130.90 元，陕西为 39.61 元，宁夏为 39.60 元，黑龙江为 37.85 元，云南为 37.29 元，甘肃为 32.36 元，贵州为 27.08 元，青海为 19.19 元，西藏为 3.97 元，差距很大。1993 年，我国各地区城镇居民在娱乐教育文化服务方面的消费，全国城镇居民平均每人支出为 194.01 元，其中，北京为 286.51 元，上海为 301.04 元，广东为 347.10

元，贵州为150.51元，江西为141.0元，甘肃为144.81元，云南为150.51元，差距也较大。据1994年初全国文化厅局长会议透露，全国尚有91个县没有文化馆，264个县没有图书馆，3503个乡镇没有文化站。文化消费设施的短缺，影响精神文化消费的发展。此外，精神文化消费的内部结构也有些失衡。有的人重视娱乐性、消遣性消费，忽视智力性、发展性消费；有的人热衷于低层次的精神文化消费，忽视高层次的精神文化消费。这些都影响消费文化的层次和质量的提高。因此，必须扩大精神文化消费领域，开发精神文化资源，增加精神文化消费设施，特别要控制文化场所的“高价政策”，反对唯利是图的倾向，以提高精神文化消费的比重。

提高消费文化的层次和质量，还必须加强宏观调控和管理。要采取倾斜政策，运用投资、价格、税收等各种经济杠杆，鼓励高层次的精神文化产品的生产和消费，限制那些低层次的精神文化产品的生产和消费。要加强文化市场的管理，除采取经济手段外，还要采取行政手段和法律手段，真正做到有法必依、执法必严、违法必究，清除各种文化垃圾，净化文化市场。

提高消费文化的层次和质量，关键在于提高产品，特别是精神文化产品的质量。任何商品都要强调质量，反对伪劣假冒。精神文化产品，直接影响人的思想，影响整个精神世界，更要强调质量，反对伪劣假冒。而提高产品质量的关键在于提高人的素质，提高消费主体的素质。在当代，生产领域要求智能化，消费领域也要求智能化。新的科学技术不断渗透于消费领域，更要求消费主体智能化。消费者只有提高科学文化水平和艺术修养，才能享受现代科学技术和文化艺术的丰硕成果，才能提高消费文明程度，实现文明消费，促进人的全面发展。

总之，消费中文化含量提高了，消费文化的层次和质量提高了，不仅能促进人的发展，而且能促进社会经济的发展，促进社会文明和社会的全面进步，从而大大有利于实现经济文化一体化，这是我们当前一项极重要的任务。

四、加强对消费文化的研究

为了发挥消费文化在经济文化一体化发展过程中的作用，必须加强对消费文化的研究。近两年来，我曾经提出过，应该建立一门新学科——消费文化学，来加强对消费文化的研究。这里，有必要再作些说明。

哪些问题需要进行深入的研究呢？我认为，除要明确消费文化学研究的对象、任务和方法外，还应该对以下一些问题进行系统的研究：

要研究消费文化的功能。这就要把消费文化置于经济文化一体化的总运行中，并从文化的高度进行考察，研究社会主义市场经济下消费文化呈现哪些新特点？文化如何深入渗透于消费领域并指导整个消费生活？“文化力”对经济发展、人的发展的作用？“文化力”是否可以分为“物质文化力”和“精神文化力”？如何从“精神文化力”的作用来揭示人的发展和社会经济发展的深层动因？“精神文化力”对实现消费力与生产力之间的良性循环的作用？对经济文化一体化的作用？这些问题都需要结合社会主义市场经济发展的实际进行具体的分析。

要研究消费文化的内部结构。要深入分析影响消费文化结构的各种因素特别是经济因素，包括居民收入、价格、文化资源、文化基础设施以及有关经济政策等对消费文化的影响。研究如何运用有关政策和经济杠杆对消费品特别是精神文化产品的生产和消费进行宏观调控和引导。研究采取哪些具体措施来提高精神文化消费在消费结构中的比重，以提高消费中的文化含量。这也需要结合当前消费市场、文化市场的实际进行具体分析。

要研究科技革命对消费文化的影响。当代科学技术迅猛发展，并不断渗透于消费领域，使人们的消费生活发生重大的变化。随着信息技术革命的发展、电脑的逐步普及、计算机和多媒体技术的出现，特别是今后信息高速公路的出现，人们的消费内容、消费方式将发生根本性变革。这些变革必然反映到文化上，使消费文化也出现新的变化。这就要研究新技术革命对消费生活包括娱乐方式、相互交往方式到底有哪些具体影响，对消费文化有哪些重大作用，是否会出现某些“负面效应”，如何避免其副作用。高科技需要高文化，需要具有现代科学文化知识的合格的消费者。我们应该采取哪些有效措施从根本上提高消费者的素质，是一个关键性的问题。

要研究消费领域文化资源的开发和利用。消费领域有不少文化资源，有些还没有开发利用。例如，旅游资源中有很多重要的文化资源。有些国家之所以能吸引很多游客，主要在于其开发出了丰富的文化资源。西班牙之所以成为世界“旅游王国”，不仅在于美丽的海滩、蓝色的海水、金色的阳光，而且在于丰富多彩的古代和中世纪建筑、文物和艺术珍品；巴黎之所以成为旅游胜地，主要在于建筑、艺术、音乐、绘画这些文化艺术资源丰富，在于卢浮宫的六大美术馆、号称“文化工厂”的蓬皮杜国家艺术文化中心等人文景观。我国旅游资源很丰富，不仅有很多名山大川、名胜古迹，也有很多人文景观，但很多还没有好好开发和利用。开发这些文化资源，丰富旅游内容，是提高旅游效益的重要途径。诸如此类，开发那些具有文化色彩的新领域、新产品，使文化资源配置合理化，也是发展消费文化的一个重要方面。

要研究消费和消费文化的大众化问题。我国当前，在某些消费领域，特别是文化市场中，如夜总会、卡拉 OK 厅等，以牟利为目的，消费价格很高，使一般消费者望而止步。其他还有些消费活动，包括游览公园及某些参观活动，也要价过高，增加了消费者的负担。这些都不利于消费的大众化，不利于消费和消费文化的发展。我们提倡高雅艺术、高雅文化，提倡高层次的消费活动，但大众化并不就是低层次。大众化的消费中，也有不少高层次的东西。要在扩大消费领域、开发消费文化资源、提高消费层次的同时，加强对消费市场，特别是对文化市场价格的调控和管理，促进消费和消费文化的大众化。

要研究如何提高“全民文化意识”。有人在描述墨西哥的情况时，强调墨西哥的“全民文化意识”。把墨西哥人类学博物馆比喻为一部“完整的墨西哥历史”，“整个博物馆就像个大课堂”，“许多公园都颇有文化气息”，“公园常举行各类文化展览……人们可以受到文化的陶冶”。由于“全民文化意识”强，因而“只要一提墨西哥，一提国家、民族，无不感情激动，热血沸腾”。我国具有优秀的民族文化传统，如何通过消费生活，特别是精神文化消费，树立“全民文化”意识，这是发展消费文化的基础。

要研究如何建立具有中国特色的消费文化体系。要研究消费文化的发展趋势和目标模式，研究当代消费文化的特点和中国特色的具体表现，研究如何吸收中国消费文化的优良传统，研究如何合理吸收西方消费文化的精华，研究如何以人为中心、以人的发展为契机来建立具有中国特色的高层次的消费文化体系。

要研究如何推进国际文化合作。早在 1986 年 12 月 8 日联合国大会批准的《世界文化发展十年行动计划（1988—1997）》中，就强调“推动国际文化合作”。各个国家在文化方面，各有所长，各有特色，加强国际合作，使各国文化相互促进，取长补短，大大有利于世界文化的发展，有利于消费文化的提高，这也是我们今后的一项重要任务。

原载《消费经济》1995 年第 4 期

加强对消费文化的研究

消费不仅是一种经济关系，也是一种文化现象，且其内容是非常丰富的。在消费品中，蕴藏着各种各样的文化，如酒文化、茶文化、服饰文化、陶瓷文化等等。在精神文化等劳务产品中，更反映各种各样的文化。消费文化是消费领域中人们创造的物质财富和精神财富的总和，是人们在消费方面创造性活动的表现，是人们各种合理消费实践活动的升华和结晶。近年来，在我们的消费领域，有不少健康向上的东西，反映了时代风貌，但也有些不健康、不文明，甚至庸俗落后的东西，如有的热衷于“黄色消费”，有的醉心于“白色消费”“灰色消费”；有的人对这些现象，不以为耻，反以为荣，甚至加上“文化”的美名；有的把某些“黄色消费”称之为“性文化”，把某些“白色消费”称之为“丧葬文化”，把某些“灰色消费”称之为“处世文化”，等等。这不仅滥用了“文化”，滥用了消费文化的美名，而且玷辱了文化，玷辱了消费文化，因而有必要为消费文化正名。

基于消费文化的重要性，基于消费文化对社会经济发展、社会进步和人类发展的巨大作用，我们认为，应该建立一门新学科——消费文化学，以加强对消费文化的研究。

消费文化学是介于消费经济学和文化学之间的一门交叉学科。它应该研究消费中的各种文化现象，研究如何提高消费中的文化含量，研究消费文化的形成、变化及其发展规律。它的主要内容至少应该包括以下一些问题：

关于消费文化的内涵。在明确什么是文化、什么是“非文化”“反文化”的基础上，明确什么是消费文化，什么不是消费文化，以排除那些随意归类于消费文化的情况。给消费文化的内涵予以科学的界定。

关于消费文化的特点。消费是人们接触最广的一种经济行为或经济关系。人人都是消费者，人人都要消费，人人都与消费文化有关。只要他的消费不是无文化、低文化、反文化的，就会反映一种消费文化；另一方面，它又与人们的切身利益，与人们的生活直接相关，因而消费文化具有相当的广泛性。

关于消费文化的功能。消费文化除了有着文化的一般功能外，还有很大的经济功能和社会功能。由于它把文化直接渗透于经济领域和经济生活中，成为发展经济的内在因素。在消费品（包括劳务产品）、消费环境和人们的消费生活中，增加“文化含量”，就能大大促进经济的发展。特别是通过消费中精神文化含量的提高，提高了劳动力素质，从而也促进了生产的发展，以至促进社会文明的发展和社会进步。

关于消费文化的内部结构。消费有物质消费和精神文化消费之别，消费文化也可以分为反映物质消费的文化和反映精神消费的文化。从消费的发展趋势来说，物质消费的比重将逐步下降，精神消费比重将逐步上升，这反映了消费层次、消费质量的提高。反映消费品和消费生活的消费文化，其内部结构的变化也应该如此。

关于消费文化的发展趋势。由于科学技术迅猛发展，并不断渗透于消费领域，生产和消费要求智能化，因而反映消费品和消费生活的消费文化，也应该反映现代消费智能化的趋势。由于人们消费水平的提高，发展需要、享受需要在消费结构中的比重不断提高，人们越来越追求美的享受、艺术的享受，而反映消费品和消费生活的消费文化，也应反映现代消费健美化和艺术化的趋势。国与国、地区与地区之间，不仅科学技术相互交流，消费品相互交流，同时文化、艺术也相互交流，人们不仅能享受世界各国的物质文明的丰硕成果，同时也能享受世界各国的精神文化的丰硕成果。此外，反映消费品和消费生活的消费文化，也应该反映现代消费世界化、国际化的趋势。

原载《光明日报》1995年4月30日

消费文化与“消费主义”

消费文化与“消费主义”，是两个完全不同的概念，甚至是相反的东西，但现在往往有人把它们混为一谈。区别消费文化与“消费主义”，牵涉到价值导向和一些重大方针、政策问题，牵涉到什么是消费文化，以及如何发展消费文化的作用问题，牵涉到我们应该主张什么，应该反对什么的问题。弄清这些问题，对于社会主义精神文明建设，具有重要的理论意义和实践意义，因而有讨论的必要。

一、消费文化与“消费主义”的根本区别

要弄清什么是消费文化，先要明确什么是文化。文化是人类社会一切创造性活动的结晶和升华，是社会文明的内在本质。美国著名社会学家伯格和费德瑞柯指出：“文化是价值、知识和物质客体的贮存器，是世世代代积累和保持下来的一个群体。”[①] 但是，不能把人类劳动的一切创造物都称之为“文化”，只有对人类社会发展起着进步作用，并能够一代一代传下去的劳动创造物，才可能称之为文化。

消费是社会再生产的重要环节，是人们的经济活动的重要领域，是社会生活的重要方面。消费生活中有各种文化，无论是优美的消费品或优秀的精神文化产品，无论是优美的消费环境或高雅的消费行为，都体现为各

① 《人类行为》，中国社会科学院出版社 1993 年版，第 47 页。

种文化。按恩格斯的说法，人的消费需要是有层次的：一是生存，二是享受，三是发展和表现自己。随着社会经济的发展，消费需要的层次不断上升，享受、发展和表现自己的需要不断得到满足，使享受资料、发展资料在消费结构中的比重不断上升，这就更反映消费中的文化含量不断提高，反映消费层次和消费质量不断提高，也反映了消费文化的作用不断扩大。

因此，我们认为，消费文化是整个社会文化的一个重要组成部分。消费文化不仅具有一般的文化功能，而且具有重大的社会功能和经济功能。通过高层次的消费，特别是精神文化消费，像马克思说的，它能放射出“崇高的精神之光”，即能培养人们高尚的品德、高雅的情操、高层次的精神境界，能提高人的整体素质，提高整个社会的文明程度，发扬社会主义的两个文明。由于人的素质提高了，不仅通过消费需要的满足调动了积极性，而且开拓、发展人的智慧和能力，直接提高了生产力水平，促进社会经济的发展，促进市场的繁荣，使消费文化的经济功能得以充分的发挥。由此可见，我们所倡导的消费文化，对人的全面发展，对社会经济的发展，对社会文明和社会进步，起着巨大的作用。

所谓“消费主义”，是在西方国家曾经流行过的一种消费观念、消费思潮，极力追求炫耀性、奢侈性消费，追求无节制的物质享受和消遣，并以此作为生活的目的和人生价值。重视物质消费，轻视精神文化消费，重视目前享乐，忽视精神价值和人的发展。这种消费至上的生活方式与价值观念，是一种非文化甚至反文化的表现，决不能称之为“文化”。它不能体现消费文化，而只是对消费文化的渎辱，当然是我们不能提倡的。

美国在20世纪60年代曾出现过所谓“嬉皮士”，就是消费观念走向极端的表现。他们崇尚极端放任和自由的消费行为和生活方式，“个人价值至高无上”，“人生享乐第一”，他们甚至脱离各自的家庭组织“群居村”，实行财产、子女和性爱的“公有制”。后来变本加厉，“嬉皮士”成为西方暴力和色情的代名词，对社会文明、对社会文化产生极坏的影响。西方“消费主义”以及后来的“享乐至上主义”和“嬉皮士现象”，不仅把人变成“残缺不全的人”，而且败坏了社会风气，甚至导致各种犯罪，出现社会危机。针对美国的情况，美国著名经济学家加尔布雷斯早就指出，目前不是经济危机，而是人的道德和精神上的危机。近年来，西方有识之士都认为，富裕并不等于幸福，单纯物质生活的满足，并不是真正的享受。他们针对“消费主义”“享乐至上主义”盛行的情况，大声疾呼：这些“物欲”和“人欲”将侵蚀社会机体，毁灭一代人。由此可见，“消费主义”是一种不健康、不文明的消费倾向，对社会文明、社会进步起着逆反的作用，和我们所说的消费文化是背道而驰的。

二、要弘扬消费文化，反对“消费主义”

现在，我国在消费领域有不少健康向上的东西，给人以鼓舞和力量。特别是在社会主义市场经济条件下，消费品丰富多彩，精神文化产品绚丽多姿，消费环境也不断改善。有些人不断增加智力投资，增加发展性消费；有的人向往高雅的消费，特别是高层次的精神文化消费（如学习、培训等）；有的人通过享受消费文化的优秀成果，促进了自身的发展和社会文明。所以，我们要弘扬消费文化，要充分发挥消费文化的作用。

但是，另一方面，在消费领域也出现了一些不健康、不文明的东西，享乐至上之风等有所抬头。有的沉迷于酒色财气；有的大搞封建迷信，求神问卦，或耗费金银财宝大肆殉葬等；有的大讲排场，大摆阔气，一挥万金，甚至挥霍公款，满足私欲。这些低级庸俗甚至腐朽堕落的消费行为，都是俗而无文、劣而无化，都是文化垃圾，是“消费主义”的流毒，决不是我们所讲的文化。但是，现在有的人却把这些“文化垃圾”贴上“文化”的标签，混淆了文化与非文化、反文化的界限。我们要为文化正名，要弘扬中华民族的优秀文化和美德，倡导健康的消费文化，抵制和反对“消费主义”及形形色色的“享乐主义”的消费行为。

三、要站在经济文化一体化的高度来引导消费文化

在社会主义市场经济下，经济和文化相互渗透，相互融合，相互促进。经济的发展为文化的繁荣创造条件，文化的繁荣引导并促进经济的发展。经济文化一体化，是当代社会发展的大趋势。

推动经济文化一体化的发展，在于重视文化在经济发展中的地位和作

用。在建设高度的社会主义物质文明的同时，使高度的社会主义精神文明与之俱兴。当代科学技术迅猛发展，物质财富不断涌流。经济发展只有同文化因素相结合，才能实现社会经济的发展与人的幸福相一致。

消费是重要的经济领域，是任何人一刻也不能脱离的生活领域，消费中又蕴藏着各种文化。可以说，消费是经济、文化的重要的结合点，是经济文化一体化的重要载体。这就更说明消费文化在社会经济文化发展中的作用了。通过消费，不断提高消费中的文化含量，使人们的消费需要不断得到满足，不仅促进人的发展，而且促进社会经济不断发展，形成生产与消费之间的良性循环，生产力与消费力之间的良性循环，实现社会主义物质文明和精神文明的协调发展。当代科学技术迅猛发展，并大量地渗透于消费领域，消费中的科技含量提高了，也就从一个侧面提高了消费中的文化含量。当代文化艺术丰富多彩，这就直接提高了消费中的文化含量，直接体现为消费文化。消费文化发展了，就有利于促进社会文明、社会进步，促进经济文化一体化。

要充分发挥消费文化的作用，关键之一在于提高精神文化消费在消费结构中的比重，改变重物质消费，轻精神文化消费，重娱乐性、消遣性消费，轻智力性、发展性消费的倾向，使高层次的精神文化消费占据主导地位，作为支配消费生活的重要力量，作为指导消费行为的锐利武器。

要充分发挥消费文化的作用，还必须提高消费品，特别是精神文化产品的质量。精神文化产品直接影响人的思想、精神面貌，对人的成长、发展，关系很大，因而特别要强调质量。

现在的问题是，有些精神文化产品质量不高，有些还很低劣。这就要采取有效措施，包括运用各种经济杠杆、法制手段和行政手段，鼓励那些高质量的精神文化产品的生产和消费，限制那些低劣的精神文化产品的生产和消费。要扫除文化垃圾，净化精神文化市场，努力创造与社会主义市场经济相适应的高层次的消费文化，提高社会的文明程度。

充分发挥消费文化的作用，至关重要的是要提高消费者的素质，提高消费力，特别是精神消费力。这就要从根本上提高消费者的科学文化素质，提高艺术修养，这样才能充分享受现代科学技术的丰硕成果，才能充分享受古今中外优秀的文化艺术成果。我们要在思想上充分认识到，提高消费力，特别是提高精神消费力，促进人的全面发展，是促进社会文明、社会进步，促进经济文化一体化的一个重要条件。

原载《人民日报》1996年8月24日

切实提高消费文化的质量

一、消费文化与社会主义精神文明

消费是社会再生产的重要环节，是人们的经济活动和社会生活的重要领域。消费不仅反映一种经济关系，也是一种文化现象。在消费领域，有各种各样的、丰富多彩的文化。质量好的、优美的消费品，高雅的、高质量的精神文化产品，都反映一种消费文化；人们进行各种类型的高品位、高层次的消费活动，也反映一种消费文化。特别是高层次的精神文化消费，像马克思所说的，向人们“放射出崇高的精神之光”，能培养人们高尚的品德、高雅的情操、高层次的精神境界，更是反映一种高层次的文化了。

消费文化是整个社会文化一个重要的组成部分。消费文化不仅具有一般的文化功能，而且具有强大的经济功能和社会功能。消费文化的经济功能，不仅在于把文化渗透于经济领域和经济生活中，增加物质产品和劳务产品的“文化味儿”，有利于开拓市场，促进经济的发展；更重要的在于通过消费，通过提高消费中的文化含量，提高劳动力素质，提高生产力水平，从而大大促进社会经济的发展。消费文化还有巨大的社会功能。消费文化，特别是精神文化，是人类文化的本质和核心，是文化的最高层次，不仅能培育人的道德、品质，启迪人的智能，提高人的整体素质，而且能培育优良的社会机体，移风易俗，促进社会文明和社会全面进步，促进两个文明建设。

从消费的发展趋势来说，随着社会经济的发展，人们的收入水平、消费水平不断提高，生存消费在消费结构中的比重不断降低，享受和发展消费在消费结构中的比重不断提高。而享受和发展消费，主要是精神文化消费。这样就使精神文化消费在消费结构中的比重必然提高。这就反映消费中的文化含量的提高，既反映消费质量的提高，也反映消费文化质量的提高，反映社会文明程度的提高，反映社会主义精神文明。

《中共中央关于加强社会主义精神文明建设若干重要问题的决议》中专列一节，提出"积极发展社会主义文化事业"的六项具体要求，其中有不少与消费文化有关。这就说明，消费文化与社会主义精神文明有极密切的联系。发扬高层次的消费文化，对于促进社会主义精神文明建设，具有重要的作用。我们必须从两个文明建设协调发展的高度来看消费文化，才能抓住问题的本质。

二、消费文化与"消费主义""文化垃圾"

讲消费文化，必须弘扬主旋律，明确什么是必须坚持的，什么是必须反对的。

文化是人类社会一切创造性活动的结晶和升华，是社会文明的内在本质。消费文化是人类消费领域里的创造性活动的结晶和升华。我们在前面已说过，它是促进人的全面发展、社会经济发展和社会文明、社会全面进步的重要动力。它和西方国家出现的"消费主义"，完全是两码事，甚至是相反的东西。"消费主义"是在西方国家曾经流行过的一种消费观念、消费思潮，极力追求炫耀性、奢侈性消费，追求无节制的物质享受和消遣，并以此作为生活的目的和人生价值。重视物质消费，轻视精神文化消费；重视目前享乐，忽视精神价值和人的发展。这种消费至上的生活方式与价值观念，是一种非文化甚至反文化的表现，它不能体现消费文化，而只是对消费文化的亵渎。因此，决不能像有些人那样把消费文化与"消费主义"混为一谈。关于这个问题，拙作《消费文化与消费主义》一文中已作了一些论述，提出要弘扬消费文化，反对"消费主义"。

这里还需要说明的是，不能把人类劳动的一切创造物都称之为“文化”。只有对人类社会发展起着进步作用，并能够一代一代传下去的劳动创造物，才可称之为文化。必须把消费文化和“文化垃圾”严格区别开来。现在有一种值得注意的现象：有的人为牟利，打着“文化”的幌子，贩卖非文化、无文化的东西，甚至贩卖“文化垃圾”。特别是消费领域，由于和每个人的生活直接相关，接触面极广，影响极大，因而有些人到处贴“文化标签”，美其名为某种“文化”。有的把崇尚封建迷信、大肆挥霍的丧葬消费，称之为“丧葬文化”；有的把大搞色情活动，甚至散布淫秽的东西，称之为“性文化”；有的把酒醉金迷、大肆请客送礼的铺张浪费的行为，称之为“交际文化”；有的把崇拜洋货、大搞“洋消费”的挥霍行为，称之为“时尚文化”……这些“俗而无文，劣而无化”的“文化垃圾”，都美之为“消费文化”，这不仅玷污了消费文化，而且影响人们的身心健康，败坏社会风气，败坏社会文化，败坏社会主义精神文明。因此，我们不仅要划清消费文化与“消费主义”的界限，还要划清消费文化与“文化垃圾”的界限，要为消费文化正名，反对伪劣假冒。要不断提高消费文化的质量，发挥消费文化在社会主义精神文明建设中的作用。

三、消费文化与“文化矛盾”

在西方发达国家，随着经济的发展，物质生活水平大大提高，但享乐主义不断滋长，以追求个人生理上和心理上的享受、追求感官快乐为人生的价值所在，有的人甚至人欲横流，物欲横流，精神堕落，道德沦丧。美国在20世纪50年代就出现“摇滚时代”；20世纪60年代出现“嬉皮士现象”。“嬉皮士”们崇尚极端放任和自由的生活方式，“个人价值至高无上”，“人生享乐第一”，荒淫无耻，甚至组织“群居村”。1970年，美国各地已有200多个“群居村”，成员约为4万多人。后来“嬉皮士”已成为暴力和色情的代名词。美国还出现过风靡一时的“麦当娜现象”，反映感官世界的扩张达到了高潮。美国著名经济学家丹尼尔·贝尔在《资本主义文化矛盾》一书中，深刻揭露了资本主义社会的“经济与文化危机”，“提倡享乐型生活方式，诱导人们去满足骄奢淫逸的欲望”，“已使文化日趋粗鄙无耻"，"这不仅突出体现了文化准则和社会结构准则的脱离，而且暴露出社会结构自身极其严重的矛盾"。这种"嬉皮士现象""麦当娜现象"，确实反映出深刻的"文化矛盾"。它侵蚀人们的灵魂，侵蚀社会机体，对人的发展、社会发展，对社会文明、社会进步造成严重的危害。

西方有识之士对这种情况早已深恶痛绝。美国著名经济学家加尔布雷斯谈到美国的情况时指出："现在不是经济危机，而是人的道德和精神上的危机。"日本学者小林实在《东亚产业圈》一书中引用了两位澳大利亚学者关于"儒教文化圈"的观点：注意避免可导致西化和个人主义的精神污染。精神污染被视同犯罪，因为它被认为可导致共同体的衰弱和对外部失去防备。美国学着 Anchie J. Bahm 认为，享乐主义是"猪猡哲学"，因为它抹煞了人类的精神超越，像猪一样只享受感官快乐。早在 1970 年美国总统尼克松在他的就职演说中就说过："我们发觉我们自己在物质方面很富裕，但在精神方面却很贫乏，非常精确地达到了月球，但在地球上却陷入了一片可怕的混乱中。"他直言不讳地认为出现了"精神危机"。西方不少学者大声疾呼：享乐主义以及拜金主义、极端个人主义，将毁灭社会的机体，毁灭一代人。

西方国家出现的"文化矛盾"，很值得我们深思。这些矛盾，主要表现在消费领域，表现为反文化的倾向，表现为消费文化的蜕化变质，但影响却波及整个社会，"关系到社会存亡"。这说明反对享乐主义、反对"消费主义"、弘扬消费文化、提高消费文化的质量、发扬社会主义精神文明的极端重要性。

我国近年来，社会经济、文化不断发展，社会进步、社会文明出现良好的态势。就消费领域来说，出现很多健康向上的东西，但同时也出现了一些不文明、不健康的东西，败坏了社会风气，有损于社会主义精神文明。近几年，在一部分人的生活中，不仅出现高消费，而且出现了享乐主义和奢侈之风。有的人重视物质消费，轻视精神文化消费，甚至吃喝至上，享乐第一，整天在酒醉金迷、如痴如仙的空虚中去寻找刺激，物欲恶性膨胀，乃至占满了部分人的心灵和生活空间，取代了文化的位置；有的人精神文化消费的内部结构严重失衡，重视娱乐性、消遣型消费，忽视知识性、发展性消费。

上面这些问题的出现，并不是社会主义市场经济的必然后果，而是市场体系不完善、市场机制不健全、市场法规未建立以及某些人的非理性行为，特别是某些人的唯利是图的资本主义思想和腐朽的生活方式造成的，但很值得我们注意。提高消费文化的质量，及早防止“文化矛盾”，是我们当前一项极其重要的任务。

四、如何提高消费文化的质量

要提高消费文化的质量，必须着重解决以下几个问题：

第一，要充分认识文化，特别是精神文化在消费生活中的作用，不断提高消费中的文化含量。这就要从根本上明确消费的目的、作用，要从根本上解决人的价值观、文化观、消费观的问题。《中共中央关于加强社会主义精神文明建设若干重要问题的决议》中指出：“……加强社会公德、职业道德、家庭美德建设，引导人们树立建设有中国特色社会主义的共同理想和正确的世界观、人生观、价值观。”要从经济文化一体化的高度，用科学社会主义的价值观、文化观、消费观来指导各种消费行为，划清文化和非文化、反文化的界限，划清文明消费和非文明、反文明消费的界限。我国当前正处在两种经济体制转换的过程中，社会结构正在发生巨大的变化。社会利益主体多元化，物质利益矛盾尖锐化，有些人往往容易出现一些非理性行为，正如《中共中央关于加强社会主义精神文明建设若干重要问题的决议》所指出的：“市场自身的弱点和消极方面也会反映到精神生活中来”，“资本主义腐朽的东西会乘机而入”。消费领域也会出现一些非理性消费行为，甚至出现反文化的消费行为。在这种情况下，更需要站在文化的高度，用社会道德、社会公平、社会文明加以规范，加以约束。改革的深化，社会经济的发展，呼唤着增强全民文化意识和文化自觉，呼唤着提高消费文化的质量，来提高人的素质，移风易俗，培养优良的社会机体，创造良好的社会文化环境，促进两个文明建设，促进经济文化一体化。这正是发展社会主义市场经济的客观要求。

第二，要提高消费品，特别是精神文化产品的质量。要像《中共中央关于加强社会主义精神文明建设若干重要问题的决议》中所指出的：“树立精品意识，实施精品战略。”近年来，有些学者把由文化、教育、社会道德风尚等构成的社会文化环境，称为“人文生态”。面对我国当前“人文生态”出现的污染，我们必须下最大决心，从根本上培育优美的社会机体。同时，对腐蚀社会机体的各种毒素、霉菌，要坚决扫除，“断源截流”，净化“人文生态”，净化社会文化环境。这就要净化市场，包括精神文化市场。要坚决打击市场上的违法行为，加大“扫黄打非”的力度，要真正做到有法必依，执法必严，违法必究。

这里，有一个很值得研究的问题：发展消费文化的目的是什么？如何提高消费文化的质量？如何通过提高消费文化的质量来促进经济文化一体化？这牵涉到经济文化一体化的一些重大问题。经济文化一体化是当代社会发展的大趋势。消费是经济文化一体化的重要结合点，消费文化是经济文化一体化的重要标志。如前所述，实现经济文化一体化，必须以文化为导向，培养优良的社会机体，来促进经济的发展和人的全面发展。在消费中，必须不断提高消费和消费文化的质量和层次，落实到人的素质全面提高，而不是什么“文化经济化”“文化产业化”。

有人认为：“文化经济一体化的总体特征就是文化经济化……和文化产业化”，“经济功能已成为文化的最基本的功能”，“越来越成为文化的主要特征”，并且“用文化产业在国民经济中的比重来衡量文化经济化程度”，把文化产业作为经济文化一体化的“结晶”，作为“最高层次和核心层次”。“文化产业化……是文化经济一体化的最终目的”，“也是文化经济一体化的最佳模式”。这就把经济文化一体化的出发点和落脚点都弄偏了。正因为片面强调“文化产业化”，因而“亿元歌星”“亿元球星”以及“创收千亿美元的新兴产业”，都成为“文化的主要特征”，“明星、巨星、红星、巨腕、大款、追星族，当这一切如潮水似水在我国经济文化生活中风行，像阳光、空气一样充满的时候，我们已亲身感受到了精神文明的迅猛增长和迅猛扩张”。人们不禁要问：这些“亿元球星”“亿元歌星”“创收千亿美元的新兴产业”，都反映高层次的文化吗？“明星、巨星、红星、巨腕、大款、追星族”，都反映高层次的文化吗？是“精神文明的迅速增长和迅速扩张”吗？都是“理念和理想的产物”吗？这是把经济文化一体化，把崇高的精神文化消费庸俗化了，把文化的崇高作用搞偏了，用“经济化”来代替一切。发展文化产业的主要目的，在于促进人的全面发展，促进社会文化的发展，促进社会文明、社会全面进步，促进社会主义精神文明；在于提高消费的社会效益，而不能片面讲求经济效益，强调什么“经济化”。如果文化都“经济化”了，还有什么文化可言？还怎么发挥文化对人的发展、对经济发展、对社会全面进步的作用？文化产业要发展，但不能什么文化产业都发展，必须坚持“弘扬主旋律”的原则，对文化产业必须加强引导，强调社会效益。邓小平同志指出：“思想文化教育卫生部门，都要以社会效益为一切活动的唯一准则，……思想文化界要多出好的精神产品，要坚决制止坏产品的生产、进口和流传。”① 近代西方文化商品化现象很严重，文化被看成具有单纯的商业价值，成为资本主义牟利的工具。这样必然出现很多低级庸俗的东西，失去文化的高尚作用，使文化走上反文化的道路。物质上的富有，带来精神上的赤贫，这些教训很值得我们吸取。

第三，要在开拓高层次精神文化领域的基础上，提高精神文化消费在消费结构中的比重。我们现在，精神文化消费领域还很狭窄，高层次的精神文化活动还不多见。这就需要开拓一些发展性、智力性的消费领域和消费活动，包括高层次的文化艺术场所和消费活动。精神文化消费，特别是高层次的精神文化消费比重提高了，就是提高了消费中的文化含量，提高了消费文化的层次和质量。我们现在，精神文化消费在消费结构中的比重还偏低。以城镇居民而言，1995 年平均每人消费性支出为 3637. 59 元，精神文化消费仅为 321. 712 元，占 8. 8%；农村居民 1995 年生活消费支出为 1310. 3 元，精神文化消费为 100. 89 元，占 7. 7%。另外，在城镇居民的消费支出中，文艺用品支出比书报杂志的支出高 5 倍到 8 倍；在农村居民的消费中，文化娱乐的支出也比书报杂志的支出高 4 倍至 6 倍。精神文化消费比重低，特别是发展性、智力性消费比重低，是消费水平低、消费质量

① 《邓小平文选》第 3 卷，第 145 页。

低的重要表现。除了政府应适当增加对精神文化的投入外，消费者也要在物质消费水平逐步提高的同时，不断增加发展性、智力性消费支出，提高精神文化消费在消费结构中的比重。这是开展群众性精神文明建设活动一个极重要的方面。

第四，增加消费文化设施，并提高其质量。近年来，我们很多城市乃至农村，一些消费性、娱乐性文化场所，如夜总会、卡拉 OK 厅等，发展很快，但发展性、智力性的精神文化设施，增加很少。联合国教科文组织规定图书馆与人口的比例为 1∶3000，而我国平均 44.35 万人才有一个图书馆，其他精神文化设施也很落后，有的甚至呈萎缩状态。《中共中央关于加强社会主义精神文明建设若干重要问题的决议》明确指出：对政府兴办的图书馆、博物馆、科技馆、文化馆、革命历史纪念馆等公益性事业单位，应给予经费保证。要积极培育和完善文化市场，大力扶持健康的文化产品，倡导适合广大群众消费水平的有益文化娱乐活动，更好地活跃和丰富文化生活。消费文化设施增加了，质量提高了，创造了良好的社会文化环境，对人的全面发展及社会、经济的发展，都有重要的作用。

第五，要提高消费者的素质。提高消费文化的质量，根本问题是提高消费者的素质，提高消费力，特别是精神消费力。马克思把生产力分为物质生产力和精神生产力。我在前几年，把消费力分为物质消费力和精神消费力，强调精神消费力的作用。当代科学技术、文化艺术迅猛发展，并渗透于消费领域，消费者必须有现代的科学文化知识和艺术修养，才能享受现代科学、文化艺术的丰硕成果。正如马克思所说，一个人“要多方面享受，他必须有享受能力。因此，他必须是具有高度文明的人”。[①] 提高消费者的素质，是提高消费质量、促进消费文化、促进社会全面进步的前提条件。江泽民同志指出：用科学的理论武装人，用正确的舆论引导人，用高尚的精神塑造人，用优秀的作品鼓舞人。这正体现了高层次社会文化的巨大作用，其作用的落脚点在人，在于促进人的政治思想素质和科学文化素质的提高，在于促进人的身心健康，促进人的全面发展。《中共中央关于

---

① 《马克思恩格斯全集》第 46 卷上册，人民出版社 1979 年版，第 392 页。

加强社会主义精神文明建设若干重要问题的决议》中，强调“提高全民族的思想道德素质和科学文化素质”，强调“加强思想道德建设，发展教育科学文化”，并把它作为精神文明建设的重要内容。这说明发展文化教育事业，提高人们素质的重要作用。《中共中央关于加强社会主义精神文明建设若干重要问题的决议》还指出：“要以提高市民素质和城市文明程度为目标，开展创造文明城市活动。”这些都是提高消费文化的质量、加强社会主义精神文明建设的基础工程。

原载《湖湘论坛》1997年第1期

消费经济学科建设

加强对消费经济的研究

《光明日报》编者的话

本刊今天发表的两篇文章，都是着重讲消费的。这是因为，在我们的社会主义建设中，曾有过只重视生产、不那么关心群众生活改善的情况，特别是“四人帮”横行时期，为了搞他们的普遍贫穷的社会主义，更是不管群众的死活，散布了不少谬论，探讨和研究“消费经济”也当然成了禁区。

如果我们认真读一读马克思主义政治经济学的著作，注意研究经济发展的客观规律，看看一些经济发展快的国家是怎样解决这个问题的，我们是怎样解决这个问题的，各有什么经验教训，就会发现，消费问题是一个很值得重视的科学研究题目，是必须打破的一个禁区，我国人口多，底子薄，建设又需要大量的资金，这是一个矛盾。我们既不能因为底子薄而忽视提高消费水平，又不能要求一下子提高很多，这就是应研究的课题。

生产、分配、交换、消费，是一个整体，是互相联系、互相制约的。生产是消费的前提，消费，则是再生产中的重要一环。做计划能不能正确地处理积累和消费的关系，对整个经济的繁荣兴旺，有极大的关系。重视消费，首先要重视生产，特别是要重视农业、轻工业的生产，真正贯彻执行以农、轻、重为序的发展国民经济的方针。重视消费，归根到底，就是要关心劳动群众的物质生活和文化生活，使劳动者从优越的社会主义制度中，不断得到这方面的满足，培育出一代比一代强（在体力和智力上，当然也包括思想觉悟上）的新人，这样才能创造出比资本主义更高的劳动生产率。

消费经济是经济学中一个重要组成部分。但是，长期以来，对消费经济的研究是很不够的，需要大大加强。哪些问题需要加强研究呢？

关于生产和消费的关系。在研究生产与消费时，要具体分析社会主义生产关系对消费的作用，分析不同生产关系下消费的不同性质。这要进一步从社会再生产的内在联系去考察生产对消费的决定作用，以及消费对生产的反作用。要具体分析：消费的扩大对进一步发展消费品生产的作用；消费品生产的发展对发展制造消费资料的生产资料的作用；消费构成的变化，新的生产部门不断出现，从而对生产发展的作用；劳动者消费水平的提高，劳动积极性的进一步发挥对提高劳动生产率与发展社会生产的作用。

关于消费水平问题。在资本主义下，劳动者的消费水平，取决于劳动力再生产费用。在社会主义下，劳动者的消费水平，就不以劳动力的再生产费用为限。消费水平取决于生产力水平。生产力越发达，创造的社会产品越多，可以用于消费的产品越多，消费水平也越高。实际消费水平，不仅取决于劳动者的货币收入，而且取决于消费资料价格的变化。因此，除了要研究劳动者的货币收入水平外，还要研究消费资料价格的变化对劳动者实际消费水平的影响。

如何决定最低消费水平，是一个值得研究的问题。恩格斯说：在社会主义社会，“通过有计划地利用和进一步发展现有的巨大生产力，在人人都必须劳动的条件下，生活资料、享受资料、发展和表现一切体力和智力所需的资料，都将同等地、愈益充分地交归社会全体成员支配”①。生存资料，是指生活必需品，如穿衣、吃饭等；享受资料，是指维持必要的生活需要外，还要生活得好一点，还要有所享受；发展资料是指除了物质上的享受外，还要发展才能。社会主义基本经济规律要求，生产的目的不仅要满足日益增长的物质生活的需要，也要满足日益增长的文化生活的需要。

---

① 《马克思恩格斯全集》第22卷，243页。

因而，在社会主义制度下，最低消费水平，除了包括必要的生活资料外，还应包括一定数量的享受资料和某些发展资料。随着生产力水平的不断提高，最低消费水平也会提高，享受资料和发展资料也会逐步增加。因此，需要研究：最低消费水平，除了包括必要的生活资料外，还应包括多少享受资料和发展资料。这需要根据当时的生产力水平来具体确定。

关于消费水平的提高速度。随着生产的不断发展，劳动者消费水平不断提高，是社会主义经济发展的必然趋势。但是，消费水平提高的速度，决定于多种因素。这就要研究：劳动生产率提高速度与平均消费水平提高速度的关系；在消费资料主要来自农业的情况下，消费水平的提高，应该考虑农业劳动生产率的提高速度；劳动生产率的提高，是提高消费水平的基础。不提高劳动生产率，不增加社会产品，消费水平的提高是根本不可能的。平均消费水平的提高速度，必须低于社会劳动生产率的提高速度。只有这样，才能增加剩余产品，增加积累，加速社会主义扩大再生产的进程。要研究人口增长速度对消费水平的影响；要研究积累与消费的比例关系对消费水平的影响。有的人认为，只有抑制消费，才能增加积累，发展生产。这是把积累和消费对立起来了。“高积累，低消费”的办法，并不能保证国民经济持久的高速度。相反，扩大消费，扩大消费市场，促进生产的发展，才能为增加积累创造条件。因此，研究如何使积累和消费最适当地结合，最有利于生产的发展和人民消费水平的提高，是一个极其重要的问题。

消费水平的提高以及积累与消费的比例关系，在很大程度上受社会生产两大部类的比例的制约。这是因为，积累的实物内容主要是第 I 部类的产品；消费的实物内容是第 II 部类的产品。因此，积累的增长必须和生产资料生产的增长相适应，消费的增长必须和消费品的生产相适应。这就说明，消费水平的提高速度，受第 II 部类生产发展速度所制约。第 II 部类生产增长不快时，消费水平就不可能很快提高。

关于消费构成的变化。人们对消费品的需要，不外吃、穿、用等方面。我们现在消费构成的次序是：吃、穿、用。一般劳动者的收入，大部分用于吃，相当一部分用于穿，较小部分用于用，这是我们消费水平低的一种表现。随着生产的发展，这种消费构成必然变化：用于吃的相对减少，用于穿的占第二位，用于其他方面的越来越多。如果用恩格斯所说的三种消费资料来说：生存资料在消费中所占的比重将逐步缩小，享受资料、发展资料所占的比重将逐步增大。这种消费构成的变化，是社会主义下消费水平提高的重要标志，反映了社会主义下消费构成变化的趋势和规律性，反映了社会主义基本经济规律的要求。

关于消费品生产的发展速度。劳动者消费水平的提高，不仅表现在货币收入上，更重要的是表现在分配给每个人的实际的消费资料上。因此，消费品生产的发展速度，是决定消费水平提高速度的物质保证。加速发展消费资料生产，必须加速发展农业。由于农业是生产消费资料的主要部门（目前在我国消费资料总额中，农产品和依靠农产品加工的工业品占 80%以上），农业发展了，就能直接提供大量的消费资料；农业发展了，就能为轻工业提供大量原料，促进轻工业的发展。因此，需要研究农业的发展规模和速度对于发展消费资料生产的作用。加速发展消费资料生产，还必须开辟轻工业新的原料来源，如增加重工业原料代替某些农产原料，适应消费构成的变化，生产数量多、质量好、花色品种齐全的各种各样的消费品，更好地满足城乡人民的需要，提高人民消费水平。

关于农产品的商品率问题。我国有八亿农业人口，需要消费大量的农产品。在农业劳动生产率还很低的情况下，农产品商品率也就很低。如何提高农产品的商品率，增加农产原料，对发展消费品工业关系极大，特别是在重工业还不能提供大量轻工业原料的情况下，提高农产品商品率，更具有重要意义。不仅如此，农产品的商品率提高了，农民的货币收入也就增加了，对工业品的需求也就增加了，也就有利于改变农民的消费构成，提高农民的消费水平。这就说明，需要研究如何提高农产品商品率，建立农产品商品基地，实行农业专业化和区域化，需要分别研究提高农产品商品率对于提高城市和农村人民消费水平的作用，还需要研究农业内部构成的变化趋势和规律性。要大力发展畜牧业、渔业以及经济作物。要使畜牧业、渔业的发展速度快于种植业的发展速度，这不仅有利于提高农产品商品率，而且也适应于提高城乡人民消费水平的要求。这是农业内部比例关系发展的必然趋势。

关于消费品的供求平衡问题。我们这里所讲的对消费品的需求，系指有支付能力的需求，不是“充分需求”；这里所讲的消费品的供应，系指投入市场的商品可供量。二者之间，还经常存在着矛盾，出现不平衡。这种不平衡不仅表现在供求总量上，而且表现在供求构成上，即在商品供应与需求的构成之间存在矛盾，往往有些产品供不应求，而另一些产品却供过于求。这样，即令是消费品总量平衡了，但实际上并未满足需要。因此，研究如何增加消费品的品种，不仅在总量上使供求平衡，也在构成上使供求平衡，这对于真正满足需要，提高人民消费水平，具有重要的意义。在分析消费品供求平衡、解决经常出现的供不应求的情况时，除研究如何提高消费品生产部门的劳动生产率外，还要分析如何压缩集团购买力，转移居民购买力（比如增加消费者的劳务消费支出），这也是使消费品供求平衡的重要方法。

关于社会消费问题。在社会主义制度下，人民消费水平的提高，不仅表现在个人消费品不断增长，而且表现在集体福利不断增加，社会消费不断增长。随着生产的发展，社会消费的增长速度将超过个人消费的增长速度。马克思在《哥达纲领批判》中就指出：“用来满足共同需要的部分，如学校、保健设施等”，“和现代社会比起来，这一部分将会立即显著增加，并将随着新社会的发展而日益增加”（第 12 页）。随着生产的发展，社会消费的内容也将越来越丰富。因此，我们不仅要研究个人消费与社会消费的关系，还需要研究如何随着生产建设事业的发展和城市人口的增长，加强城市公用事业的建设，发展医疗卫生事业，发展各种服务行业和公用事业。

关于消费社会化问题。家务劳动社会化，不仅是彻底解放妇女的一个重要方面，也是减轻全体劳动人民生活负担、减少家务劳动时间、增加学习科学文化时间、保证劳动者全面发展的一个重要方面。搞好消费社会化，对于增加社会就业，提高劳动者消费水平，也有重大作用。因此，研究如何增加新的行业，促进消费社会化，进一步组织城乡人民经济生活，是实现四个现代化过程中一个颇为重要的问题。

消费经济是一门复杂的学科。研究消费经济，也像研究其他经济问题一样，必须依据唯物主义认识路线，从实际出发，调查研究，掌握实际材料，了解影响消费的一些因素及其内在联系，了解消费水平及其提高的趋势和规律性，了解满足消费的途径、方法，等等，才能得出正确的结论。

原载 1979 年 4 月 28 日《光明日报》，转载于《新华文摘》1979 年第 5 期

关于加强消费经济学科建设的几个问题

很多同志对《消费经济》创刊20年来的工作和今后的发展，提了很多宝贵的意见，给我们很大的启发，也给我们很大的鼓舞。在此，我代表办刊的同志，表示衷心的感谢。今后还要请同志们继续加以支持、帮助，使这个刊物的质量进一步提高，为消费经济学科建设，为我国社会主义现代化建设，作出自己应有的贡献。

在这里，我简单谈谈关于消费经济学科建设有关的一些问题。有些同志已发表了很好的意见，我在这里提出几个问题，和大家一起探讨，并向同志们请教。

第一，我认为消费经济这门新学科，大有可为。我国当前，正面临着消费经济大发展的“黄金时期”，这是因为，党中央很重视消费经济，强调要提高消费水平和消费质量，促进社会主义现代化的建设。几年前，江泽民同志在十六大报告中就强调，“发展经济的根本目的，是提高全国人民的生活水平和质量，要随着经济发展，不断增加城乡居民收入，拓宽消费领域，优化消费结构，满足人民多样化的物质文化需求”。并明确提出：“调整投资和消费的关系，逐步提高消费在国内生产总值中的比重。”

十六届三中全会通过的《中共中央关于完善社会主义市场经济体制若干问题的决定》中提出：“坚持以人为本，树立全面、协调、可持续的发展观，促进经济社会和人的全面发展。”十六届四中全会提出的“构建社会主义和谐社会”，均和消费经济有非常密切的联系。解决好消费问题，是落实科学发展观、构建社会主义和谐社会的重要内容。十六届五中全会提出，“加快建设资源节约型、环境友好型的社会”，强调大力发展循环经济，改善人民生活。在《中共中央关于制定国民经济和社会发展第十一个五年规划的建议》中又明确提出，“要进一步扩大国内需求，调整投资和消费的关系，增强消费对经济的拉动作用”，“丰富人民精神文化生活”，“提高人民群众健康水平”，这就更直接关系到消费问题。最近，中央经济工作会议还提出具体措施：“要努力调整投资与消费的关系，把增加国民消费特别是农民消费作为扩大消费需求的重点，不断拓宽消费领域和改善消费环境。”还强调：“要建设社会主义新农村，……促进农民持续增收……，着力解决广大农民在生产生活中迫切的实际问题。”

可见，党中央对消费经济问题一直很重视。社会主义市场经济越发展，构建社会主义和谐社会的工作越深入，消费经济就越重要。这也说明，消费经济这一门新学科越来越重要。因为消费经济学，是研究消费经济的学科，我国当前是消费经济大发展的“黄金时期”，是否也可以说是消费经济学大发展的“黄金时期”。我们研究消费经济学的同志们，应该满腔热情、满怀信心地在消费经济这块土壤上，大踏步前进，不断加强对消费经济的研究，为我国社会主义现代化建设服务。

第二，当前我们应着重研究的问题。有些同志已经提出，要根据我国消费经济发展的实际，加强专题研究。这些意见很好。我认为，我们当前的研究，应该着重探索：如何从消费经济方面，落实科学发展观，加速构建社会主义和谐社会。科学发展观的核心是以人为本。这就必须提高人的消费水平，优化消费结构，提高消费质量，从而促进人的身心健康和全面发展，“全面、协调、可持续的发展”，也都牵涉到消费经济问题。构建社会主义和谐社会，就要处理好人和大自然之间、人与人之间、人与社会各方面之间的关系，和谐协调，这些都与消费经济有极密切的关系。要从消费方面着重研究这些问题，提出具体对策。例如，需要研究：如何充分发挥消费需求的导向作用和拉动作用，促进经济增长？这就要进一步研究：如何扩大消费需求、优化消费结构、提高消费质量，促进产业结构优化升级，促进消费需求与经济增长之间的良性循环，促进消费力与生产力之间的良性循环？这里不仅牵涉人与人之间收入水平、消费水平的和谐协调，还牵涉如何改善消费环境（自然环境和社会环境），牵涉到建设资源节约型、环境友好型社会，需要具体落实人们在消费生活中如何倡导环境友好的消费方式。这就牵涉到人们的消费观、价值观，如何引导居民文明消费、科学消费，构建和谐文化的问题。这又牵涉到提高居民消费中的文化含量，提高人的素质，构建"文化人"，真正实现马克思所说的："人以一种全面的方式，也就是说，作为完整的人，占有自己的全面本质。"① 总之，当前消费经济学的研究，要围绕落实科学发展观，构建社会主义和谐社会这个大题目，从消费经济方面大做文章。

第三，消费经济的研究要开拓创新。我国当前，社会经济的发展变化很快，消费领域的情况，更是日新月异。我们要不断研究新情况、新问题，总结新经验，得出新结论。要不断开拓新的研究领域，加强学科创新。恩格斯早就指出："我们的理论是发展的理论。"② 我们现在，正是全面建设小康社会、构建社会主义和谐社会的关键时期，大量的问题摆在我们前面。我们应该抓住机遇，深入研究当前与消费经济有关的实际问题。在深入实际调查研究的基础上，总结经验，提升为理论，促进消费经济学的开拓创新。但是，消费经济的研究，牵涉面很广，还必须与相关学科的研究联系起来。我们不能就消费谈消费，而必须把它纳入社会再生产总过程中去考查，纳入经济、社会、文化协调发展的全过程中去考察。因此，还必须运用相关学科的理论和方法，综合进行研究。比如说，消费经济的研究，还要与文化、教育的研究紧密联系起来，充分发挥文化教育作为第一消费力的作用。十六届四中全会通过的《中共中央关于加强党的执政能力建设的决定》中强调，"……把文化发展的着力点放在满足人民群众精神文化需求和促进人的全面发展上。……促进文化事业繁荣和文化产业快速发展"，"培养德、智、体、美全面发展的社会主义建设者和接班人"。

① 《马克思恩格斯全集》第42卷，人民出版社1979年版，第123页。

② 《马克思恩格斯选集》第4卷，人民出版社1972年版，第460页。

消费经济学就要研究：如何加速发展文化事业和文化产业，优先发展教育和科学事业，不断满足人民群众对文化教育的需求，从根本上提高人的素质，促进人的身心健康和全面发展。谈到人的素质，又牵涉到人的价值观、消费观问题，牵涉到消费伦理、经济伦理一系列的问题。要引导居民端正价值导向，树立文明新风，优化社会机体。这就需要加强对经济伦理，特别是消费伦理的研究。诸如此类。总之，消费经济的研究，还要与相关学科的研究紧密联系起来，拓展思路，深入分析，达到开拓创新的目的。

第四，研究消费经济，需要加强协作，特别是与实际经济工作部门，加强协作。消费经济是实践性、应用性很强的学科，我们必须深入实际，进行调查研究，有些问题，还要与实际经济部门协作，共同进行调查研究，共同召开一些研讨会。还应该与各地消费者协会多方面合作，包括共同研究一些消费问题。还可与兄弟院校、科研单位加强协作，开展学术交流，相互促进，共同提高。我们现在，已有一些高等院校，成立了消费经济研究所，有的还招收了硕士生、博士生，相互之间更可加强协作，共同促进消费经济研究的繁荣昌盛。此外，有条件的还可开展国际学术交流，了解国外一些新情况、新趋势，以利于我们比较分析。

最后，关于消费经济学科建设的问题。上面谈到的一些问题，有些牵涉到消费经济的学科建设问题。这里只想谈一下关于消费经济这门新学科在经济科学中的学科地位问题。前面已谈到，从我国社会经济发展趋势来说，消费经济已成为越来越重要的学科，但现在它还不是二级学科，这与它越来越重要的地位很不相称。好些同志已经谈到这个问题。在 20 世纪 80 年代，消费经济被列为二级学科。90 年代，学科调整，把消费经济列为三级学科，并入“产业经济学”之中，这是很不妥当的。消费是社会再生产的四个重要环节（生产、分配、交换、消费）之一，它不是产业，怎么能并入“产业经济学”之中呢？这当然也会影响到这门新学科的发展。这几年很多同志对此很有意见，每次开全国消费经济理论与实践研讨会时，也都提出意见，并向有关部门反映，现在正在调整学科，还需继续反映。

我们《消费经济》这个刊物，是大家研究消费经济的一个园地，我们今后当根据同志们提的一些很好的意见，一如既往地为研究消费经济，为促进学科建设服务，为我国社会主义现代化建设服务，欢迎同志们继续给予支持、帮助。

2005 年 12 月《消费经济》杂志创刊 20 周年纪念大会发言稿

原载《消费经济》2006 年第 1 期

大力加强消费经济学学科建设

在我国，消费经济学还是一门年轻的学科。党的十一届三中全会以前，人们不敢讲提高消费，也很少有人系统地研究消费经济问题。三中全会以后，消费经济学研究者迎来了春天。自此，我国一些专家、学者，开始兴致勃勃地研究消费经济，并把它作为一门新学科进行系统研究，他们在这块广阔的土地上开荒播种，使这门新学科不断开花、结果。

20 多年来，有的专家、学者在研究消费经济基本理论的基础上，进行专题研究，包括消费需求、消费水平、消费结构、消费方式、消费质量、消费环境、保护消费者权益与消费教育、消费品结构与产业结构等一系列问题；有的学者则开展跨学科研究，创建了消费心理学、消费者行为学、消费力经济学、消费文化学、消费统计学等新学科。学者们发表了不少论文，出版了不少专著，还出版了专门研究消费经济的学术刊物：《消费经济》。消费经济学的不断发展，是随着我国社会主义市场经济的不断发展和完善而逐步前进的，是随着消费需求不断扩大、消费领域不断拓宽、消费结构不断升级、消费质量不断提高而跟踪进行探讨的。

近年来，我国经济社会发展进入新阶段，消费经济问题越来越重要。特别是党中央一直重视提高居民消费，发展消费经济。如江泽民同志在十六大报告中就明确提出：“调整投资和消费的关系，逐步提高消费在国内生产总值中的比重。”十六届三中全会提出科学发展观，四中全会提出“构建社会主义和谐社会”。而解决好消费问题，显然是落实科学发展观、构建社会主义和谐社会的重要内容。十六届五中全会通过的《中共中央关于制定国民经济和社会发展第十一个五年规划的建议》中具体提出，“要进一步扩大国内需求，调整投资和消费的关系，增强消费对经济增长的拉动作用”，“丰富人民群众精神生活”，“提高人民群众健康水平”。此后，中央在相关文件中多次强调，“要努力调整投资和消费关系，把增加国民消费特别是农民消费作为扩大消费需求的重点，不断拓宽消费领域和改善消费环境”，“着力解决广大农民生产生活中最迫切的实际问题”。这些都说明，党中央对消费经济一直很重视。可以说，社会主义市场经济越发展，构建社会主义和谐社会的工作越深入，消费经济就越重要。这同时也说明，消费经济的研究越来越重要，消费经济学这门新学科越来越重要。

笔者曾提出，当前是我国消费经济大发展的“黄金时期”，也就是消费经济学大发展的“黄金时期”。研究消费经济的同志，应满怀信心地对消费经济领域出现的新情况、新问题，进行系统的研究，在为我国社会主义现代化建设服务的过程中，加强消费经济这门新学科的建设。

如何加强消费经济学科建设，笔者在此提出几点具体意见，供同行们讨论：

第一，要紧密结合我国当前实际，加强调查研究。在掌握大量实际材料的基础上，进行具体分析，研究新情况、新问题、新经验，提升为理论和对策。例如，如何充分发挥消费需求的导向作用和拉动作用，扩大消费需求，优化消费结构，从而促进产业结构优化升级，形成新的消费热点和新的经济增长点，促进消费需求与经济增长之间的良性循环？又如，如何发展文化教育消费，提高消费力，特别是精神消费力，促进人的身心健康和全面发展，从而促进消费力与生产力之间的良性循环？再如，如何改善传统的消费方式，坚持节约资源和环境友好的消费方式，并促进生态平衡，以利于构建资源节约型和环境友好型社会？如何坚持经济文化一体化，在经济不断发展、消费水平逐步提高的过程中，不断提高消费中的文化含量，用文化引导消费经济，协调人与自然之间、人与人之间、人与社会各方面之间的关系，共享改革发展的成果，以利于构建社会主义和谐社会？……诸如此类的问题，都很值得研究。要紧紧抓住我国改革、发展过程中一些重要的消费经济问题，通过实际调查，深入探索，既为实际经济工作服务，又能促进消费经济学科建设。

第二，要加强对相关学科的研究。消费经济牵涉面很广，不仅与生产、流通、分配领域很多问题密切相关，而且与人的价值观、思想、行为等各方面密切相关。因而消费经济的研究也与很多学科密切相关，包括市场营销学、消费心理学、消费者行为学、生态环境学、伦理学以及文化、教育、信息网络等学科，需要加强对相关问题的研究。例如，消费经济的研究，需要与文化、教育的研究紧密联系起来，充分发挥文化教育作为第一消费力的作用，从根本上提高人的素质，提高消费质量。又如，任何人的消费，都牵涉到价值观、消费观的问题，牵涉到消费伦理、经济伦理等一系列问题。引导消费者端正价值取向，优化社会机体，树立文明新风，这就需要加强对消费伦理、经济伦理的研究……这些都说明：研究消费经济需要加强对相关学科的研究，拓展思路，深入分析，开拓创新。恩格斯早就说过："我们的理论是发展的理论。"① 开拓新的研究领域，促进学科创新，这正是加强消费经济研究、加强学科建设的一个重要方面。

第三，要加强协作，加强学术交流。高等院校、科研机构（包括与消费经济有关的学科组织）应加强合作，共同研究一些消费经济问题。此外，学者们还可与实际经济工作部门及消费者协会共同进行一些实际消费问题的调查研究，共同召开一些研讨会。通过协作和学术交流，共同促进消费经济这门新学科的发展。多年来，每次召开的全国消费经济理论与实践研讨会，对消费经济的研究和学科建设都起了促进作用，应坚持办下去，并再上新台阶。

第四，要加强消费思想史的研究，特别是对中国古代消费思想的研究。中国传统文化博大精深，其中关于消费经济的思想也极其丰富。如和谐思想就包括"天人合一""人和"以及如何协调人与社会各方面关系的丰富思想，反映了丰富的和谐消费文化；勤俭节约的消费思想，包括节约资源、保护环境以及生活消费的节约，也有丰富的内容。这些消费思想

① 《马克思恩格斯选集》第 4 卷，人民出版社 1972 年版，第 460 页。

中，有精华，也有糟粕。如何取其精华，去其糟粕，做到古为今用，并弘扬中华民族优秀的传统文化，也是很重要的问题，需要我们认真进行探索。

此外，对西方消费思想也要认真分析研究。古代西方也有不少重要的消费思想，包括古希腊、罗马一些学者关于消费经济的思想。近代也有很多关于消费经济的理论，但其中有不少糟粕，甚至导致“消费主义”、享乐主义，对人的身心健康、对社会文明产生了负面影响，出现了美国著名经济学家丹尼尔·贝尔在《资本主义文化矛盾》一书中所说的“文化矛盾”“精神危机”。如何坚持马克思主义消费理论，对西方消费经济思想进行具体分析，对一些腐朽的消费思想加以批判，并研究如何吸取他们的教训，防止“文化矛盾”；对西方自古以来关于消费经济思想中某些合理的东西酌情吸收，但又要在理论和方法方面反对“全盘西化”，坚持中国特色的社会主义方向，这些问题，很值得我们仔细地深入研究。

深入研究这些问题，有利于消费经济学这门新学科的建设和发展。我们应审时度势，开拓创新，着力加强学科建设。我相信，在全国消费经济学专家、学者的共同努力下，一定能构建具有中国特色的消费经济学学科体系，使消费经济学这门新学科为我国社会主义经济发展和文化建设作出新的更大的贡献！

原载《光明日报》2006 年 9 月 25 日

中国消费经济学建立和发展过程中的一些情况和问题

这次会议，主要是纪念十一届三中全会30周年，结合讨论中国消费经济学建立和发展的一些问题。十一届三中全会，带来了科学的春天，特别是带来了消费经济学这门新学科的春天。我们缅怀这些事情，具有无限的感喟！在这里，我简单地谈谈这30年来我在研究消费经济学过程中遇到的一些情况，并提出一些问题，同大家一起讨论，并向同志们请教。

一、消费经济学的春天

在党的十一届三中全会以前，特别是“四人帮”横行时期，人们不敢讲提高消费，也很少有人系统研究消费问题。十一届三中全会带来了消费经济学的春天。1979年4月28日，我在《光明日报》发表《加强对消费经济的研究》一文，提出把消费经济学作为一门独立学科进行研究，并勾画出这门学科的重要内容。《光明日报》发表时，在“编者按”中指出，“消费问题是一个很值得重视的科学研究题目，是必须打破的一个禁区”。

消费经济这个“禁区”打破以后，在党的十一届三中全会的正确路线指引下，我们不少同志兴致勃勃地研究消费经济，使这门新学科不断开花、结果，出现了消费经济学的春天。

有些同志在报刊上发表关于消费经济的论文，有的召开了一些关于消费经济的研讨会，有的还编写了一些专著。例如，我和一些同志编写的《社会主义消费经济学》，1983年9月由上海人民出版社出版；1984年5

月，刘方棫同志的《消费经济学概论》由贵州人民出版社出版；1984 年 12 月，厉以宁同志的《消费经济学》由人民出版社出版；1986 年 8 月，杨圣明同志的《中国消费结构研究》由山西人民出版社出版；1987 年，李彦和、沙全一同志的《简明社会主义消费经济学》，林伯鹏等同志的《消费结构学》，廖九如、柳思维等同志的《简明消费经济学》均先后出版；1988 年，顾纪瑞同志的《家庭消费经济学》以及我和一些同志编写的《中国消费结构研究》先后出版；1989 年，杨圣明同志的《中国式消费模式选择》出版。在 80 年代，还有些同志出版了一些专著，这里就不一一列举了。

这些情况说明，在十一届三中全会的光辉照耀下，消费经济学的春天光辉灿烂，不仅对消费经济的基本理论进行了深入的讨论，而且进行了一些专题研究，包括对消费需求、消费水平、消费结构、消费模式、消费质量等问题不断开拓创新，使消费经济学这个新领域欣欣向荣。

这里需要特别提出的是，我们一些著名的老教授、老专家对我们研究消费经济学，一直很支持。例如，早在 1980 年，于光远同志在全国社会主义生产目的讨论会上就提出：要重视消费问题的研究，“不研究消费问题，不从消费的需要出发，生产就没有真正的动力”[①]。1982 年 6 月，我们在湘潭召开全国第一次消费经济理论研讨会，于光远同志因事不能来参加，写了一封长信，提出：“消费给社会主义生产确定了明确和具体的目的……我们生产工作的好坏，用是否在可能范围内较好地满足社会消费需要来检验。”宋涛同志在大会发言中强调：“研究消费经济，要研究消费水平，适当鼓励消费；要研究社会消费与个人消费的关系，脑力劳动和体力劳动的关系，物质生活消费与文化生活消费的关系。”1985 年，卫兴华同志在《关于社会主义生产目的的几个问题》一文中提出：“排斥和否定消费观点的生产观点，是跛足的和片面的生产观点。这种观点既不利于人们消费需要的满足，又无益于社会主义生产的发展。”[②]

① 于光远：《政治经济学社会主义部分探索》（二），人民出版社 1981 年版，第 184-185 页。

② 卫兴华：《卫兴华选集》，山西人民出版社 1988 年版，第 305 页。

还有些老专家对我们研究消费经济给予了很大的支持和帮助，这里不一一列举了。这些支持和鼓励，使我们更有信心地研究消费经济，促进了这门新学科的发展。

二、我在研究消费经济过程中遇到的一些情况和问题

30 年来，我在研究消费经济的过程中遇到不少的问题，这里只就一些主要问题简单说一下。例如，20 世纪 80 年代初，我们不少同志开展了对消费问题的研究，使这门新学科开始开花结果，但有些人就说：经济学是研究生产与分配的理论，怎么去研究消费经济呢？有人说：消费经济是搞吃喝玩乐的，怎么能成为一门学科呢？有人说：国外哪里有什么消费经济学，是某些人自作聪明，“标新立异”胡搞起来的。对这些谬论，我们一直不加理睬！这里还有个故事，不妨说一下：改革开放以后，不少人的消费水平由过去的低水平已逐步提高，我们都认为是大好事，要鼓励，要促进。1984 年 4 月 28 日，我在《经济日报》发表一篇文章，题目为“积极鼓励消费”。有人看到后，认为消费怎么能“鼓励”，更不能“积极鼓励”，这是“宣扬资产阶级思想”，提出要“批判”，还写材料到省委告状……我们没有理他，继续搞消费经济的教学和科研。

又例如，20 世纪 80 年代中期以后，城乡居民消费水平有了较大的提高，一些耐用消费品如电视机、洗衣机、电冰箱、空调等大量进入家庭，有人说是“消费超前”。1986 年 6 月，我们在湖南大庸市（后更名为张家界市）召开全国第二次消费经济理论与实践研讨会，于光远同志在《给全国消费结构理论研讨会的信》中指出：“中国人生活水平这么低，为生产而生产的思想并未得到彻底的纠正，哪里谈得上什么早熟？而是根本不熟。”这个问题，在会上展开了热烈的讨论。我们很多同志在发言中反对消费早熟的观点，认为我们的消费不是“超前”，不是“早熟”，还有不少人的消费是“滞后”，是“不熟”。[①]

那几年，还有人提出：应抑制消费的增长，应该坚持“高积累低消费

① 编辑部：《我国是否存在消费早熟》，《消费经济》1986 年第 4 期，第 13 页。

论”。当时就有些同志反对这种观点，我也在一篇论文中，从积累与消费的合理比例，分析扩大消费需求、提高消费质量的作用：“我们反对‘高积累，低消费’的模式。在解放生产力，发展生产力的同时，解放消费力，发展消费力。”[①] 80年代中期以后，还有人为“消费早熟”“消费超前”制造所谓“理论”根据，认为我国消费领域已出现“消费膨胀”，其原因是出现“需求膨胀”。我们很多同志反对这种观点，认为我国一直是高积累、低消费的格局，根本不存在“消费膨胀”的问题。80年代末90年代初，《消费经济》杂志还多次举行研讨会，很多同志认为我国不是消费需求“膨胀”，而是消费需求不足。杨圣明同志还在《财贸经济》1989年第11期发表文章，对“消费膨胀论”提出质疑，认为我国是投资膨胀，不是“消费膨胀”，是高投资，而不是高消费。

又例如，我国90年代以来，居民消费需求不断扩大，消费水平、消费质量不断提高，这是大好事。很多同志认为，应充分发挥消费需求的导向作用和拉动作用，促进经济增长。但《经济学消息报》1993年1月28日刊发的一篇文章却提出：我国不能选择“消费需求推动型”的发展战略。认为那种发展模式会导致“社会总需求明显大于总供给”，会导致“消费膨胀”，出现“消费早熟”。当时有些同志著文反对这种观点。以后还有些人提出类似的观点，甚至认为：我国消费率并不偏低，即令偏低，“通过投资来加强国力，也是好事，是一个求之不得的条件”。直到1999年还有人提出，“刺激最终需求，应以固定资产投资需求为重点”，“投资需求是带动经济回升的主要动力”。[②] 不少同志反对这种观点，认为我国消费率长期偏低，应该降低投资率，提高消费率，促进人民消费水平的提高和经济增长。我也写了一些文章，认为投资率偏高，不仅影响消费需求的扩大，影响人民消费水平的提高，而且会影响经济增长，必须由投资拉动型向消费拉动型经济转变。还有些同志认为，我国90年代以来，不仅没有出现“消费膨胀”，而是出现消费疲弱，并提出刺激消费的对策措施。

---

① 尹世杰：《评高积累低消费论》，转引自《跨世纪的选择》，上海人民出版社1992年版。

② 郭克莎：《需求约束与效率约束——我国经济中、长期稳定增长面临的问题及出路》，《财贸经济》1999年第9期，第3-11页。

如王裕国同志就提出，要从增加居民收入特别是农民收入、稳定居民消费预期、完善消费信贷政策、提高居民生活质量等方面来刺激消费，克服消费疲弱。

又例如，90年代以来，随着社会经济的发展和居民消费水平的提高，消费文化越来越重要。经济文化一体化是当代社会发展的大趋势，很多同志关注并着力研究消费文化问题。但当时又出现了一些问题，如有的人打着“文化”的招牌，贩卖各种非文化甚至反文化的东西。什么“性文化”“鬼文化”“痞子文化”“乱弹文化”“摇滚文化”“黑客文化”都出来了，有的还写成专著或小册子，进行宣传。有的甚至认为：“消费主义也是一种文化。”这样把文化完全丑化了。很多同志反对这些说法，我也在一篇短文中提出，“要划清真正的文化与文化垃圾的界限”，“必须为消费文化正名”。

更有甚者，有的人把文化，特别是精神文化、精神文明完全庸俗化、丑化了。如有人在其专著中写道：“……拳王争霸赛、明星、巨星、红星、巨腕、大款、追星族，当这一切如潮似水在我国经济文化生活中风行，像阳光、空气一样充满的时候，我们已亲身感受到了精神文明的迅猛增长和迅猛扩张。”把“巨腕、大款、追星族”这些乌七八糟的东西，都看作“精神文明”，这不是对精神文明极大的丑化和污蔑？还有人把我们的小康文化称之为“消费主义文化”：“小康所实现的物质文化水平，在客观上要求着相应的文化及其意识形态，诸如消费主义和享乐主义等等”，“小康同时还是一种意识形态，即消费主义的意识形态”。把我们崇高的小康生活、小康文化，称之为“消费主义和享乐主义”，这是对我们小康消费极大的污蔑，是对我们全国人民还在努力追求的小康社会的极大的污蔑！很多同志在一些研讨会上和发表的论文、著作中反对这些观点，我也写过一些文章，提出：西方国家曾经流行过的所谓“消费主义”“享乐主义”，“是一种非文化甚至反文化的表现，决不能称之为文化。它不能体现消费文化，而只是对消费文化的凌辱”。“要弘扬消费文化，反对‘消费主义’”。在那几年，《消费经济》还举办了几次关于消费文化的研讨会和“笔谈”，很多同志发表了正确的意见，反对一些谬论，弘扬消费文化。

又例如，90 年代以来，我国商品经济大发展，这本来是一件大好事，但有些人却强调，一切商品化，甚至精神文化也应该商品化。如有人在其专著中说："精神产品商品化是商品经济社会中，人类本质力量对象化的必然要求。""精神产品商品化是社会发展的大势所趋，也完全符合人类的根本利益。我们应该充分认识到精神产品商品化的积极意义，并推动它的不断完善和发展。"有的人从一切商品化出发，大搞拜金主义，"一切向钱看"，精神支柱变为"金钱支柱"。有的人还为这些邪说歪道制造理论依据，如有人在其专著中提出："金钱是快乐的基础，金钱与快乐正相关。"很多同志著文反对这些歪风邪气，反对拜金主义，特别是反对精神产品商品化，强调发展高层次的精神文明，是发展社会主义市场经济的基本内容。更有甚者，有的人提出劳动力也应该商品化，有的还为劳动力商品化制造理论根据。如有人提出，"社会主义劳动力商品化是社会化大生产的客观要求和必然趋势"，"社会主义市场经济的发展是我国劳动力成为商品的体制条件……可以说社会主义劳动力成为商品是社会主义市场经济发展的逻辑必然"。有人甚至公开地说："模特是商品，作为模特公司，我的产品就是商品。"这些胡言乱语，马克思早就批判了，"它把人的尊严变成了交换价值"[①]，把人变为商品，人就不成其为人了！

又例如，90 年代以来，有的人暴富之后，大搞奢侈消费。如食物消费方面：早就有 19.8 万元一桌的"超豪华年夜饭"、25 万元一桌的"乾隆御宴"和几十万元一桌的"黄金宴"。在其他方面也有很多奢侈消费，造成很大的浪费！有的人还为奢侈消费制造所谓"理论"根据，加以美化。如有人说："奢侈性消费追求的是高层次的精神内容"，"奢侈性消费是对含有高级精神内容的财富的消费"。这些胡言乱语，是不值一驳的。还有人认为："随着经济的发展和人们生活水平的逐步提高，消费的内容将日益变得奢侈化……经济发展、消费水平提高的基本成果就是财富与消费结构的'奢侈化'。""人类经济奢侈化的直接表现是经济的软件化，即精神化。"有人甚至反对节俭，极力主张铺张浪费。如有人说，"与其勤俭节

① 《马克思恩格斯选集》第 1 卷，人民出版社 1972 年版，第 253 页。

约，不如铺张浪费。”还有人说：“浪费的生活习惯才支撑起我们经济牢固的基础”，“节俭是一种缺德”，“艰苦朴素成为整个社会的主流……这对经济发展必然是一场大灾难”。这些胡言乱语，早已为很多同志所摈弃了。

又例如，近年来随着居民收入水平的提高，家庭消费水平不断提高，有的家庭开始富裕起来了。有人就在“家庭经济”的专著中提出，家庭不只是一个单纯的消费单位，而且是一个重要的生产和投资单位，家庭成员之间的关系，是“商品交换关系”，家庭经济行为也要搞“利润最大化”。这些问题提出以后，也引起不少同志的反对，有的还写了文章从理论与实践方面进行批驳。

更有甚者，近年来有人提出“消费资本化”理论，认为“消费行为也是投资行为”，“消费者也能成为资本家”。有人出版的所谓“专著”的书名就是“消费者也能成为资本家——消费资本化的理论与应用”。这些“理论”，是对消费经济的严重挑战。消费“资本化”了，那还有什么合理的、文明的消费？那还有什么消费经济？消费者都成为“资本家”了，唯利是图，唯钱是追，那还有什么文明的消费者？这些问题，前不久已有一些同志在《光明日报》和广东商学院学报等报刊上提出了质疑。这些问题，还需要进一步加以剖析，分析其危害和不良影响。

以上是我 30 年来研究消费遇到的一些情况和问题（30 年漫长的时间，遇到的问题当然不止于此。还有些问题就不在这里赘述了）。30 年的风风雨雨，甜酸苦辣，回忆起来感慨良多！

三、当前应该着重研究的问题

我国当前正是全面建设小康社会和构建社会主义和谐社会的关键时期，而这些问题，都和消费经济关系极为密切。因此，消费经济这门新学科，当前需要研究的问题很多。我认为，应着重研究五大关系：

一是消费需求与经济增长的关系。要着重研究如何充分发挥消费需求的导向作用和拉动作用，促进经济增长。我国长期以来最终消费率偏低，投资率偏高，如最终消费率：1990 年为 62.5%，2000 年为 62.3%，2007 年降至 49.0%；投资率：1990 年为 34.9%，2000 年为 35.3%，2007 年升至42.1%。这就必然影响居民收入水平的提高，影响经济发展。如何具体落实胡锦涛同志在十七大报告中所强调的“居民消费率稳步提高，形成消费、投资、出口协调拉动的增长格局”，“逐步提高居民收入在国民收入分配中的比重……着力提高低收入者收入……逐步扭转收入差距扩大趋势”？如何具体解决这些问题，提高平均消费倾向，逐步实现共同富裕，从而实现消费需求与经济增长之间的良性循环，促进国民经济又好又快发展？这些都是很值得研究的问题。

二是三大消费需要之间的关系。我一直认为，人们的消费需要，不仅包括物质需要和精神文化需要，还应包括生态需要在内。生态需要的满足对人的生存、享受和发展，关系很大。生态平衡破坏了，不仅影响人们的消费生活，也大大影响经济社会的发展。胡锦涛同志在十七大报告中提出，“建设生态文明，基本形成节约能源资源和保护生态环境的产业结构、增长方式、消费模式……生态环境质量明显改善，生态文明观念在全社会牢固树立”，并作为全面建设小康社会的奋斗目标的新要求之一。如何具体落实这些要求？如何牢固树立生态文明观念？如何建立节约资源和保护环境的消费模式？如何采取各种有效手段，治理、保护生态环境？如何在物质需要、精神文化需要、生态需要三大需要的满足过程中，相互促进、协调发展？这些也都是值得研究的问题。

三是文明消费与人的全面发展的关系。我们进行消费的出发点和落脚点，在于以人为本，促进人的全面发展。要实现这一要求，人们的消费必须是文明消费。但多年来，有些人的消费出现不文明甚至反文明的情况。特别是有些人暴富以后，出现我们前面说的奢侈消费甚至骄奢淫逸，出现了无人性、反人性的东西，与人的全面发展背道而驰。如何防止这些情况的出现，牵涉很多方面的问题，很值得研究。特别是胡锦涛同志在十七大报告中强调：“推动社会主义文化大发展大繁荣……兴起社会主义文化建设新高潮……使社会文化生活更加丰富多彩，使人民精神风貌更加昂扬向上”，“……有力抵制各种错误和腐朽思想的影响”。如何具体落实这些要求，提高消费的文化含量，促进人的身心健康和全面发展？特别是如何反对奢侈消费，优化社会机体，促进社会文明？这些都是需要多加研究的问题。

四是高科技与高文化的关系。当代高科技大发展，并不断渗透于消费领域，使人们的消费生活发生根本性变革，这是大好事。但信息消费、网络消费的发展，也带来了“黄毒”“黑客”。有些人还利用信息、网络消费进行一些违法犯罪活动。因此，高科技必须用高文化来引导，既要发展科技理性，又要弘扬价值理性。胡锦涛同志在十七大的报告中强调指出：“建设社会主义核心价值体系，增强社会主义意识形态的吸引力和凝聚力”，“建设和谐文化，培育文明风尚……加强网络文化建设和管理，营造良好网络环境”。如何具体解决网络文化的这些问题，在消费领域弘扬网络文化、科技文明？这是急需解决的问题。

五是消费和谐与构建社会主义和谐社会的关系。消费和谐体现人与大自然之间、人与人之间、人与社会各方面的和谐协调，对促进人的全面发展、经济社会协调发展、社会文明，作用很大，是构建社会主义和谐社会的重要条件和基本内容。胡锦涛同志在十七大的报告中明确提出：“社会和谐是中国特色社会主义的本质属性……着力解决人民最关心、最直接、最现实的利益问题，努力形成全体人民各尽其能、各得其所而又和谐相处的局面，为发展提供良好社会环境。”如何具体落实这些重大战略方针，如何通过消费和谐促进社会和谐，使全体人民“各尽其能、各得其所而又和谐相处”，为构建社会主义和谐社会打下牢固的基础，是我们当前应该着重研究的重大理论和实践问题，也可以说是我们当前研究消费经济的重要任务。

四、关于消费经济学科建设问题

二三十年来，我们很多同志，特别是在座的同志，为消费经济学科建设作出了重要的贡献。今后如何进一步加强学科建设？我在这里提出几点粗浅意见：

第一，学术问题必须坚持“双百方针”。在学术争鸣的基础上，坚持真理，反对错误。必须广泛开展讨论，各抒己见，摆事实，讲道理，以理服人。有些问题，还要在深入实际进行调查研究的基础上得出可靠的结论。

第二，在加强实际调查研究的基础上，研究新情况、新问题，开拓创新。在这方面，我们有不少同志已作了不少的贡献。如 10 多年前，程恩富同志就对过去的上海的消费市场，进行了系统的调查研究，于 1996 年出版了《上海消费市场发展史略》一书。卢嘉瑞等同志对中国农民消费结构的情况，作了大量的调查，搜集了大量的资料，在 1999 年出版了《中国农民消费结构研究》一书，提出了中国农民消费结构合理化的模式和优化农民消费结构的对策。还有很多同志作了大量的调查研究，写了论文，出了专著。今后如何进一步开拓创新？我们应该深入实际，研究新情况、新问题，得出新结论，不断丰富消费经济的内容。

第三，要创造消费经济研究的基地，发展基地，形成特色。最近二三十年来，特别是最近几年，我们有些大学，已成为消费经济研究的重要基地，并形成特色。如王裕国同志领导西南财大成立了消费经济研究所，招收了几届博士生；湘潭大学早就成立了消费经济研究所，开展了一系列的研究工作；河北经贸大学在卢嘉瑞同志的推动下，早已成立了消费经济研究所，培养了大量的研究生；西北大学在何炼成同志的推动下，西安交大在文启湘同志的推动下，对消费经济的研究都作了突出的贡献。湖南商学院在廖九如、柳思维、唐未兵同志的推动下，从 80 年代以来，对消费经济的研究，作出了很多的贡献。我们在座的同志，都是研究消费经济的主力军，都作了不少的贡献。今后除了对原来研究的问题进行研究以外，还要扩大研究的领域，包括对相关学科的研究，包括消费心理学、消费者行为学、消费伦理学、市场营销学、生态环境学以及文化、教育、信息网络等学科，充实消费经济的内容，形成有特色的消费经济研究，进一步发展这门新学科。

第四，加强学术交流，取长补短，相互学习，共同提高。我们每年开的全国消费经济研讨会，欢迎同志们多参加。我们的《消费经济》杂志，欢迎同志们多写文章，发表高见。此外，在省内、市内以及各学校之间、学校与有关经济部门之间，还需加强协作，开展一些学术研讨和学术交流，共同促进这门新学科的繁荣昌盛。此外，还可加强与国外的学术交流，吸收西方国家研究消费经济的合理内核，为我所用（包括研究西方消费理论和西方消费经济发展史等等）。

总之，社会主义市场经济越发展，我国全面建设小康社会、建设社会主义和谐社会的工作越深入，消费经济在经济、社会协调发展过程中就越来越重要，消费经济的研究也越来越重要。这说明，消费经济这门新学科具有强大的生命力和广阔的前景。但这个光辉的前景，需要很多研究消费经济的同志，特别是在座的同志去努力争取。我相信这些愿望，是完全可以实现的。

以上是我对中国消费经济学建立和发展的几点粗浅意见，作为纪念十一届三中全会的几点感想。不妥之处，请同志们批评指正！

2008 年 11 月全国第十二次消费经济理论与实践研讨会发言稿
原载《消费经济》2008 年第 6 期

消费经济研究的脉络及当前应把握的重点

党的十一届三中全会以后，我们迎来了科学的春天，也迎来了消费经济学的春天。此前相当长的一个时期内，受“左”的思潮影响，重生产、轻消费，学术界的同志也不敢大胆研究消费经济。1979 年 4 月 28 日《光明日报》加编者按发表了我的《加强对消费经济的研究》文章后，不少同志开始研究消费经济，在这块广阔的土地上耕耘，使消费经济学这门新学科不断开花、结果，出现了消费经济学的春天。

一、我国消费经济研究的几个阶段

总体而言，我国消费经济学的研究可分为以下三个基本阶段：

第一阶段（1979—1985 年）：主要对消费经济学的基本原理、学科体系进行了系统的探索。如一些同志对消费在社会再生产中的地位、消费需求的作用、消费结构与产业结构的关系、消费市场、消费方式等问题，发表了自己的看法。特别是有些同志积极组织队伍，研究消费经济的一些基本原理，出版了专著。其中，1983 年出版了我主编的《社会主义消费经济学》，1984 年出版了厉以宁同志的《消费经济学》、刘方棫同志的《消费经济学概论》，1985 年出版了金世和等同志的《消费经济学》，等等，使消费经济学学科体系初步建立。

第二阶段（1986—1995 年）：在研究消费经济基本原理的基础上，不少同志开始进行专题研究。例如，有些同志把消费结构纳入社会主义市场经济研究之中，分析需求结构、产业结构和消费结构的关系，揭示消费结构的发展趋势和内在规律。如 1986 年出版了杨圣明同志的《中国消费结构研究》。以后几年又陆续出版了《中国消费结构研究》《消费结构学》《消费结构与消费政策》《中国消费结构与产业结构关联研究》等一系列专著。又如，有些同志系统研究消费水平问题，认为随着社会主义市场经济的发展，应该不断提高消费水平和质量，更好地满足广大群众日益增长的物质文化需要。有的还着重研究小康水平问题，对小康水平的特点、标准、指标体系和消费结构等一系列问题进行具体的研究。此外，随着社会主义市场经济的发展，供给导向经济转化为需求导向，如何充分发挥消费需求的导向和拉动作用，如何培育消费热点和新的经济增长点，如何优化消费方式，构建文明、健康的消费模式，成为研讨的重要问题，不少同志对这些问题进行研究，使消费经济这门新学科的体系和内容日益完善。

第三阶段（1994 年至今）：在进行专题研究的基础上，又开拓了一些新的领域，使消费经济学向纵深发展。如有些同志在进行实际调查的基础上，专门研究消费市场问题，有的着重研究农民消费问题，有的着力研究消费心理，还有的着重研究消费力问题、消费文化问题，并作为消费经济的子学科，出版了《消费力经济学》《消费文化学》等专著。有的着重研究消费伦理问题，出版了《消费伦理学》专著。有的着重研究闲暇消费，出版了《闲暇消费论》，如此等等。

二、当前应该着重研究的消费经济问题

当前，消费经济研究应当着重从四个高度进行：一是从人的全面发展的高度进行研究，具体落实科学发展观，真正体现以人为本；二是从可持续发展的战略高度进行研究，具体探索建立资源节约型和环境友好型的消费方式；三是从经济文化一体化的高度进行研究，强调提高消费中的文化含量，促进消费文化的繁荣发展；四是从社会和谐的高度进行研究，通过消费和谐，促进社会和谐。

依此，我认为应该着重研究以下几个问题：

第一，消费需求与经济发展的关系。消费需求是最终需求，是社会经

济发展的强大拉动器。党的十七大提出确实转变经济发展方式，以使我国经济又好又快发展。我体会其中的主要含义之一就是充分发挥消费需求的作用，特别是在国际金融危机、出口疲软的情况下，更应充分发挥消费需求的作用，尽力扩大消费需求、提高消费倾向，从而实现促内需、保增长的目的。这里就牵涉到一些重要问题值得深入研究。例如，我国多年来最终消费率偏低，投资率（资本形成率）偏高。2008 年最终消费率为 48.6%，低于世界平均水平 20 多个百分点；2008 年投资率为 42.1%，高于世界平均水平 20 多个百分点。这种情况当然影响消费需求，影响消费水平和消费结构，影响经济增长。如何构建消费与投资相互协调并使消费拉动投资的机制，寻求消费与投资的最优结合点，是很值得研究的问题。

要充分发挥消费需求的导向作用和拉动作用，还牵涉到一些重大的问题。例如，如何提高居民收入，特别是低收入者的收入。现在还有不少人收入水平偏低，特别是农村还有不少贫困户。如何实现“到 2020 年农民人均纯收入比 2008 年翻一番，消费水平大幅提升，绝对贫困现象基本消除”的发展目标，也是很值得研究的问题。只有消费需求扩大了，才能促进消费水平、消费质量的提高，促进经济又好又快发展。

第二，消费结构与产业结构的关系。人们的消费水平、消费质量是不断提高的，这就要求提供相应的消费品和服务。也就是说，如何调整、优化产业结构，适应消费结构优化、升级的要求，特别是加快发展高层次、高质量的第三产业，是很重要的问题。但我国第三产业一直滞后，2008 年在国内生产总值中的比重还只有 40.1%，低于世界平均水平 20 多个百分点。如何加快发展第三产业，包括各种服务业以及一些新兴产业，是很现实的问题。我在 10 多年前就提出文化教育是第一消费力，如何发展文化教育，充分发挥第一消费力的作用，促进消费力与生产力之间的良性循环？这是需要深入研究的。最近人们在讨论如何加快发展旅游休闲消费，扩大文化娱乐、体育健身等服务消费，积极发展网络动漫等新型消费等，也很有意义。如何使这些消费成为新的消费热点，进而使消费热点成为新的经济增长点，这些都是很值得研究的问题。

第三，如何促进三大消费力协调发展。消费力是和生产力相对的。发展生产力，就必须发展消费力，必须使三大消费力（物质消费力、精神消费力、生态消费力）协调发展。这样，才能从根本上提高人的素质，提高消费水平和质量，促进消费结构、产业结构优化、升级。特别是当代，高科技不断发展，并不断渗透于消费领域。在这种情况下，如何使三大消费力协调发展，从根本上提高人的素质，提高消费的科技含量和文化含量，这也是很值得研究的课题。

第四，如何优化消费环境，促进消费和谐。消费环境包括生态环境和社会环境。现在生态环境问题不少，如何治理、保护、优化生态环境，需要深入探讨。从社会环境来说，我们的消费市场，包括消费服务和文化市场，还很不“干净”。假冒伪劣商品和服务充斥市场，网络“黄毒”四处蔓延，不仅危害消费者的身心健康，甚至危害人的生命（如去年的三鹿奶粉事件）。如何加大打假和“扫黄打非”力度，净化消费市场，使消费者敢于消费，乐于消费，都是值得进一步研究的问题。还有，就是如何完善社会保障体系，解除人们的后顾之忧，以促进消费和谐，也是很值得研究的问题。

三、开拓创新，加强消费经济学科建设

我国正在建设社会主义和谐社会，又处在全面建设小康社会的关键时期。而这当中的诸多问题，都和消费经济密切相关。当前，正是我国消费经济大发展的“黄金时期”，也是消费经济这门新学科大发展的“黄金时期”。如何加强消费经济学建设？我认为，以下几点尤为重要：

第一，要开拓创新。对当前消费领域一些重大问题，要在深入调查研究的基础上，研究新问题，得出新结论，创造新理论。例如，全国建设小康社会，在消费领域的主要内容是哪些？有哪些重要指标？如何逐步实现？如何促进消费和谐、社会和谐？这些都是需要深入研究的。

第二，要扩大研究领域。消费领域极其广阔，我们的研究还需进一步开拓。例如，前面谈到的最终消费率、居民消费率一直偏低，投资率一直偏高的问题。又如，在不同时期、不同情况下，消费率与投资率的最优结合点是什么？如何体现最优的消费率和投资率？再如，如何优化闲暇消费

内容，扩大闲暇消费领域，发展高层次的闲暇产业，扩大并优化闲暇消费方式，提高闲暇消费质量，弘扬闲暇消费文化？在这些方面，还大有文章可作。

第三，要重视跨学科研究。消费经济与很多学科关系极为密切。例如，消费经济与伦理学关系极为密切，我们应该深入研究消费伦理、消费道德规范，以利于建立文明、健康、科学的消费道德观。消费经济与生态经济学关系也很密切，应该研究生态消费，特别是科学的生态消费方式，以利于牢固树立生态文明观念，弘扬生态文化。消费经济与文化、教育等学科关系也很密切，我们应该深入研究消费文化、消费教育，以利于提高消费质量，促进消费文明。

第四，要对古今中外的消费思想进行系统研究。我国自古以来的消费经济思想，可以说博大精深，源远流长，其中有不少至今仍然有借鉴意义，如消费道德、消费和谐等方面的思想。西方国家自古以来的消费思想也很多，其中有精华，有糟粕，我们如何取其精华，去其糟粕，为我所用，今后应该加强研究。

原载《光明日报》2009 年 09 月 01 日

后　记

尹世杰教授一生致力于消费经济的研究和教学工作，几十年默默耕耘在消费经济学这块广阔无垠的荒野上，勇于攀登，勤于开拓，硕果累累。1994年，由武汉大学出版社和湖南师范大学出版社联合出版发行了《尹世杰选集》，收录了尹世杰教授1993年之前公开发表的70篇学术论文，其中消费经济方面的有41篇；2002年，由湖南师范大学出版社出版发行了《尹世杰选集》（第二卷），收录了尹教授1993—2001年这一时期的81篇公开发表的学术论文，其中消费经济方面的有63篇；2012年，由湖南师范大学出版社出版发行了《尹世杰选集》（第三卷），收录了2002—2010年这段时间尹教授公开发表的105篇学术论文，其中绝大部分是有关消费经济方面的。

《尹世杰文集》里的论文均选自上述三本《尹世杰选集》，共54篇，涉及消费与经济增长、消费模式与消费结构、生态需要与绿色消费、服务消费、消费力经济学、消费文化学、消费经济学科建设七个主题。每个主题的论文按论文发表的时间先后进行排列。

作为尹世杰教授的学生，湘潭大学商学院韩雷院长给我安排了这个整理任务，本人深感欣慰。在资料整理和编辑的过程中，老师对我学习、生活等各方面悉心指导和关怀的情景时时在脑海里浮现。该书的顺利出版，也算是对老师的一种缅怀。

感谢湘潭大学商学院和湘潭大学出版社对该书出版的大力支持。

李时华

2024 年 4 月